SCHAUSPIELHAUS.
BOCHUM.

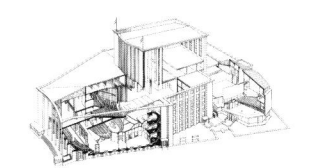

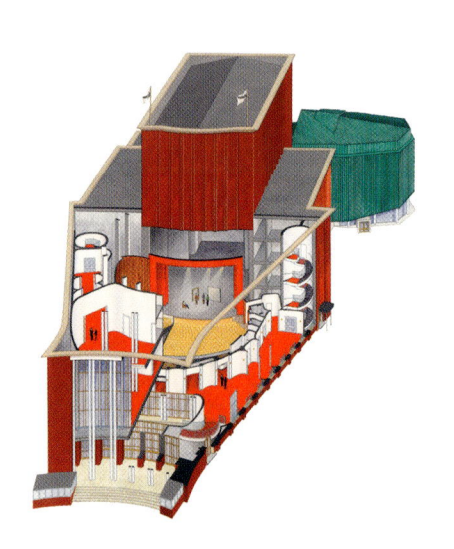

SCHAUSPIELHAUS. BOCHUM.

EIN BUCH ÜBER DAS THEATERMACHEN

2000 – 2005

Herausgegeben vom Schauspielhaus Bochum

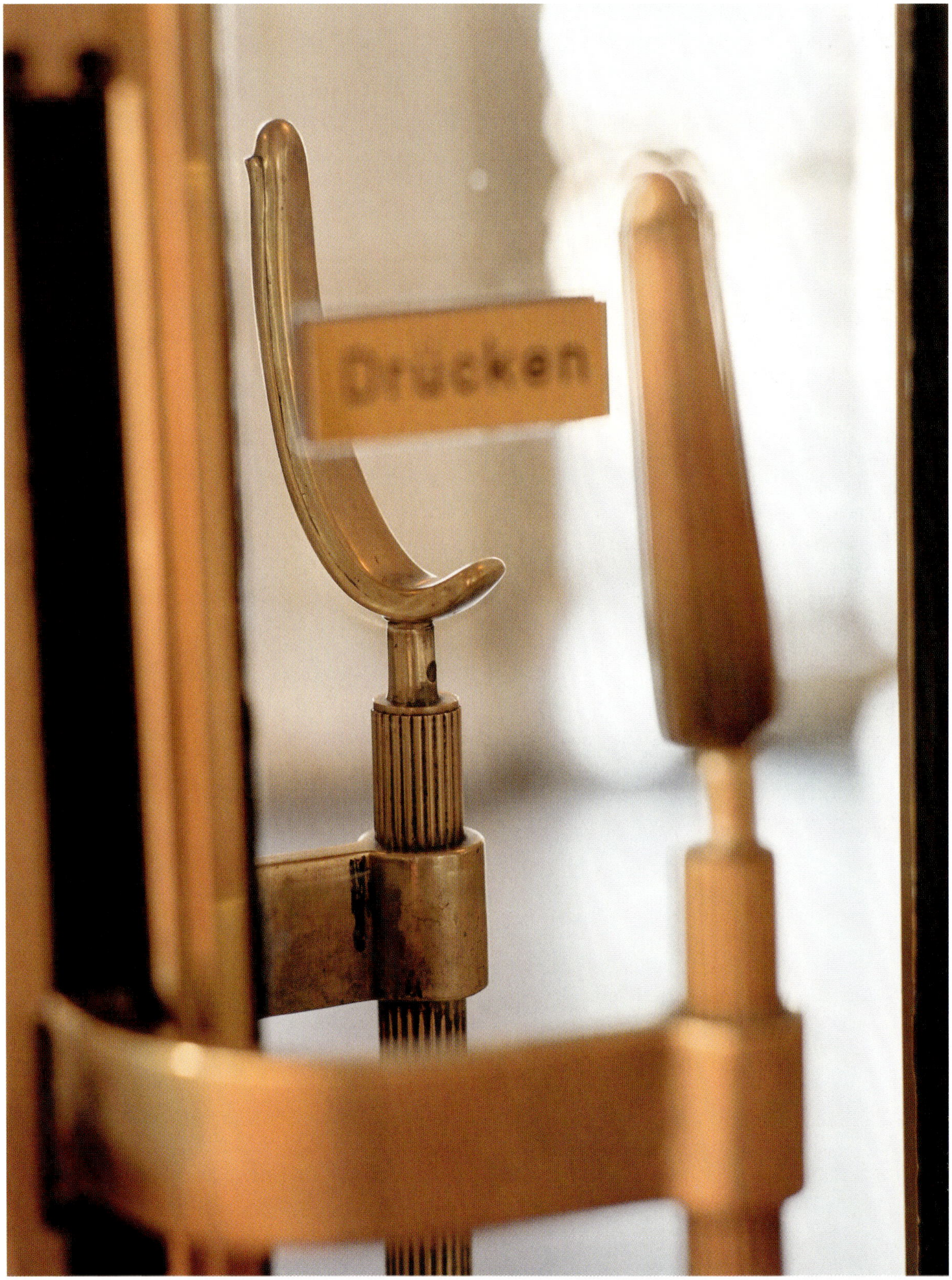
Drücken

Vorwort

Ohne das Theater zu lieben, kann man hier gar nicht arbeiten, weil es oft wirklich Nervensache ist. Ich werde nie meine erste Schicht in der Kantine des Schauspielhauses vergessen: Ich hab gedacht, da werden Herren in weißem Hemd, Schlips und Jackett sitzen und beim Speisen wichtige Sachen sagen. Dementsprechend kam ich an meinem ersten Tag also schön geschminkt und nett zurecht gemacht zur Arbeit, war ganz schüchtern – und sehe prompt beim Servieren einen in Tee getunkten Tampon, den zwei meiner ersten Gäste, zwei Schauspieler, an die Lampe über ihrem Tisch gehängt haben. Mir rutschten die zwei Pils fast aus den Händen, als ich sie bei denen abstellte, ich drehte mich mit rotem Kopf weg und dachte: „Nee! Hör ma! Hier bleibste nich!!" Aber ich bin doch geblieben und froh darüber. Denn ich habe dann gemerkt, was die Menschen am Theater auch zu geben haben. Viele schöne Situationen habe ich erlebt. Und über die Situationen, die mal wirklich ernst waren, lacht man meistens später. Immer wieder baut man eine so enge Beziehung zu den Menschen auf, dass es auch traurig ist, wenn wieder ein Wechsel bevorsteht. Jetzt geht Matthias Hartmann nach Zürich und es gibt ein neues Abschlussbuch über die Zeit seiner Intendanz, in dem neben vielen Bildern von den Aufführungen zwischen 2000 und 2005 auch mal von der ganzen Arbeit, die dahinter steckt, geschrieben werden soll.

Weil ich jetzt schon 22 Jahre in diesem Haus arbeite, ist das nicht das erste Abschlussbuch für mich. Wie bei allen vorhergehenden Büchern werde ich auch diesmal jeden, den ich gerne habe und erwischen kann, bitten, etwas hineinzuschreiben. Und wie in die anderen Bücher werde ich dann auch in das hier oft hinein sehen und mich an alte Kollegen, mir liebe Menschen und schöne Zeiten erinnern.

Elken Krüger

Inhalt

Vorwort
Elken Krüger .... Seite 5

DIE MENSCHEN – DIE ARBEIT

48 Stunden Schauspielhaus
Axel von Ernst .... Seite 13

Querschnitt/Register .... Seite 82

Grüße aus Wien, Berlin und Zürich
Peter Turrini .... Seite 97
Botho Strauß .... Seite 105
Sibylle Berg .... Seite 113

DIE BÜHNE – DAS HAUS

Achtung Baustelle
Andreas Erdmann .... Seite 125

Es vibriert so
Fritz Schediwy .... Seite 139

„Wer erstmal an einem Theater ist, der bleibt auch da."
Ein Gespräch mit Peter Schulz .... Seite 145

Grüße aus München und Bochum
Albert Ostermaier .... Seite 165
Tankred Dorst .... Seite 171
Thomas Oberender .... Seite 175

Für Wilfried Minks
Thomas Oberender .... Seite 179

DIE SPIELZEITEN

„BochumBochum!"
Ein Gespräch mit Klaus Mißbach .... Seite 189

Das Publikum hat sich mit uns auf den Weg gemacht
Matthias Hartmann .... Seite 201

Wo bin ich denn hier gelandet?
Karsten Riedel .... Seite 209

Von Jugendlichen profitiert man immer
Ein Gespräch mit Annette Raffalt .... Seite 219

Ein leichter Frühstückswein
Kathrin Sievers über Tana Schanzara .... Seite 225

Kein Freibier im Malersaal
Peter Hein .... Seite 237

Grüße aus Mülheim an der Ruhr und Berlin
Helge Schneider .... Seite 241
Moritz Rinke .... Seite 249

DIE EREIGNISSE

Jürgen Rohe .... Seite 257

Der 11. September 2001 .... Seite 261

Krieg der Propheten
Thomas Oberender .... Seite 264

Botho Strauß Special .... Seite 269

50 Jahre – 50 Stunden .... Seite 271

Die Opelaner streiken .... Seite 273

Abgestimmt
Peter Iden .... Seite 275

Grüße aus Antwerpen und Zürich
Jeroen Olyslaegers .... Seite 277
Lukas Bärfuss .... Seite 281

DIE STATISTIK

Inszenierungen .... Seite 290

Actors Studio/Gastspiele/Lesungen/Jugendclubs .... Seite 328

Statistiken .... Seite 335

Ensemble .... Seite 340

Mitarbeiter .... Seite 344

Impressum .... Seite 351

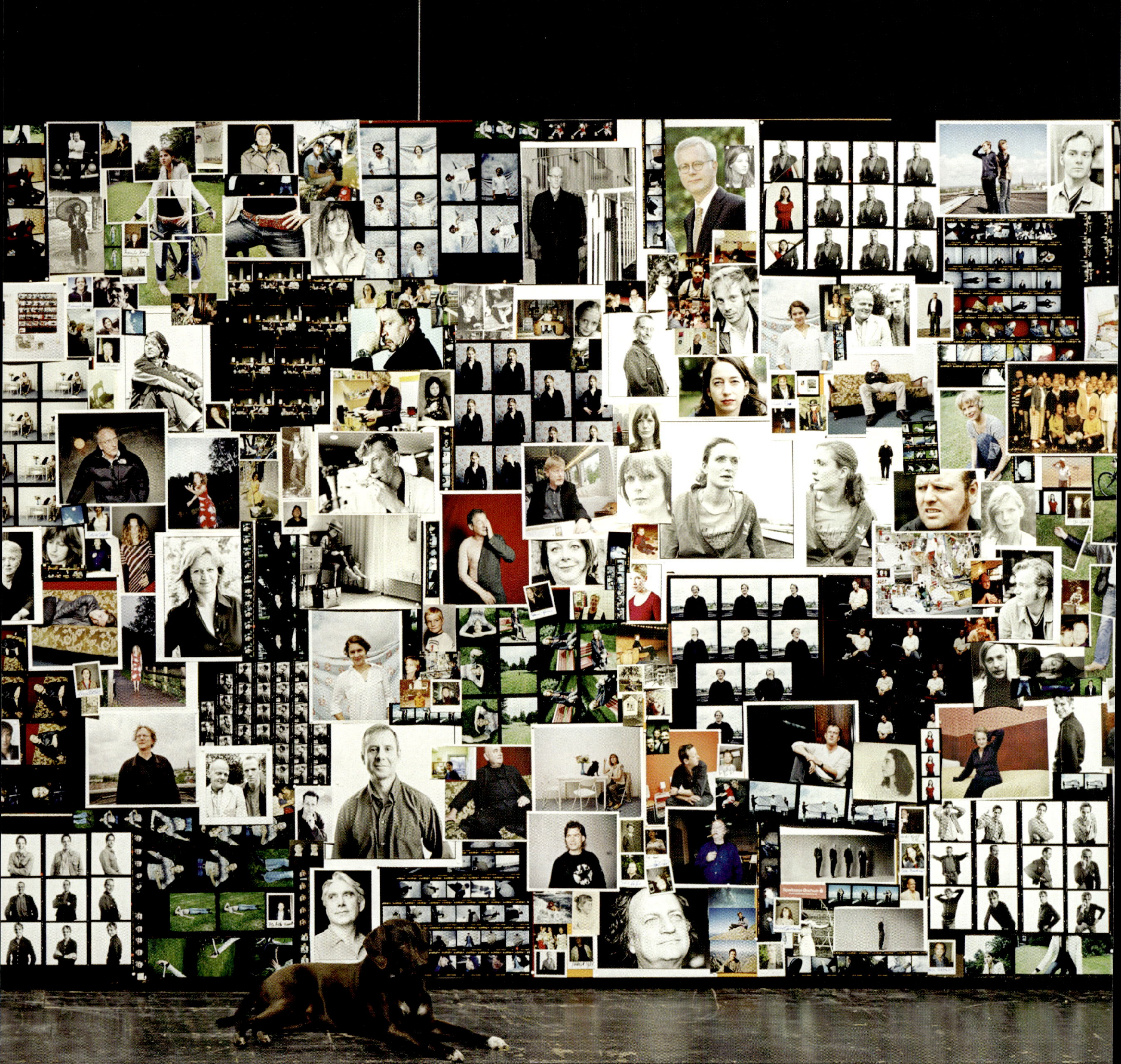

DIE MENSCHEN — DIE ARBEIT

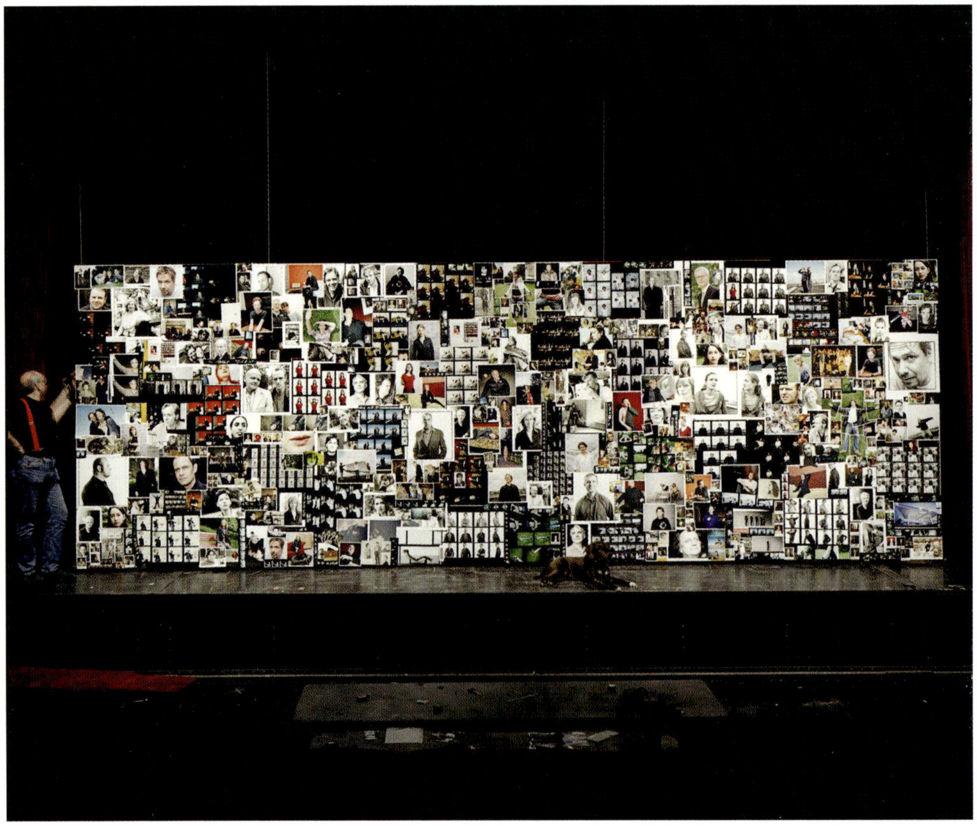

DIE MENSCHEN — DIE ARBEIT

48 Stunden Schauspielhaus
Axel von Ernst .... Seite 13

Querschnitt/Register .... Seite 82

Grüße aus Wien, Berlin und Zürich
Peter Turrini .... Seite 97
Botho Strauß .... Seite 105
Sibylle Berg .... Seite 113

ACHTUNG!

An Alle:

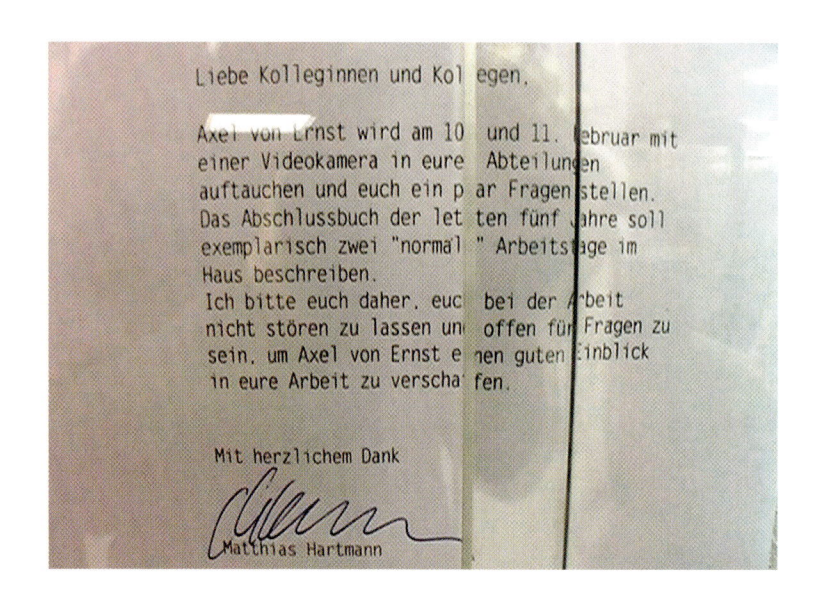

Um Eure Arbeit für das Abschlussbuch zu dokumentieren, wird Axel von Ernst am Donnerstag und Freitag (10./11.2.) durchs Haus gehen und alle Abteilungen und Bühnen besuchen.
Es wäre schön, wenn Ihr ihm einen guten Einblick gewährt!

Liebe Kolleginnen und Kollegen,

Axel von Ernst wird am 10. und 11. Februar mit einer Videokamera in eure Abteilungen auftauchen und euch ein paar Fragen stellen.
Das Abschlussbuch der letzten fünf Jahre soll exemplarisch zwei "normale" Arbeitstage im Haus beschreiben.
Ich bitte euch daher, euch bei der Arbeit nicht stören zu lassen und offen für Fragen zu sein, um Axel von Ernst einen guten Einblick in eure Arbeit zu verschaffen.

Mit herzlichem Dank

Matthias Hartmann

48 Stunden Schauspielhaus

Dokumentation und Selbstversuch

von Axel von Ernst

Dies ist ein Expeditionsbericht. Als ich mich auf die Sache einließ, glaubte ich, durch gute Organisation und gute Konstitution nicht scheitern zu können. Meine Organisation war aber schließlich schlecht, weil ich das erste Mal eine solche Expedition machte, und sie war schlecht, weil in einem Theater Organisation, die meiner preußischen Auffassung davon (leider habe ich auch wirklich nur die *Auffassung* davon) entspricht, gar nicht möglich ist. Hier existiert etwas, das man „straff organisierte Flexibilität" nennen könnte. Oder so ähnlich. Meine Konstitution erwies sich allerdings wie erwartet als fabelhaft – jedenfalls habe ich überlebt.

Am Anfang stand irgendwann im Herbst 2004 die Frage Matthias Hartmanns: „Willst du das machen?", die ich innerlich sofort begeistert bejahte, äußerlich zwar auch sofort bejahte, aber, weil wir noch nicht über Geld gesprochen hatten, bemüht verkniffen. Ich saß schon eine Weile vor seinem Schreibtisch und er saß manchmal mir gegenüber. Nachdem er mir einleitend vorgerechnet hatte, wie man als Theaterautor Millionär werden könne („Nur zu!", dachte ich), kam er auf das Schauspielhaus Bochum zu sprechen und die Leute, die darin arbeiten, und überhaupt: Bochum! Er schwärmte mir regelrecht etwas vor.
Dann fragte er mich unvermittelt, ob ich diese gezeichneten aufgeschnittenen Schiffsrümpfe kenne, die es in Büchern über Passagierdampfer beispielsweise gäbe. Kannte ich natürlich.
„So etwas hätte ich gerne als Abschlussbuch! Einen Querschnitt durch das Haus. Ein Buch, das in das Innere dieses Hauses blickt, in jede Abteilung. Am besten wäre, wenn man zeigen könnte, was hier alles in vierundzwanzig Stunden passiert, wie hier rund um die Uhr gearbeitet wird, was hier geleistet wird. 365 Tage im Jahr. Jeden Tag Gleiches und jeden Tag Besonderes", so ungefähr sprach er weiter. Wichtig ist meine Reaktion auf den letzten Satz. Ich sagte: „Dann müsste man eigentlich 48 und nicht 24 Stunden dokumentieren ..." – Als ich, nun frischgebackener Beauftragter Abschlussbuch Intendanz Matthias Hartmann, aus dem Büro ging (Matthias in der Sekunde unseres Abschieds schon mit dem Nächsten befasst), dachte ich nur, was ich mir jetzt schon wieder aufgehalst hätte ...
Im Nachhinein gesehen: etwas Wunderbares. Obwohl ich in gewisser Weise auch gescheitert bin.

Donnerstag, 10. Februar 2005

Eigentlich hatte ich es vorher gewusst: Was immer ich mir vornehme, um an den Tagen des 48-Stunden-Abenteuers fit zu sein – es wird nicht funktionieren. An jenem Februardonnerstag wollte ich um 5 Uhr beim Nachtpförtner des Schauspielhauses erscheinen, frisch, munter, gut angezogen, um dann in Begleitung einer Videokamera 48 Stunden lang, bis Samstag, 12. Februar, 5 Uhr, durch alle Abteilungen des Hauses hin und her zu rasen, um die Gleichzeitigkeit des Geschehens im Theater zu dokumentieren. Hier wird gebaut, dort geprobt, da geplant usw. usf.
Daher bin ich am Mittwoch extra in einem Zimmer nicht weit vom Theater schon um 17 Uhr ins Bett gegangen und hatte vorher noch gegen ein leichtes Halskratzen einen Pfefferminztee getrunken. Aber: Ich konnte nicht schlafen!! Mir ging dauernd meine Planung im Kopf herum, denn ich hatte mir in den vorangegangenen Tagen einen relativ detaillierten

Die Menschen – Die Arbeit

Stundenplan für die zwei Tage gemacht, mich in vielen Abteilungen persönlich angemeldet, einen schriftlichen Rundlauf mit einer Ankündigung meines Besuchs machen lassen und so weiter. Aber weil ich nicht wirklich wusste, was mich erwartete, oder auch weil ich zuviel im Kopf hatte, bekam ich kein Auge zu. Zwischen 21 und 0 Uhr gab ich auf, las ein Buch und trank weiteren Pfefferminztee, da sich das Halskratzen zu Schluckbeschwerden erweitert hatte. Danach wälzte ich mich wieder umher. Gegen 2 Uhr interviewte ich, wie ich mich erinnere, intensiv im voraus Sigrid Wilhelm von der Presseabteilung, zwischendurch schmerzhaft schluckend und hysterisch Schlaf herbeibetend. Kurz nach 3 weinte ich fast. „Nur eine Stunde! Wenigstens eine Stunde!" Aber ich stand kurz nach 4 ohne Schlaf und inzwischen schwer erkältet auf. Beim Ankleiden stellte sich dann noch heraus, dass der mitgebrachte neue Pullover beim Waschen eingelaufen sein musste, denn er war nun zu kurz und inszenierte dadurch eine schreckliche Bauchkugel. Und ich sollte unglaublich viele Menschen treffen, sollte gefilmt werden!

Die Bochumer Februarluft tat mir auf dem Weg zum Theater gut, weckte mich, der ich inzwischen natürlich endlich zum Einschlafen müde war, ein bisschen auf. Nur das blöde Erkältungsgefühl blieb ärgerlich. Wie sollte ich eigentlich das Projekt durchhalten? Sollte ich es spontan verschieben? Aber dafür würde ich gerade im Theater wohl wenig Verständnis finden, wo unter den erbärmlichsten Umständen die Vorstellungen trotzdem laufen. In Bochum habe ich einige Zeit später beispielsweise einen Schauspieler im Gips auf der Bühne gesehen (und zwar Manfred Böll in Helge Schneiders *Aprikose, Banane, Erdbeer*). Aber trotz Panik war ich mir meiner allgemeinen Zähigkeit bewusst: Ich würde frühestens hinterher zusammenbrechen. Ganz sicher. Vielleicht. Hoffentlich.

Donnerstags, 5 Uhr morgens ist Bochum noch völlig ausgestorben. Ich sah einen Zeitungsmann, der in einen grässlichen, kollernden Raucherhusten ausbrach, als ich an ihm vorbeiging, und nur ein einziges Auto, das auf der Königsallee am Schauspielhaus vorbeifuhr. Der Taxistand vor den Kammerspielen war leer, das Haus dunkel, ein ruhender Backsteinklotz. Nur der **Bühneneingang**, im Haus „Pforte" genannt, leuchtete hell in den ringsum düsteren Februarmorgen. Schon von draußen konnte ich den Kopf des Nachtpförtners erkennen, wie er offenbar über irgendeiner Lektüre hing. Ich öffnete die erste gläserne Tür, dann die zweite, rief, während bereits das vom Pförtner ausgelöste Öffnungssummen der dritten Glastür einsetzte, ein möglichst munteres, mich selbst anspornendes „Guten Morgen!" – und mein 48-Stunden-Aufenthalt im Schauspielhaus Bochum begann.

Und er beginnt recht gemächlich. Ich setze mich zum Nachtpförtner in die **Pförtnerloge** hinter Glas, in der nur ein 20-Zentimeter-Streifen ohne Glas als Durchreiche dient, und versuche erst einmal weiter, mich wacher zu bekommen. Der Nachtpförtner heißt Wolfgang Welt und ist eine wirklich besondere Institution im Schauspielhaus und in Bochum. Von vielen nächtlichen Vorbeigängen, bei Premieren zum Beispiel, kenne ich ihn bereits vom Sehen, auf den ersten Blick eine interessante Figur, die aber Scheu einflößt, obwohl sie absurderweise selber scheu ist. Und schließlich ist mir bekannt, dass Wolfgang Welt nicht eigentlich Nachtpförtner ist, sondern ein Schriftsteller und Journalist, der als Nachtpförtner sein Geld verdient, was meistens aber andersrum dargestellt wird. Ich unterhalte mich also nun das erste Mal mit der Legende Wolfgang Welt, erkläre ihm mein Vorhaben, stelle mich vor und frage nach seinen Dienstzeiten (21.45 – 5.30 Uhr). Wir gehen noch ziemlich schüchtern miteinander um, kommen aber bald in ein Kollegengespräch über Verlage und so weiter. Wolfgang erzählt schließlich die Geschichte seiner Veröffentlichungen und dass er gerade einen Verlag sucht für seinen dritten Roman (inzwischen ist sicher, dass Suhrkamp seine ganze Trilogie drucken will). Dies alles wird in zwanzig Minuten abgehandelt, dann kommt der erste Videojunge (die, die bei den Inszenierungen mit Video von Matthias Hartmann hinter den Kameras sind, werden nämlich im Haus „Videojungs" genannt) – Stephan Komitsch. Stephan sieht allerdings auch nicht so aus, als ob er häufig um diese Zeit schon wach ist. Höchstens noch. Kaum hat Stephan eine Art 48-Stunden-Videotapedepot in der Pförtnerloge angelegt, die Kamera klar gemacht und begonnen, ein bisschen herum zu filmen, ist es **5.30 Uhr** und es erscheint Wolfgangs Ablösung an der hinteren Pforte im Hof, die er auf einem Monitor beobachten kann. Er öffnet das Tor per Knopfdruck und man sieht auf dem grauen Bildschirm eines Überwachungsmonitors Cornelia Skusa durch die Hofeinfahrt das Hoheitsgebiet des Theaters betreten. Wolfgang beginnt, seine Sachen zusammenzupacken. Dann die Übergabe. Es muss dabei gar nicht viel gesagt werden. Jeder weiß, wo er hinschaut, ob alles da, alles in Ordnung ist. „Sonst is nix", sagt Wolfgang. „Gut", sagt Cornelia, während sie ihre Jacke in den Spind hängt. Sie hat eine gewisse morgendliche Frische mitgebracht. Sie ist perfekt zurecht gemacht, ihre Frisur wie frisch frisiert, die Fingernägel scheinbar gerade neu lackiert. Als müder, erkälteter Mensch mit schlecht sitzender Kleidung fragt man sich da: Wann steht diese Frau auf, um um 5.30 Uhr in diesem Zustand bei der Arbeit erscheinen zu können?

Kurz vor seinem Abgang nach Hause und ins Bett macht Wolfgang noch auf eine Tätigkeit aufmerksam, die sich jeden Morgen wiederholt. Er holt vom Schlüsselbrett, das in einem alten Schrank hinter Glas ist, einen großen Schlüssel und legt diesen direkt unter die Durchreiche. „Das ist der Schlüssel zum Frauen-Raum. Den holen die gleich ab. Wirste sehn." Nun liegt da ein langer, sehr alt wirkender Schlüssel mit einem ebenso langen Blechschild daran: „Frauen-Raum" ist darin eingeprägt. Es ist der Schlüssel zum Aufenthaltsraum der **Reinigungskräfte** hinten im Hof – und wirklich wird er von der ersten erscheinenden Reinigungskraft, der Chefin Rosel Bomm, kurze Zeit später, ohne zu fragen, mitgenommen. Da hat Wolfgang sich schon längst bis heute Abend verabschiedet, Cornelia in Ruhe ihre Tasche ausgepackt und die Kaffeemaschine angeworfen – eine Hoffnung für einen müden Filmer und einen müden Autor. Ab **5.45 Uhr** trudeln die ersten Reinigungsdamen ein, deren Dienst um 6 Uhr beginnt. Da ist der Kaffee längst fertig. Der berühmteste soll zwar der von Wolfgang sein, aber der von Cornelia ist auch von vorzüglicher Bekömmlichkeit – und vor allem gerade sehr notwendig.

10-02-2005 DON 000
05:50:27 720
10-02-2005 DON 000
05:50:36 720
10-02-2005 DON 000
05:50:45 720
10-02-2005 DON 000
05:50:54 720
10-02-2005 DON 000
05:51:00 720
10-02-2005 DON 000
05:51:17 720

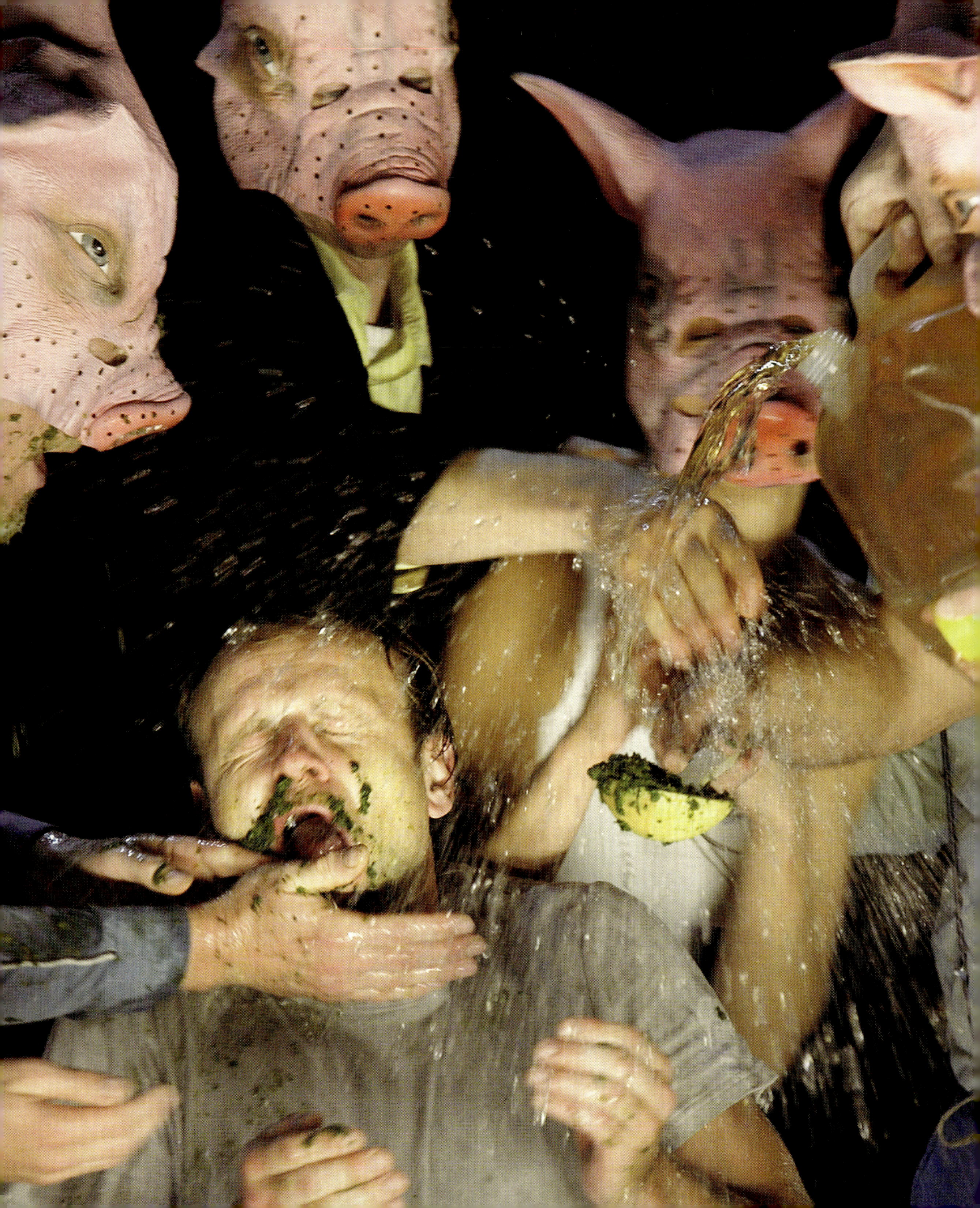

Cornelias erste Aufgaben sind das Auswechseln des Tagesplans in der Vitrine auf dem Gang direkt gegenüber der dritten Eingangstür und auch das Auswechseln des Abenddienstschildes an der gleichen Stelle. Der neue Tagesplan ist am Vortag im **Künstlerischen Betriebsbüro** gemacht worden, der jetzt veraltete kommt in das Fach des **KBB** und wird so dorthin zurückkehren. Was ein Abenddienst ist, wird noch zu klären sein. Heute steht jedenfalls als Abenddienst „Klaus Mißbach" auf dem Schild. Dann wurden, während noch der Kaffee durchlief, die Post und die Zeitungen sortiert. Zeitungen für die Presseabteilung, für das KBB, für die Direktion, die Verwaltungsleiterin Brigitte Käding bekommt auch eine Zeitung, und es gibt noch welche, die ausgelegt werden.

Dann sitzen wir also beim Kaffee, immer wieder kommen Reinigungskräfte herein, Cornelia öffnet die summende Tür. Ich bekomme mit, wie zwei Damen vor dem Glasschrank im Korridor stehen bleiben, um den neuen Tagesplan anzusehen. Eine Chance, die ich nutzen sollte! Ich grüße sie und erkläre ihnen, warum ich da bin, und fühle mich ein wenig wie ein Versicherungsvertreter, der eine völlig sinnleere Versicherung an den Mann bringen will. Mitten in meiner Erklärung kommt Stephan mit der Kamera nach. „Aber nicht uns filmen!", rufen Anne Czerniewicz und Sigrid Gramer fast gleichzeitig. Stephan richtet also schnell die Kamera auf mich. „Ich filme nur ihn", sagt er, was sie beruhigt, mir aber dafür weniger angenehm ist. Aber es ist nur ein Trick; Sekunden später werden wir doch alle zusammen gefilmt, während ich meine Erläuterung fortsetze und Fragen zu stellen beginne. Ich habe das Gefühl, sie freuen sich, dass sich auch mal jemand für *ihre* Arbeit interessiert. „Jede hat ihr Revier", erzählen sie mir. Anne ist beispielsweise zuständig fürs **Große Haus**, Sigrid für die **Kammerspiele**. Den ganzen Tag wird im gesamten Haus gereinigt. Morgens beginnen Reinigungskräfte damit, den ganzen Dreck vom Vorabend auf, an und unter den Bühnen und in den **Zuschauerräumen** zu beseitigen („Das sollten Sie mal sehen, was das für Dreck ist!"). Mittags kommen noch Reinigungskräfte und abends sind auch zwei im Haus. „Schade, dass gestern nicht *Peer Gynt* war. Da hättense ma kommen müssen!" Wirklich schade. Denn ich hätte gerne davon berichtet, wie die armen Reinigungsdamen das SALZ zu beseitigen haben. Ich begreife nicht gleich: „Was für Salz?" „Dat gehört zum Stück", erklärt Sigrid. „Salz und Zwiebeln und Spinat." Na sowas. Man sollte meinen, das mache nichts aus, aber im Gegenteil kann eine scheinbar schlichte künstlerische Idee für die Leute, die hinterher sauber machen müssen, zu einer Zumutung werden. Wenn das Salz der *Peer Gynt*-Inszenierung, das darin den ganzen Bühnenboden bedeckt (ein interessanter Abend, ich war in der Premiere), weggeschaufelt wird, erheben sich Wolken aus Salzstaub, die das Atmen extrem erschweren. Aber nicht nur die Reinigungskräfte hätten damit zu kämpfen, zumal Anne sowieso mit Asthma zu tun hat, auch die **Technik** habe salzverkrustete Stecker. Aber bitte kein falscher Eindruck: Ich habe Frauen vor mir, die nicht jammern, sondern nur Feststellungen treffen. Frauen, die wahrscheinlich ordentlich zupacken, um den Dreck, der neben der Erinnerung zunächst als einziges von der Kunst der Abende übrig bleibt, zu beseitigen.

Dann sitze ich wieder in der **Pförtnerloge** hinter Glas und befrage Cornelia nach ihrer Arbeit, während sie derselben nachgeht und das Radio läuft. Vor 6 kommen noch immer Reinigungskräfte ins Haus, einige kommen herum in die Loge, um

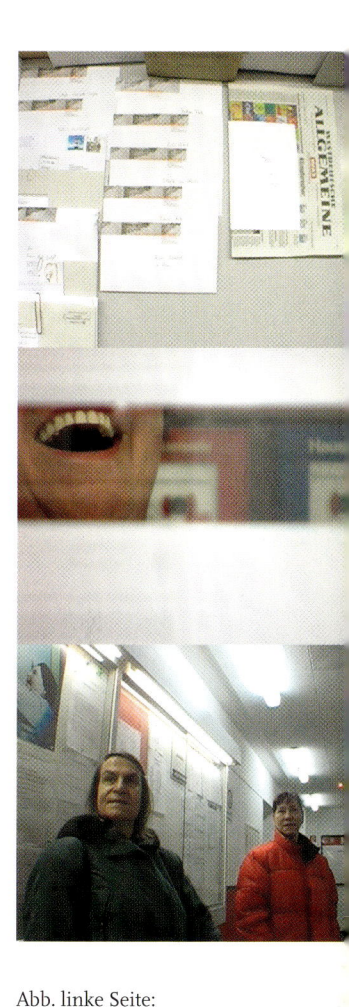

Abb. linke Seite:
Oliver Stokowski
in *Peer Gynt*
von Henrik Ibsen

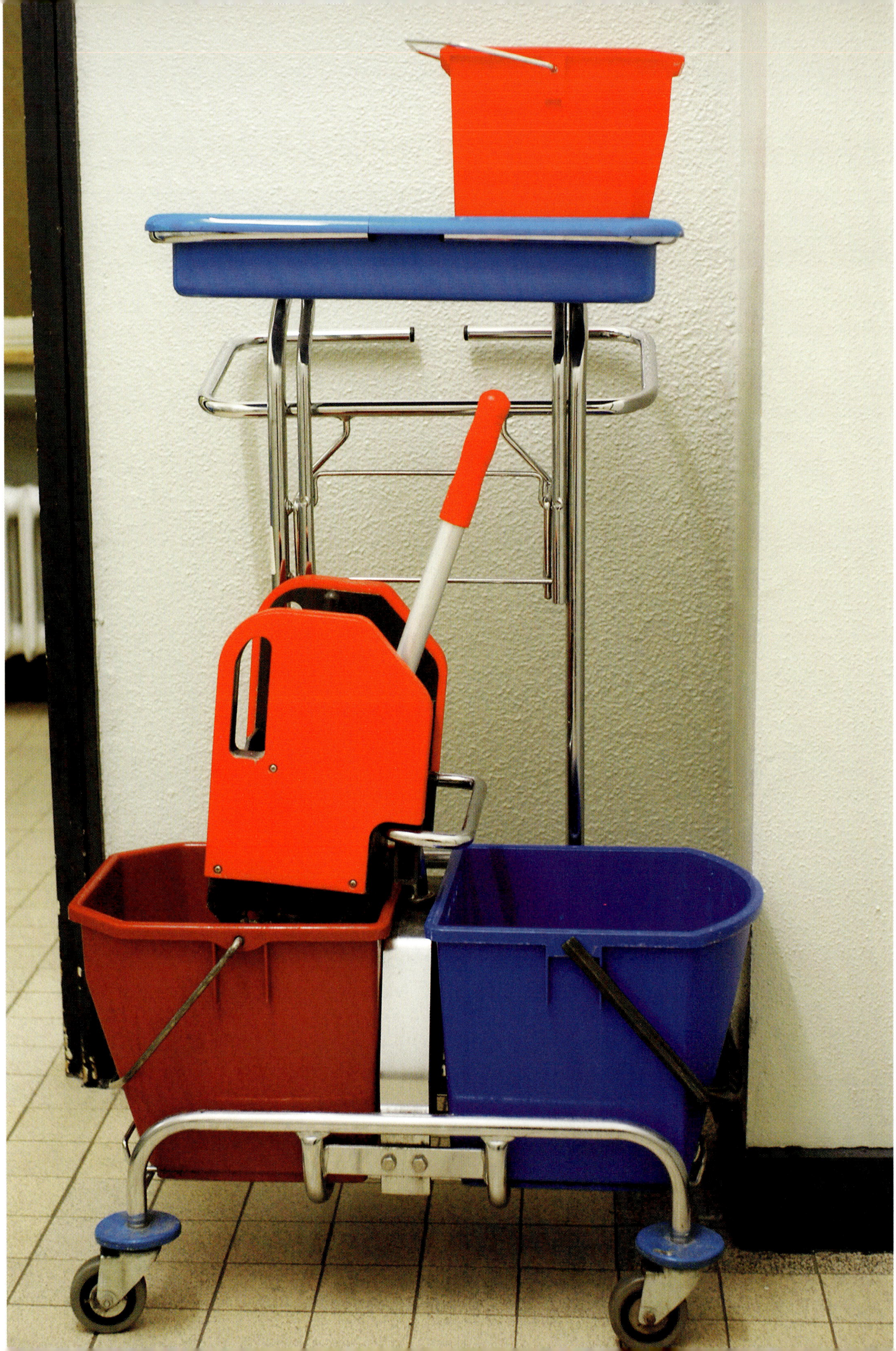

sich Schlüssel zu holen. Dann müssen sie in einem Schlüsselbuch, in dem schon alles für die Unterschrift vorbereitet ist, unterschreiben. Cornelia notiert die Namen aller Eintreffenden, um dann abzuhaken, wer da ist. Sie zeigt mir auch den Generalschlüsselbund, der z.B. ausgehändigt wird, wenn der **Inspizient** Gerd Beiderbeck seine beliebten Führungen durch das Haus macht. Auch heute um 9 Uhr soll eine solche Führung stattfinden, ich habe fest vor, daran teilzunehmen. Ich frage Cornelia nach den Arbeitszeiten: Die Pförtnerinnen und Pförtner haben jeweils eine Woche Frühschicht (5.30 – 13.45 Uhr), eine Woche Spätschicht (13.45 – 21.45 Uhr) und dann eine Woche frei. Hört sich okay an. Was den Stress betrifft, ist die Pförtnertätigkeit sehr wechselhaft. Mal drängeln sich die Leute vor und hinter der Scheibe, vier Mann haben ein Anliegen, zwei warten auf das Summen der Tür, um reinzukommen, das Telefon klingelt und ein Durchruf soll ganz dringend gemacht werden. Und dann gibt es wieder vollkommen ruhige Phasen, in denen man lesen kann und nur ab und zu Leute rein- und rausgehen.

Eine besondere Aufgabe, die kürzlich der Pforte übertragen wurde, das erklärt mir Cornelia dann auch noch, ist die Verwaltung des Terminplaners für den Caddy. Der Caddy ist eine noch ziemlich neue Spende fürs Haus, die Pforte trägt die Reservierungen des Caddys in ein Buch ein. Ich nutze gleich die Gelegenheit und bitte um den Wagen für den nächsten Tag. Morgen um 9 Uhr will ich nämlich vor dem Beginn der Probe in der **„Zeche 2"** sein (die Probebühne außerhalb des Hauses, nebenan die **„Zeche 1"**, Spielstätte von 1979), und nachmittags will ich ins Außenlager und in den Malersaal fahren. „Notiere ich mal am besten gleich", sagt Cornelia. „Dann hast'n sicher."

Inzwischen ist es 6.20 Uhr und Karin Towara hat vor der **Pförtnerloge** damit begonnen, sämtliches Glas zu reinigen. Es kommt zu einem Gespräch zwischen uns Dreien. Karin hat ein flaues Gefühl im Magen und ist ganz kaputt von ihrer schrecklichen letzten Nacht. Der Grund: „Kohlsuppe zum Abnehmen". Chinakohl, Spitzkohl usw. Es war eine phänomenale Wirkung versprochen. In überraschend anderer Weise war sie auch wirklich phänomenal. Nun unterhalten wir uns über Diäten und die lästigen Umstände, die damit zusammenhängen. Als fleißiger (Mit-)Leser der „Brigitte" empfehle ich die Brigitte-Diät. Karin hat auf jeden Fall beschlossen, das Kohlsuppen-Experiment nicht fortzusetzen. Kurz darauf kommt sie mit ihrem Schrubber ganz herein. Alle müssen aufstehen und führen mit den rollbaren Stühlen eine Art Ballett durch, damit überall der Lappen hinkommt. Dabei frage ich auch Karin nach den Arbeitszeiten der Reinigungskräfte. Diese sind ebenfalls sehr ungewöhnlich: Es wird 12 Tage durchgearbeitet, dann gibt es ein Wochenende frei.

Kurz bevor Karin wieder aus der Loge herausputzt, fragt sie mich: „Sind Sie vom Fernsehen, oder wie seh ich das?" Ich erläutere ausführlich das 48-Stunden-Konzept und betone, dass die Kameraaufnahmen mein schlechtes Gedächtnis ersetzen und Filmstills davon vielleicht im Abschlussbuch als Illustration dienen sollen. Wir seien keineswegs von „RTL-Explosiv", um Folterfälle im Theater zu entdecken. „Käfighaltung im Schauspielhaus!", ruft Cornelia hinter mir aus ihrem Glaskasten.

Ob die Reinigungskräfte wohl jetzt schon auf den Bühnen sind? Ich beschließe, dort einmal hinzuschauen. Aber auf der Bühne des Großen Hauses ist niemand.

Die Menschen – Die Arbeit

Offenbar ist sie auch schon gereinigt. Vom Zuschauerraum sind wir durch den Eisernen Vorhang getrennt. Wir stehen im Bühnenbild von *Romeo und Julia* (das Stück ist wegen des großen Erfolgs von den Kammerspielen ins Große Haus geholt worden), in einer verlassenen, stillen Atmosphäre. Wie auf einem ausgestorbenen Planeten mit Glasarchitektur und künstlichem Wasserbassin. **Es ist 6.38 Uhr.**

Dann gehen wir schnell durch einen einsamen, grauen Gang, von dem die **Garderoben** der Schauspieler abgehen (im Erdgeschoss, das man aber als 1. Etage empfindet, weil die Pforte einem wie das Erdgeschoss vorkommt, obwohl sie im Keller liegt), rüber zur **Kammerbühne**. Auch da ist niemand. Die Bühne wird ganz eingenommen von einem weißen Stoffkasten, der zum Zuschauerraum hin offen ist. Kaum beleuchtet wirkt er grau und schäbig.
Wo sind denn jetzt bloß Reinigungskräfte? Vielleicht in den Foyers? Wir laufen zurück ins **Große Haus**. Beim Übergang in dessen **Foyer** wird besonders deutlich, was „Hinter den Kulissen" meint. Ich habe tatsächlich das Gefühl, von hinten nach vorne zu gehen. Wir haben erst wieder

den grauen Gang durchquert, der sich genau so in irgendeiner Bundeswehrkaserne befinden könnte, öffneten dann eine schwere Tür zu einem Treppenhaus, das militärgeschichtlich noch etwas weiter zurückführt (Führerbunker), gingen hier nur ein paar Stufen runter und dann durch eine Tür – und plötzlich stehen wir auf rotem Teppich in hellem Licht, goldene Lampen an cremefarbenen Wänden, elegante Bänke, hohe Fenster, die ins dunkle Bochum blicken. Die Vorderseite dieser Theaterwelt.

Gleich rechts die Tür zum **Zuschauerraum** steht offen – dort wird gerade gereinigt. Also rein. Mehrere **Reinigungsdamen** wischen zwischen den Stühlen und bewegen sich langsam in entgegengesetzte Richtungen und in verschiedenen Reihen vorwärts wie von Geisterhand bewegte Volume-, Balance- und Tone-Regler. Wir sind jetzt auf der anderen Seite des Eisernen Vorhangs, hinter dem Romeos und Julias gläserne Totengruft ruht. Wie als Mahnung daran sind die ersten drei Sesselreihen mit weißen Tüchern verhangen. Als Anknüpfung für ein Gespräch frage ich die mir am nächsten putzende Reinigungskraft nach dem Sinn dieser Tücher und erfahre, dass sie die Sessel schützen sollen, wenn auf der Bühne umgebaut wird (denn dann ist der „Eiserne" offen). Von hier aus liegt es natürlich nahe, auch sie nach dem Salz von *Peer Gynt* und möglichen anderen Schweinereien zu fragen. Aber ich treffe auf Kunstverständnis: „Das gehört nun mal dazu. Wenn das nun mal im Stück so sein muss", sagt sie ganz selbstverständlich, vielleicht etwas verwundert über meine dämliche Frage.

Schließlich verlassen wir den Zuschauerraum des Schauspielhauses wieder, entdecken links und rechts des Aufgangs „Sperrsitz rechts, Reihen 6-9" zwei offene Türen, die in den schicken Wänden sonst kaum auffallen und die in kleine, enge aber sehr hohe Räume mit groben Backsteinwänden führen, rechts offenbar hinter Sperrholzplatten ein Archiv von alten Programmheften, links unter anderem einen Staubsaugerrucksack verbergend.

Bevor wir wieder zur Pforte, zu unserer Zentrale sozusagen, zurückkehren, schauen wir bei der Gewandmeisterei vorbei. Der Fundusverwalter Guido Hußmann will nämlich dort ab 7 Uhr „den **Fundus** fahren". Aber wir treffen noch niemanden an, es sind schließlich auch noch **ein paar Minuten bis 7**. Vor dem Bühnenfahrstuhl im noch ausgestorbenen Gang zwischen der **Herren-** und der **Damenschneiderei** stehen allerdings schon drei Rollständer mit Herrenkostümen. Stephan erkennt darauf seinen schwarzen Blaumann mit dem 70er-Jahre-Kragen aus *1979*. Einmal, so erzählt er, hat er plötzlich einen Blaumann ohne diesen Kragen bekommen. Das kam ihm dann während der Aufführung völlig verkehrt und unangenehm unperfekt vor – während ich dagegen halte, dass wohl kaum jemand im Publikum auf so was achtet. Während wir also dann doch wieder zur Pforte hinunter gehen, denke ich aber darüber nach, wie viele solcher Kleinigkeiten man wohl ändern könnte, bis die Ästhetik einer Inszenierung doch empfindlich gestört wäre.

Vor der Pforte unten treffen wir den Hausmeister Udo Hermes an, dessen Dienst auch um 7 Uhr beginnt. Er kommt gerade aus dem Büro des **Hausdienstes**, das sich direkt neben dem Zugang zur Pförtnerloge befindet, und wir überfallen ihn

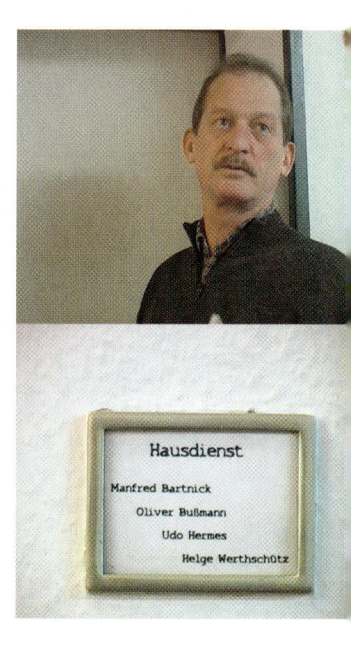

Die Menschen – Die Arbeit

mit Kamera und Fragen. Aber Udo bleibt ziemlich gelassen. Ja, er wird uns Bescheid geben, wenn die Stadtwerker wegen der Sprinkleranlage kommen. Ja, er beginnt seinen Dienst erstmal mit einem Kontrollgang. Manchmal prüft er auch die Klimaanlage. Und dass die Wäsche donnerstags zum Rathaus gefahren wird, hängt mit der städtischen Organisation zusammen. Die Wäsche aller Behörden wird dort donnerstags gesammelt und zur Wäscherei gefahren. Und dieses Theater ist ja eine städtische Behörde.

Punkt 7 Uhr. Da fangen laut meinem Stundenplan die Werkstätten zu arbeiten an. Also hin. Wenn man an der Pförtnerloge vorbei durch die Tür, die vorher summt, geht und dann nach rechts umbiegt, hat man fünf Möglichkeiten. Selten wählt man die Fünfte: Geradeaus gegen die Wand zu laufen. Rechts kann man in den Fahrstuhl steigen oder durch eine Glasflügeltür ins Treppenhaus zu den Büro- und Garderobenetagen gehen. Links kommt zuvorderst eine Tür mit der Aufschrift „Zum Hof", dann der Zugang zur Toilette an diesem Ende der Kelleretage. Wir müssen die Tür zum Hof nehmen, denn viele Werkstätten (die **Schreinerei**, die **Schlosserei**, die **Schuhmacherei** und die **Tonabteilung**) befinden sich am Hof. Hinter der Tür ist zunächst ein Gang, der auf eine Tür zuführt, die die Aufschrift „Möbelkeller" trägt. Vor dieser biegen wir rechts durch einen Durchbruch in einen Gang ein, der auf eine Wand zuführt, vor der rechts eine Tür liegt. Die Wände in den Gängen sind, von einem Zigarettenautomaten abgesehen, kahl, Klaustrophobe müssten hier Angst bekommen (wie an vielen Punkten im Haus). Aber die letzte Tür führt ja in ein helles Treppenhaus (Anmutung: Fahrstuhl und Aufgang zu Fertigungshallen, 1953). Wir gehen am Fahrstuhl vorbei geradeaus durch die Hoftür, dort einige Treppen hinunter in den Hof und dann links zur Schreinerei, deren große Fenster so einladend hell erleuchtet sind. Draußen ist es feuchtkalt und noch dunkel. Der Innenhof gliche mit einem bisschen Phantasie einem mittelalterlichen Burghof an einem Februarmorgen, wäre er nicht zusätzlich zur Backsteinumbauung geprägt von einem großen Müllcontainer, etlichen Mülltonnen und allerhand gestapeltem Kram.

In der Schreinerei, in der es gemütlich nach Holz riecht, wird mir sofort klar, dass es Quatsch ist, um Punkt 7 die Werkstätten aufzusuchen. Die Werkstatt ist menschenleer. Durch ein Glasfenster sehe ich die Schreiner, jeder mit einem Becher Kaffee vor sich, rund um einen großen Tisch im Besprechungszimmer sitzen. Es ist zu früh.

Also wieder zurück – jetzt müsste doch eigentlich Guido in der Gewandmeisterei unterwegs sein, oder? Tatsächlich treffen wir ihn dort. Er hat sich schon gefragt, wo wir bleiben. Und sofort beginnt er, uns seine morgendlichen Arbeitsvorgänge perfekt zu erklären, als wären jede Woche zweimal Kamerateams hier, um ihn zu filmen. Auch im Fundus später, als ich ihn zu allem möglichen befrage und Guido souverän und ausführlich über seinen Beruf spricht, fühle ich mich immer wieder wie in einer interessanten WDR-Produktion („Der Fundusverwalter").

Guidos Morgen beginnt damit, die gereinigten Kleider aus den Vorstellungen des Vortags (am Montag aus den Vorstellungen des ganzen Wochenendes) zurück in den **Kleiderfundus** zu fahren. Die **Herrenschneiderei** stellt die rollbaren Kleiderständer mit den Herrenkostümen bereits vor den Bühnenfahrstuhl, die Damenkostüme holt Guido aus der noch stillen **Damenschneiderei** selbst. Während die Kleider im Aufzug eine Etage hinauf fahren, nehmen wir die Treppe in einem Aufgang neben dem Aufzug (in diesem Haus befinden sich offenbar jede Menge Treppenhäuser) und gelangen durch eine Eisentür in den Kleiderfundus. Der Raum hat niedrige Decken, Kellercharakter, ist zwar groß, aber ziemlich überfüllt. Dicht an dicht stehen Kleiderwagen, dazwischen und am Rand nur schmale Gänge. Guido geht sofort zum Fahrstuhl, nimmt das Brett, das ihn verriegelt, ab und zieht die Kleiderwagen in den Fundus hinein. Dann ordnet er sie an ihre Plätze (denn die Kleiderwagen jeder Inszenierung haben ihren bestimmten Platz; die aktuell laufenden vorne, die weniger häufig gebrauchten hinten). Dabei muss er uns wegen der Enge ein bisschen hin und her scheuchen und wir uns an Wandschränke drücken. Dann reden wir sehr lange über den Fundus – Guido ist eigentlich gelernter Damenschneider (früher hat er deshalb schon mal öfter in der Damenschneiderei ausgeholfen, wenn Not am Mann war) und wurde in der Modeschule Düsseldorf

Abb. unten links:
Lena Schwarz,
Martin Rentzsch
in *Andromache*
von Jean Racine

zum „Staatlich geprüften Modegestalter" ausgebildet. Weil jedoch solche Leute auf dem Arbeitsmarkt nicht gerade in Massen gesucht werden, ist er nun schon lange hier.

In der Kleiderkammer ist es übrigens deshalb so eng, weil sehr viele Sachen von Stücken hier stehen, die zwar zur Zeit nicht mehr gespielt werden, aber auch noch nicht offiziell für abgespielt erklärt worden sind – sie können jederzeit wieder auf die Bühne kommen. Aber vollständig den Rahmen sprengte Helge Schneiders *Aprikose, Banane, Erdbeer – Kommissar Schneider und die Satanskralle von Singapur* mit seinen vielen Kostümen. Da sind auch für Guido die „Reiter" wieder notwendig, jene Pappschildchen, auf denen die Rollen zum jeweiligen Kostüm stehen und die meistens zusammengeschoben werden, weil alle Beteiligten die Kostüme auswendig kennen.

Ich frage nach Motten. Und wirklich gibt es – allerdings noch nicht lange – ein Mottenproblem. Einmal im Jahr wird alles „eingenebelt", aber ein paar überleben immer wieder, weil es eben zu eng ist. Wahrscheinlich sind die Motten zusammen mit einer Spende in den Kleiderfundus gekommen, denn Spenden sind hier gern gesehen. Als ich mich gestern mit Guido verabredet hatte, wurden wir durch das Telefon unterbrochen. Eine alte Dame wollte Anzüge spenden und Guido sagte sofort erfreut zu. „Anzüge werden immer gebraucht, die kann man schon fast blind nehmen", bestätigt er jetzt. Wenn ein Stück ein geringes Budget hat, ist es ein Glück, wenn die passende Spende im Fundus hängt. In Fundussachen wird geprobt, für die Aufführung aber vieles neu gekauft oder angefertigt. Bei *Andromache* sind die Kostüme gemischt aus Funduskleidern und neu gekauften. Ein Hemd musste zum Beispiel gekauft werden, weil die bestimmte, benötigte Farbe nicht im Fundus war. Und ein Anzug wurde ertrödelt.

Die Menschen – Die Arbeit

Alexander Maria Schmidt,
Felix Vörtler als „Irene Prantl",
Angelika Richter,
Jost Grix,
in *Glaube Liebe Hoffnung*
von Ödön von Horváth

Ein Beispiel, bei dem es notwendig wurde, den teuersten Weg (die eigene Herstellung) zu gehen, weil dergleichen weder zu kaufen ist, noch gespendet wird, nennt Guido für *Glaube Liebe Hoffnung*: Hier wurde ein Damenkostüm für einen Herrn gebraucht. (Und ich erinnere mich sofort an den köstlichen Felix Vörtler in der Rolle der „Irene Prantl".)
Wenn die Stücke irgendwann abgespielt sind, reinigt Guido alle Sachen und bringt sie im Fundus unter. Hier befinden wir uns ja im Fundus für die laufenden Produktionen. In der 4. Etage sind alle anderen Kleidungsstücke. Dort ist Guido auch von 7.15 Uhr bis 15.45 Uhr mit seiner Hauptaufgabe beschäftigt: Der Katalogisierung des Fundus. Und jetzt kommt's: Seit 14 Jahren ist er damit zugange!! (Bald soll die Archivierung aber abgeschlossen sein.) Ich verspreche zum Schluss, noch im Laufe des Tages einmal dort vorbeizukommen – eine der vielen Absichten während meiner Theater-Expedition, die ich nicht zu verwirklichen schaffe.

7.54 Uhr sind wir wieder in der **Schreinerei.** Diesmal ist hier Lärm. Allerdings bricht er immer wieder ab. Natürlich auch dann, als wir da plötzlich stehen. Ich erkläre mein Projekt (ist aber bereits bekannt von Rundlauf und Aushang) und dann arbeiten die Schreiner weiter. Eigentlich soll gerade eine „Portalvergrößerung für die Kammer" gesägt werden, aber es gibt ein Problem: Die Säge stockt. Deshalb treffen wir bei unserer Ankunft Vitalij Grauberger auf der Leiter vor der Säge an und Jürgen Brucks, den Leiter der Schreinerei, dahinter auf dem Sägetisch. Dann schaut Jürgen auch unter die Säge. Aber im Moment ist nichts zu finden.

Mein Stundenplan ruft mich wieder fort aus der Schreinerei in die **Kantine.** Um dorthin zu gelangen, muss man – von der Pförtnerloge aus – links umbiegen, durch den bis in Hüfthöhe rot gestrichenen Gang (die Etagen unterscheiden sich nämlich nach Farben) geradeaus laufen, drei Stufen hinab auf eine Türenkreuzung treten, durch eine dieser Türen (bequemerweise mit der Aufschrift „Kantine") in einen kleinen bunkerartigen Raum treten, der wiederum mit vier Türen versehen ist, dort wieder die mit der Aufschrift „Kantine" wählen, dann durch einen Zwischenraum (der diesen Namen verdient, da es offenbar seine einzige Funktion ist) und um eine Säule herum gehen, um schließlich in den letzten Gang vor der Kantine zu treten. Hier sieht der Besucher, der, wenn er neu ist, jetzt bereits das ungewöhnliche Gefühl hat, wahrscheinlich nie wieder zurückzufinden, bereits leere Kästen oder Kisten gestapelt, und die Tür zum Kantinenraum steht meist offen. Wir nehmen aber nicht diese offenstehende von den drei Türen vor uns im Gang, sondern die gegenüber dem Seitenzugang zum TuT – sie führt nämlich direkt hinter die Theke in die Küche. Notierte Ankunftszeit: **8.06 Uhr.** Dort erwartet uns der köstliche, warme Duft frischer Brötchen. Zwar öffnet die Kantine erst um 9 Uhr, aber schon ab 8 laufen die Vorbereitungen, das Brötchenschmieren. Heute treffen wir Erika Heisterkamp dabei an. Ich erkläre mein 48-Stunden-Konzept und Erika scheint sich etwas zu wundern, was wir Interessantes bei ihr und den Brötchen suchen. Sie ist schon 26 Jahre hier und es ist in der Kantine jeden Morgen das Gleiche: Ab 8 Uhr schmiert hier eine der Frauen 20 Brötchen (später wird dann immer nachgeliefert, was mit welchem Belag jeweils aus ist). Um 9 Uhr kommt Balan Kailasapillai, der Koch, und beginnt, das Mittagessen vorzubereiten. Dabei wird dann Erika auch helfen. Balan wird übrigens „privat" bezahlt (von Tom Walter, dem Chef der Gastronomie im Haus), wie auch die meisten anderen Mitarbeiter des gastronomischen Bereichs. Nur drei Frauen in der Kantine sind, wie Erika, städtische Angestellte. Aber Erika wird nicht mehr lange hier sein. In ein paar Tagen geht sie in Rente – und sie freut sich drauf. Und weil sie bei Erscheinen dieses Textes bereits ihre Rente genießen wird, kann ich ruhig verraten, dass sie uns nicht der Folter guten Duftes bei leeren Mägen ausgesetzt hat, sondern Stephan und mir eines der wirklich leckeren Brötchen gegeben hat.
Bevor wir wieder gehen, stelle ich noch eine statistische Frage: Welcher Belag wird in diesem Haus am meisten verlangt? Erika: „Käse. Käse schneide ich am meisten."

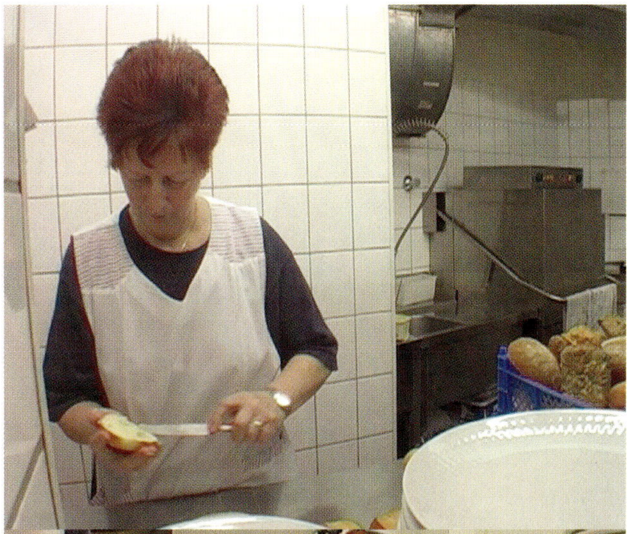

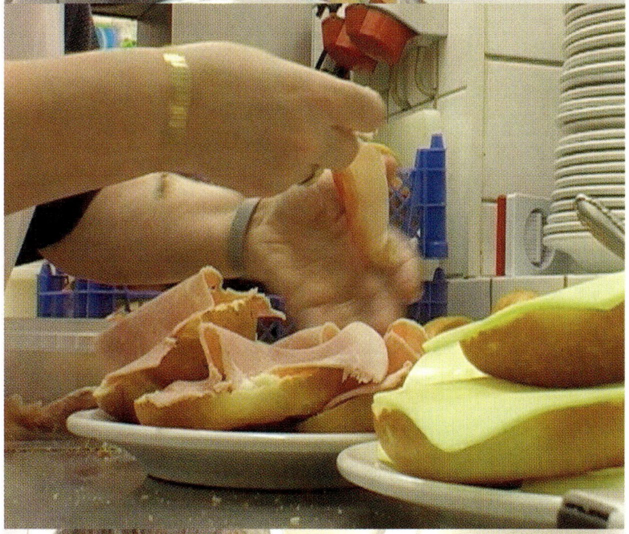

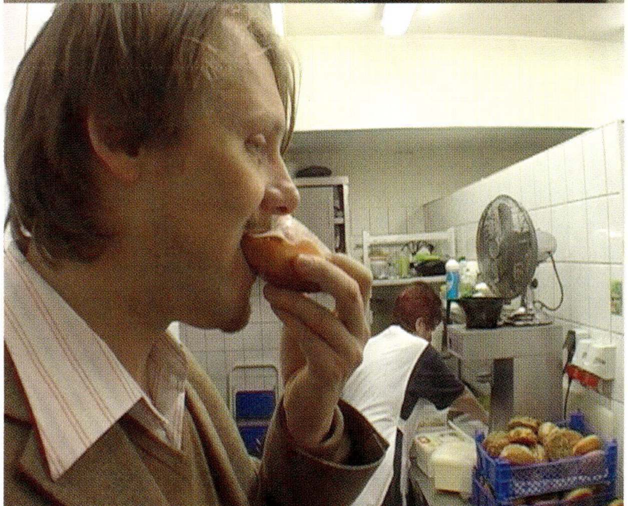

Die Menschen – Die Arbeit

Nach der Kantine müssen wir wieder zurück an die Pforte, denn jetzt ist der Schichtwechsel der Videojungs geplant. Stephan muss weg, Peer Engelbracht soll übernehmen. Peer ist auch schon da. Unsere Besprechung und der Abschied von Stephan fällt aber von meiner Seite etwas hektisch aus, weil Udo (der **Hausmeister**) bereits mit den Stadtwerkern zugange ist. Ich will unbedingt mit zur Sprinkleranlage.
Aber wir verpassen nichts. Nachdem Stephan gegangen ist, folgen Peer und ich Udo. Er läuft mit einer noch nicht angeschalteten Lampe voraus Richtung Kantine, nimmt in dem kleinen Raum mit den vier Türen aber die Tür, die ganz links in die Ecke gequetscht ist. Dahinter ein unverputzter, kurzer Gang, grobes Gemäuer, der an einer Rundmauer, das Äußere eines Turms, um den sich von hier aus eine Treppe nach oben schlängelt, endet. Es sind Steine des Vorkriegstheaters, das zu beiden Seiten Türme hatte. Wir steigen zunächst Udo hinterher, die Treppe ein paar Stufen hinauf. Durch eine Tür gelangen wir dann plötzlich in den Seiteneingang des Hauses (wo die Wendeltreppe die Zuschauer in die höheren Etagen und zu den Rängen führt). Udo öffnet den Stadtwerkern hier und nimmt sie wieder mit uns nach unten. Die Herren von den Stadtwerken in ihren Blaumännern reagieren gar nicht auf die Anwesenheit von Schriftsteller und Kamera. Vielleicht haben sie am Theater ohnehin mit dem Schlimmsten gerechnet und sind möglicherweise froh, dass wir nicht nackt sind und herumbrüllen. Vielleicht sind sie aber auch wirklich cool.
Unten an der Treppe gehen wir nicht den Gang zurück, sondern weiter um den alten Turm herum in einen Raum hinein, in dem man nur gebückt laufen kann. An der niedrigen Decke, an der alten Backsteinwand und mitten durch den Raum laufen bunte Rohre in verschiedenen Dicken, die wie neu aussehen, Zähleruhren und Ventilräder ragen aus ihnen heraus. Den gleichen Raum gibt es auch auf der anderen Seite des Hauses, wo ebenfalls ein alter Turm 1953 in der neuen Architektur eingebaut wurde, auch dort müssen die Stadtwerker hin. Die roten Rohre haben blaue Zwischenstücke, diese zwingt der Uhrenturnus einmal im Jahr auszuwechseln, erklärt Udo, gebückt und mit den Händen auf den Knien. Vorsichtshalber wird von ihm gleich die **Feuerwehr** infor-

miert, dass während des Auswechselns die Wassereinspeisung der Stadtwerke (auf beiden Seiten des Hauses) unterbrochen wird. Und während wir uns wie Sumoringer vor dem Kampf in gebeugter Haltung gegenüberstehen, erzählt Udo weiter, dass die Sprinkleranlage über dem Schnürboden (im Bühnenturm also) installiert ist, von der Feuerwehr aktiviert werden kann und im Brandfall innerhalb von ungefähr einer halben Minute alles unter Wasser setzen kann. Unter dem Fahrrad-Parkplatz vor dem **Bühneneingang**, an dem die Zuschauer vorbeikommen, wenn sie in die Kammerspiele gehen, befindet sich ein Wassertank mit 1000 Litern Löschwasser.
Dann ist wieder Bewegung. Udo muss die Feuerwehr anrufen, zum anderen Turm rüber usw. Wir können hier nur noch stören. Deshalb ein Blick auf den Stundenplan: Um 8 Uhr hat auch in der Verwaltung der Dienst begonnen.

Die **Verwaltung** befindet sich in der 3. Etage, wo der Gang zur Hälfte grün gestrichen und mit einem großen Schwarz-Weiß-Bild des Theaters verziert ist. Wir fahren mit dem klappernden und engen Fahrstuhl, der neben der Pforte ist, dorthin. Wenn man aus dem Fahrstuhl steigt, hat man geradeaus vor sich die **Probebühne „Malersaal II"**, wir biegen aber links in den grünen Gang und beginnen, in jede Tür zu gehen (die alle offen stehen), um zu schauen, was dort gerade läuft. Im ersten Zimmer sitzt Linda Timmermann (ihr Aufgabenbereich ist die Haus- und Gebäudeverwaltung), sie hat gerade für die Premierenfeier am Samstag (die *Todesvariationen* von Fosse) die Security bestellt und ist nun dabei, Versicherungen zu machen für das kommende *Romeo und Julia*-Gastspiel in Hannover (zur Zeit gäbe es sehr viele Gastspiele). Ihre Kollegin Ulrike Klimach, die für Urheberrechte und Gastspiele zuständig ist und ihr gegenüber sitzt, beginnt ihren Dienst heute erst um 9.30 Uhr.

Im folgenden Zimmer bucht gerade Heinz-Jürgen Brandtstedt Rechnungen ein. Die Buchhaltung ist Teil der Stadtverwaltung. Hier wird für die Gesamtbuchung der Kasse im Rathaus alles vorbereitet. Noch. Bald wird alles selber gemacht, das Theater auf Initiative Matthias Hartmanns in ein neues Wirtschaftssystem überführt – das Ende der Kameralwirtschaft im Haus, was für den Theaterbetrieb mehr Flexibilität bringen soll. Zuerst ist es aber für die Verwaltung eine große Umstellung und viel Arbeit. Aber Heinz, schon über vierzig Jahre hier (ein Bild von seinem Jubiläum wird von Peer gefilmt), nimmt es auch nicht tragisch: „Das wäre so oder so gekommen." Auch die Stadtverwaltung will sich nämlich modernisieren.

Die Menschen – Die Arbeit

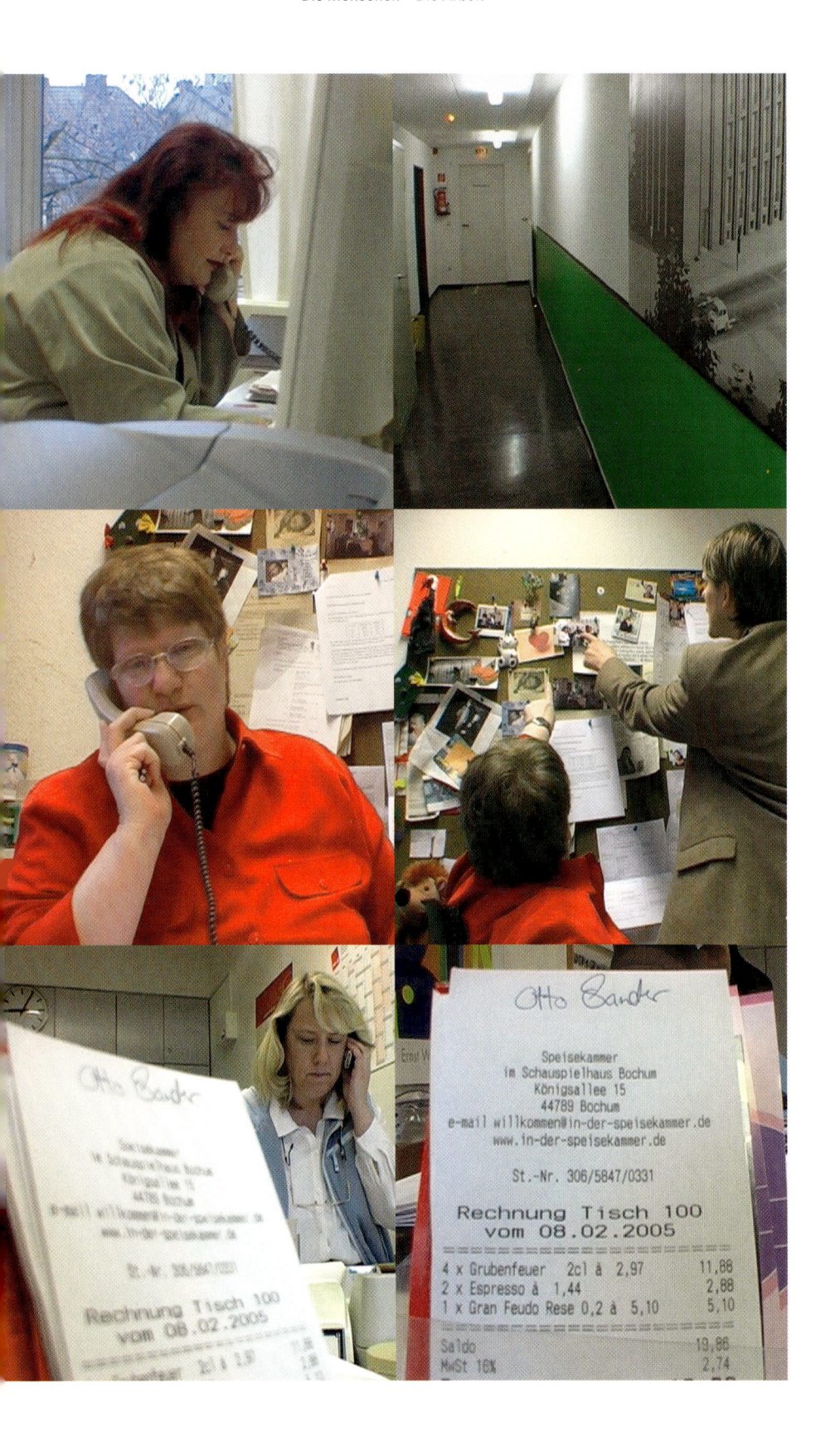

Dann erfahren wir von Heinz noch etwas über die Dienstzeiten der Verwaltung: Sie teilt sich in zwei Gruppen auf. Täglich abwechselnd beginnt eine ihren Dienst um 8 Uhr (der dann bis 16 Uhr geht), die andere um 9.30 Uhr (der dann bis 18.00 Uhr geht). Die Heinz gegenübersitzende Kollegin Elke Neuhaus (auch zuständig für Rechnungsangelegenheiten) ist deshalb auch noch nicht da. Und alle vierzehn Tage Samstag vormittags ist auch jemand hier. Im Theater scheinen die Uhren von jedermann anders zu laufen.
Wenn man Heinz' Büro durchquert, kommt man in einen schmalen Nebenraum, wo die EDV-Abteilung ist. Dort spricht sich Ute Hellwig gerade am Telefon engagiert dafür aus, dass trotz Umstellung auf SAP versucht werden sollte, das Gute, das sich bewährt habe, zu erhalten. Wir können sie also gerade nicht sprechen und gehen wieder.

Ein Zimmer weiter sitzt Gabriele Hackel-Pieczonka an ihrem Schreibtisch. Hier ist die Personalabteilung. Da Gaby hier ist, hat also Elke Günthner heute später Dienstbeginn. „Was machen Sie denn gerade?", frage ich. „Ich arbeite. Wir dürfen nicht vor 8 Uhr kommen und müssen sofort ab 8 Uhr arbeiten", antwortet sie, fügt dann aber noch hinzu: „Ich mach gerade Reisekostenabrechnungen." Sie wirkt überfallen, hat gar nicht mit uns gerechnet. Deshalb stelle ich mich vor und erkläre mein Konzept. Und erkläre, dass ich mich für die Arbeit im Haus interessiere, aber auch für solche Sachen wie die, dass zum Beispiel fast jeder in der Verwaltung hinter seinem Sitz eine große Pinnwand voller Erinnerungen hängen hat. Daraufhin zeigt sie mir die ihre. „Alles, was mir lieb und teuer ist, hängt an dieser Wand." Ein Bild zeigt ihren Kollegen Sigi auf einer Hochzeit – Siegfried Szyska, der ihr gegenübersaß und im vorigen Jahr plötzlich und viel zu jung gestorben ist. Für das Theater auch der Verlust eines echten Fachmanns auf seinem Gebiet.
Das Telefon klingelt. Es ist jemand dran, der nach dem Stand einer Bewerbung fragt. Gaby verweist an Frau Schönbeck-Wach (die Leiterin des **Malersaals**), die dafür zuständig wäre. Nachdem sie aufgelegt hat, will ich mich verabschieden und kündige an, dass wir noch einmal vorbeischauen werden. „Ob wir dann auch wirklich immer durcharbeiten, was?" Peer gesteht ihr, dass wir tatsächlich live mit dem Intendantenbüro verbunden sind.

Nachdem wir Gabys Büro verlassen haben, ignorieren wir auf dem Gang eine Tür (denn dort bin ich sowieso um 10 Uhr verabredet) und gehen zum Büro ganz hinten links. Dort treffe ich Birgit Antonius im Büro der **Gastronomie**, die nicht wie erwartet bei den Abrechnungen vom Vortag sitzt, sondern, wie meistens donnerstags um diese Zeit, den Wochenspeiseplan der nächsten Woche vorbereitet. Sie nimmt Wochenpläne aus zwei Jahren zur Grundlage, überlegt, was man wieder mal machen könnte (manchmal hat sie dabei auch Kundenwünsche im Kopf: „Das hattet ihr ja ewig nicht ..."), bespricht ihre Vorschläge dann später mit Balan, der als Koch natürlich das letzte Wort hat. Danach erst macht sie die Abrechnungen für den gestrigen Tag. Die Einnahmen stehen in Tüten auf ihrem Schreibtisch – eine Speisekammertüte (der Mittagstisch extra), eine Eve Bar-Tüte und eine Kantinentüte. Die Foyertüte fehlt heute noch. Außerdem bekommt sie die Anwesenheitslisten aller Mitarbeiter auf ihren Schreibtisch. Und zum Schluss empfiehlt sie uns, doch mal bei den Anlieferungen, die ab 10 Uhr oder 10.30 Uhr über den Hof oder über die Eve Bar stattfinden, vorbeizuschauen. Uhrenvergleich: **Es ist jetzt 9.05 Uhr.**

Ab 9 Uhr soll in der **Presseabteilung** Zeitung gelesen werden. Als wir aber zu Sigrid Wilhelm ins Büro stürmen (1. Etage, halb orange gestrichen, zwei Büros vor dem **Intendanten**) liest sie gar keine Zeitung, sondern ist noch dabei, E-Mails zu bearbeiten, nachdem sie bereits ganz zuerst überprüft hat, ob mit der Schauspielhaus-Website alles in Ordnung ist. Erst wenn um 9.30 die Praktikantin kommt, wird gemeinsam begonnen, die Zeitungen zu durchforsten. Immer, sagt Sigrid, ist etwas drin, was das Haus direkt betrifft (Berichte, Ankündigungen, Kritiken usw.) oder was die Hausmitglieder interessieren könnte (was in anderen Theatern passiert, was von den mit dem Haus verbundenen Autoren oder Schauspielern zu hören ist und vieles mehr). Da-

Die Menschen – Die Arbeit

raus wird ein Pressespiegel zusammengestellt, der an alle Abteilungen verteilt wird; auch in der Kantine liegt er aus. Aber das ist natürlich nicht das Einzige, was Sigrid tut. Sie ist für alles zuständig, was die Pressearbeit betrifft. Sie informiert die Presse über Aktionen, vermittelt Interviews und dergleichen. Das Publikum könnte sich dadurch an ihr Gesicht erinnern, dass Sigrid bei Premieren am Pressetisch in den **Foyers** steht. Dort bekommen die Kritiker Fotos und Infomaterial. Heute Nachmittag wird sie zu Dirk Welschehold, dem stellvertretenden Leiter der **Theaterkasse** gehen, um die Kritiker-Plätze für die Premiere am Samstag auszusuchen. Dabei achtet sie zum Beispiel darauf, welcher Kritiker lieber vorne sitzt, um besser hören zu können, oder am Rand (um in schlimmen Fällen weglaufen zu können?).

9.15 Uhr. Wir gehen eine Etage höher in die **Herrenschneiderei**. Der „Gewandmeister Herren", wie der Leiter Dieter Zunke offiziell heißt, wusste, dass ich kommen würde und hat mich auch angekündigt. Wir sollen uns ruhig in Ruhe umsehen. Hier ist alles mitten in der Arbeit. Nicole Wippich näht zum Beispiel, es wird gebügelt und Jörg Liebisch hat begonnen, einen Herrenanzug zu schneidern. Während ich mich mit Heike Küsell unterhalte, beobachtet Peer mit der Kamera Dieter beim Zuschneiden. Heike erzählt davon, dass nach jeder Vorstellung immer das Gleiche zu machen ist – wie zum Beispiel, und dabei ist sie gerade, das Hemd von Romeo wieder flicken, das im Laufe des tragischen Bühnengeschehens jedes Mal zerrissen wird. Zwar gibt es auch ein Ersatzhemd, aber Johannes Zirner betrachtet dieses eine Hemd, in dem er schon geprobt hat, sozusagen als sein „Talismanhemd", in dem er sich auf der Bühne wohl fühlt. Jeder Schneider betreut eine Vorstellung. Vor jeder Aufführung findet die „Einrichtung" statt, also das Bereitstellen und Anlegen der Kostüme, wenn die Schauspieler aus der **Maske** kommen. Im Allgemeinen kleiden sie sich dann selbst an, nur bei sehr schwierigen Kostümen muss Hilfestellung geleistet werden. Die Schneiderei ist übrigens ein schöner Arbeitsplatz, wie eine gemütliche Manufaktur aus dem 19. Jahrhundert. Ein riesengroßer, langer Tisch steht in der Mitte des Raumes, darauf Stoffe und Werkzeug, und ringsherum die Schneiderinnen und Schneider. Aber nun treibt es uns nochmal zur **großen Bühne**, wo gerade der Abbau des gestrigen Bühnenbildes im Gange sein müsste. Und genau das ist der Fall, aber wir bleiben nicht lange, weil die **Bühnentechniker** unbedingt nicht gefilmt werden möchten, was Peer ganz frech zunächst zu ignorieren versucht und ich durch freundliches Zureden abmildern will. Manchen von ihnen gegenüber komme ich mir vor wie ein Seeoffizier, der sich plötzlich einer Mannschaft aus alten Piraten gegenübersieht, die kurz vor der Meuterei steht (Bounty-Atmosphäre). In so einem Fall könnte mich wohl auch der Obermaat (bzw. Bühnenobermeister) Franz Schenkel nicht retten. Also Abgang. – **Es ist 9.41 Uhr.**

Ich will jetzt mal zur **Kasse** schauen. Dort müssten die Vorbereitungen für die Kassenöffnung um 10 Uhr laufen. Wir nehmen den Weg durch die Kantine, an TuT und Parkhauseingang vorbei wieder nach oben zum Kassenfoyer. Die Kassen sehen sich einem großzügigen Raum gegenüber und sitzen selbst in klitzekleinen Kabuffs, die zwei Gäste wie Video-Peer und ich bereits vollständig überfüllen. Es gibt zwei solcher Kassenräume, einer ist jeweils für Telefon- und Fax-Empfang, der andere für den Publikumsverkehr. Wäre ich gestern gekommen, hätte ich schon um 9 Uhr eine weit auf den Vorplatz reichende Schlange sehen können, weil der Vorverkauf für Abonnenten begonnen hatte. Erst morgen, wenn der freie Verkauf beginnt, wird wieder mit einem Ansturm gerechnet. Ein Blick aus dem Fenster, in bleigraues, kaltes Regenwetter, zeigt, dass jeder, der heute dort nicht anstehen muss, Glück hat.

Ich unterhalte mich mit dem Chef hier, Dirk Welschehold. Über Stücke wie *Iwanow*, bei denen die Nachfrage 5 bis 10 Mal höher ist als das Platzpotential, dass die Mitarbeiterzahl an der Kasse unter Matthias Hartmann von 5 auf 12 gestiegen ist, dass morgens die E-Mails nur so „reinprasseln" und welcher Aufwand hinter der Bearbeitung der ganzen Faxe und E-Mails steckt. Die Bearbeitung der Faxe ist morgens das Erste und hierbei ist der Aspekt der persönlichen Beratung (wie auch bei den E-Mails, den Telefonaten und auch den Käufern vor den Glasscheiben) der zeitaufwändigste. Es gehen nämlich nicht nur Bestellungen ein, die zunächst einfach nur bestätigt werden müssen, es werden auch viele Fragen gestellt: Wie ist das Bühnenbild? Wo sitzt man am besten? Vielleicht auch: Wird in der Inszenierung laut geschossen? (Antwort dann möglicherweise: „Liebe Frau Lehmann! Frau Gabler erschießt sich in der 130. Minute. Dabei gibt es einen leichten Knall.")

Als wir unseren Kassenbesuch beenden, treffen wir noch auf zwei junge Damen, die sich auf den Weg nach draußen „in den Pavillon" (ein radikaler Realist würde Container sagen) machen. Der Telefondienst war so überlastet, dass er erweitert und ausgelagert wurde. Wahrscheinlich träumen die meisten Theater von so was.

Die Menschen – Die Arbeit

Ich muss mich jetzt beeilen, denn ich bin in der **Verwaltung** bei Brigitte Käding in meiner Eigenschaft als Beauftragter für das Abschlussbuch verabredet. In der 3. Etage (grün) angekommen, gehe ich zu dem Büro, das ich vorhin ignoriert hatte. Es ist das Vorzimmer der Verwaltungsleiterin. Hier sitzen Christiane Koschollek (rechts) und Petra Halfmeier (links). Unangenehm ist, dass ich den Damen bei anderer Gelegenheit Schokolade versprochen, aber schon wieder keine dabei habe. Na ja. Ich darf trotzdem zu Brigitte durch.

Brigitte ruft sofort mit nasaler Stimme: „Komm mir nicht zu nahe!" Und als sie Peer mit der Kamera sieht: „Mach nicht, ich bin krank!" Tatsächlich hat sie einen dicken Schal um den Hals und wird sich, während wir hier sind, dauernd die Nase schnauben und schrecklich husten müssen. Ich bin froh, dass sie trotzdem heute hier ist, denn es wäre sehr ärgerlich gewesen, wenn ausgerechnet Brigitte in diesem Bericht nicht vorgekommen wäre. Es hat sich nämlich so ergeben, dass Brigitte organisatorisch im Haus meine Hauptansprechpartnerin in Sachen Abschlussbuch geworden ist, und wir saßen oft plaudernd in ihrem Büro. Dabei gab's immer Tees mit Namen wie „Sweet Kiss", auch heute serviert uns Christiane so etwas (Balsam für meinen Hals).

Bald ist die Kamera vergessen. Ich berichte von meinem Morgen, lasse mir von Brigitte ihre Pinnwand zeigen mit den Erinnerungen aus vielen Intendantenären. (Darunter Bilder von ihrem Sohn und von den Babys von Stephan Mayer, der hier früher Ausstattungsleiter war und demnächst die Bühne für Matthias Hartmanns letzte Inszenierung am Haus – Molières *Menschenfeind* – machen wird. Und die Mutter der Kinder, Christiane Reikow, ist übrigens auch gerade im Haus, als Kostümbildnerin bei *Die sexuellen Neurosen unserer Eltern* – das deutsche Theater ist eben auch eine Art Clan.) Und wir quatschen über alles mögliche in der gemütlichen Sofaecke in Brigittes Büro.

Brigitte hat als **Verwaltungsleiterin** des Theaters bestimmt nicht den leichtesten Job. Sie vertritt im Haus die Stadt und vor der Stadt das Haus. Eine Kämpferin zwischen den Stühlen (mit einem sehr großen Herz für ihr Theater allerdings, denn sie ist genauso ein Theatertier wie die meisten anderen Mitarbeiter im Haus). Aber sie ist offensichtlich auch eine Frau, die kämpfen kann. Ich möchte mich nicht mit ihr über ein Budget oder so etwas streiten müssen. Bis Montag hat sie heute jedoch alle Verhandlungen wegen ihrer schweren Erkältung abgesagt. „Heute kann ich ja gar nicht kämpfen! – Ich würde nur Ja und Amen sagen, weil ich so schwach bin." Und hustet furchtbar.

Aber eigentlich warten wir auf Jürgen Willbarth. Er ist der Zeichner der Querschnitte des Schauspielhauses. Vor zwei Monaten bin ich mit ihm, geführt vom **Hausmeister** Manfred Bartnick, durch das gesamte Haus gegangen (wir sind sogar durch eine enge Luke aufs Dach gestiegen), der Illustrator hat Fotos gemacht und ist dann mit diesen und einigen Grundrissen nach Hause gefahren. Herr Willbarth ist kein Mann von vielen Worten: Er entrollt jetzt die ersten Ergebnisse seiner Arbeit. – Und wir sind begeistert. Petra wird gebeten, oben in der technischen Abteilung Kopien zu machen, und ich mache mich anschließend mit Herrn Willbarth gleich auf den Weg zum Intendanten. Dazu müssen wir runter in die orangene Etage (die 1.).

Es ist 11.05 Uhr als wir das **Intendanzbüro** erreichen. Und da steht er auch gerade. „Ich bin eigentlich schon auf der Probe" – aber die Querschnitte will er sich natürlich noch ansehen. Rolf D. Suhl, der **Betriebsdirektor**, kommt auch dazu, Matthias stellt Herrn Willbarth vor, und dann wird im Intendanten-Büro entrollt, was dieser mitgebracht hat. Auch hier Befriedigung. „Da sieht man etwas ganz Entscheidendes", sagt Matthias. „Da sieht man, wie schön das Schauspielhaus ist. Und Sie zeigen es uns noch einmal mit ihren schönen Zeichnungen." Dann fragt Matthias mich nach dem Fortgang meiner Expedition und scherzhaft auch, ob alle pünktlich bei der Arbeit waren. Aber er muss jetzt wirklich zur Probe. Herr Willbarth hat schon wieder alles eingerollt – und er hat nichts dagegen, dass ich Matthias gleich zur Probe begleite, er will ohnehin gleich wieder abreisen. So verabschiede ich mich mit vielem Dankeschön von ihm und folge Matthias zur Kammer – was nicht leicht ist, denn Matthias sprintet davon.

Die Menschen – Die Arbeit

Im **Zuschauerraum** der **Kammerspiele** und auf der Bühne ist weniges, fahles Licht. Auf der Bühne wirkt es etwas heller, weil sie vollständig mit weißem Stoff ausgekleidet ist, aber auf der Bühne ist niemand.

Alle Anwesenden sitzen in den Zuschauerreihen verteilt im Halblicht. Unten in der ersten Reihe Matthias (als wäre er nicht eine Sekunde vor uns reingehuscht), Cathérine Seifert und Johannes Zirner, mit denen er heute proben wird, und startklar in der Mitte der ersten Reihe Beate Bagenberg, die **Souffleuse**. Nicht weit hinter ihr Christine Rudolph, die Regieassistentin. Alle anderen haben sich in den Reihen um das **Beleuchterpult** gesammelt, das mitten in den Sesselreihen aufgebaut ist und an dem Paulus Vogt sitzt, der für das Licht verantwortlich ist. Direkt neben dem Pult der **Bühnenbildner** Karl-Ernst Herrmann, schräg vor diesem in der nächsten Reihe Thomas Oberender (als **Dramaturg** der Produktion) und wiederum schräg vor diesem Martin Dolnik, der Bühnenbildassistent. Und irgendwo sitzt auch Janet, die Hospitantin von Thomas.

Karl-Ernst Herrmann ist überrascht: „Was ist das denn?" – Peer, frech: „Eine Kamera." Weil nun alle zu mir hinblicken, versuche ich, mit meiner Stimme jeden im Saal zu erreichen, erläutere hier zum x-ten Mal mein 48-Stunden-Konzept und schließe mit einem Scherz, über den niemand lacht. Da spricht Matthias unvermittelt die Hospitantin Janet an: „Janet. Es gibt einen Mann, der heißt Karsten Riedel. Das ist ein Genie. Befindet sich hier im Theater." Sie solle doch mal rüber ins TuT, und wenn dort die Probe zu Ende sei (Frage nach hinten: „Wie lange dauert *Philotas* im Moment?"), solle er doch mal rüber kommen. Janet weiß aber nicht, wie der Mann aussieht; aus den Beschreibungen, die daraufhin von allen Seiten kommen, fasst sie wahrscheinlich ungefähr für sich zusammen: der Typ mit der Tätowierung am Hals. Dann klettert Matthias über die Sessel nach oben zu Dramaturg, Bühnenbildner und Paulus Vogt (daneben gerade auch Armin Bönnemann, der kurz aus dem **Beleuchterstand** heruntergekommen ist): „Sagt mal, habt ihr eigentlich auch alle Lust auf'ne Dönninghaus-Currywurst?"

Karl-Ernst Herrmann: „Diese blöde Bude da? Mit den Scheiß-Currywürsten?"

Matthias: „Die sind gut! Die bekommt sogar der Bundespräsident, wenn der nach Bochum zu Besuch kommt."

Karl-Ernst Herrmann beklagt aber, während Matthias offensichtlich enttäuscht ist, dass die Soße da einfach nur mit der Kelle draufgekippt wird: „Da gehört Curry draufgepudert, Paprika draufgepudert. Die richtige Berliner Currywurst – das is ne richtige Zeremonie!"

Jemand stellt die Frage, die eigentlich ich stellen müsste: Was passiert hier eigentlich?

Matthias zu mir: „Einzelprobe Zirner. Nachsitzen." Thomas Oberender: „Das ist die Einstimmung." – Anlass für Matthias, die Einstimmung weiter zu treiben und einen „Cheftanz" vorzuführen. „Oder Tai Chi!" Seine Bewegungen werden langsamer und er setzt auch nach einem sachlichen Einwurf des Dramaturgen („Du siehst aus wie ein rheumatischer Verkehrspolizist.") noch etwas fort. Plötzlich aber entdeckt er was auf der Bühne und unterbricht sich: „Der neue Boden! – Herr Vogt, kannste mal Licht machen?"

Das Licht wechselt. Der Zuschauerraum sinkt in Dunkelheit, die Bühne blendet auf in bläulichem Zauberlicht. Plötzlich ist da eine fremde, schwebende, leere

Welt. Alle staunen über die Schönheit dieses Anblicks. (Karl-Ernst Herrmann: „Da hinten gucken noch zwei Nägel raus.")
Matthias ist dann schon wieder in der ersten Reihe, fragt Cathérine, ob sie mitmachen möchte, und die beiden jungen Schauspieler klettern in die Welt da oben hinein. Wegen des neuen Bodens muss man jetzt die Schuhe abtreten, bevor man raufgeht. Es folgen Lockerungsübungen mit den beiden. Armekreisen mit Cathérine. Vorgabe „Ministry of Silly Walks" für Johannes. All dies geht irgendwie organisch in eine Szene über, langsam nimmt das Paar auf der Bühne Position ein und beginnt seinen Text.
„Ach, du bist da. Schön, dich wiederzusehen."
„Kennen wir uns denn?"
Die Probe, die ich nun im Folgenden beobachte, hat für mich etwas völlig Irreales, Traumhaftes. Zum Teil ist das natürlich auch für die Aufführung so geplant, das Licht, der leere Raum, dessen Leere soviel zu enthalten scheint, das Geheimnis in Fosses Dialogen, aber hier kommt noch etwas hinzu, das die Situation vollends ins Traumabsurde zieht: Die Kommunikation und wie sie funktioniert, ist für einen Außenstehenden kaum nachzuvollziehen. Übermorgen ist Premiere, deshalb findet hier nur noch Feinarbeit statt, zudem fehlen die anderen Darsteller. Ich sehe nur Matthias' Schatten von hinten und sehe, wie intensiv er, mit den Händen, mit dem ganzen Körper, den Dialog lenkt. Ein Marionettenspieler. Aber man sieht die Fäden nicht. Und man sieht auch nicht, wo gezogen wird, denn Cathérine und Johannes (zwei Wesen in einer Anderswelt, großartig, für mich als Gast bereits perfekt) sprechen ihren Dialog weiter durch, als würde Matthias nicht dazwischensprechen. Manchmal lobt er („Das ist das, was ich meine!"), manchmal mäkelt er ein bisschen („Nee, hier ist zuviel."), manchmal schiebt er Stellen an („Das ist das Problem! Das ist ja das Problem!"), einmal warnt er bei einer Stelle vor („Achtung!"). Ich weiß nicht, worum es geht, aber es ist wunderschön. Ich bin eingehüllt in Atmosphäre. Matthias klebt an der Miene von Johannes, sendet und empfängt Wellen aus Gefühlsnuancen. Und von irgendwoher kommt immer noch eine zusätzliche Stimme, die ich nicht einordnen kann und die völlig sinnlose Kommentare durch den Raum schickt (Irgendwann begreife ich: Die Souffleuse spricht die Rolle einer fehlenden Person).
Oft unterbricht Matthias aus Freude über erfolgreich gemeisterte Passagen, einmal, um etwas Grundsätzliches vorzugeben („Den Bruch kannst du noch stärker machen. Du musst versuchen, die Dinge in einen Widerspruch zu bringen."). Und einen Satz bearbeitet er besonders intensiv, Johannes wiederholt ihn immer wieder, bis er ihn hat. Er heißt „Ich liebe dich" und es soll Erkennen, Verwunderung darin liegen.

Währenddessen filmt Peer umher. Er besucht im **Beleuchterstand** hinten über den Zuschauerreihen Armin, der zum Beispiel bei bestimmten Stichworten das Licht dimmt und per Funk nach unten mit dem Pult von Paulus verbunden ist. „120? Aber wenn er über der Mitte ist, müsste ich doch schon 130 sein." Es geht um den Wagen mit dem Scheinwerfer, der unterhalb der Bühne langsam von einer Seite zur anderen fährt. Dann treiben Armin und Peer Scherze mit dem Nichtraucher-Schild.

Ich muss danach hoch zu Brigitte in die Verwaltung, weil ich meine Stundenpläne und meinen Notizblock vergessen habe. Die technische Abteilung, erzählt Brigitte, die leider morgen wahrscheinlich nicht mehr kommen wird, weil ihre Erkältung immer schlimmer wird, hat vom Querschnitt des Hauses bereits eine Kopie gemacht und an die Wand gehängt. Auf dem Weg zurück nach unten sehe ich Balan, den Koch, mit dem Wochenplan in der Hand vorbeikommen. Daraufhin erlaube ich Peer eine kurze Zigarettenpause in der Kantine. **Es ist 12 Uhr.**
Dann laufen wir hinter dem **TuT** entlang, in dem gerade Probe ist. Im Gang treffen wir „Parmenio" (Jost Grix), offensichtlich in einer Schlacht lädiert und auf seinen Auftritt in Lessings *Philotas* wartend. Und wir blicken in die **Unterbühne des Großen Hauses**: alles voller Konfetti.

12.10 Uhr treffen wir nach Gängen durch niedrige Räume mit Ecken und Rundungen, geputzten und ungeputzten Wänden, vollgestellt mit Requisiten für die laufenden Stücke im TuT, in der **Eve Bar** auf einen Installateur unter dem Spülbecken der Theke. Er kommt seit 16 Jahren hierher und hat schon in seiner dritten Woche als Lehrling hier drin ein unglaublich verstopftes Klo befreit. Anlieferung findet hier noch nicht statt, aber Kästen mit leeren Flaschen sind zur Abholung aufgestapelt.

Jetzt will ich noch einmal zur **Schreinerei** sehen, ob dort die Säge wieder läuft. Sie läuft wieder. Die Schreiner sind längst bei einer neuen Aufgabe: eine Treppe für die *Nietzsche-Trilogie*. Julia Wagner aus der **Polsterei** ist gerade zu Besuch, aber sie flieht vor der Kamera (Peer hat sie jedoch längst erwischt). Peer und ich sehen den Schreinern zu und schauen uns auch in den Werkräumen um. Es gibt eine schöne alte Werkbank, eine alte Kettenfräse und besonders fällt eine Sammlung von Holz auf. Nachdem Peer mit Vitalij über Videotechnikfragen gesprochen hat („Ist Premiere 6 in Ordnung?"), frage ich ihn danach. Es ist tatsächlich eine Holzsammlung: „Holz an sich ist ja so toll" – und meist wird in der Schreinerei leider nur mit einfachem Baumaterial gearbeitet. In der Sammlung gibt es aber ausgesuchte Stücke von Esche, Robinie, Kirsche und anderem Holz in verschiedenen Trocknungsstufen. – **Dann ist es 12.30 Uhr.** Die Schreinerei leert sich auf einen Schlag. Mittagspause.

Wir gehen erstmal in der **Speisekammer** nachsehen, was dort jetzt zur Mittagszeit los ist – nicht viel im Moment, es wird sich erst später noch füllen. Gleich am ersten Tisch sitzt der junge Regisseur Marc Lunghuß (sehr gut eingestiegen mit seiner Inszenierung von *American Buffalo* im TuT), liest in einem Stück und betrachtet seine „alte Bühne", wie er sagt (denn er hat schon mit seinem *Straßenkino* mehrfach vor den Fenstern der Speisekammer Theater gemacht). Dann wechseln wir ein paar Tische weiter, wo Elken Krüger bei einer Tasse Kaffee vor ihrem Dienstbeginn in der Kantine um 13 Uhr sitzt. Ihr gegenüber poliert Marion Gönder Besteck und muss gleich wieder in die offene Küche zurück, um Essen auszugeben. Elken ist ein Urgestein des Schauspielhauses. Elken gehört zum Heimatgefühl, das alle mit diesem Haus verbinden, die hier arbeiten oder mal gearbeitet haben. Mit Elken quatsche ich sehr gerne und könnte ich sehr lange quatschen. Am besten kann man sich im Scherz mit ihr streiten und sie hat immer diesen echten Bochumer Ton, weil sie ganz viel „Hör ma"s unter ihre Sätze mischt. Heute sagt sie aber viele

39

Die Menschen – Die Arbeit

ernste, traurige Sachen, dass sie wohl alt werden würde, weil Sie ein bisschen Angst vor dem bevorstehenden Wechsel hat, obwohl sie schon so viele überstanden hat. Aber immer gewinnt man Leute lieb und muss nach so und so langer Zeit wieder von vorne anfangen. Sie sagt so schöne Sachen, dass ich denke, sie müsste das Vorwort im Abschlussbuch schreiben und ich müsste meinen Auftraggeber, den Chef hier, mal fragen, was er davon hält. Aber ein bisschen erschreckt mich Elken, wenn sie von Alter und Rente spricht. Mir wird klar, was für eine starke Bedeutung der Abschied von alten Hasen wie Elken für ein Haus hat, für die Stimmung im Haus. Vielleicht eine größere als der unvermeidlich regelmäßige Intendantenwechsel.

Unversehens hat sich während des Gesprächs mit Elken hinter meinem Rücken die Speisekammer mit Mittagsgästen gefüllt. Auch in der Kantine, wohin Elken vorgeht, dürfte jetzt Trubel sein. Also hin. Aber erst ist an der Pforte Schichtwechsel. In der **Pförtnerloge** ist der Wechsel in vollem Gange. Cornelia klärt gerade ihre Ablösung Rosel Christa Bönnemann über eine falsche Schlüsseleintragung auf, auch darüber, dass für die **„Zeche 2"** (die Probebühne) jetzt zwei Schlüssel da sind (für die Vorder- und die Zwischentür), dass Trixi (die Kostümbildnerin Beatrice von Bomhard) sich bei Hackel-Pieczonka melden möchte, wenn sie hereinkommt usw. ... Auch Rosels erste Amtshandlung ist: frischen Kaffee machen. Und Peer amüsiert sich über ihren Kaffeebecher. „Kalte Milch statt Drogen" steht da drauf.

13.25 Uhr erreichen wir die volle **Kantine**. Ich bestelle bei Erika Rinderbraten und ein kleines Pils, Peer Nudeln mit Pesto. Hinter Erika spricht Elken (jetzt im Dienst und mit weißem Kittel) mit Tom Walter, dem Pächter der **Gastronomie** im Schauspielhaus. Irgendeine Aufregung über Salatblätter, soweit ich verstehe.
Wir setzen uns an einen langen Tisch, wo bereits der Dramaturg Andreas Erdmann lesend auf sein Essen wartet, das irgendwann von der Theke aus ausgerufen werden wird, und wo auch die Damen der Produktion *Philotas* sitzen: Marlin de Haan, die Regisseurin, die mit *Philotas* ihr Debüt liefern wird, Viola Eckelt, die Dramaturgin, und die Kostümbildnerinnen Yvette Schuster und Lisa Kentner. Später auch Steffi Dellmann, sie macht zusammen mit Tobias Schunck das Bühnenbild. Alle sind übermüdet und gleichzeitig aufgedreht. Am Sonntag ist Premiere. Die Hauptprobe eben ist wohl gut gelaufen, bis auf ein Handyklingeln und den Ruf „Karsten?!!" mitten in die Probe hinein (die von Matthias geschickte Hospitantin). Dann erzählt Marlin de Haan noch von Träumen, in denen sie weiter inszeniert. Und schließlich wird noch beim Essen dazu übergegangen, weiter zu arbeiten. Das Licht stimmt noch nicht (bemängelt die Dramaturgin) und am Ende muss noch stark gefeilt werden. Irgendwann dazwischen ruft Erika auch „Rinderbraten!!" und ich hole mir das kräftigende Essen. Schon das Bier hat belebt. Wir verlassen die Kantine, als gerade Heike Hempen, Marketingfrau des Hauses und zur Zeit in Mutterschaftsurlaub, mit ihrer kleinen Lilli zu Besuch kommt.

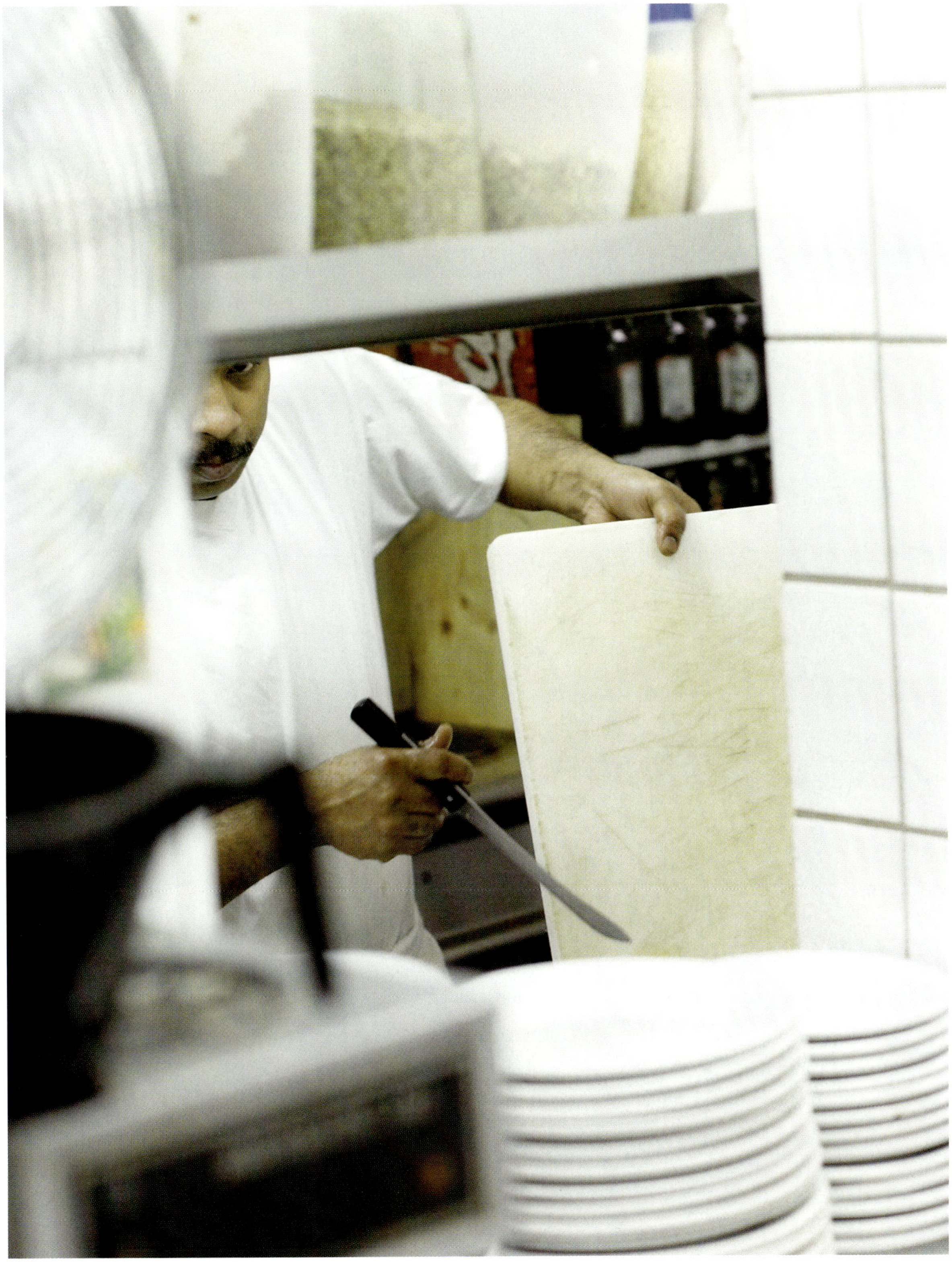

An den leitenden Dramaturgen des Schauspielhauses Bochum
Herrn Klaus Mißbach
Königsallee 15
44723 Bochum

17. November 2003

Sehr geehrter Herr Mißbach,

vor einiger Zeit hatte ich dem Intendanten des Bochumer Schauspielhauses drei Theaterstücke zugesandt, die Sie mir mit Schreiben vom 7. November zurückschickten. So wie ich Verständnis dafür habe, dass Sie in Ihrem Begleitschreiben auf die Texte nicht näher eingehen konnten, verstehen Sie vermutlich, dass diese Kommentarlosigkeit mich nicht besonders befriedigt.

Da ich aber, wie gesagt, dafür Verständnis habe, dass Sie nicht jedem X-Beliebigen, der sich als Autor fühlt, Zeit für inhaltliche Kommentare widmen können, mache ich Ihnen folgenden Vorschlag: Ich füge die drei Stücke diesem Brief noch mal bei, zusammen mit einem Briefumschlag, in dem sich dreihundert Euro befinden, je hundert Euro für die Kommentierung eines der drei Stücke. Ich denke, dass es unter Ihren Mitarbeiter/inne/n durchaus den einen oder die andere gibt, die sich für diese Summe der Mühe der Kommentierung eines Theaterstückes unterziehen mag.

Um Ihnen insgesamt möglichst wenig Arbeit mit der Angelegenheit zu machen, füge ich beides, die drei Stücke und den Umschlag mit den dreihundert Euro, in einem Umschlag bei, der bereits frankiert und an mich adressiert ist. Sollten Sie also meinen obigen Vorschlag für nicht aufgreifen wollen, dann brauchen Sie nur diesen Umschlag zuzukleben und wieder in den Postausgang zu legen.

Wie immer Sie sich entscheiden: Es wird mich freuen, von Ihnen zu hören.

Mit freundlichen Grüßen

Weiter geht's. Ich schaue hoch in die **Dramaturgie**. Kaum einer weiß genau, was die Dramaturgie eigentlich macht. („Sind das nicht diese Schwätzer?") Dabei gehört gerade die Dramaturgie zu den Abteilungen, in denen unaufhörlicher, die gesamte Spielzeit über andauernder Stress herrscht. Dass der Dramaturgiemitarbeiterin Petra Biederbeck (ganz offensichtlich ein glücklicher Fund für die Abteilung) noch nicht in natürlicher Evolution neun zusätzliche Arme gewachsen sind (in ihrem Büro entdecken wir den besten Autorenbrief der letzten 5 Jahre an der Pinnwand), ist ein Wunder. Die Dramaturgen (Kommando: Klaus Mißbach und Thomas Oberender, Truppe: Viola Eckelt, Andreas Erdmann, Martin Fendrich) haben folgende Aufgaben: Sie entwerfen mit der **Intendanz** das Programm, diskutieren den öffentlichen Auftritt des Theaters, wählen Stücke, Regisseure, Schauspieler aus und betreuen diese bis zur Premiere (inklusive Programmheftgestaltung und dergleichen). Der gesamte künstlerische Entscheidungsprozess und alle damit zusammenhängenden Tätigkeiten hängen an der Dramaturgie. Nach Arbeitszeiten braucht man hier nicht zu fragen. Das erklärt auch, warum auf dem Schreibtisch von Andreas eine Packung „taxofit – Vitalstoffe für höchste Ansprüche" zu finden ist.

14.00 Uhr: Schlosserei. Hier riecht es nach Metall. Aus dem Radio schallt „Maleika, Maleika, mein Herz ruft nach dir!" und die Schlosser (Michael Bitzkowski und Thomas Marx sind in der Werkstatt) bedauern, dass wir so spät gekommen sind („Jetzt fliegen hier keine Funken mehr!"). In einem kleinen Raum neben der Werkstatt sitzt gerade Michael Holle über einer zweidimensionalen Zeichnung von einem Baumgerüst für *Die sexuellen Neurosen unserer Eltern*, das er sich dreidimensional vorstellen muss, um es später bauen zu können.
Draußen auf dem Hof beladen währenddessen die **Transportarbeiter** bei richtigem Scheißwetter den mit Graffitis besprühten Schauspielhaus-LKW mit Kulissen.

Wir gehen wieder ins Haus hinein, fahren mit dem klappernden Fahrstuhl des hinteren Treppenhauses (in die Tür ist innen unter vielem anderen eingeritzt: „Wo ist Mantua?") wieder in die 1., immer noch orangene Etage, gehen durch den Dramaturgiegang, dessen Wände mit den Spielplänen von Aachen bis Zürich behangen sind, zum **KBB** – dem **Künstlerischen Betriebsbüro**. Dort sitzen Jutta van Asselt, die Leiterin, und Andreas Bloch, der Disponent. Hier werden bis 15 Uhr die verbindlichen Tagespläne für den nächsten Tag zusammengetragen, hier werden die Spielpläne für den übernächsten Monat entworfen – eine logistisch komplizierte Aufgabe: Stehen die Gastschauspieler zur Verfügung? Welche Stücke sind Parallelstücke, können also gleichzeitig gespielt werden usw.? Eine Computersoftware hilft ein bisschen dabei, aber sie ist oft vernünftiger als das, was im Theater passiert. Silvester 2004 hat Thomas Büchel (sein Vorschlag!) in zwei Doppelvorstellungen gleichzeitig – im *Parasit* im Schauspielhaus und in *Romeo und Julia* in den Kammerspielen – gespielt, hin und her rennend (inklusive Umkleiden) zwischen den Szenen, was genau aufging. Der Computer hat dies als unmöglich eingestuft. Andreas: „Da musst du der Software sagen: Doch. Wir machen es trotzdem." Ansonsten handelt es sich, wie Andreas zusammenfasst, beim KBB um „so'n Menschenmaklerbüro." Hier werden die Termine aller künstlerisch Beschäftigten (im weitesten Sinne) koordiniert, wird angefragt, wo Schauspieler stecken (denn jeder muss auch, wenn er sich aus der Stadt entfernt, einen detaillierten Urlaubsschein ausfüllen, um überall und jederzeit auffindbar zu sein), werden Gastspiele angefragt und angeboten und gesucht, hier werden die Hotels für Gäste klar gemacht etc. pp.

Durch die Tür gleich nebenan gelangen wir ins **Vorzimmer des Intendanten**, das gleichzeitig das **Vorzimmer des Betriebsdirektors** Rolf D. Suhl ist, dessen Assistentin Britta Kampert hier Matthias' persönlicher Referentin Lucia Wiesner gegenübersitzt. Lucia ihre Aufgaben aufzählen zu lassen, wäre müßig, bei ihr laufen einfach ALLE Fäden des Hauses zusammen. Nur ein Detail: Unter der täglich einquellenden Post sind immer ungefähr zwanzig Bewerbungen, die bearbeitet werden müssen. Was die andere Korrespondenz angeht, so hat Lucia E-Mails ganz gerne, weil sie schneller beantwortet sind. Heimtückisch manchmal: Der Empfänger reagiert sofort und schon ist eine neue Antwort fällig!

Die Menschen – Die Arbeit

Dass hier Fäden zusammenlaufen, merkt man auch jetzt, weil in diesem Büro dauernd Menschen rein und raus gehen, etwas bringen, etwas mitteilen. Als wir hereinkommen, ist gerade Sigrid (**Presseabteilung**) da und berichtet, welche Kritiker sich schon für Samstag zur Premiere angemeldet haben. Telefonisch werden Karten von Hausmitgliedern angefragt. Klaus Mißbach sagt zu irgendwas unmissverständlich seine Meinung – lustig, als er die Kamera entdeckt. Ingolf Müller (**Marketing**) kommt, um sich zum Gastspiel nach Duisburg abzumelden. Mit Ingolf gehen wir mit hinaus und hinunter zur Pforte, wo die Beteiligten der *Wahlverwandtschaften* darauf warten, von ihm abgezählt zum Bus gebracht zu werden, denn Ingolf hat die Reiseleitung inne und wird in Duisburg einen Programmbuchstand im Foyer machen.

Um 15.02 Uhr kommt Christoph Bonk vom Ton an der Pforte vorbei und bittet meinen Videomenschen Peer, dringend in seine Abteilung zu kommen. Udo, der **Hausdienst**, macht Feierabend (Oliver Bußmann hat ihn abgelöst). Mit der Sprinkleranlage ist alles glatt gelaufen.

15.10 Uhr erreichen wir die **Tonabteilung**, die sich im Hof gegenüber dem Hauptgebäude und direkt neben dem Verschlag, in dem die **Gastronomie** unter anderem ihre Alkoholika lagert, befindet. Hier kommt man nur rein, wenn man anklopft oder einen Schlüssel hat. Drinnen, in der mit Technikkram überfüllten Tonwerkstatt, herrscht Aufregung – und ich weiß nicht genau, ob das Gekebbel zwischen Christoph Bonk (neben Andreas König Leiter beim Ton) und Peer nun echt ist oder nicht – jedenfalls soll Peer endlich lang ausstehende Entscheidungen treffen wegen eines Transports zu einem Gastspiel. Christoph ist gerade dabei, eine Lieferliste zu machen und große, rote Metallkisten zu packen. Kiste Nr. 2 wird gerade fertig.

Ich gehe mit Karl Haase, als Tontechniker zuständig für Produktionen in den **Kammerspielen**, eine Wendeltreppe hinunter zum Tonstudio, um mir dort in einem kleinen Kellerraum, in dem alles sehr eng gestellt ist, etwas über die Arbeit der Tonabteilung erzählen zu lassen. Kaum hat Karl angefangen zu erzählen (z.B. dass der Ton früher auch mehr mit Musikmachen zu tun hatte, heute aber meistens Komponisten wie Parviz Mir-Ali oder Karsten Riedel mit den Regisseuren zusammenarbeiten), kommt die Nachricht, dass ein „abbrechendes" Handyklingeln gebraucht wird und Karsten Riedel das Wort „Danke!" auf Band sprechen soll. Woher ein schönes Handyklingeln nehmen? Karl guckt jetzt zunächst in die auf dem Computer gespeicherte Stücktonspur von *Romeo und Julia*, denn da kam so ein Klingeln vor. Dann geht er in eine Ecke, wo sich auf einer Extra-Festplatte ein Archiv mit Tönen befindet – darunter auch schönes Klingeln. Karl erzählt währenddessen noch viel Interessantes, zum Beispiel über seine Arbeit mit Jürgen Kruse, die er besonders intensiv in Erinnerung hat. Er schätzt Regisseure, die diese besondere Energie haben, die „müssen" und alles einsetzen für ihre Kunst.

Inzwischen bringt Peer oben Andreas Eich, Matthias Fleskes und Jürgen Jaeger dazu, für ihn aus Mitleid über seine schmerzende Kameraschlepperschulter als Ghettogang zu posieren, und lässt sich von Christoph eine neu angeschaffte Beamerhalterung vorführen.

45

Die Menschen – Die Arbeit

Um 16.05 Uhr sind wir wieder zurück an der Pforte und erfahren, dass Marion Treckmann, die regierende Sekretärin der Technischen Leitung, angerufen und mitgeteilt hat, dass Leo und Alexandra bereit wären für Gespräche usw. Sehr gut! Sie sollen gerade in der Kammer sein. Aber dort treffen wir sie nicht an. In einem Kabuff am Rand der Bühne mit Regalen voller farbiger Folien, mit einem Wandkasten, aus dem die Aufbaupläne für die aktuellen Stücke quillen, voller Werkzeug und Kästen und Kistchen, treffen wir die **Beleuchter** Daniel Graczyk und Max Reinhardt (was für ein Name!) bei der Arbeit an. Leo (Bühnenobermeister Michael Mikolajczak) finden wir erst in der **Technischen Leitung** (4. Etage), wo er inzwischen wieder ist. Die Technische Abteilung nimmt hier oben drei Räume ein. Der erste ist ein großer Raum, der von einem großen, runden Tisch, einem Generalstab würdig, dominiert wird. Im nächsten, viel kleineren Raum sitzt unter einem Schild „Platz des Himmlischen Friedens", das auf ihre zackige Art anspielt, Marion, am Fenster Magnus Freudling, der Produktionsleiter, der an seinem Computer sämtliche technischen Zeichnungen anfertigt, und diesem gegenüber theoretisch der Werkstättenleiter Peter Schulz – der aber weit öfter im Haus unterwegs ist, als hier zu sein. An Marions Schreibtisch vorbei gelangt man noch in ein weiteres Zimmer, das Büro des Technischen Direktors Oliver Kroll.

Mit Leo sind wir am Generalstabstisch. Ich frage ihn, warum das Bühnenbild zu *Todesvariationen* bis Samstag nicht mehr abgebaut werden soll (das habe ich zwischendurch mitbekommen), und Leo erklärt mir genau den komplizierten Aufbau, der 4,5 Stunden dauert. Als Oliver kurz herein kommt, vergewissert sich Leo. Ja, 4,5 Stunden kommen hin. Das Komplizierte des Aufbaus ist neben dem Drumherum (das Abhängen der Seitenbühne mit schwarzem Stoff gegen Seitenlichter, genäht in der **Polsterei**, dem Aufbau der Schiene für den Scheinwerferwagen mit seinem Seilzugmotor usw.) vor allem der sehr breite Aluminium-Rahmen (die Rückwand ist beispielsweise 12 Meter breit und 4,5 Meter hoch), über den sehr sorgsam empfindliche Opera-Folie, die dabei leicht reißen kann, gezogen werden muss. Eine Besonderheit des schräg gebauten Bühnenbodens ist noch, dass über das Bodentuch, damit es straff sitzt und keine Beulen unter dem direkt vor der Bühne fahrenden Scheinwerfer zu sehen sind, ein „gefüllter Gobelin-Tüll" gezogen wird – und auf den darf man nicht mit schmutzigen oder spitzen Schuhen.
Meine letzte Frage ist noch, was dort heute morgen in der **Schreinerei** gesägt wurde. Mir fällt das Wort „Portalvergrößerung" nicht ein, aber Leo weiß schon, was ich meine: „Das Bühnenbild endet ja seitlich am Portal. Hier ist es aber so, dass der schräge Bühnenboden noch 30 bis 35 Zentimeter vorne hinausragt. Der Eiserne Vorhang setzt aber auf diesem Boden auf und darf rechts und links keine Luft, muss einen Abschluss haben. Und damit die Fläche vorne auf einer Höhe ist, haben sie in der Schreinerei diesen Abschluss gebaut."
Leo muss zwar jetzt kurz ins KBB, aber ist dann wieder in der Kammer – wir verabreden uns für in ein paar Minuten, um uns die *Todesvariationen*-Bühne noch einmal anzusehen (Ich glaube, ich habe nämlich den Eindruck gemacht, kein Wort verstanden zu haben.).
Auf der Treppe treffen wir die *Philotas*damen, die sich einig sind, dass ich schon ziemlich scheiße aussehe. Kann ich mir vorstellen (und gut, dass ich die ganze Zeit mitgefilmt werde). Die Erkältung ist nicht schlimmer geworden, aber noch da, und ich möchte wenigstens mal sitzen können. Aber Dienst ist Dienst.
Im **Pförtnerkasten** ist es gerade voll. Die *Philotas*damen leihen sich Schirme für draußen, Lena Schwarz holt ihre Post und Karl klärt was am Telefon („Ich lass mal drei, vier Mal klingeln und dann sagt er mittendrin Danke, ja?"). Wir verschwinden wieder.

Es ist 16.30 Uhr, als wir in den **Kammerspielen** wieder auf Leo treffen und uns dort ansehen, worüber wir oben schon gesprochen hatten. („Der Bühnenbildner, der das gebaut hat, hat verdammt viel Ahnung. Erinnert ihr euch an *Auf dem Land* ? – Wahnsinnig!"). Mein besonderes Interesse erregt das Lichtfenster hinter der mit weißer Folie bezogenen Rückwand des Bühnenbilds. Paulus und Daniel von der **Beleuchtung** werkeln gerade daran herum. Auf einem Gerüst steht ein Metallrahmen in Klofensterbreite, worauf wiederum eine Art

Die Menschen – Die Arbeit

klobiges Sonnenrad angebracht ist. Sieht archaisch, aber nach einer interessanten Konstruktion aus. Meine Fragen weist Paulus von sich und zeigt auf Max: „Er hat das gemacht. Komplett!" Alle stimmen ein, dass Max erzählen soll, was es mit diesem Fenster da auf sich hat. Kein Problem: „Aufgabe war, von hinten auf die Opera ein Quadrat zu projizieren, welches man beliebig in der Größe verstellen und in der laufenden Szene verschwinden oder erscheinen lassen kann, je nach Laufrichtung des Motors. In der **Schlosserei** haben sie die Konstruktion hergestellt, also den Rahmen und die Blechfächer. Und dann haben wir einen Kettenantrieb mit Kleinspannung und Getriebe gebaut und mit Endschaltern für ‚Position Auf' und ‚Position Zu' sowie mit zwei Netzgeräten versehen, für jede Richtung eins, damit man die Geschwindigkeit extra regeln kann. – Ist ganz zuverlässig."

Das eigentliche Problem ist ein anderes: Bis das Ding leise und zuverlässig lief, waren zwei Tage rum – und es ist im Moment ja immer noch nicht ganz fertig …

16.50 Uhr sind wir wieder kurz an unserer Basis, der **Pforte**. Hier sitzt der **Bühnenbildner** Tobias Schunck und will sich gleich um einen „Bühnenmeister oder eigentlich einen Bühnenschlosser" bemühen, weil er noch „acht Aluwinkel" für die Beleuchtung von *Philotas* braucht. Währenddessen kommt Videojunge Piotr Gregorowicz (Peter genannt), um Peer abzulösen, aber der will noch weiterfilmen. Und zufällig erwischen wir dann Rolf auf dem Weg zu einem Gespräch mit der Anwohnerschaft des Schauspielhauses in die **Speisekammer**.

Rolf D. Suhl macht als **Betriebsdirektor** die Verträge mit allen künstlerischen Beschäftigten und Gästen am Haus. Die Aufgabe, die er jetzt in der Speisekammer erfüllt, ist keine alltägliche für ihn. Nach einigem Stühle- und Tischerücken und Platznehmen begrüßt Rolf die Anwohner und stellt ihnen die anwesenden Vertreter aus Politik und Verwaltung vor, mit denen sie heute über die Baumaßnahmen am Haus diskutieren können. Es geht um den Anbau eines neuen **Malersaals**, für den zum Beispiel schon ein Kinderspielplatz für die Dauer der Bauzeit verlegt werden musste.

An einem Tisch neben der Abendkasse der Kammerspiele planen inzwischen die Videojungs ihr Schichtsystem. Stephan übernimmt jetzt. Nächste Station laut Stundenplan: Brezelbacken in der Kantine.

Auf dem Weg zur Kantine hören wir aus dem sogenannten „**Dirigentenzimmer**" jazziges Klavier – und schauen einfach mal rein. Der Musiker lässt sich nicht stören, spielt einfach weiter, und als Stephan mit der Kamera dicht dran ist, greift er zur Trompete, jazzt (oder swingt oder was das ist) weiter. Nach einer Weile setzt er ab und schaut, als müssten wir jetzt was sagen. Ich: „Wir wollten nur mal reinschauen!" Er: „Schön." **Es ist 17.30 Uhr.**

Im Gang kurz vor der **Kantine** duftet es nach Parfüm. Stephan schnuppert durch die Nase: „Ich glaube, Fritz ist da." Tatsächlich sehen wir, als wir hereinkommen, von der Kantinenküche aus Fritz Schediwy an einem Tisch sitzen. Er hat nachher Vorstellung (*Tief im Loch und das Schwein sucht mit*). Wir schauen dann also zu, wie die bleichen Brezeln auf Bleche platziert werden, die nachher frisch gebacken dem Publikum im **Foyer** des Großen Hauses angeboten werden. Elken schlägt vor, WIR sollten unter dem Motto „Im Schauspielhaus hilft jeder jedem" die Brezeln backen. Wir setzen uns lieber, weil Stephan Lust auf eine Zigarette hat, zu Tobias Schunck, Fabian Krüger (spricht über Mädchen) und Fritz Schediwy (meckert über moderne Technik, zum Beispiel Videokameras) an den Tisch. Hier spreche ich ein Statement in die Kamera: Dass ich die Sorge habe, zu müde zu sein, um die richtigen Fragen zu stellen.

18.00 Uhr machen wir uns auf den Weg zur Maske. Dabei kommen wir an der Stahltür zu Inspizientenpult und Bühne Großes Haus vorbei, an der vergilbte Toi-Toi-Toi-Faxe hängen. Ihr gegenüber liegt das **Requisitenzimmer**, in dem schon vorbereitet wird. Die Requisiteurin Andrea Figger schmiert Stullen und die Aushilfe Anna Sievering faltet Zeitungen für den *Hauptmann von Köpenick*. Gerade nimmt Andrea einen kräftigen Schlag Nutella aufs Messer. Nutella für Köpenick? Ja, die Schauspieler suchen sich aus, was sie drauf haben wollen. Sieht ja keiner. Und wem Nutella besser schmeckt als Leberwurst …

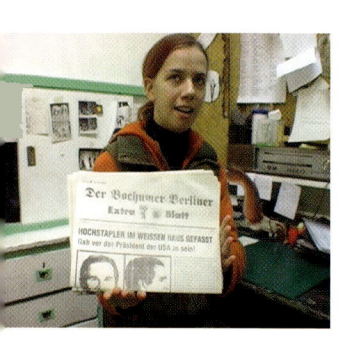

49

Die Menschen – Die Arbeit

Nach einem kurzen Blick auf die Bühne, kein Mensch ist zu sehen, gehen wir in den **Garderobengang**, wo schon der Kleiderwagen bereit steht; vorne an hängt die Uniform für die Hauptrolle. Am Ende des Ganges biegen wir nach links. Hier ist die **Maske** – und vor den Maskenräumen steht Bruder Johannes, ein Gast des Schauspielers Martin Horn, und erhält gerade auf dem Flur von dem Maskenbildner Henryk Minkiewicz einen Einblick in den Schrank mit Haarteilen und falschen Bärten. Kurz darauf (um genau zu sein: **18.10 Uhr**) bin ich mit Henryk und seiner Kollegin Ulrike Tischler in der Herrenmaske, die noch ruhig ist, weil erst in einigen Minuten die ersten Maskenzeiten (für jeden Darsteller genau festgelegt und auf dem Garderobengang aushängend) beginnen. Ich frage sie ein bisschen aus und sie erzählen mir, dass beim *Hauptmann von Köpenick* „keine große Maske" ist, weshalb sie heute für Damen und Herren zusammen nur zu dritt sind. Große Maske ist zum Beispiel bei *Heinrich IV.*, wo Glatzen geklebt werden müssen und stark geschminkt wird. Heute reicht es aus, den **Statisten** die Haare zu gelen und zu kämmen (preußisch), und es müssen keine Perücken geklebt werden. Trotzdem ist es durchaus kein gemütlicher Abend. Es wird ein paar Umzüge geben: andere Perücke, Darsteller in mehreren Rollen und so weiter. Es wird auch Verwandlungen hinter der Bühne geben – von André Meyer und Angelika Richter. Aber bei letzterer dürfen wir nicht dabei sein, denn Angelika ist für ein paar Momente halb nackt. Ich äußere Neid auf die Feuerwehrmänner an der Seite der Bühne. Aber die werden auch weggeschickt.

Zur Maske will ich gleich wieder zurückkehren, wenn sie besucht ist. Erst einmal laufen wir noch im Haus umher, dass sich allerorts auf das bald eintreffende Publikum vorbereitet. In der **Kantine** sind die Brezeln fertig und die Brezelbäckerin schmiert jetzt Baguettes, am **Dirigentenzimmer** entlang schleppt die **Gastronomie** Dinge herbei, während darin hörbar weiter Trompete geübt wird, in der Kantine wird sich noch gestärkt und im **Foyer** vom Großen Haus werden die Vorbereitungen für den Einlass beendet. Das Foyer erstrahlt jetzt – **18.30 Uhr** – besonders erwartungsvoll. Hier unter den Kronleuchtern und auf dem roten Teppichboden beginnt gleich etwas Besonderes – ein Theaterabend. Die Einlassdamen begeben sich langsam in ihre Positionen, eine von ihnen, Christiane Kunick, mit der ich immer lustige Sprüche klopfe, wenn wir uns begegnen, holt schnell ihre Chefin herbei. Renate Münch leitet zusammen mit Regina Koch die Abteilung **Garderobe und Einlass.** Von ihr erfahre ich, was ich nie beachtet hatte, wenn ich im Theater saß: Die Türen des Zuschauerraums werden von unten nach oben geschlossen. Wenn unten rechts die Tür geschlossen wird, ist das das Zeichen für alle anderen Damen in ihren eleganten Uniformen. Nur bei *Peer Gynt* werden die Türen umgekehrt geschlossen, weil in dieser Inszenierung das Schließen der letzten Tür das Zeichen für die Schauspieler, die in der ersten Reihe sitzen, ist, zu beginnen. Überhaupt werden auch die Einlassdamen manchmal für

51

Die Menschen – Die Arbeit

Inszenierungen gebraucht: In Helge Schneiders *Mendy* wedeln sie an ihren Türen mit bunten Tüchern und bei der *Eröffnung* müssen sie die Türen kräftig zuschlagen ...
Renate meint schließlich, Christiane könne jetzt die Türen öffnen. Der erste und noch einzige Gast, ein älterer Herr, betritt das Foyer. Es muss etwas Gespenstisches haben, als der Erste und ganz allein in diese Atmosphäre zu treten ...

18.40 Uhr treffen wir auf einem kleinen Umweg zur Maske den späteren Hauptmann von Köpenick zusammen mit Andreas Bloch, der gerade Feierabend machen will, vor dem KBB. Andreas stellt mich vor und ich erkläre Otto Sander meinen 48-Stunden-Plan, dass ich dokumentieren will, was hier im Haus alles gearbeitet wird, was nebeneinander das Theater leben lässt, und dass ich unter anderem bei den **Reinigungskräften** heute morgen angefangen hätte. „Die machen wirklich gute Arbeit", sagt Otto an dieser Stelle. Und zu Stephan an der Kamera: „Kann man mal den glänzenden Boden aufnehmen? – Der glänzt hier immer so!"

18.46 Uhr: In der **Maske** treffen wir vor den beleuchteten Spiegeln Jele Brückner, Margit Carstensen und Angelika Richter und sie erlauben uns zuzuschauen. Still und konzentriert machen die Maskenbildner ihre Arbeit. Ab und zu wechseln sie und die Schauspielerinnen ein paar Worte. Jele lässt sich genau deshalb auch gerne schminken, weil es vor dem Auftritt so entspannend ist. Dabei nimmt sie das Schminken aber durchaus genau und sagt, was sie gerne haben möchte. Heute darf es ein bisschen mehr sein: „Da kann man ruhig übertreiben. Das is ne Nutte, die trägt auch wirklich ne Kunsthaarperücke." Angelika wird, nachdem sie eine Weile lustig mit uns geplaudert hat, ebenfalls ganz ruhig und lässt sich die Augen machen. Margit schweigt die ganze Zeit. Aber alle zusammen lachen wir über ihren kleinen, schwarzen Mops Toto, der die Videokamera sehr engagiert anknurrt und dabei ab und zu zur Seite schnauft.

19.05 Uhr: Auf der Bühne im **Großen Haus** läuft die „Einrichtung". Gerade ertönt dreimaliges Handy-Klingeln, das abbricht, und wonach die Stimme Karsten

Riedels in einem unnachahmlich selbstverständlichen Ton „Danke!" sagt. Der **Inspizient** Alexander Störzel, der gerade mit dem Ton (oben in der **Tonregie**) den Soundcheck macht, amüsiert sich königlich darüber und wiederholt ständig lachend „Danke! – Danke! – Danke!". Der Soundcheck für die Musiker entfällt heute, eine kleinere Katastrophe, weil eine größere Katastrophe passiert ist. Karsten Riedel sitzt auf seiner Gründerzeitbank im Bühnenbild und erklärt in die Kamera, welche: „Siehste, so is dat. Problem: Jörg hat sein Loopgerät in Dortmund vergessen. Und in 25 Minuten geht's los. Dat schafft der nie. Nie!" Und ohne das Cello von Jörg Brinkmann, das mit diesem Loopgerät zusammengeschlossen wird, kann die Vorstellung nicht begonnen werden. Als Expeditionsleiter freue ich mich natürlich – auf genau solche Abenteuer habe ich gehofft!

Die Vorbereitungen gehen aber selbstverständlich ganz normal weiter, Alexander bittet Lucian Martin, eine Flügelschraube abzukleben, damit der Vorhang nicht vielleicht dran hängen bleibt, Andreas vom Ton macht Karstens Mikro startklar usw. Währenddessen lese ich hinten auf einer Kulisse: „Bochum – Freiburg 3 : 1, 1 : 1, 2 : 1, 1 : 1". Und es trifft die Nachricht ein, dass ein Freund von Jörg das Ding aus Dortmund herbringen wird.

Wir schwärmen nun bis Vorstellungsbeginn noch einmal aus. Angelika sitzt inzwischen fertig geschminkt mit der **Ankleiderin** Anne Reitmeier vor ihrer **Garderobe** und muss sich nur noch umziehen, in der **Herrenmaske** wird massengegelt und -gekämmt (als wir dort sind, ist es **19.15 Uhr**), in der Kantine sitzt ein preußischer Offizier und trinkt Kaffee und vor dem **TuT** halten sich jetzt schon die **Einlassdamen** für die Vorstellung um 20.00 Uhr bereit.

19.31 Uhr sind wir wieder auf der Seite der Bühne des Großen Hauses, wo sich die Leute knubbeln. Schauspieler in ihren Kostümen, **Feuerwehrmänner**, Christine, die Regieassistentin, Alexandra Kaiser („**Assistentin des Technischen Direktors**"), die bei diesem Stück heute für die Technik verantwortlich ist, und noch zahlreiche andere. Der leitende **Dramaturg** Klaus Mißbach, der ja heute Abenddienst hat, hält sich bereit, um die Ansage wegen Umbesetzungen zu machen, Alexander sitzt an seinem **Inspizientenpult** – den Telefonhörer am Ohr, um den neuesten Stand in Sachen Loopgerät zu erfahren. Hinter dem Vorhang ist Grummeln und dumpfes Stimmengewirr zu hören. Das Publikum. In Erwartung. Dann ist auch der **Intendant** da, wahrscheinlich, um die Umbesetzungsansage selbst zu machen. Matthias begrüßt die Schauspieler (Otto Sander rückt ihm dabei freundschaftlich den Jackettkragen zurecht) und verzieht nur ein ganz kleines bisschen den Mund bei der Nachricht, dass es wohl noch etwas anderes anzusagen geben wird. „Was hat er denn vergessen?" Von allen Seiten: „Das Loopgerät." Und Alexander: „Es könnte in 6 Minuten hier sein. Ist schon auf dem Sheffieldring."

Dann wird es noch enger ums Inspizientenpult, weil alle Matthias' Ansage vor dem roten Vorhang auf dem Bildschirm mitverfolgen wollen. Das Publikum verstummt und wird von Matthias begrüßt. Er erzählt zuerst, was sowieso an diesem Abend zu erzählen gewesen wäre: dass Franz Xaver Zach an einer Lungenentzündung erkrankt ist, was bei einem Stück mit vielen Mehrfachbesetzungen wirklich furchtbar sei, dass aber seine Kollegen die Rollen neu aufgeteilt haben, damit *Köpenick* doch über die Bühne gehen kann. Dann geht Matthias ins Detail und das Wirrwarr der Rollentausche reizt die Leute zum Lachen. „Fabian Krüger, der normalerweise nur der stumme Sohn seines Vaters ist, hat als einziger profitiert."

Hinter der Bühne wird mitgekichert. Otto: „Unverschämt. – Dann brauchen wir gar keine Komödie mehr spielen, wenn der das schon macht ..."

Und Matthias hat ja heute noch einiges draufzusetzen. Nun hat auch noch der Cellist sein Loopgerät in Dortmund gelassen – die Stimmung im Publikum steigt merklich höher. Aber es soll schon auf dem Sheffieldring sein – die Pointe sitzt ebenfalls (Felix Vörtler neben mir: „Also, er kann es wirklich ..."). Und dann bittet er Jörg, mal den Kopf durch den Vorhang zu stecken: „Das ist der Trottel, der das Zeug vergessen hat." – Der Saal tobt. Auch hinter dem Vorhang biegt sich alles vor Lachen und es wird spaßhaft in Richtung Jörg gebuht.

Als es dann wieder etwas ruhiger ist, beendet Matthias seine Ansage: „Das wird also eine sehr spezielle Aufführung heute. Die Sie so nie wieder zu sehen bekommen werden." Amüsierter Applaus.

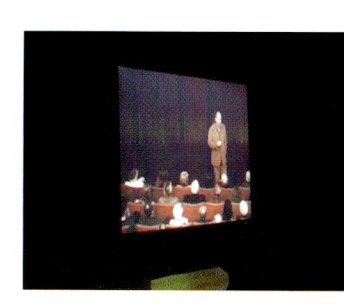

Die Menschen – Die Arbeit

Aber jetzt scheint die Nervosität erst richtig einzusetzen. Das Publikum wurde für einige Minuten veranlasst, zu entschuldigen und sich zu gedulden – aber sehr lange hält das nicht vor. Und dieses Loopgerät kommt und kommt nicht. Matthias läuft auf der Bühne auf und ab. Es wird gleich eine Entscheidung notwendig sein. Noch warten? Ohne Cello spielen? Auch Otto Sander ist scheinbar nervös. Allgemein wachsende Ungeduld liegt in der Luft. Aber trotzdem ist bemerkenswert, dass keine Kurzschlussreaktionen oder hysterischen Anfälle stattfinden. Alle sind auf die Sache gerichtet: Das Stück soll über die Bühne gehen.

Bei Alexander trifft die Nachricht ein, dass das Ding an der Pforte angekommen ist, Christine ist damit im Haus unterwegs hierher. Wo bleibt sie denn?! (Hinter dem Vorhang unterhält sich das Publikum immer lauter.) Da ist sie, das Loopgerät unter dem Arm, völlig außer Atem. Matthias feuert seine Regieassistentin an: „Renn hin! Renn hin!" **Es ist 19.40 Uhr.** – Aber es kann immer noch nicht los gehen: Das Gerät muss installiert werden. Unter den Augen des Intendanten, der jeden Handgriff beobachtet, tut Jörg dies. „Biste jetzt soweit?" Gleich. Gleich. Jetzt!

Alexander rennt zum **Inspizientenpult**, springt in den Drehstuhl, greift zum Mikrophon, schiebt Regler und drückt Knöpfe: „So, jetzt können wir starten. Arbeitslicht aus, Hinterbühne, Seitenbühne (*alles versinkt in schummriges Dunkel*). Achtung für den Anfang. Und ... Z-Haus dunkel (*von dort: „Ah!", „Oh!" und kleiner Applaus*). Die Vorstellung beginnt ..." Der Vorhang öffnet sich, Marschmusik mit Trompete setzt ein, die Drehbühne beginnt zu fahren ... **Es ist 19.42 Uhr.**

Na, wunderbar. Eine schöne Katastrophe fürs Abschlussbuch. Wir pausieren ein bisschen im Requisitenzimmer, wo Andrea (die mit dem Nutella) und Christine (die Loopgerät-Rennerin) eine rauchen. Die Mithöranlage ist an. „Aus! Hier wird nich jebettelt! Das wär ja jelacht!"

19.56 Uhr treffen wir auf dem Weg in die Kantine auf die **Einlassdame** Tülay Szyska, die den Seitenzugang zum **TuT** bewacht, der wahrscheinlich als Fluchtweg (wegen Feuer, nicht wegen Inszenierungen) nicht abgeschlossen werden darf. Die Tür zur Kantine ist angelehnt, damit zum TuT, wo Oliver Masucci gleich im Laufe des Abends Fritz Schediwy erstechen wird, kein größerer Lärm dringt, als die beiden selbst machen. In der momentan ruhigen Kantine sitzt Beatrice Feldmann, die Leiterin der **Statisterie**. Ich berichte ihr von *Köpenick* und vom Loopgerät. Auch Beatrice kann viele ähnliche Geschichten aus der Statisterie erzählen – aber komisch, auch die sind immer nur Geschichten davon, wie es am Ende doch noch geklappt hat. Scheint wirklich ein Theaterphänomen zu sein. Die Katastrophe, die gut organisiert gerade noch verhindert oder in ein Ereignis überführt wird.

Um 20.25 Uhr sind wir im **„Malersaal I"** bei der Produktion *Philotas* (die Regisseurin, ihre Assistentin und der Hauptdarsteller – angespannt, abgespannt, nicht zu vielen Worten in der Lage, was ich nicht gebrauchen kann, weil ich natürlich selber nicht mehr ganz auf der Höhe bin). Danach klettern wir ganz oben auf dem dunklen **Schnürboden** herum, auf dem Seitengerüst weit oben über der Bühne des Großen Hauses. Die Tiefe macht etwas schwindlig und wir tappen im Dunklen vorsichtig über den Metallgang. Gerade ist von hier oben nicht viel zu sehen. Wie hören nur aus der leeren Tiefe einen Geisterchor: „Guten Morgen, Herr Direktor!"

20.40 Uhr schauen wir in die **Kammer**, wo gerade der Abbau der 6-Meter-Schiene für den *Todesvariationen*-Scheinwerfer wegen der morgigen Fosse-Lesung im Gange ist.

20.50 Uhr noch ein Besuch am Inspizientenpult von *Köpenick* (blicken Alexander über die Schulter und ein bisschen Bühnenfernsehen: Felix Vörtler in Unterhosen und mit Sockenhaltern). **Und 20.58 Uhr** treffen wir in der **Eve Bar** ein, wo Lena van Dornik, die die Bar führt, die Öffnung um 21 Uhr vorbereitet (durch Pfefferminze zupfen zum Beispiel). Weil Lena jetzt noch in Hektik ist, gibt es keine Cocktails, sondern nur Bier. Ich wollte auch nix anderes.

21.30 Uhr ist die **Kantine** voll, weil nicht nur das Publikum jetzt durch die Foyers spaziert, sondern auch die von hinter der Bühne Pause haben. Als **21.40 Uhr** Wolfgang zum Nachtdienst an der Pforte erscheint, fragt er sofort, ob was bei *Köpenick* passiert sei – weil ja jetzt erst Pause ist.

Die Menschen – Die Arbeit

Wir gehen ins **Foyer**, um dort das Nachpausengeschehen anzugucken. Es herrscht dort die Ruhe nach dem Sturm – könnte aber auch ein Krieg gewesen sein, denn auf einem der Samtsofas döst ein bewaffneter preußischer **Statist**-Soldat und wartet auf sein Stichwort „Pflanzt auf, Bajonett!". Nicht weit davon sitzt Christiane mit einer Kollegin und schreibt Dienstpläne ab. Und die Servicemädchen vorne an der Foyerbar sind – nachdem sie hier unten in 20 Minuten ungefähr 400 Leute bedient haben – dabei aufzuräumen, zu putzen und Kästen zu tragen. Und gespült wird dann gleich auch noch.

Kurz nach 22 Uhr finde ich den Abenddienst in der **Speisekammer**. Klaus sitzt mit Su Bühler, Volker Hintermeier und Oliver Masucci zusammen. Volker und er unterhalten sich über das Spiel von gestern, und obwohl ich Fußballgesprächen so gerne folge wie dem Klang des Kanton-Chinesischen, unterbreche ich rein dienstlich, um nach den Aufgaben des Abenddienstes zu fragen. Der Abenddienst übernimmt als zentraler Ansprechpartner ganz einfach die gesamte Verantwortung für einen Abend. Wenn es ein Problem gibt, muss der Abenddienst die Lösung sicher stellen – und die Ansagen vor dem Publikum machen (wenn der Intendant nicht mal wieder einspringt). Von diesem Thema komme ich mit Klaus auf das Theater im Allgemeinen. Klaus ist wie die meisten hier am Haus vollkommen durchdrungen davon. Heute – angesichts der *Köpenick*-Verspätung – schwärmt er vom Live-Charakter des Theaters, von der direkten Kommunikation, die hier möglich sei. – Peter, der gleich Stephan an der Kamera ablösen wird, fordert mich um **22.53 Uhr** auf, wieder an meine Arbeit zu gehen, statt hier zu palavern. Richtig. Weiter geht's.

22.58 Uhr Pforte. Otto Sander will das Haus verlassen, wird aber von drei jungen Mädchen aufgehalten, die Autogramme von ihm haben möchten. Er holt Karten aus seiner Mappe, unterschreibt und übergibt sie, während Einlassdamen vorbei kommen und Christiane scherzt: „Das ist toll mit den jungen Mädchen, was?" Wolfgang in seinem Pförtnersessel macht mich auf etwas anderes aufmerksam: „Ist dir der Kaffee aufgefallen, wie der lecker riecht?" Eigentlich nicht. Aber jetzt ja. Ein aromatischer, gemütlicher Duft.
Trotzdem sitze ich kurz darauf in der **Kantine** bei einem weiteren Bier (Bier macht mich komischerweise wacher. Einigermaßen. Und jedenfalls im Moment.). Peter, der einmal in der **Requisite** Praktikant war, nimmt mich mit an einen Tisch, wo er alte Kollegen sieht. Hier sind die Requisiteurinnen von heute Abend, Andrea und ihre Aushilfen für *Köpenick*, von denen eine eigentlich Psychologie studiert (wir vermuten, dass sie heimlich auch deshalb da ist), Alexander, der Inspizient, weitere Kollegen und Walter Ludwig, Requisiteur in Rente, der heute nur noch als „Nachwuchsschauspieler" hier ist, nämlich als Postbote, der Otto Sander einen Brief bringt. Er hat den einen Satz stundenlang vor dem Spiegel geübt. („Bei der Premiere war ich klatschnass, mich konntense auswringen!") Walter hat schon unter Schalla hier angefangen (1964), damals, sagt er, waren es 12 Techniker und 1 Requisiteur, heute sind es 40 Techniker und 6 Requisiteure. Andrea ist auch schon etwas länger hier. Nach ihrer Maler- und Lackiererausbildung kam sie durch eine Arbeitsbeschaffungsmaßnahme des Arbeitsamtes ans Haus – und hat

jetzt schon ihre 20 Jahre hier verbracht.

Besser als hier am Tisch kann dieser Abend für mich nicht enden. Es werden Anekdoten und Geschichten erzählt (von einem Schauspieler zum Beispiel, der seinen Kollegen auf der Bühne bei laufender Vorstellung Fingerzeichen macht, damit sie den Spielstand vom VfL erfahren) und ich erfahre viel über die Arbeit der Requisite. Besonders schwierig sind Kleinteile, die in Gefahr sind, nicht mehr wiedergefunden zu werden, ganz besonders bei noch unklaren Probensituationen. Aber auch große Teile verschwinden: Ein Huhn, das von einem Schrank gefallen war, wurde erst lange später in der **Untermaschinerie** wiedergefunden. Und wenn während der Vorstellung etwas kaputt geht, das im weiteren Verlauf noch gebraucht wird, muss die Requisite sofort für Reparatur sorgen. Bei der Premiere des *Nussknackers* zum Beispiel brach am Anfang bei einem Kampf ein „Riesenstreichholz" – da musste sofort die **Schreinerei** aufgesucht werden.

Aber ganz zuerst hatte ich Alexander, ein witziger Kopf übrigens, die angesichts meiner Erfahrungen dumme Frage gestellt, ob es nicht langweilig wird, immer das Gleiche zu machen. Heute war schließlich die 42. Vorstellung des *Hauptmann von Köpenick*.

Alexander: „Nö. Siehste ja, heute Abend."

Ich: „Na, heute is ja auch was passiert."

Alexander: „Es ist aber immer was! Umbesetzung. Oder irgendwas geht nicht."

Anna: „Die Pistole!"

Andrea: „Oder die Klingel ..."

Und so wird es:

Freitag, 11. Februar 2005

Um 1.04 Uhr verlassen wir brav die Kantine. Carmelina will schließen und führt uns zuliebe, bevor sie die Kasse macht, vor, wie sie das Rollo vor der Theke runterlässt. An der Pforte versprechen wir Wolfgang, mal nachzusehen, was in der **Speisekammer** noch ist, eigentlich machen sie da jetzt die Abrechnung. Aber wir treffen dort noch Gäste an, setzen uns kurz dazu und unterhalten uns etwas später mit Hilde Belarbi, die die Speisekammer leitet und tatsächlich gerade die Abrechnung macht, die dann in die mir schon bekannte Tüte kommt. Auch Hilde liebt es, hier im Theater zu arbeiten. Ihre Lieblingsproduktion ist im Augenblick *Die Möwe* – weil die Truppe so nett ist und sie sich so gern dazusetzt und bis in den Morgen hinein quatscht. Normalerweise wäre heute auch Otto Sander hierher gekommen, aber diesmal musste er dringend weg, weil seine kleine Enkelin Geburtstag hat.

1.53 Uhr ist das Haus leer. Wolfgang schließt die Tür. Dann greift er zum Telefon und meldet sich bei der Zentrale ab (bei der Gelsenkirchener Wach- und Schließgesellschaft, GSG). Der Rundgang des Nachtpförtners beginnt. Auf einem festgelegten Weg rennt Wolfgang uns voraus, sieht in Räume, ob dort das Licht aus ist, drückt mindestens hundert Klinken oder rüttelt an Türen, ob dort abgeschlossen ist, verschließt alle noch offenen Türen innerhalb des Hauses und nach draußen. Und rennt wirklich. Das Tempo bringt mich selbst schwer zum Schwitzen und

Die Menschen – Die Arbeit

Wolfgang ist patschnass, die Haare kleben ihm am Kopf und er atmet schwer. Wir kommen durch all die Räume, die ich schon besucht hatte und die jetzt gespenstisch leer und zum Teil schon stockdunkel sind. Zuerst der untere Teil des Hauses. Dann über den Hof zur Speisekammer, deren Licht über einen Schaltkasten abgeschaltet wird. Nur die Notbeleuchtung bleibt. Kurz darauf geht Wolfgang auch außen herum, im Regen um das ganze Gebäude (jetzt sind wir doppelt nass), rüttelt von außen an allen Türen, ärgert sich über das von jemandem vergessene Licht im Kassenfoyer (das Foyer im Großen Haus drinnen hat eine Nachtbeleuchtung) und behält ununterbrochen seine hohe Geschwindigkeit bei. „Wolfgang, die Lokomotive", sagt Peter. Dann sind wir wieder zurück an der Pforte. Aber jetzt kommt erst noch das Treppensteigen in alle Etagen. Hier wird das Klinkendrücken zur Fließbandarbeit. Nur die Garderoben der Schauspieler sind alle noch offen und das Licht ist an. In Garderobe 6 (der Garderobe von Otto Sander) entdeckt Wolfgang heute etwas Ungewöhnliches: eine Kiste ist aus einem Spind gefallen. Oder aus dem aufgebrochenen Spind gerissen worden? „Das muss ich ins Wachbuch eintragen und morgen dem Hausdienst melden. Mehr kann ich im Moment nicht machen", stellt Wolfgang fest. Löscht das Licht, schließt die Tür und rast wieder los. Ein normaler Rundgang dauert 45 Minuten. Wir erreichen die Pforte doppelt durchfeuchtet um **2.42 Uhr**. Wolfgang greift wieder zum Hörer und sagt ohne Begrüßung: „Ich habe meinen Rundgang beendet. Tschüss." Das Schauspielhaus Bochum ist im Tiefschlaf.

Peter, der Filmer, verlässt uns jetzt. Ich werde den Rest der Nacht mit Wolfgang, der mir eine Art Privatdruck seines Romans „Peggy Sue" schenkt (Widmung: „Zur Erinnerung an eine feuchte Nacht"), in der Pforte verbringen. **2.55 Uhr** läuft Wolfgang noch einmal hoch zu den Garderoben, um zu prüfen, ob dort auch Sachen offen sind wie in 6. Irgendwie hat ihn das nervös gemacht. Aber es ist alles in Ordnung. **3.00 Uhr** kommt Wolfgangs Lieblingssendung im Fernsehen – die Tagesschau von vor 20 Jahren. Ronald Reagan ist Präsident der USA. Und da es am bequemsten ist, bleiben wir beim Fernsehen und drohen dauernd einzuschlafen (immer abwechselnd).

Zuerst gucken wir die „Regionalzeit" von allen möglichen Regionen, dann ab **5 Uhr** Gerichtssendungen mit absurden Fällen und schlechten Darstellern. Wir quatschen auch ein bisschen. Wolfgang erzählt von seiner schwerkranken Mutter, die er zu Hause pflegt und von seinen alten Zeiten, die auch in seinen Romanen vorkommen. **4.45 Uhr** öffnet er das hintere Tor, **4.50 Uhr** die Tür an der Pforte, **5.00 Uhr** kommt ein Zeitungsmann mit der Frankfurter Rundschau und dem Tagesspiegel, **5.20 Uhr** Cornelia, um Wolfgang abzulösen.

Ab **5.26 Uhr** wird wieder gefilmt, weil Stephan sich pünktlich aus dem Bett gequält hat. Und während Cornelia die Zeitungen und die Post sortiert, nachdem sie Tagesplan und Abenddienstschild ausgewechselt hat, kommen ab 5.39 Uhr die Reinigungskräfte ins Haus. Es erwacht also wieder. Ich werde auch wacher. Und es wiederholt sich vor mir der Beginn des gestrigen Tages.

Cornelia erzählt vom geplanten Umbau der Pforte und ich mache mir Sorgen um den alten Türdrücker – aber sie und ihre Kollegen haben immer schon auf ihn aufgepasst. Mit diesem Drücker wurde seit 1953 ALLEN die Tür geöffnet.

6.27 Uhr erzähle ich Karin (der „Kohlfrau"), dass Otto Sander die Reinigungskräfte gelobt hat („Ehrlich? Das ist ja schön! Ich dachte, wir sind immer nur Nebensache."). Fünf Minuten später machen wir wieder Sesselballett, damit sie die Pförtnerloge reinigen kann.

7 Uhr gehen wir mit dem **Hausdienst** (heute morgen auch wieder Udo) zu Garderobe 6, um den Schaden zu besehen. Udo nimmt an, dass der Spind von allein aufgegangen ist. Jetzt wird es eine seiner nächsten Aufgaben sein, in Tana Schanzaras Garderobe eine Deckenlampe zu reparieren. Stephan und ich strömern durchs Haus: durchs Kulissenlager, hinter der Kammerbühne entlang, in den Möbelkeller und **kurz nach 8 Uhr** hoch in die Verwaltung, um die erste Schicht (eine andere als gestern) zu besuchen. **8.12 Uhr** sind wir wieder bei der Brötchen schmierenden Erika („Schon wieder? Du meine Güte. Und ich hab gedacht, ich hätt's schon hinter mir."). **8.55 Uhr** erhalte ich an der Pforte die Nachricht, dass Regisseur Martin Höfermann krank sei. Daraus folgt: Keine

Die Menschen – Die Arbeit

Probe in der Zeche und Abbestellung des Caddys.
Hier an der Pforte ist zu erkennen, wie das ganze Haus immer mehr auflebt. Ständig kommen Leute herein, einige holen Schlüssel, das Blatt mit dem Essensplan für nächste Woche und andere Post, wie die **Kostümdirektorin** (also die Leiterin der beiden Gewandmeistereien) Britta Brodda, die stürmisch um die Ecke in die Pförtnerloge biegt und sich furchtbar vor mir erschreckt. Dann beobachten wir über den Bildschirm die Anlieferung von Brettern hinten im Hof.

9.07 Uhr wechseln die Filmer. Peer übernimmt von Stephan. Und wir gehen hinten raus, über den Hof zur Chefin der **Requisite**. Kornelia Helischs Büro ist eine kleine, enge Höhle und sieht tatsächlich sehr nach Requisite aus. Künstliche Pflanzen ranken in den Raum, ein Papagei sitzt darin, auf allen Ablagemöglichkeiten befindet sich Krimskram, auf dem Tisch in der Mitte steht eine Nähmaschine und auf Papierstapeln liegt ein langes Lineal. Kornelia kommt um 9 Uhr ins Haus und guckt als erstes am Bühneneingang ins Fach („Was sind da für Zettel drin? Welche Proben haben wir? Will einer was?"). In heißen Phasen mit zwei Produktionen gleichzeitig muss man dann oft schon flitzen, um bis Probenbeginn (meist 9.30 Uhr) alles zusammenzuhaben. Kornelia definiert Requisiten als „alles, was nicht Kulisse, Kleidungsstück oder Beleuchtungskörper ist". Dann unterscheidet sie noch zwischen Spielrequisiten (die die Schauspieler in ihren Rollen benutzen), Ausstattungsrequisiten (die sich auf der Bühne befinden) und Kostümrequisiten (die zur Kleidung der Darsteller gehören). 50 Prozent der Arbeit in der Requisite ist Handarbeit, 50 Prozent bei der Vorstellung „ein Stück fahren" (was der einfachere Teil ist). Auch Kornelia berichtet von anstrengenden Suchaktionen. In *Romeo und Julia* werden Eheringe durch die Gegend geworfen: „Finde ma Eheringe!" Oder das Einkaufen, das auf Außenstehende manchmal etwas verrückt wirkt. Wenn sie zum Beispiel überdimensionale Weingläser für die Günter Grass-Lesung sucht und in einem Laden von der Verkäuferin bis zum Geschäftsführer „alle bekloppt" macht.
Jetzt erscheint ihr Kollege Wolfgang Vogt zur Besprechung von allem Anliegenden. Dabei händigt Kornelia ihm unter anderem Geld aus, damit neue Kondome gekauft werden können. Kornelia zu uns: „Habt ihr schon gesehen? Kondomlampe. Gibt's nur bei uns. – Und sieht gut aus."
Das interessiert uns natürlich. Wolfgang führt uns über den Hof in den Werkstattkeller der Requisite. Neben

einem Bereich zum Schleifen, Feilen etc. ist ein Verschlag für kleinere Arbeiten, wo wir die Kondomlampe aus *Das wird schon* bewundern können. Die wabernden, mit Wasser gefüllten und mit Büroklammern an Metallringen befestigten Kondome erweisen sich als ungewöhnlich schwer. Wolfgang, der auch privat, wie er gesteht, nur schwer etwas wegwerfen kann, zeigt uns dann die verschiedenen Räume des Requisitenfundus. Die Requisiten der aktuellen Vorstellungen befinden sich auf fahrbaren Regalen, alle anderen überfüllen fest stehende Regale. Wie bei einem Flohmarktgroßhändler. Von allem ist etwas da. Und von vielem sehr vieles. Skelette, Küchengeräte, Bücher, Koffer, Spazierstöcke usw. Jeder Requisiteur ist für einen bestimmten Bereich im Fundus zuständig, Wolfgang beispielsweise für den Instrumentenfundus. **10.27 Uhr** verabschieden wir uns von ihm, denn es ist in ein paar Minuten ein besonderes und für dieses Haus gewissermaßen spezifisches Ereignis angekündigt: Die **Drehbühne** fährt hoch.

Bühnenobermeister Franz Schenkel steht an der Maschinerie. Im Bühnenboden des Großen Hauses ist das Stahlquadrat, in dem sich die Drehscheibe befindet, gut zu erkennen. Langsam hebt es sich heraus, bis zu erkennen ist, dass es mit Rollen rechts und links auf Schienen steht. Auf diesen fährt die Drehbühne sehr langsam weiter nach hinten, ganz an den hinteren Bühnenrand, wo man ins Kulissenlager blicken kann, in dem Bühnenbilder verschiedener aktueller Stücke dem Anschein nach wild zusammengewürfelt sind. So fährt die Drehbühne Franz direkt vor die Füße. Dann, während ein Kollege auf der anderen Seite das Gleiche macht, bückt er sich, fixiert durch das Einschieben eines Riegels den Flaschenzug mit den dicken Stahlseilen, vergewissert sich durch Zuruf, dass der andere Zug ebenfalls fest ist, ruft: „Achtung Dominyk! Achtung Raimund!"

Die Menschen – Die Arbeit

und per Knopfdruck beginnen 20 Tonnen in die Höhe zu fahren, ganz langsam, nur noch auf den vorderen Rollen. Während die gewaltige Drehbühne immer senkrechter fährt und schließlich eingehangen wird, beginnt vorne schon wieder der Aufbau für den heutigen Abend.

Der **Inspizient** Gerd Beiderbeck, einer der besten Kenner des Hauses, dessen gestrige Führung wir verpasst haben, stößt zu uns und erklärt uns sehr viel. Die Beleuchter beginnen, weil die Zugstangen mit den Scheinwerfer nur bei leerer Bühne ganz nach unten gezogen werden können, dann wird der Bühnenboden vorbereitet und dann das eigentliche Bild aufgebaut.

Gerd bietet uns an, uns in ein paar Abteilungen zu führen, die wir noch nicht gesehen haben. Zuerst gehen wir wieder über den Hof. Zum **Schuhmacher.** Ralf Oberste-Beulmann ist gerade nicht da, nur ein Praktikant. Aber Gerd ist es von seinen Führungen her gewöhnt, an einem extra für ihn dort bereit liegenden Vorführschuh, das Handwerk zu erklären. Im Theater kommt vor jedem Bühneneinsatz unter jeden Schuh – ob die ca. 100 im Jahr selbst hergestellten, die gekauften oder die gespendeten – eine Verschleißsohle aus Gummi, die leise und rutschfest ist und nach Vorschrift isoliert (falls einmal ein Stromdefekt sein sollte). Alle Schuhe im 8000 Paar umfassenden Fundus (vom Hühnerbein über die roten Hexenstiefel bis zu Unmengen von Budapestern) haben diese Sohle, wenn sie schon mal auf der Bühne waren.

Das Ungewöhnlichste hier: Die Familie Beulmann stellt schon seit drei Generationen den Schuhmacher im Schauspielhaus und gilt nicht nur in ihrem eigentlichen Handwerk als genial (der Großvater hat sich selbst eine Segelyacht aus Stahl zusammengeschweißt) – und während Gerd davon erzählt, stellt sich heraus, dass der anwesende Praktikant ein Neffe ist und sich im Moment durchaus auch vorstellen kann, hier zu arbeiten …

Dann folgen wir Gerd in die **Damenschneiderei,** wo er uns die Putzmacherin Andrea Räckers vorstellt. Sie ist zwar die Spezialistin für Hüte, betreut aber ansonsten genau wie die anderen in dieser Abteilung die Damenkostüme der Vorstellungen. Ich erfahre, dass Hüte meist erst endgültig entwickelt werden können, wenn die Endbeleuchtung eines Stückes feststeht – erst dann sieht man Schattenwürfe auf das Gesicht, die nicht gewünscht sind. Dann schauen wir, bevor wir uns von Gerd verabschieden, auch gleich nochmal in der **Herrenschneiderei** vorbei. Robert Zydek führt uns dort den gestern von Jörg begonnenen Anzug vor, der heute schon zur ersten Anprobe vorbereitet ist.

12.24 Uhr speise ich in der **Kantine** ein Haifischsteak mit Gemüsereis und neben mir bespricht die Regisseurin Marlin de Haan mit ihren Bühnenbildnern die Beleuchtung von *Philotas* („Wenn wir da ins Blau wechseln …"). **13.25 Uhr** ist die Kantine voller Leute. Statisten, Techniker, Schauspieler, der Intendant …

13.53 Uhr sind wir bei Rosel an der **Pforte**, bitten noch Manuel Bürgin, der gerade am Hintereingang hinein will, in die Kamera des Monitors zu winken, und fahren kurz darauf zum Malersaal und zum Außenlager los (mit Peers Wagen). Vor der Abfahrt habe ich mit Thomas Oberender vereinbart, dass ein zweiter Kameramann allein mit ihm und Willy Doering, dem Fahrer des Schauspielhauses, Jon Fosse vom Hotel zum Haus begleitet (es wäre Jon gegenüber etwas aufdringlich, wenn ein ganzes Team auftauchen würde).

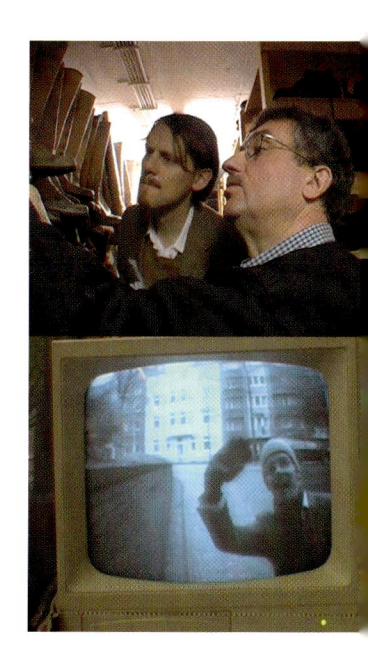

Das Außenlager und der Malersaal befinden sich in einem anderen Stadtteil in einer Fabrikhalle. Dass der **Malersaal** hier ist, ist ein Notbehelf, weil der alte vor einiger Zeit abgebrannt ist. Heike Küsell wartet hier auf uns und hat extra nicht um 14 Uhr Feierabend gemacht. Ihre Kollegen sind schon ins Wochenende gegangen, weshalb wir wenigstens ein paar Fotos über den Arbeitstischen abfilmen. Heike zeigt uns die verschiedenen Pinsel. Besenartige zum Beispiel, mit denen die Prospekte (riesige Leinwände) grundiert werden. Zu den Aufgaben des Malersaals gehören neben allen Malereien und Malerarbeiten rund um Bühnenbilder auch die so genannten Hänger, die Tagesankündigungen am Haupteingang des Schauspielhauses. Dazu wird weiße Leinwand an die Wand genagelt, mit einem Projektor die Schrift darauf geworfen und mit Bleistift nachgezeichnet. Anschließend wird die Leinwand auf den Boden getackert und die Schrift „ausgetintet". Heike ist als Näherin im Malersaal zum Beispiel für das Anbringen von Klettband oder Bindebändern an Prospekten da. Auch die langen Hänger für die Premieren (die immer rechts und links an der Vorderfront des Schauspielhauses hängen) näht sie zusammen. Sie zeigt uns die Nähmaschinen hier. Eine davon steht auf einem Podest mit vier Rädern – manchmal wird Heike auf dieser fahrbaren Maschine unter langen Stoffbahnen durch gezogen ...

Das **Kulissen-Außenlager** ist nur durch eine dünne Holzwand vom Malersaal getrennt. Bernhard Kampik führt uns hier durch (sein Kollege ist leider vor der Kamera geflohen). Neben den Kulissen, die sehr hoch ragen, gibt es hier auch das Möbellager und eine Außenstelle des Kleiderfundus. Bernhard sagt uns die Namen der Stücke zu den Kulissen, teilweise ist nämlich nicht zu erkennen, worum es sich eigentlich handelt. Alte Bühnenbilder gibt es hier nicht, Abgespieltes wird meist wieder verbaut. Aber natürlich erkennen wir einzelne Details (das Auto von *Harold und Maude* zum Beispiel), eigentlich handelt es sich jedoch hauptsächlich um eine Menge riesiger Bretter und Stangen mit Zetteln dran wie „Maß der Dinge", die ohne erkennbare Grenzen ineinander übergehen. Fünf Mann schleppen und fahren die Kulissen hin und her. Ungefähr drei Touren für ein Stück. Nach unserem Rundgang witzeln wir drei noch ein bisschen rum – dann verabschiedet sich das Expeditionsteam.

15.20 Uhr sind wir zurück im Schauspielhaus. Hier findet eine Konferenz aller Expeditionsteilnehmer statt. Stephan soll jetzt auf eigene Faust im Haus herumfilmen, Peter mich begleiten und Peer Pause machen, um dann um 19 Uhr Jon Fosse im Hotel abzupassen. Perfekt.

15.55 Uhr sind Peter und ich vor Rolf D. Suhls Büro (stehen also im gleichzeitigen Vorzimmer des Intendanten). Rolf und Peter finden, dass ich noch ganz gut dafür aussehe, dass ich schon etwas länger ohne Schlaf bin. Tatsächlich fühle ich mich wohler als gestern, die Erkältung ist etwas zurückgedrängt (mein Körper hat vielleicht andere Probleme). Aber eben wollte ich mir eine Mütze vom Kopf nehmen, die ich nicht aufhabe, weil so ein merkwürdiger Ring um meinen Kopf sitzt, und eine absurde Begegnung ließ mich kurz vermuten, ich befände mich in einem schrägen Traum. Unerwartet standen nämlich drei 10- oder 12-jährige (ein Junge und zwei Mädchen) vor mir, fragten mich nach dem Weg zur Dramaturgie, und während ich ihnen den erklärte, wies der Junge auf irgendwas und rief aufgeregt: „Seht mal! Vielleicht ist das ein Hinweis! Vielleicht sollten wir das abmalen!" (Natürlich waren das Leute, die von Sandra Anklam oder Annette Raffalt vom **Jungen Schauspielhaus** herumgeschickt wurden.)
Aber das waren nur zwei schiefe Momente. Jetzt folge ich völlig wach Rolf in sein Büro, wo auf einem Tisch des **Betriebsdirektors** der Plan für den neuen Malersaal-Anbau (in den auch andere Abteilungen aus zu engen Räumen mit einziehen werden) ausgebreitet ist. Durch Rolfs Erläuterungen werfen wir dann sozusagen einen Blick in die Zukunft.

65

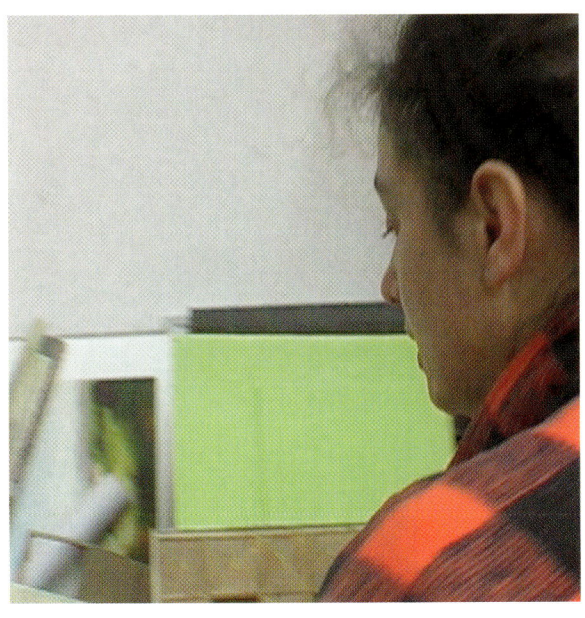

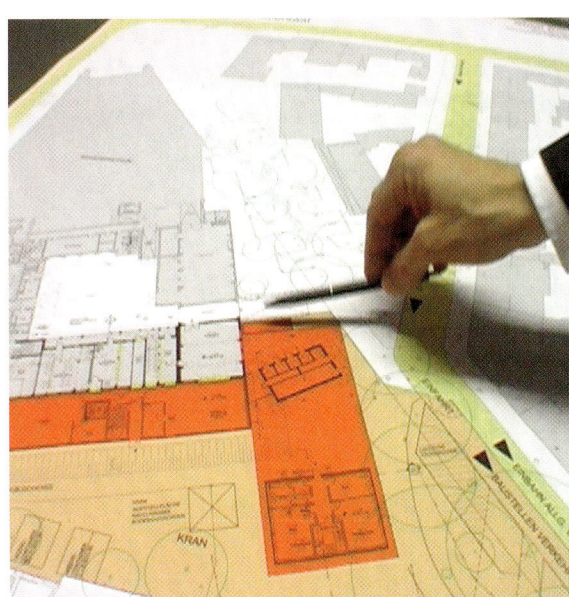

Die Menschen – Die Arbeit

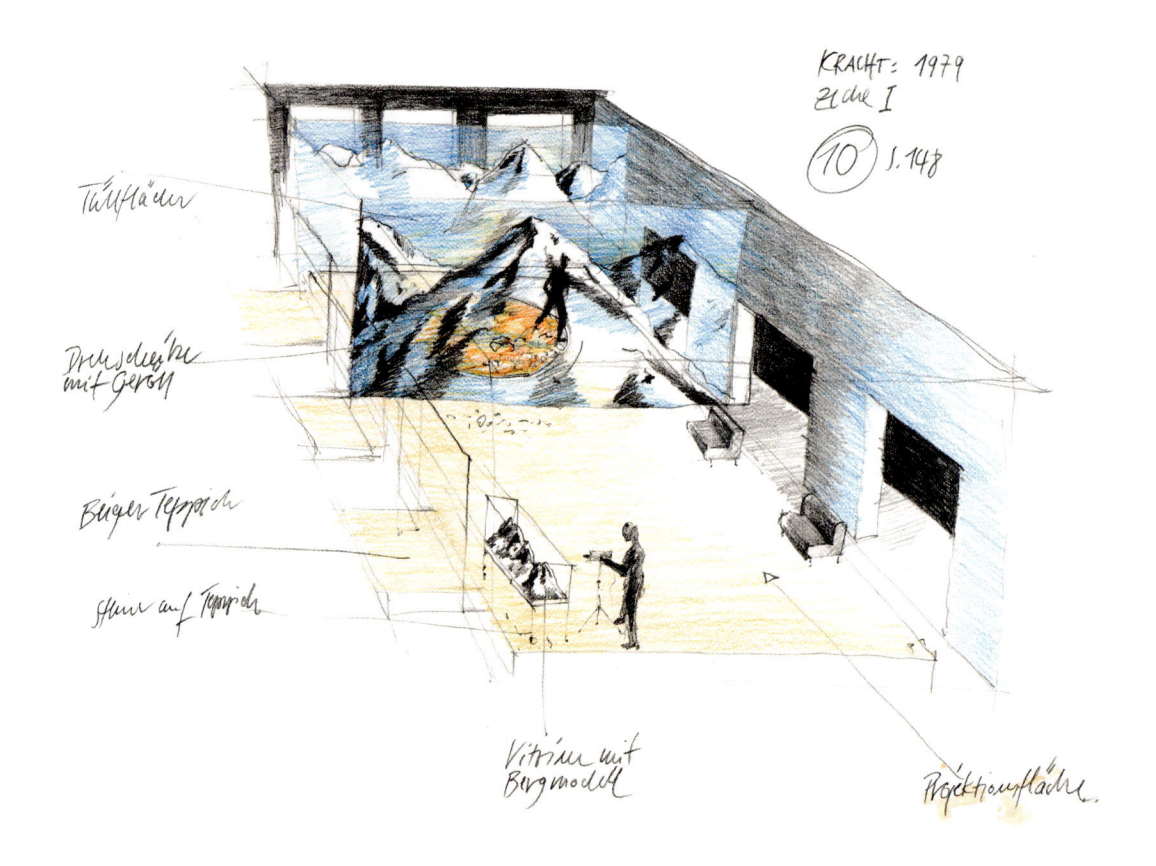

66

Für diesen Nachmittag habe ich mich auch mit Volker Hintermeier und Su Bühler in der **Ausstattungsabteilung** in der 3½. Etage verabredet. Wenn man dort ankommt, ist sofort zu sehen, dass hier Kreativität arbeitet. Pappen lehnen an Wänden, die teilweise mit Farbe besprüht sind, Farbtöpfe und Bühnenbildmodelle stehen da, die Wände in den Räumen hängen voller Skizzen, Zettel, Postkarten usw., Berge von großformatigem Papier bedecken die Tische. Wir gehen in das Büro von Volker, das mit dem von Su verbunden ist. Früher war die Tür dazwischen verschlossen, jetzt ist sie offen und Su und Volker sind ein Paar (und nicht zuletzt ist ihr Sohn Paul da und übrigens auch gerade hier anwesend). Volker ist von Matthias ganz unkonventionell vom Bühnenbildassistenten zum Ausstattungsleiter gemacht worden, Su ist **leitende Kostümbildnerin** – sie kennt Matthias schon seit vielen Jahren. Mit Su spreche ich darüber, wie sie Kostüme entwickelt. Früher hat sie noch Figurinen gezeichnet, aber das hat sie aufgegeben, weil sich während der Probenzeit ohnehin immer alles wieder ändert. Sie stellt eher Kollagen aus Fotos u.ä. zusammen, um dem Regisseur einen Eindruck, eine Art kostümliche Ideenwelt vorzustellen. Wenn Su einen Text gelesen hat, wie zum Beispiel gerade den *Menschenfeind*, dann trägt sie diesen Text wie eine Brille und entdeckt in der Realität Verbindungen, die sie nutzt, um eine mit dem Text korrespondierende Welt zu schaffen, die zwar eine neue Welt ist, aber eine, die mit uns zu tun hat. Mit dem Kostüm erfindet sie der Rolle eine Biographie, die je nachdem, entweder den Text ergänzt oder sich zurücknimmt, weil der Text nicht noch ein Kostüm als Ausrufungszeichen benötigt.

Volker versucht mit seinen Bühnenbildern eine äußere Klammer, eine Metapher für die Texte zu finden. Dabei reibt er sich an den Texten, geht erst einmal gegen sie an, will mehr herausholen, als offensichtlich ist. Daher beschäftigen ihn dann Bilder im Text oder einzelne Worte, die ihn zur zündenden Idee bringen. Bei den *Sexuellen Neurosen* von Lukas Bärfuss war es der im Text vorkommende Granatapfel, dessen Symbolkraft ihn schließlich zu dem ungewöhnlichen Bühnenbild brachte. Aber vieles ist auch Ausprobieren. Volker führt mir verschiedene Varianten von Satanskrallen vor, die von ihm zusammen mit den Werkstätten gemacht worden sind. Eine ist eine Art Enterhaken, eine andere einer Hummerschere ähnlich. **16.55 Uhr** gehen Volker und Su. Ich unterhalte mich noch eine Weile mit der Bühnenbildassistentin Christel Bergmann, die gerade am *Neurosen*-Urwald arbeitet. Es war auch *ihre* Baumzeichnung, die ich in der Schlosserei gesehen hatte.

17.20 Uhr treffen wir Britta Kampert auf dem Gang zum **Intendanzbüro**: Jon Fosse kommt nicht!! Hat Verspätung! Wir begleiten Britta zu Lucia, Matthias' persönlicher Referentin. Die Stimmung ist irgendwie belustigt, weil die Sachlage wahrscheinlich zu verzwickt ist. Im Moment sieht die Sache so aus: Jon konnte aus irgendwelchen Gründen nicht pünktlich aus Bergen abfliegen. Jetzt fliegt er aber doch. Und zwar nach Kopenhagen. Von dort müsste er nach London, dann nach Frankfurt – aber in jedem Fall kommt er nicht vor 22 Uhr. Die Lesung fällt ins Wasser. – Ich freue mich. Wieder was los. Nur Peer muss angerufen werden. Im Hotel zu warten, ist sinnlos geworden.

Die Menschen – Die Arbeit

Nebenan im **KBB** sitzt Willy, der Fahrer des Schauspielhauses, bei Andreas Bloch. Er beschwert sich etwas, dass wir nicht da waren, als er Oliver Nägele, der heute Abend hier spielen wird, mit dem Wagen hergebracht hat. Laut Stundenplan hatte ich das auch vor und mich dafür angemeldet – aber ich habe es nicht geschafft. Jetzt wartet Willy, was es mit Jon Fosse wird. „Wie es weitergeht, weiß ich nich. Das is Theater live hier." Aber: „Wo ein Willy, da ein Weg." Willy verspricht, an der Pforte Bescheid zu sagen, sobald er sich mit Jon dem Haus nähern sollte.

Wir gehen erst mal essen. **17.50 Uhr** nimmt Rolf Suhl die Kamera an sich und filmt Stephan, Peter und mich dabei. Ich genieße gerade Schweinebraten mit Rotkohl und Kartoffeln. Dazu ein Pils. Stephan hat vor dem Essen bei der **Beleuchtungsprobe** von *Philotas* im TuT mitgefilmt. **18.15 Uhr** verlassen wir die **Kantine**. Auf dem Weg zur Maske, die wir wieder besuchen wollen, treffen wir auf einen Feuerwehrmann und sprechen ihn an. Sehr gerne will er uns etwas über seine Arbeit sagen, wir können ruhig ins Zimmer der **Feuerwehr** mitkommen. Es liegt neben dem Dirigentenzimmer. Dort erkläre ich Uli Drees (das ist der Name, den er nennt, als er zwischendurch ans Telefon geht) das 48-Stunden-Konzept und dass es für das Abschlussbuch von Matthias ist (inzwischen die Kurzversion in drei Sätzen mit insgesamt einem Komma). Uli: „Schade, dass er geht, was? Ist ja ein guter Intendant gewesen." Dann setzt er an: „Also. Das ist unser kleiner Raum hier, der ist nicht allzu üppig. Das ist unser Wachbuch, hier müssen wir immer eintragen, wann wir unsere Sicherheitswache beginnen und wann sie aufhört." Neben dem aufgeschlagenen Wachbuch liegt ein anderes Buch mit den „Generalprobenberichten". Jedes Stück wird in Hinsicht auf Feuersicherheit geprüft, jeder Feuereffekt wird in diesen Berichten festgehalten. Und bei jeder Aufführung sind auch Feuerwehrbeamte dabei, jeweils mehrere „Posten", die den Überblick über die Bühne behalten. Ihr Dienst beginnt eine Stunde vor der Vorstellung mit dem Rundgang von zwei Männern durch das ganze Haus und alle Werkstätten. Ich frage ihn, ob er auch gerne den Aufführungen zuschaut. „Kommt drauf an. Der Hartmann hat ja in den letzten Jahren sehr gute Stücke rausgebracht und davon habe ich mir viele sehr gerne angesehen." Ein Kollege, der gerade hereinkommt, sieht es ein bisschen anders: „Können Sie einen Abend noch genießen, wenn Sie ihn, wie ich zum Beispiel den *Parasiten,* schon 15 Mal gesehen haben? – Aber das geht noch! Ich hab 300 Mal *Starlight* hinter mir!"

18.45 Uhr sind wir in der **Maskenbildnerei**. Hier finden wir fast die gleiche Kombination wie gestern vor. Jele ist gerade fertig, Margit sitzt auf demselben Platz, Toto findet die Kamera erneut verdächtig, nur ist heute Lena Schwarz auch da. Wir albern etwas herum und schauen uns in den Räumen um. Die schrägsten Köpfe und Perücken stehen hier.

Kurz darauf machen wir einen Sprung ins **Foyer** der Kammerbühne. Christiane und ihre Chefin Regina Koch bereiten den Programmbuch-Stand vor. Regina beginnt damit, die T-Shirts (zum Beispiel die orangenen Opel-Solidaritäts-T-Shirts) in die verglasten Fächer zu legen. Dann ordnet sie auf der Theke Programmhefte, die „Bochumer Stücke"-Bücher (mit den Texten von Uraufführungen) und

Die Menschen – Die Arbeit

andere Druckwerke des Hauses. Es ist kaum Platz für alles. Christiane wechselt den Zettel neben dem Aufgang zum Zuschauerraum. „Lesung mit Jon Fosse – Beginn 20.30 Uhr" steht dort jetzt. Kurz danach erfahren die beiden von der Verspätung – und dass inzwischen entschieden wurde, dass anstelle des Norwegers der Dramaturg Thomas Oberender und der Übersetzer Hinrich Schmidt-Henkel etwas lesen werden (bis Jon Fosse ankommt!). „Ach, du je", fällt Christiane im Moment nur dazu ein. Dann kommt Britta Kampert, um zu erklären, warum eines der Bücher fehlt (das würde bei der Abrechnung auffallen): Willy ist zum Düsseldorfer Flughafen gefahren, um Jon Fosse abzuholen, und brauchte ein Bild von ihm, um ihn zu erkennen. Thomas Oberenders umfangreiches Fosse-Materialbuch zu den *Todesvariationen* hat glücklicherweise auf der Rückseite ein großes Porträt.

In der **Kammer** besprechen sich gerade auf dem Podium sitzend Thomas und Hinrich Schmidt-Henkel und legen mit Max die Helligkeit im Zuschauerraum fest. Karl installiert die Mikros. Wir ziehen von hier schließlich weiter und begeben uns neben die Bühne ins **Große Haus**. **Es ist 19.20 Uhr.** In zehn Minuten soll die Vorstellung der *Möwe* beginnen. Aber: Es fehlt was. (Hier ist wirklich jeden Tag was anderes.) Diesmal ist es das Trockeneis, das gebraucht wird, um Nebel zu machen. Der vollständige Bestand ist mit zum Gastspiel nach Duisburg gegangen (dort ist ein weiteres Mal *Die Wahlverwandtschaften* auf der Bühne). Marc Lunghuß hat ein anderes Problem. Er sitzt vor dem **Requisitenzimmer** und sieht ins Textbuch, denn weil Bernd Rademacher, der ursprünglich den kranken Franz Xaver Zach in der *Möwe* ersetzen sollte, zusammen mit dem Trockeneis in Duisburg ist, muss nun der Regieassistent des Stücks – also Marc – der Ehemann von Margit Carstensen sein.

19.26 Uhr – vier Minuten vor Beginn immerhin noch – kommt Andrea (die Requisiteurin) mit einer Schüssel, in der ein frisch hergestellter Trockeneisklumpen liegt, einer Kühlbox und einem Hammer, mit dem sie den Klumpen gleich zerkleinern wird. Auf der Bühne ist man erleichtert. Das Eis ist da! – Da ist **um 19.29 Uhr** eine weitere Szene in Gefahr.

71

Die Menschen – Die Arbeit

Ernst Stötzner kommt ins **Requisitenzimmer:** „Ich brauche mal'n Notizblock oder sowas." Er braucht das für seinen Auftritt nachher. Gesuche beginnt, alle möglichen Blöcke, Büchlein usw. werden hervorgekramt. Mein Notizblock wäre vielleicht in Ordnung, aber den rücke ich natürlich nicht raus. Es vergehen ein paar Minuten, bis Ernst von irgendwoher sein Notizbuch bekommt. Hier kommt offenbar immer alles im letzten Moment von irgendwoher...

Inzwischen macht Matthias vor dem Publikum im **Großen Haus** die Ansage. Er erzählt, dass er als Regieassistent immer ein bisschen Angst davor gehabt hätte, seiner vertraglichen Spielverpflichtung mal nachkommen zu müssen. Marc Lunghuß hätte es nun getroffen, er würde die Rolle Franz Xaver Zachs vom Blatt lesen und sei wahrscheinlich schon sehr aufgeregt. Trotzdem würde es sicher eine schöne Aufführung werden. – Ein paar Minuten später beobachte ich, wie Matthias Marc den Arm um die Schulter legt, um ihn aufzumuntern. Die Vorstellung hat begonnen, gleich muss der Arme raus.

19.35 Uhr halten wir uns auf dem **Garderobengang** auf. Ernst Stötzner filmt seinen Kollegen Roland Schäfer, der in die Kamera feststellt: „Vor ein paar Jahren war ich noch der einzige vernünftige Liebhaber hier." Dann kommt Jele vorbei, die auf der Bühne versehentlich zuviel Schnupftabak in die Nase bekommen hat.

19.50 Uhr stehe ich am **Inspizientenpult** bei Christina Baston und warte auf den Trockeneiseinsatz. Vor ihr auf dem Pult liegt das Textbuch. Mit Zeichen und Anstreichungen. „Kommt gleich", sagt Christina. Und nach einer Weile: „Jetzt gleich." Von der Bühne sehe ich nur den hinteren Teil, das meiste spielt sich vorne ab. Stimmen dringen zu mir zur Seitenbühne, wie aus einer Höhle heraus. Aber das, worauf ich warte, passiert im hinteren Bühnenraum. Es ist soweit: NEBEL (nämlich Trockeneisnebel) wabert zu Lenas Füßen, während sie der Rolle gemäß krakeelt und die Arme reckt...

Im Garderobengang herrscht dagegen eine abwartende Ruhe, die ab und zu von schnell zur Bühne laufenden Schauspielern unterbrochen wird. An einer Garderobentür stehen Silvia Stemmer und Jörg (den ich schon aus der Herrenschneiderei kenne), die den Abend als **Ankleider** betreuen. Auf einer Seitenbank sitzt Christiane Laux, sie wird Inspizientin der Fosse-Lesung sein und wartet hier. Neben ihr sitzt Ursula Schürer (die „große" Uli aus der Maske. Irgendwie ist zu spüren, dass hier „hinten" ist, dass nahebei Ereignisse passieren, die es hier im Gang noch ruhiger sein lassen. Durchrufe klingen wie raunende Nachrichten (denn Christina spricht gedämpft in ihr Mikrophon am Pult): „Technik. Requisite. Bitte für den Umbau 2."

Inzwischen ist Stephan mit der Kamera dabei, wie Oliver Bußmann vom **Hausdienst** am Portal des Hauses die Hänger wechselt. Heute wird gegen Morgen getauscht. *Jazzlounge* gegen *Satanskralle*, *Möwe* gegen nichts (die Mitte bleibt frei) und die Fosse-Lesung gegen die *Todesvariationen*-Premiere. **20.45 Uhr** treffen wir uns an der Pforte und Stephan teilt mit: „Die Hänger hängen." Hier übernimmt

Die Menschen – Die Arbeit

Jörg Pohl,
Martin Rentzsch
in *Philotas*
von Gotthold Ephraim
Lessing

auch Peer von Peter meine Begleitung und wir diskutieren über Müdigkeit und wie sie zu überwinden wäre. Angeblich reagiere ich immer mehr verzögert. Ich kann das nicht bestätigen und hole mir ein Bier, um mich möglicherweise trotzdem etwas zu beschleunigen. Dann hilft die gesamte 48er-Expeditions-Crew Christiane, Kartons mit Programmheften oder „Bochumer Stücke"-Büchern zu ihrem Stand in der Kammer zu bringen. Dort ist es ruhig. Die Provisoriums-Lesung hat bereits begonnen. Das Kammerfoyer ist leer, in der Speisekammer sitzen einige, aber nicht viele Menschen.

22.10 Uhr gehen wir ins TuT, die Luft steht hier ein bisschen, und gedämpftes Licht ist schädlich für meinen Zustand, zumal auch diese Probe, die hier gerade durchgeführt wird, abläuft wie Traumgeschehen. Marlin de Haan inszeniert Lessings *Philotas*, ihre erste eigene Regie, nachdem sie bis zum vorigen Jahr Regieassistentin am Haus war. Sie sitzt in der ersten Reihe, ein großes Regiebuch auf dem Schoß, dessen Seiten bereits mit Hunderten von Einzelheiten, Fragen und kritischen Punkten dieses zukünftigen Theaterabends bekritzelt sind. Nur zwei Stühle weiter ihre Assistentin Florence Behm. Im Bühnenbild, geprägt von einer überdimensionalen, orangenen Couch, sitzt auf deren Lehne Jörg Pohl, der den Philotas spielt und eigentlich noch Schauspielschüler ist. Auch dies eine Einzelprobe, auch hier sind im langen, intensiven Probenprozess unsichtbare Fäden zwischen der Regisseurin und dem jungen Schauspieler entstanden, die ihre Kommunikation für Außenstehende (für mich) unverständlich machen. Blicke, kurze Worte, ohne Antwort, Lächeln – es ist mir völlig unklar, wie die Verständigung passiert. Dann Marlin nur: „Also, ein Schwert." Jörg übernimmt das Stichwort und geht in eine Position. „Ein Schwert ..." Und es folgt ein Monolog, der Lessing so ins Moderne holt, so klar und menschlich gesprochen, dass für die Premiere zu hoffen ist ...

Nun, gut. **Kurz nach 23 Uhr** warten wir dann alle vorne bei Wolfgang auf Jon Fosse. Er soll sich angeblich nähern. Und Willy braucht von Düsseldorf nach Bochum weniger Zeit als Normalsterbliche (sagt Betriebsdirektor Rolf bei kurzem Hereinblicken). Max (der Lichtfensterbauer) kommt auch dazu, er hat die Lesung von Thomas und Hinrich Schmidt-Henkel vom Beleuchterstand oberhalb der anderen Zuhörer verfolgt und berichtet ganz angetan davon. Jeder, der nicht unbedingt Ahnung von Jon Fosse habe, hätte was damit anfangen können. 60, 70 Leute seien still sitzen geblieben (nur einer sei gegangen). Max lobt auch die witzige Ansage von Matthias, mit der er das Publikum über Jon Fosses verpassten Flug aufklärte (ungefähr: „Gut, dass er noch nicht da ist, dann kriegt er nicht mit, was wir hier mit seinem Werk treiben."). Die Reaktion war wohlwollend-belustigt, und alle sind jetzt gespannt auf die Ankunft des Dichters, von dessen Werk und Person sie inzwischen soviel mehr wissen, als wäre er pünktlich aus Bergen abgeflogen.

Wir sind blendend vorbereitet. Willy hat uns die Ankunft der Limousine in einigen Minuten angekündigt. Jon wird durch den Bühneneingang sofort zur Kammerbühne gebracht werden. Zwei Kameras stehen bereit, eine an der vorderen Tür

Die Menschen – Die Arbeit

der Pforte (Stephan), eine an der hinteren Tür (Peer). Wir werden den Eintritt Jon Fosses ins Haus perfekt dokumentieren ... Gleich kommt er. Es ist wirklich so, dass die Spannung immer weiter steigt, wie bei einem Rennen, wenn sich die Parteien dem Ziel nähern, oder bei einem Staatsbesuch. Wie nach der Ansage des Intendanten oder des Abenddienstes über eine Sondersituation auf der Bühne die Spannung des Theatererlebnisses steigt, ist jetzt auch durch Jons Verspätung die Erwartung von allen stark gesteigert. Gleich. Gleich kommt er. – Leider ertönt irgendwann der Ruf: „Er ist da! Er ist drüben rein gegangen!" – Rennen. Tempo. „Scheiße!" Kamera im Laufen klar machen. Die zwei schweren Verbindungstüren zur **Kammer** (da, wo die Herrentoilette ist) stemmen. – Jon Fosse von hinten und weghuschen sehen, verschwinden unter hinterher strömendem Publikum. Verpasst! – Ich jedenfalls. Stephan ist in die Speisekammer gehechtet und hat Matthias' kurze Ansprache, um Fosse („der Dichter, der acht, neun Stunden zu uns unterwegs war") willkommen zu heißen und das Publikum in die Kammer zu bitten, im Kasten. Katastrophenglück im Theater eben. Und die Atmosphäre des glücklichen Endes, der Ankunft des Helden, habe ich ja auch mitbekommen. Sie schwingt noch nach an der Theke der Speisekammer, in der Ruhe, die die Ruhe an der Seite eines Ereignisses ist (wie im Garderobengang während der Vorstellung). Wir bestellen Sekt für uns drei und stoßen auf Jon Fosses Ankunft an. Und auf den Abschied von Peer, der Stephan die Nachtschicht überlässt.

23.20 Uhr esse ich eine Frikadelle in der Kantine.

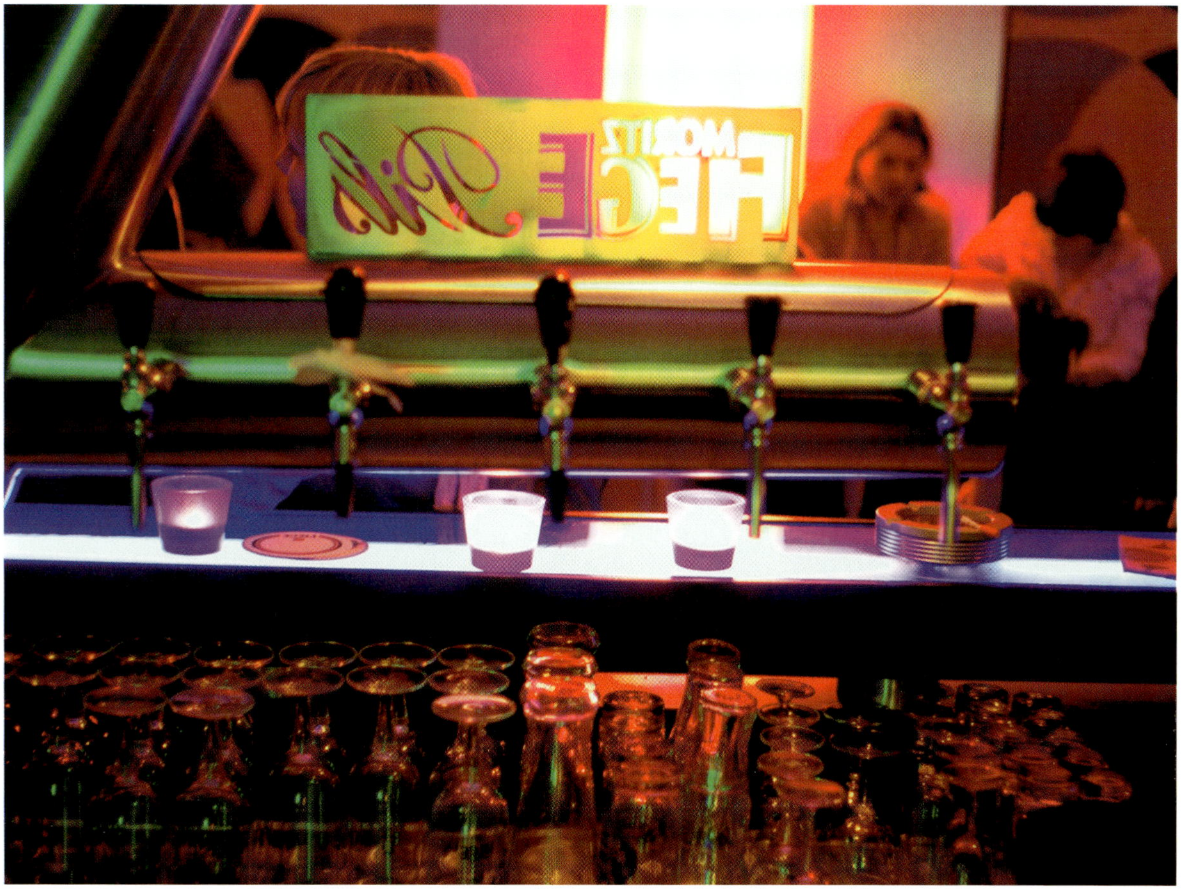

Die Menschen – Die Arbeit

Samstag, 12. Februar 2005

Der ganze Rest der Nacht hat wenig mit der Dokumentation von Theaterarbeit zu tun, ich schließe nur noch so bequem wie möglich meinen Selbstversuch ab. Zunächst mit Espresso und Fiege Bierbrand in der **Speisekammer**. In unserer Nähe sitzt Jon Fosse im Gespräch mit seinen Gastgebern. Thomas Oberender hat mich sehr nett dazu gebeten, aber in meinem Zustand und da die einzigen Sätze, die ich im Englischen grammatikalisch korrekt ausspreche, ohnehin nur „Yes." und „No." sind, habe ich mich nicht getraut. Aber so aus der Ferne gesehen wirkt Fosse sympathisch, in jedem Fall gelassen der Tatsache gegenüber, im Mittelpunkt des Interesses zu stehen.

Stephan und ich wechseln schließlich hinüber in die **Eve Bar** und zu Cocktails (ich „Manhattan", er was Süßes). Lena van Dornick erzählt unter anderem von Wolfgang. Einmal, als sie ihn wegen zweier bedrohlicher Typen anrief und so tat, als wäre es die Polizei, mit der sie spricht, kam er ohne zu zögern zu ihr in die Eve Bar, um ihr beizustehen. „Wolfgang ist ein Held, wirklich."

In der Eve Bar ist es leer. Der einzige weitere Gast wird zu meinem Gesprächspartner und erzählt mir von irgendwelchen Filmprojekten, er sei nämlich Filmemacher, aber er habe noch keinen Film gemacht. Ich bin müde und verschwitzt, aber nicht so fertig, wie ich wahrscheinlich sein müsste. Eine Mütze habe ich manchmal auf dem Kopf, aber ich versuche nicht mehr, sie abzusetzen, sondern studiere interessiert das Gefühl. Und während der betrunkene Mensch auf mich einredet und behauptet, er würde nicht etwa mit mir über seine Projekte sprechen, weil er mich irgendwie für wichtig hielte (denn er hält mich, glaube ich, irrtümlicherweise für was Wichtiges in diesem Haus), denke ich daran, dass zu diesem Theater auch diejenigen gehören, die nicht dazu gehören, die davon träumen, hier mittun zu dürfen. Im Theater lebt der Mythos, weil alle daran glauben, und außerhalb des Theaters lebt der Mythos, weil viele darauf hoffen. Kurz: Ich bin schließlich doch ein wenig angedüselt.

In diesem Zustand verlasse ich, weil geschlossen wird, **kurz nach 3 Uhr** zusammen mit Stephan die Eve Bar und gehe zu Wolfgang zum **Bühneneingang**.
3.46 Uhr verabschiede ich mich zusammen mit Wolfgang in die Kamera hinein von Stephan. Das ist die letzte Aufnahme dieses Abenteuers. Ich muss nur noch 1 1/4 Stunden hier bleiben, dann sind die 48 Stunden geschafft. Wolfgang macht es mir heute leicht, mit ihm wach zu bleiben. Wir plaudern über Literatur, den Literaturbetrieb, seine kranke Mutter und darüber, dass er DJ war. Er zeigt mir einen Zeitungsartikel bezogen auf letzteres, worin steht: „Er legte gerne ‚Fehlfarben' auf". Deshalb erzähle ich ihm, dass ich meinen Nachbarn, den Sänger dieser Band, meistens bei hiesigen Premieren mit dabei habe. Ich verspreche ihm, sie mal einander vorzustellen. Eine ziemlich lange Zeit verbringen wir dann damit, nach dem Namen „Burkhard Spinnen" in unseren Hirnen zu suchen (Wolfgang die Buchrücken in seinem Regal, ich die Fernsehübertragung aus Klagenfurt vor Augen), und schließlich geht Wolfgang hinten das Tor öffnen, kurz darauf kommt Cornelia und **es wird 5.30 Uhr.** Ich bin extra eine halbe Stunde länger geblieben, weil ich *zwei* Zeugen haben wollte.
Ich gehe zum Taxistand vor den Kammerspielen und reiße den einzigen dort wartenden Taxifahrer aus dem Tiefschlaf. Während dieser mich dann offensichtlich halb im Taumel nach Hause fährt, habe ich das Gefühl, dass ich für immer wach bleiben könnte ...

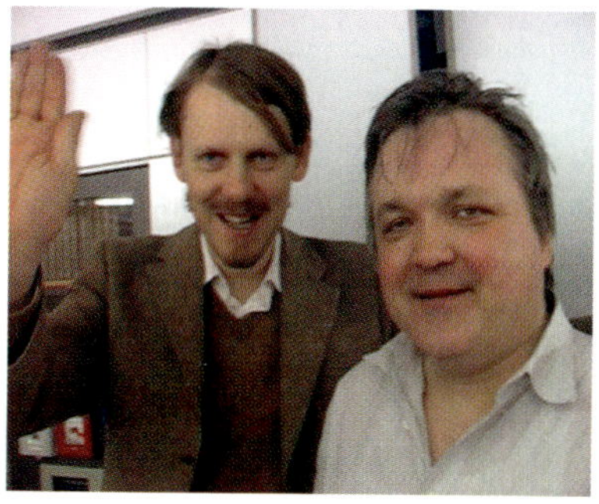

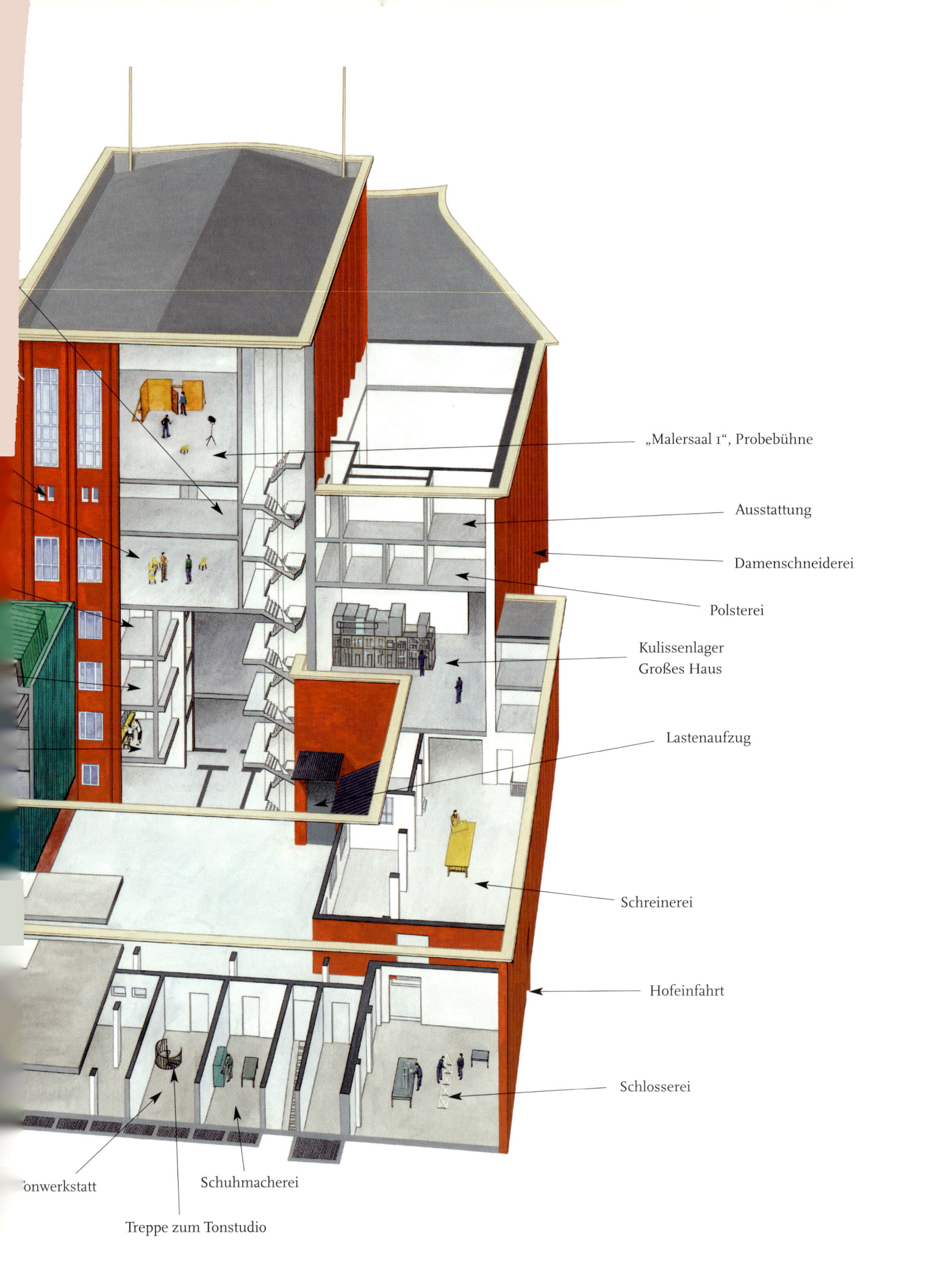

"Malersaal 1", Probebühne

Ausstattung

Damenschneiderei

Polsterei

Kulissenlager Großes Haus

Lastenaufzug

Schreinerei

Hofeinfahrt

Schlosserei

…onwerkstatt

Schuhmacherei

Treppe zum Tonstudio

Register

Ankleider: 32, 53, 73
Ausstattung (Bühnenbild): 37, 48, 67
Beleuchtung: 37f., 47f., 69f., 75
Betriebsdirektor: 35, 43, 48, 64
Damenschneiderei: 23f., 63
Dirigentenzimmer: 48, 50
Dramaturgie: 37, 43, 53
Drehbühne: 61ff.
Eve Bar: 38f., 55, 79
Feuerwehr: 28f., 53, 69
Foyers: 22f., 32, 48, 50ff., 56, 69
Garderoben: 22, 50, 53, 73
Gastronomie: 31, 40, 44f.
Großes Haus: 19, 22f., 32, 52ff., 70, 73
Hausdienst: 23f., 28, 35, 44, 59, 73
Herrenschneiderei: 23f., 32, 63
Inspizient: 21, 53ff., 63, 73
Intendanz: 13, 31, 35, 43f., 53, 67
Junges Schauspielhaus: 64
Kammerspiele: 19, 22, 37f., 44, 47f., 55, 70, 76
Kantine: 26, 40, 48, 50, 55ff., 63, 69
Kasse: 32f.
Kleiderfundus: 23ff.
Kostüm: 60, 67
Künstlerisches Betriebsbüro: 19, 43, 69
Marketing: 44
Maske: 32, 50ff., 69
Pforte/Bühneneingang: 15ff., 19ff., 29, 40, 47f., 56ff., 63, 79
Polsterei: 39, 47
Presseabteilung: 31f., 44
Probebühne „Malersaal I": 55
Probebühne „Malersaal II": 29
Reinigungsdienst: 16ff., 23, 52,
Requisite: 48, 56f., 60f., 70, 73
Schlosserei: 24, 43, 48
Schnürboden: 55
Schreinerei: 24, 26, 39, 47, 57
Schuhmacherei: 24, 63
Souffleuse: 37f.
Speisekammer: 39f., 48, 56f., 76
Statisterie: 50, 55f.
Technische Abteilung: 19, 32, 47, 53, 61
Tonabteilung: 24, 44, 53
TuT: 38f., 53, 55, 75
Unterbühne: 38, 57
Verwaltung: 29ff., 35
Zuschauergarderobe/Einlass: 50ff., 55, 69f.
Zuschauerräume: 19, 23, 37f.

Außenstellen

Außenlager/Transportarbeiter: 43, 64
Malersaal: 31, 48, 63f.
„Zeche 1" (Bühne 1979): 21
„Zeche 2" (Probebühne): 21, 40

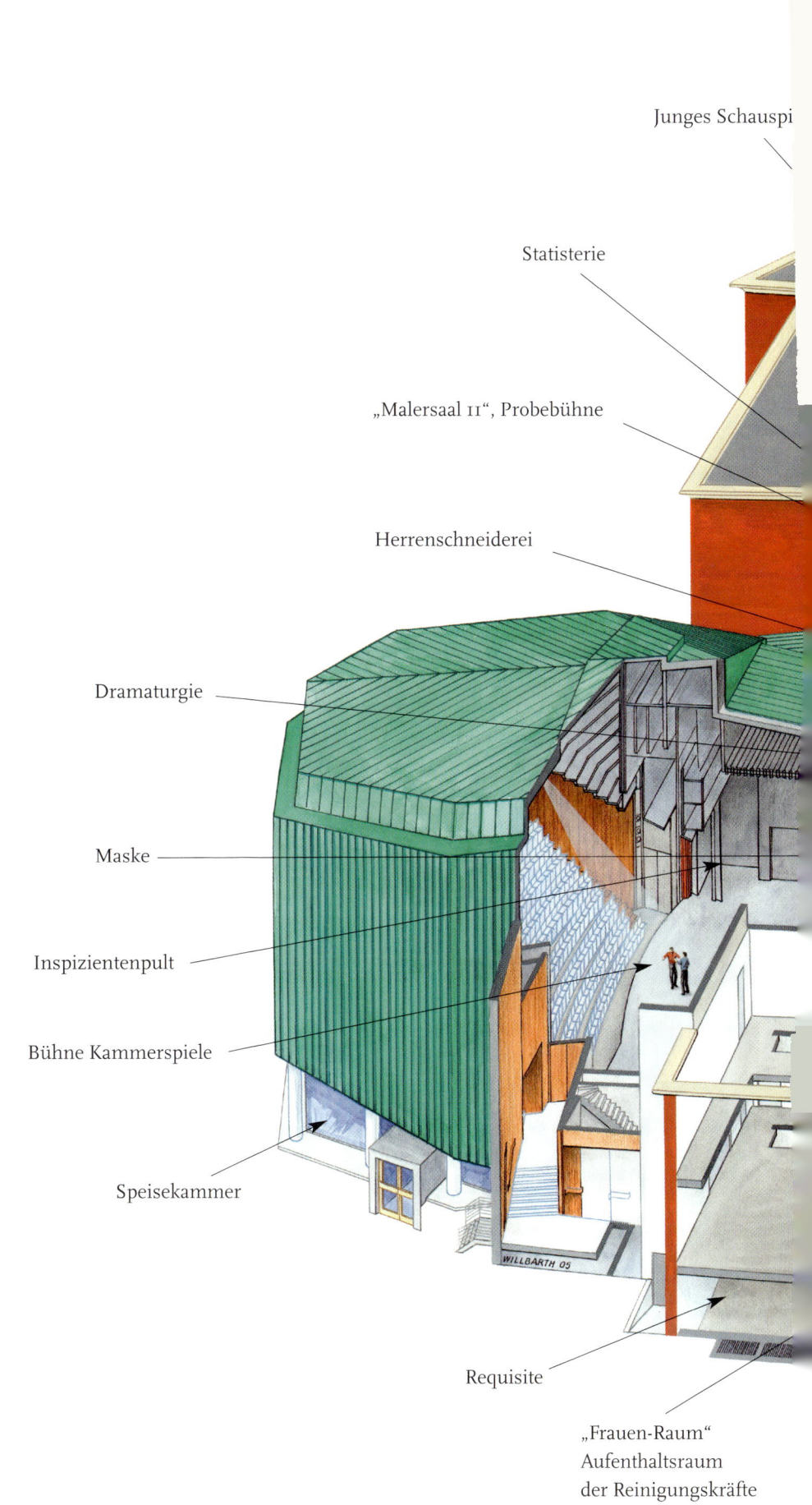

REGISTER

QUERSCHNITTE

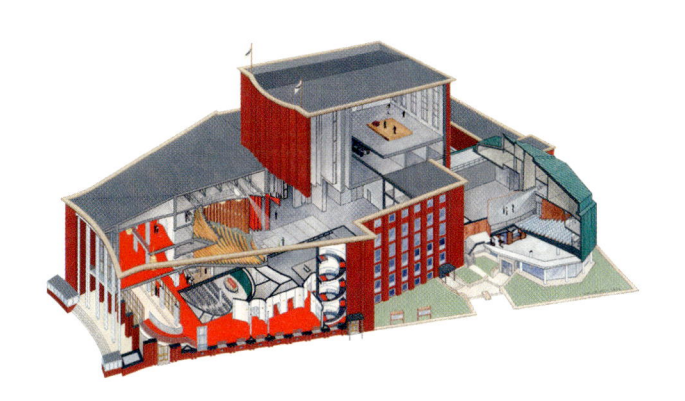

- hscheibe im Bühnenturm
- Bühnenfahrstuhl
- „Malersaal 1", Probebühne
- Kleiderfundus
- Hinterbühne
- Technische Leitung
- Verwaltung
- Garderoben
- Bühne Kammerspiele
- Aufgang Kammerspiele links
- Tonregie
- Lichtregie
- Abendkasse Kammerspiele
- Eingang Kammerspiele
- Bühneneingang
- Pförtnerloge
- Marketing
- Presse
- unterirdischer Löschwassertank
- Künstlerisches Betriebsbüro
- Betriebsdirektor
- Hausmeister
- Umkleideraum-Beleuchtung
- Dirigentenzimmer
- Vorzimmer Intendanz
- Garderoben
- equisite roßes Haus
- wehr-Wachraum

J. WILLBARTH 2005

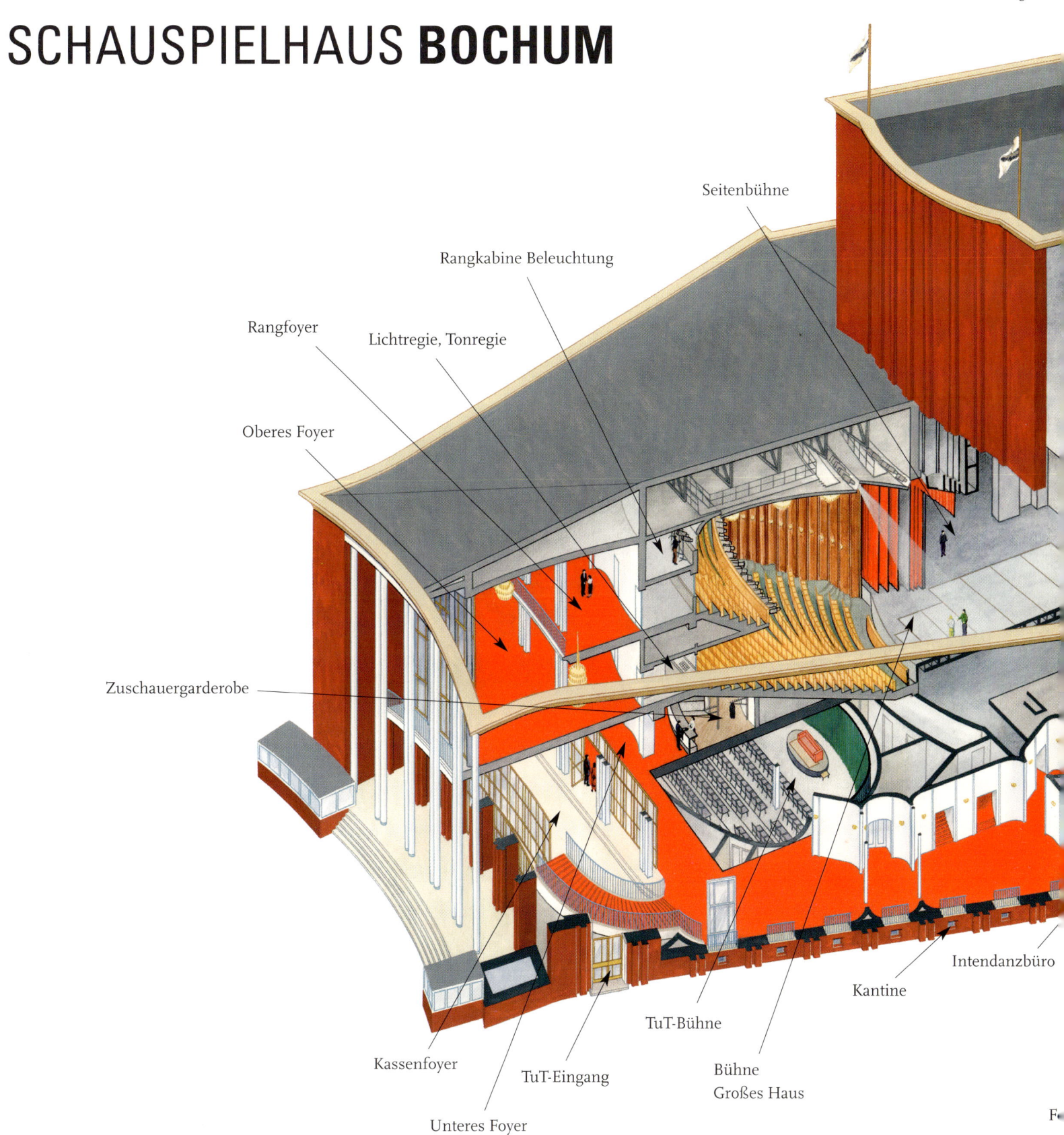

SCHAUSPIELHAUS BOCHUM

Hängende

Seitenbühne

Rangkabine Beleuchtung

Rangfoyer

Lichtregie, Tonregie

Oberes Foyer

Zuschauergarderobe

Intendanzbüro

Kantine

TuT-Bühne

Bühne Großes Haus

Kassenfoyer

TuT-Eingang

Unteres Foyer

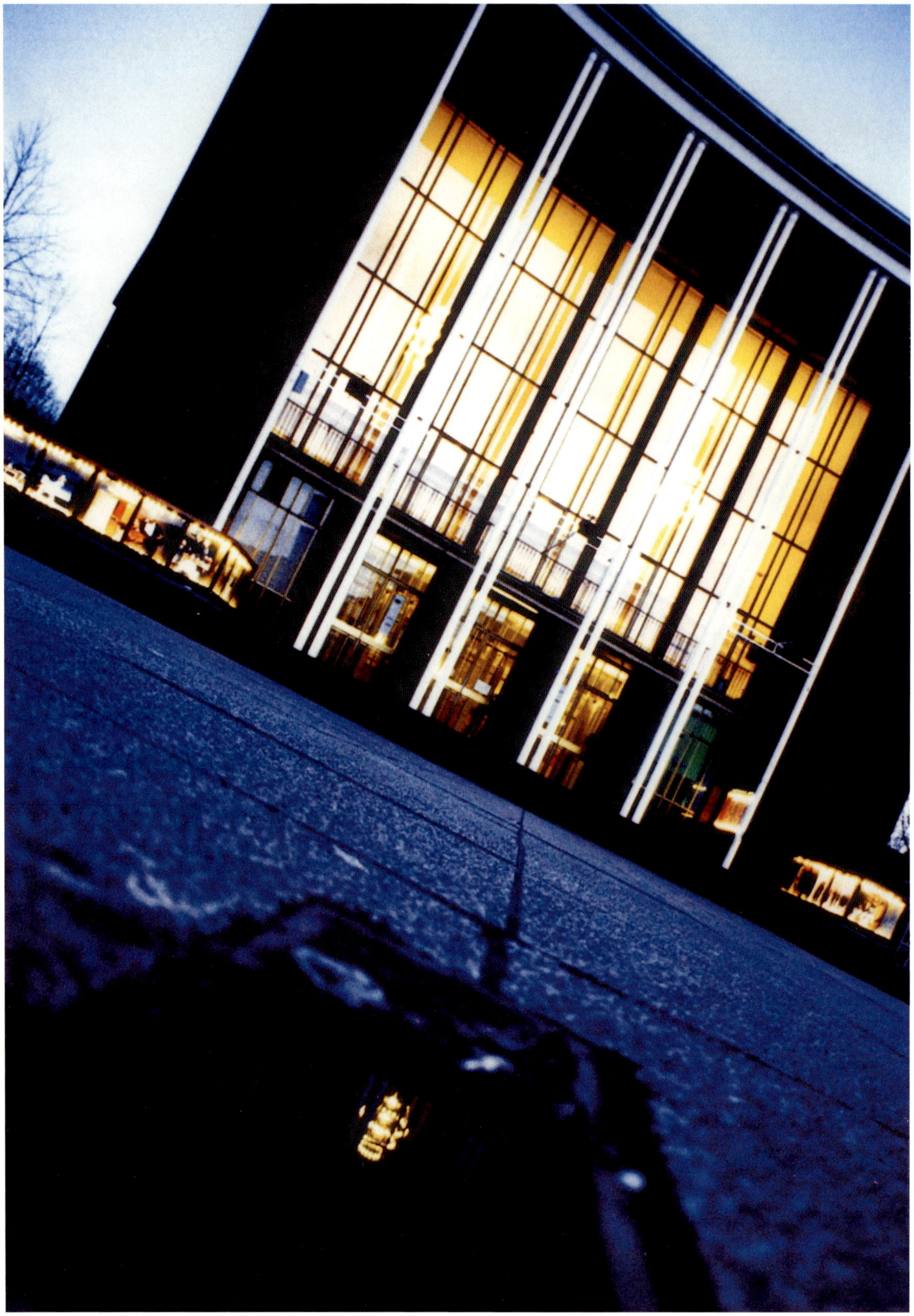

Nachtrag

Komischerweise war ich am Samstag bereits schon mittags wieder wach – wenn auch endgültig vom Teufelsvirus erobert, der mir in den paar Stunden Schlaf die Stimme geraubt hatte. Ich fühlte mich angenehm erschöpft, wie am Ziel nach langen Strapazen. Mein Kopf war voller Bilder. So viel wie in den 48 Stunden im Schauspielhaus Bochum hatte ich noch nie in meinem Leben auf einmal erlebt (was wahrschinlich auch der Grund für mein frühes Erwachen war, ich war zu voll mit Eindrücken, zu überdreht). Aber soviel ich auch gesehen und erlebt hatte, soviel Menschen ich gesprochen und beobachtet hatte, soviel ich mitgeschrieben hatte und soviel zu meiner Erinnerung mitgefilmt wurde – mir wurde gleichzeitig sofort klar, dass die Expedition als gescheitert gelten muss. Auftrag war, ALLES zu zeigen, was in 48 Stunden im Schauspielhaus Bochum gleichzeitig passiert, wie das Haus lebt, wie es konzentriert auf Ereignisse hinarbeitet, welche, wie unterschiedliche und was für besondere Menschen die unterschiedlichsten Arbeiten, Kenntnisse und Phantasie zusammenfügen, um das entstehen lassen zu können, was gleichzeitig der Geist des Hauses selber, ein offenbar viele süchtig machendes Lebensgefühl, die Zwangsgemeinschaft eines Clans und eine gewaltige, präzise funktionierende Maschine ist: Theater.
Das habe ich nicht geschafft. Ich war nicht in allen Abteilungen, nicht in der Polsterei zum Beispiel, die unter anderem in der Sommerpause die Möbel im Foyer des Großen Hauses neu bezieht, und nicht im Abobüro, wo bei Christa Meinhart und Christina Brand ausgerechnet während meiner Expedition, der zehntausendste Abonnent begrüßt wurde. Ich konnte zudem nur von den Menschen berichten, die gerade da waren oder mir zufällig über den Weg liefen. Iris und Geli hatten zum Beispiel gerade keine Schicht in der Kantine (um auch nur wieder zwei zu nennen), Ralf, der Schuhmacher, war nicht in seiner Werkstatt, als ich kam, in den Malersaal habe ich mich verspätet und dergleichen mehr. Viele Geschichten sind mir gar nicht erzählt worden oder zu spät. Zum Beispiel, dass Elke, die Leiterin der Personalabteilung seit 25 Jahren Fußball-Schiedsrichterin ist („streng, aber gerecht" ist in der Presse zu lesen). Ich glaube sogar, ich könnte die Stadt nach Erscheinen des Abschlussbuches für immer verlassen müssen, weil ich der meistgehasste Mann im Umkreis des Theaters sein werde. Die einen werden mich hassen, weil ich sie nicht erwähnt habe, obwohl sie mir *doch* über den Weg gelaufen sind. Die anderen, weil sie sich furchtbar hässlich auf den Videostills finden, weitere, weil ich ihren Namen falsch geschrieben habe oder nicht korrekt auf die Sicherheitsbestimmungen beim Rauchen auf dem Innenhof oder dergleichen hingewiesen habe. Ich kann nur hoffen, dass einige Künstler es gerecht finden, dass einmal viele andere ein bisschen im Vordergrund stehen, und dass einige Mitarbeiter des Hauses die im Expeditionsbericht vorkommenden Kollegen (von der Aushilfe bis zum Chef) als Stellvertreter für alle anderen nehmen (Stellvertreter aus einem riesen Mechanismus, den man 8 Wochen bereisen müsste, um ihm gerecht zu werden) – und mir im Notfall zur Flucht verhelfen.

Die Menschen – Die Arbeit

Am Abend jenes Samstags konnte ich wieder als normaler Gast ins Haus gehen. Zur Premiere der *Todesvariationen*. Verändert hatte sich, dass ich niemanden mehr nach dem Weg fragen musste und alle zwei Meter jemanden begrüßte. Irgendwie war ich jetzt ein bisschen zu Hause hier und empfand diesen Ansatz von Zugehörigkeit als sehr angenehm. Auch weil die Atmosphäre voller Möglichkeiten ist, anregend (nicht, dass ich Intendant werden will ...).

In der Dramaturgie fand ich blasse Leute vor, die mir sehr glücklich von ihren Gesprächen mit Jon Fosse bis in die frühen Morgenstunden hinein erzählten. Thomas Oberender schenkte mir sein Materialbuch („Ich will kalt und klar sein II") und Viola Eckelt, die Abenddienst hatte, aber die Premiere verpasste, weil sie als betreuende Dramaturgin zur Generalprobe von *Philotas* musste, brachte mich in die Kammerspiele. Wir nahmen den Durchgang zur Bühne, an der Kammerrequisite vorbei, und bogen dann vor den Beteiligten der Produktion, die sich nach alter Sitte Premierengeschenke machten (Matthias bekam Schokolade, wenn ich nicht irre) und Toi Toi Toi wünschten (mit dreimal über die Schulter spucken), zu einer kurzen Treppe ab, an deren Ende sich eine Tür zum Aufgang in den Zuschauerraum der Kammerspiele befindet. Ich wurde ganz hinten platziert, in einer Reihe von einfachen Stühlen, die sich hinter einer Begrenzung befinden, saß dann also in einer Art Loge und überblickte die Sesselreihen vor mir und eine erst langsame, dann immer schnellere Auffüllung mit Publikum, wobei ich ein Phänomen beobachtete. Nämlich das Phänomen der unterschiedlichen Haltungen angesichts einer halbvollen Stuhlreihe. Einige bleiben nämlich gleich vor der Stuhlreihe, bis diese bis zu ihrem Platz hin aufgefüllt ist, einige bleiben vor ihren Plätzen im Gang stehen, um nicht immer aufstehen zu müssen, wenn noch jemand kommt, einige wiederum setzen sich auf die hochgeklappten Sitze, um es wenigstens schon halb gemütlich zu haben, und einige schließlich setzen sich hin und stehen jedes Mal wieder auf, wenn jemand vorbei will. Ich versuchte, an den Gesichtern zu erkennen, ob es sich um eine Charakterfrage handelt.

Die Menschen – Die Arbeit

Dann ertönte Handyklingeln. Dreimal. Beim dritten Mal abbrechend. Und unprätentios sagte eine Stimme: „Danke!"

Es wurde dunkel: Die Bühne und ihr Licht bannten sofort, dazu die schwebende Sprache Fosses und die Inszenierung seines Textes zu einem überklaren Traum.

Langsam, leise und unauffällig fuhr währenddessen der Scheinwerfer auf seiner Schiene vor der Bühne entlang, wodurch an den weißen Wänden des Bühnenkastens ein zusätzliches Drama aus Schatten entstand, das langsam eine weitere Geschichte, weitere Gefühle erzählte, die in den Worten verborgen schienen. Dann die Kulmination, der Endpunkt, das, was mich am stärksten beeindruckte, nicht nur als technische Leistung, sondern auch als erzählerisches Moment: Cathérine Seifert ist in ihrer Rolle am Punkt kurz vor der Konsequenz aus dem Geschehenen und Gefühlten, der Tod ist als Wirklichkeit nahe und rückt näher, die Zeit rinnt schneller, immer schneller, wie die Sprache Cathérines schneller, lauter, ängstlicher wird, Überlegungen, für die es zu spät ist, dem Tod in den Weg werfen wollend. Dabei schließt sich erst langsam, dann in wachsendem Tempo ein quadratisches Lichtfenster auf der Rückwand des Bühnenbildes. Es fährt gemächlich zusammen und beginnt synchron zur steigenden Eile und Lautstärke der Sprache immer mehr zu rasen – es rast zu, schneidet das Licht und die Stimme ab ... Ein Lichtschafott. Dunkelheit.

Nach zwei Sekunden Stille begann der Applaus (der Bochumer Applaus, der die Ansprüche verschiebt, weil man in anderen Städten immer glaubt, der Theaterabend sei ein Misserfolg, nur weil der Applaus so merkwürdig zurückhaltend ist). Die Schauspieler gingen ab, um danach in neuer Reihenfolge wieder zu erscheinen. Die Applausordnung ist besonders wichtig für das gelungene Ende eines Abends, damit sich die Schauspieler nicht gegenseitig umrennen oder gar keiner auf der Bühne ist, weil sich niemand sicher ist, wer jetzt dran sein soll (man frage einmal den leitenden Dramaturgen Klaus Mißbach danach). Dann traten mit den Schauspielern Matthias, Karl-Ernst Herrmann und die Kostümbildnerin Grit Groß auf die Bühne – und schließlich auch Jon Fosse, merklich fremder auf der Bühne als die anderen.

Dieser Applaus soll am Ende meines Berichts stehen, wie im Theater immer der Applaus das befreiende Ziel ist. An jenem Abend war ich einer derjenigen, die wussten, dass dieser Applaus dem ganzen Haus gehört.

Sabine Haupt,
Cathérine Seifert,
Patrick Heyn
in *Todesvariationen*
von Jon Fosse

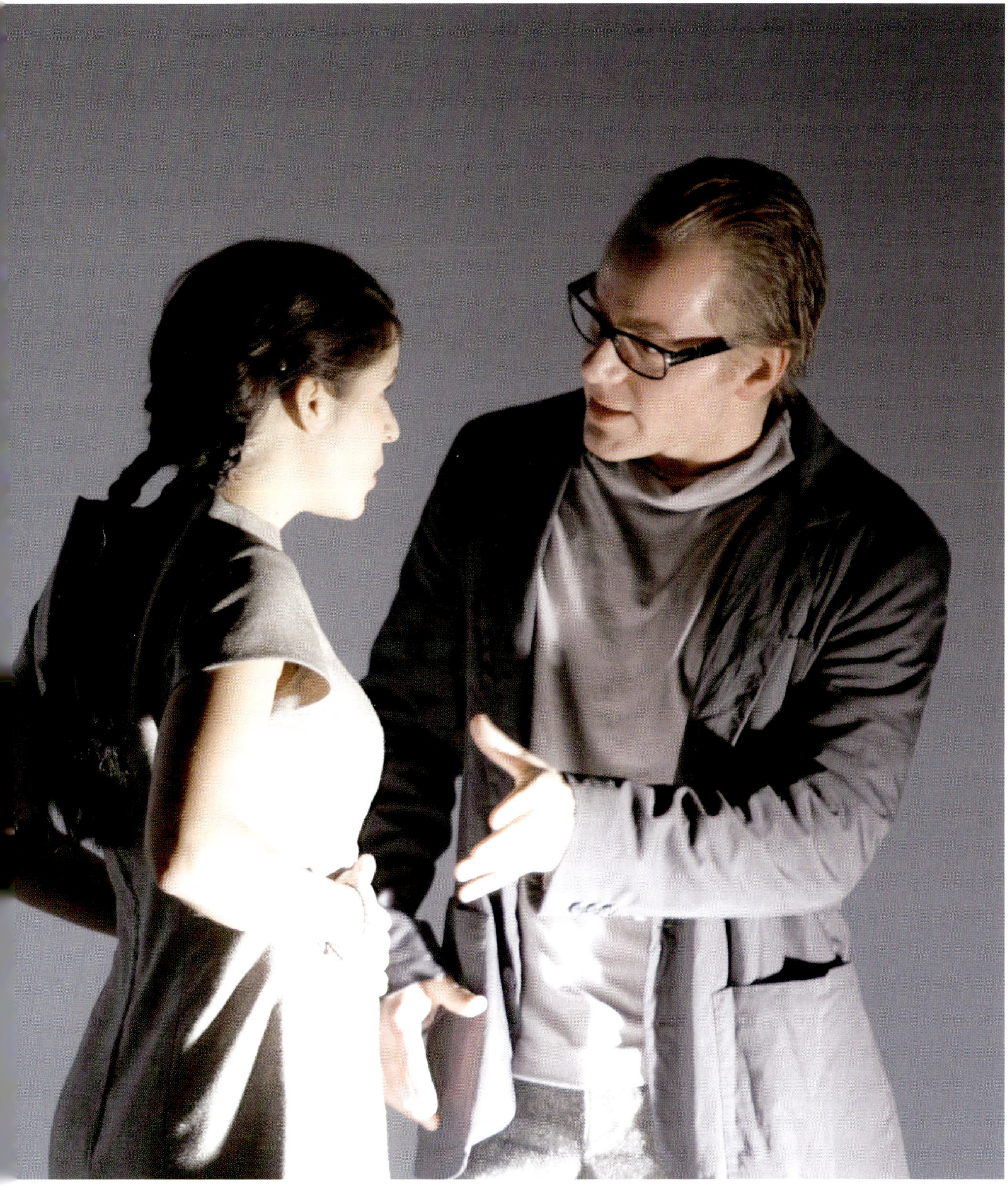

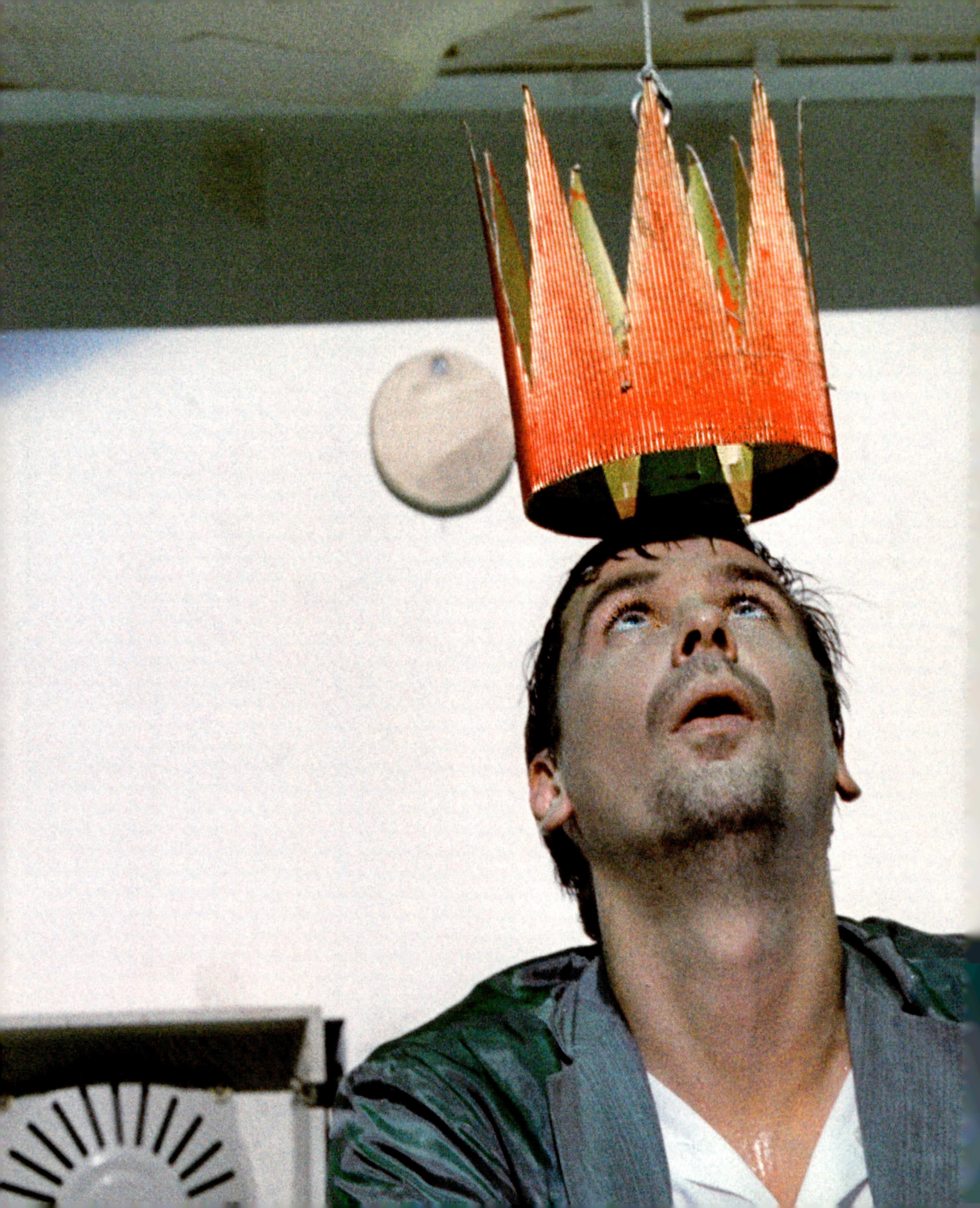

Grüße aus Wien

Peter Turrini

Grüße aus Wien

André Meyer,
Lena Schwarz
in *Rattenjagd*
von Peter Turrini,
(Postkartenmotiv)

98

Grüße aus Wien

Über Matthias Hartmann

Bevor ich etwas Gutes über Matthias Hartmann sage, muss ich eine grundsätzliche Feststellung machen: In Wahrheit sieht ein Theaterstückeschreiber nie auf der Bühne, was er sich ausgedacht hat. Ich sitze – mit Unterbrechungen – etwa zwei Jahre an einem Stück, füge nicht nur die Worte aneinander, sondern male mir die szenischen Vorgänge auf der Bühne im Detail aus. Mehr noch, ich hüpfe manchmal durch meine Schreibkammer und spiele mir die Figuren vor.

Grüße aus Wien

Lena Schwarz,
André Meyer
in *Rattenjagd*
von Peter Turrini

Ich bin eben einer dieser Theaterschreiber, bei denen das Wort nur ein Teil der Ausdenkung ist. Jede Regiearbeit ist also primär eine Schändung meiner Ausdenkungen, und das ist gut so. Ein Regisseur hat seinen eigenen theatralischen Fieberkopf, und der glüht anders als der meine. Die Frage ist nur, auf welchem Niveau man geschändet wird. Von Matthias Hartmann lasse ich mich am liebsten schänden. Er streicht manche Sätze, stellt andere um, aber dem deutschen Theaterwahn der Umdichtung und Hinzufügung fremder Texte verfällt er nicht. Seine szenischen Ausdenkungen sind über weite Strecken nicht die meinen, aber wenn es mir gelingt, von den eigenen Bildern Abstand zu nehmen (wozu ich bei den Proben, beim Betrachten des Durchlaufes, ungefähr eine halbe Stunde Überwindung brauche), fühle ich mich erfreut und nicht selten beschenkt. Ich möchte ein Beispiel nennen: In meinem Stück *Die Eröffnung*, in welchem ein vertracktes Schauspielerleben geschildert wird, soll die Bühne nach meiner Regieanweisung vollkommen leer sein.

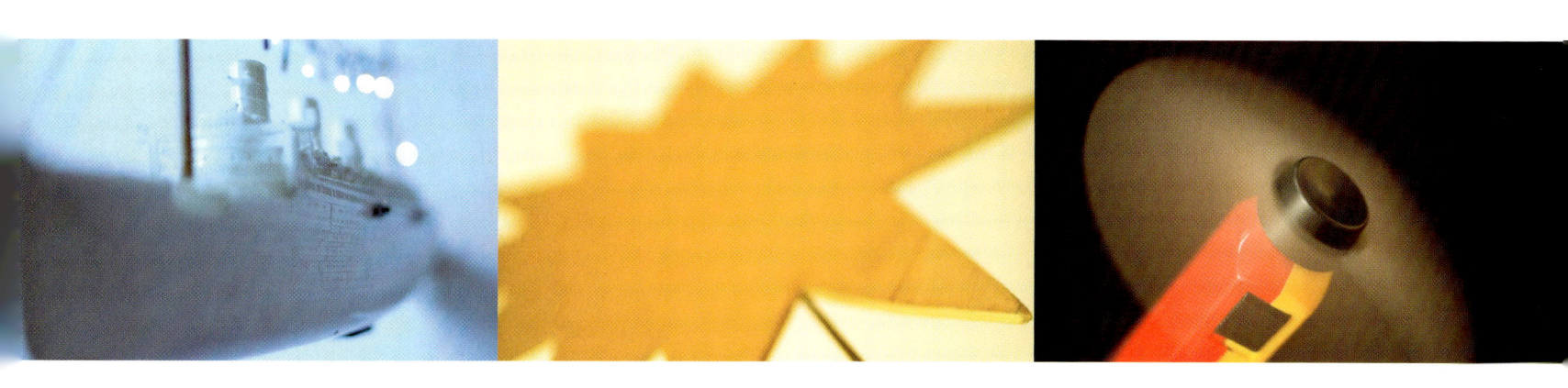

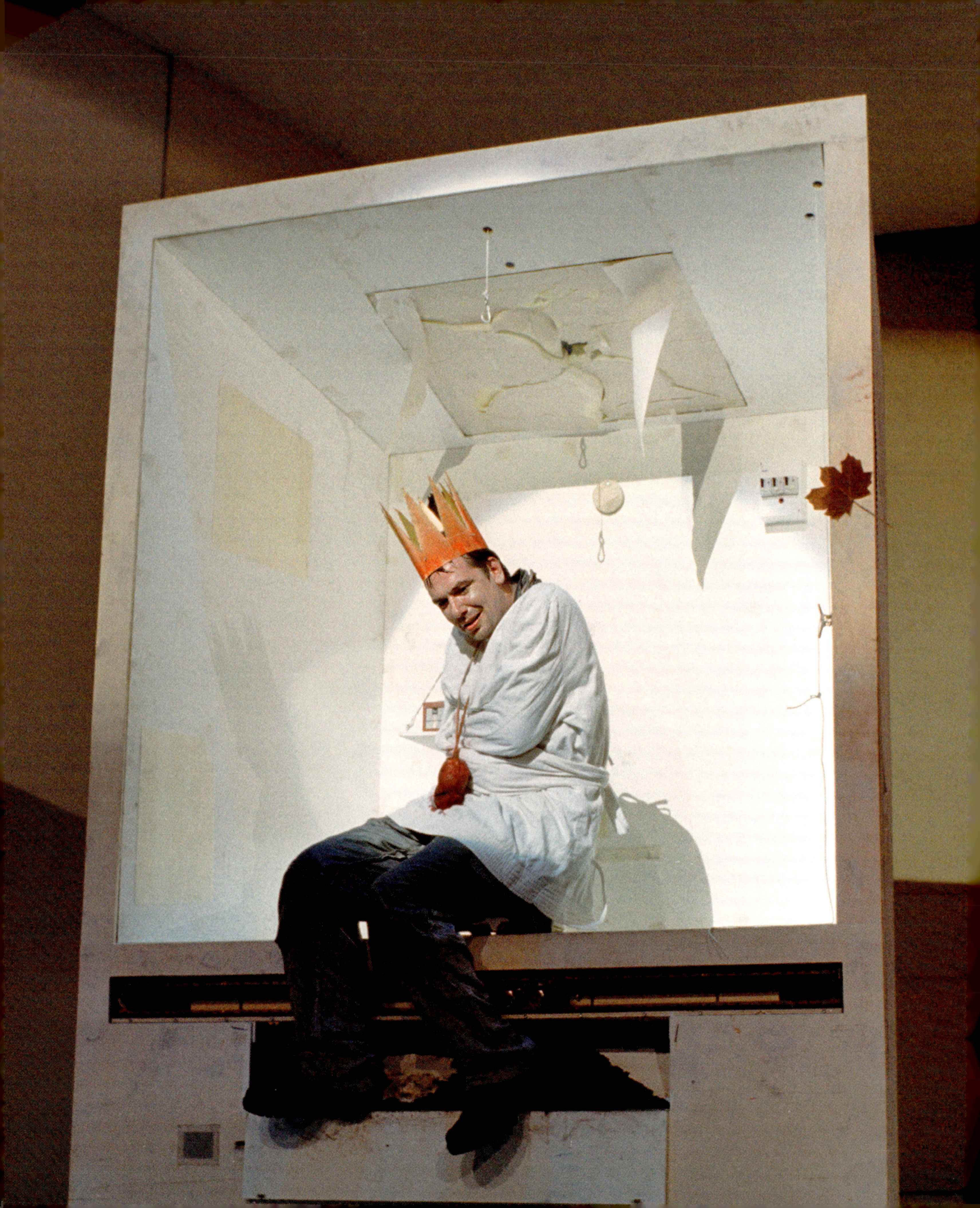

In Matthias Hartmanns Inszenierung der Uraufführung steckt der Schauspieler in einem mannshohen Guckkasten wie eine Schildkröte in ihrem Panzer. Wann immer er diesen verlässt, wird er vorsichtig und ängstlich und versucht, wieder unter diesen zu gelangen. Hartmann demonstriert damit auf das Sinnlichste und Schönste, wie sehr Theatermenschen vor der Wirklichkeit fliehen und immer wieder ins Theater, unter ihr Schutzschild, flüchten. Ein weiteres Beispiel: Bei meinem Stück *Die Liebe in Madagaskar*, das Matthias Hartmann am Wiener Akademietheater inszeniert hat, wurde sehr viel gelacht. Natürlich weiß ein Theaterschreiber nicht, ob ein Satz eine Pointe wird, ein Lacher wird oder nicht. So etwas entsteht im Zusammenspiel zwischen Regisseur, den Schauspielern und dem Publikum. Ich wollte ein Stück über einen völlig isolierten alten Kinobesitzer schreiben, eine traurige Geschichte. Am Anfang war ich über diese vielen Lacher erstaunt, aber ich sah mit zunehmender Freude auf der Bühne, was ich selbst erfahre und in der Theaterkunst mag: Es sitzt ein großes Maß an Komik in den Schrecknissen unseres Lebens. Gerade weil Matthias Hartmann seine eigenen Wege geht, kommt er den Theaterdichtern sehr nahe.

Peter Turrini, Jänner 2005

Abb. linke Seite:
Michael Maertens
in *Die Eröffnung*
von Peter Turrini

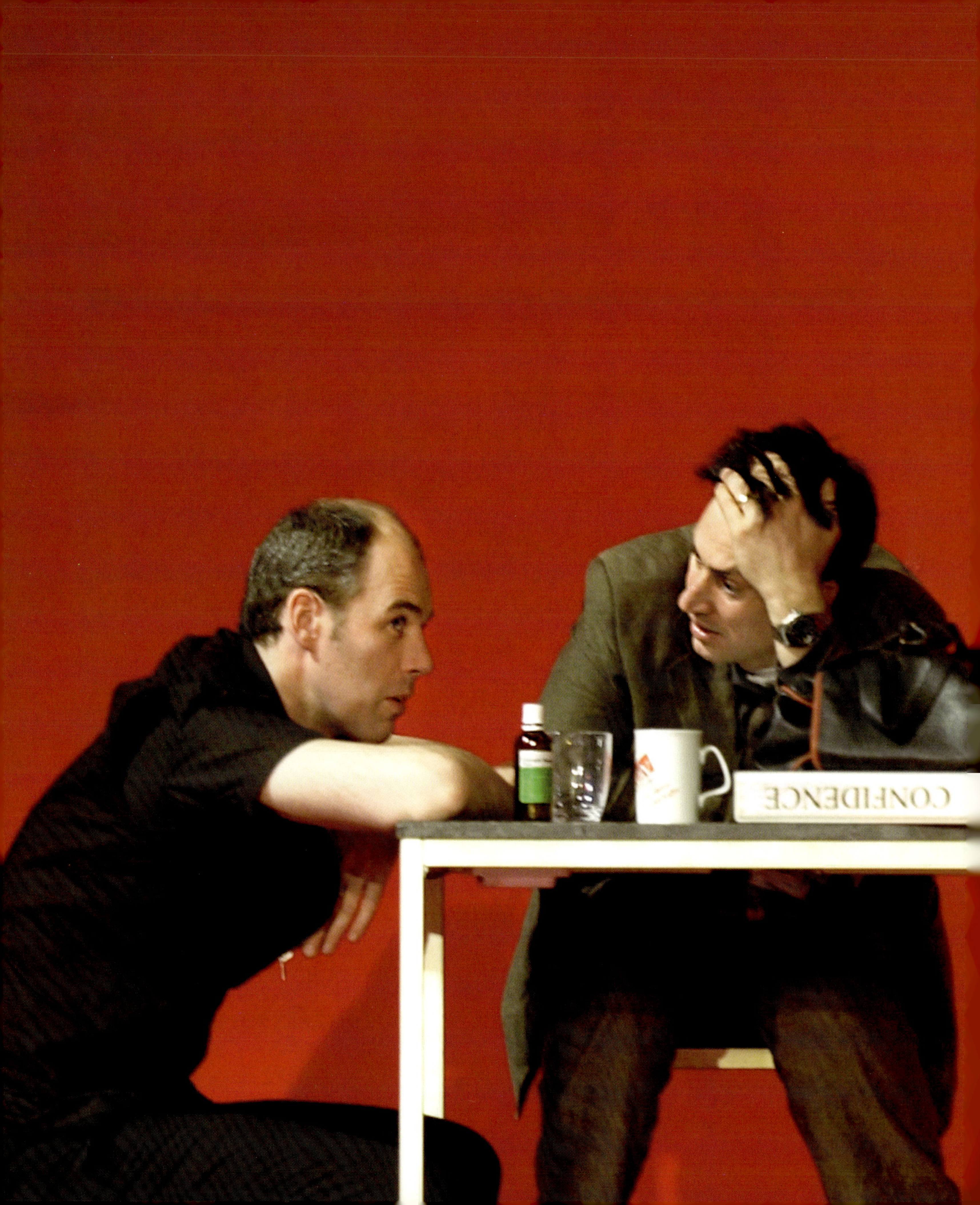
CONFIDENCE

Grüße aus Berlin

Botho Strauß

Der Narr und seine Frau heute abend in Pancomedia von Botho Strauß

Die Lücke

In einem kleinen ausverkauften Theatersaal sind zwei Plätze leer geblieben in der vierten Reihe. Die Vorstellung beginnt, und um die beiden leeren Plätze herum bildet sich der Herd einer Unruhe, die nach und nach auf das gesamte Publikum übergreift. Den beiden Abwesenden, als trügen sie zu große Hüte oder knisterten mit ihrer Popcorntüte, wird von den Nachbarsitzen deutlicher Unmut gezeigt. Erst sind es leise Flüche, dann offene Beleidigungen. Die beiden werden dafür, daß sie nicht da sind, gescholten. Obwohl niemand weiß, um wen es sich bei ihnen handeln könnte, erregt man sich gegen sie, als wären es zwei berühmte Unbeliebte, zwei skandalumwitterte Ferngebliebene. Wenn man genauer hinhört, kommt von diesem oder jenem Zuschauer ein Ausdruck seiner „ganz persönlichen tiefen Enttäuschung". Oder es wird eine Klage laut über den Mangel an Vollzähligkeit, den jemand bis in sein Innerstes als störend empfinde und der seinem Komplettheitsbedürfnis „sehr zu schaffen mache". Man hat es mit einer Lücke zu tun, man kann diese Lücke nicht schließen, selbst wenn man sich noch so geschickt umsetzte und in der Reihe hin und her rückte. Die Lücke fällt nicht nur ins Auge, sie frißt sich ins Mark der raumbildlichen Vorstellung von Geschlossenheit, ja Geborgenheit, um deretwillen man überhaupt das Theater besuchte. Gemeint ist das heimliche, universalharmonische Behagen, sich wie nirgendwo sonst eingereiht zu finden in eine lückenlose und vollzählige Ordnung, unverzichtbar da zu sein in einem Zuschauerraum, der bis auf den letzten Platz besetzt ist.

Botho Strauß

Der Kuß des Vergessens von Botho Strauß

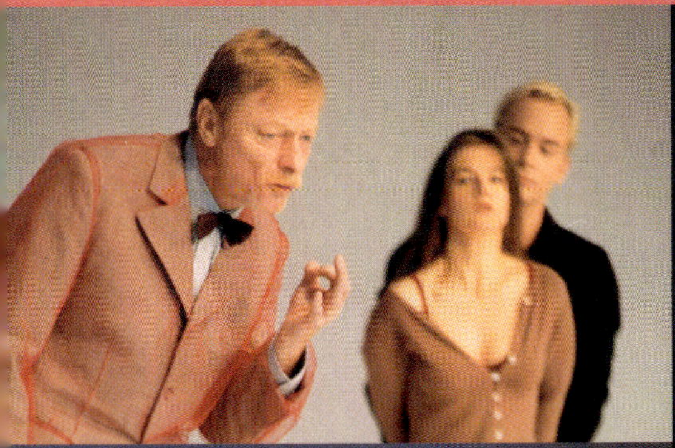
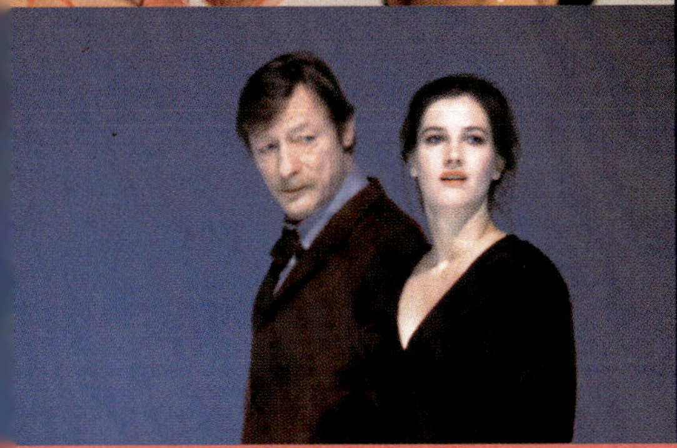
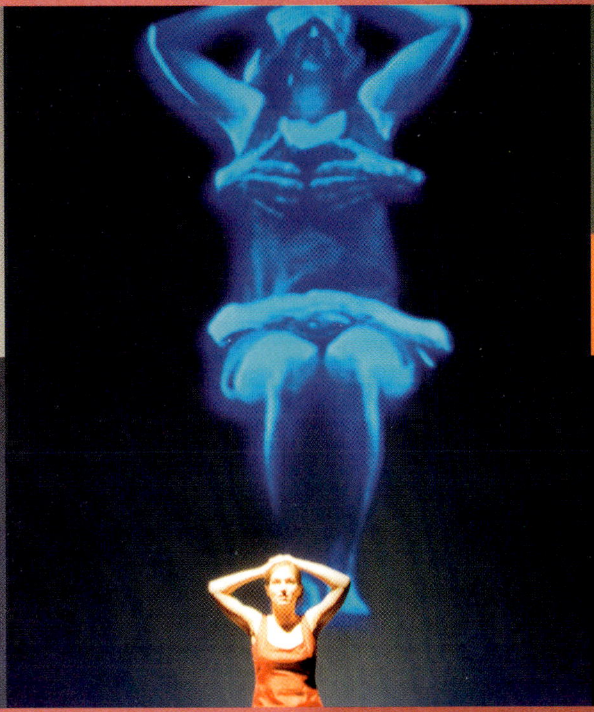
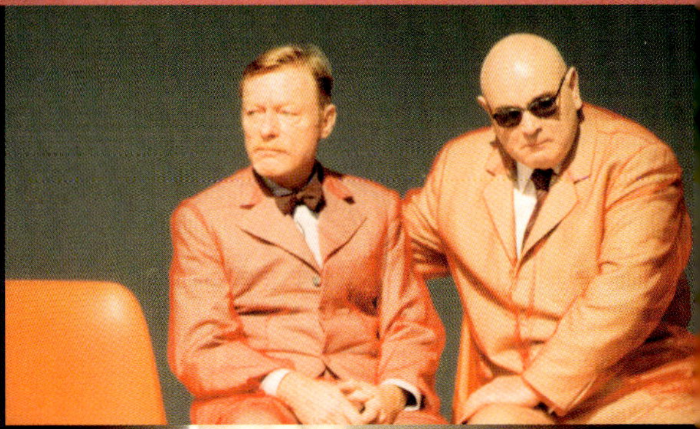
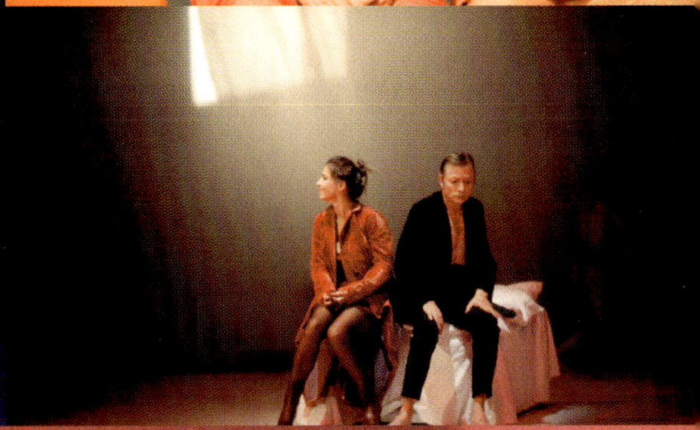
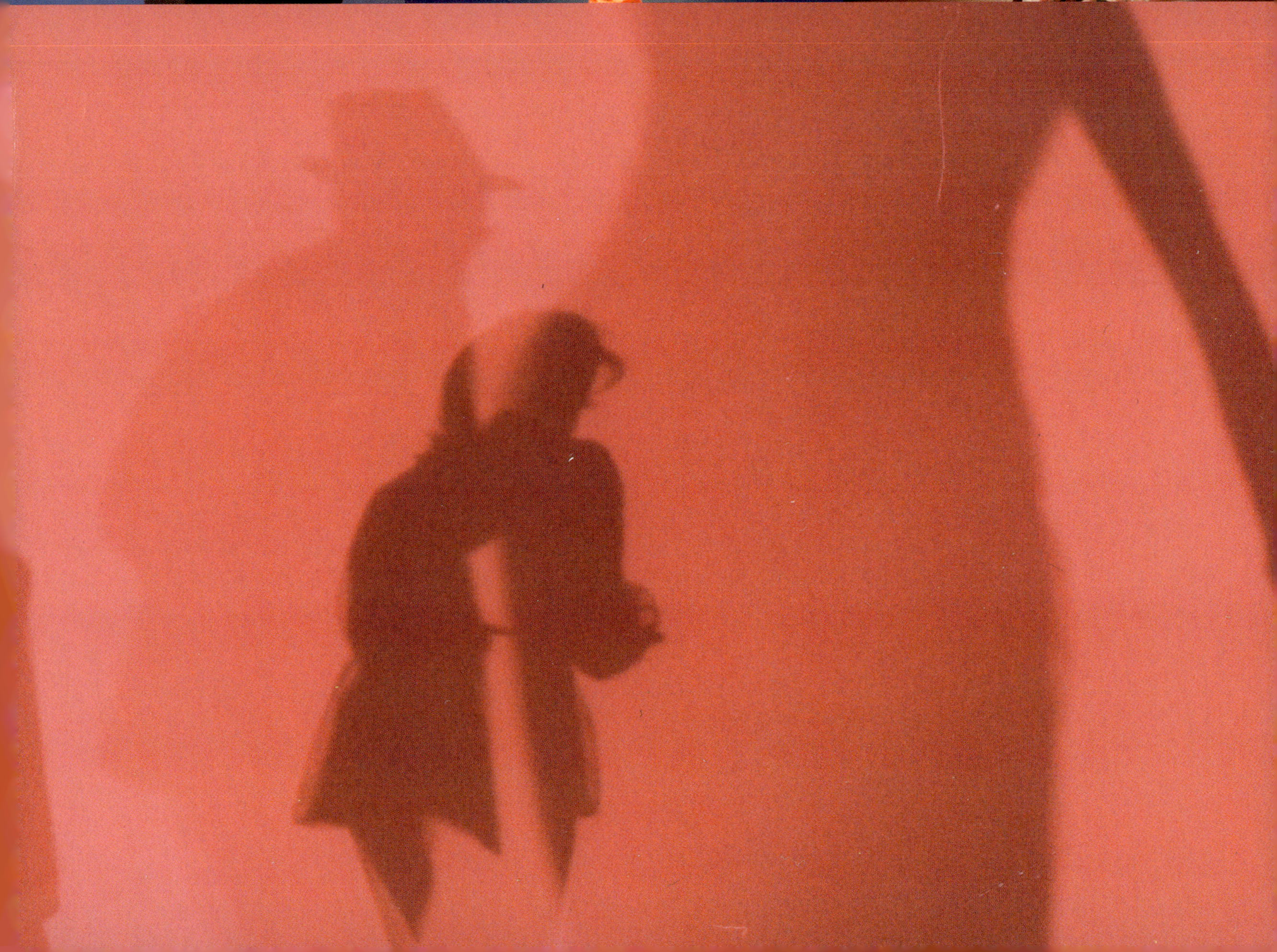

Der Narr und seine Frau heute abend in Pancomedia *von Botho Strauß*

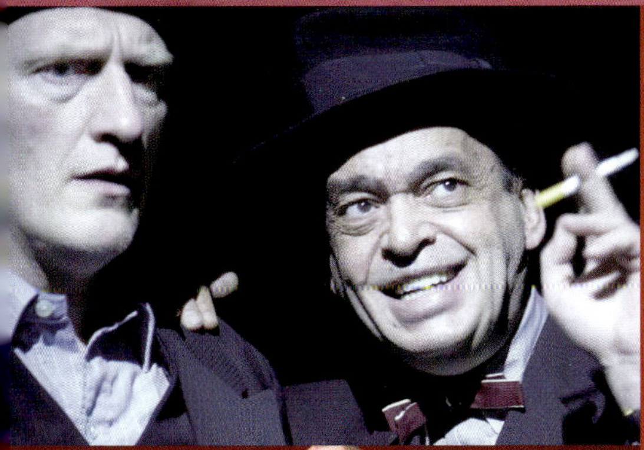
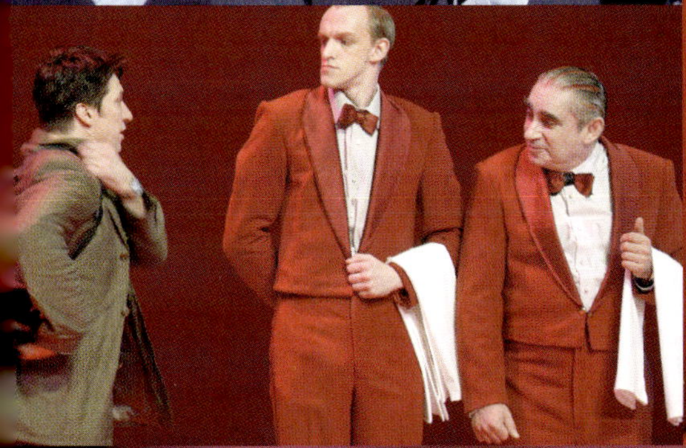
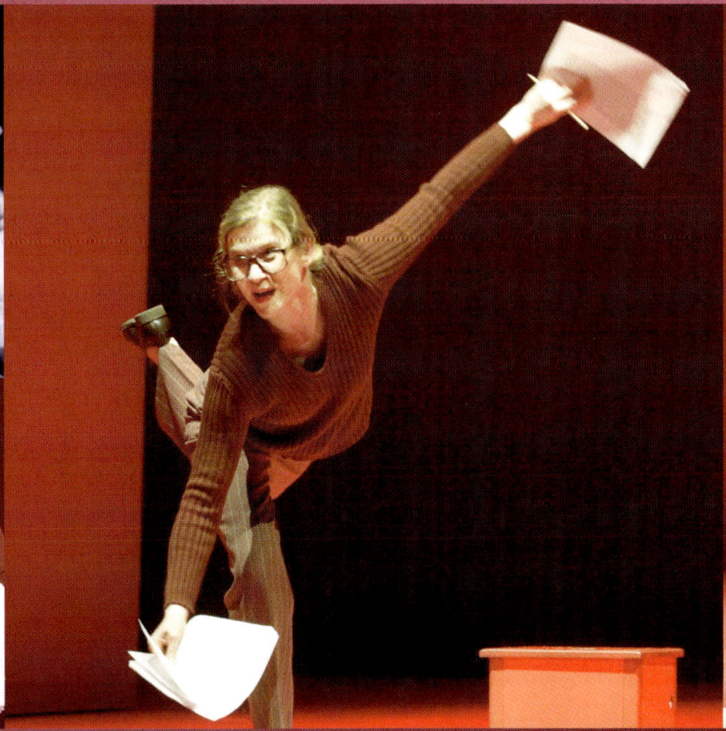
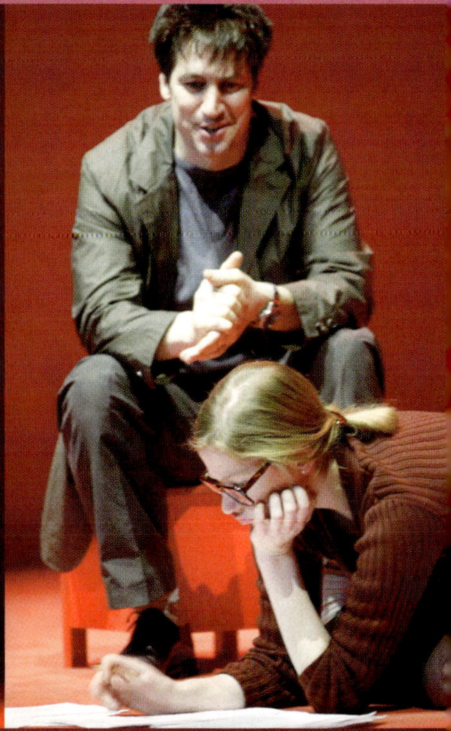
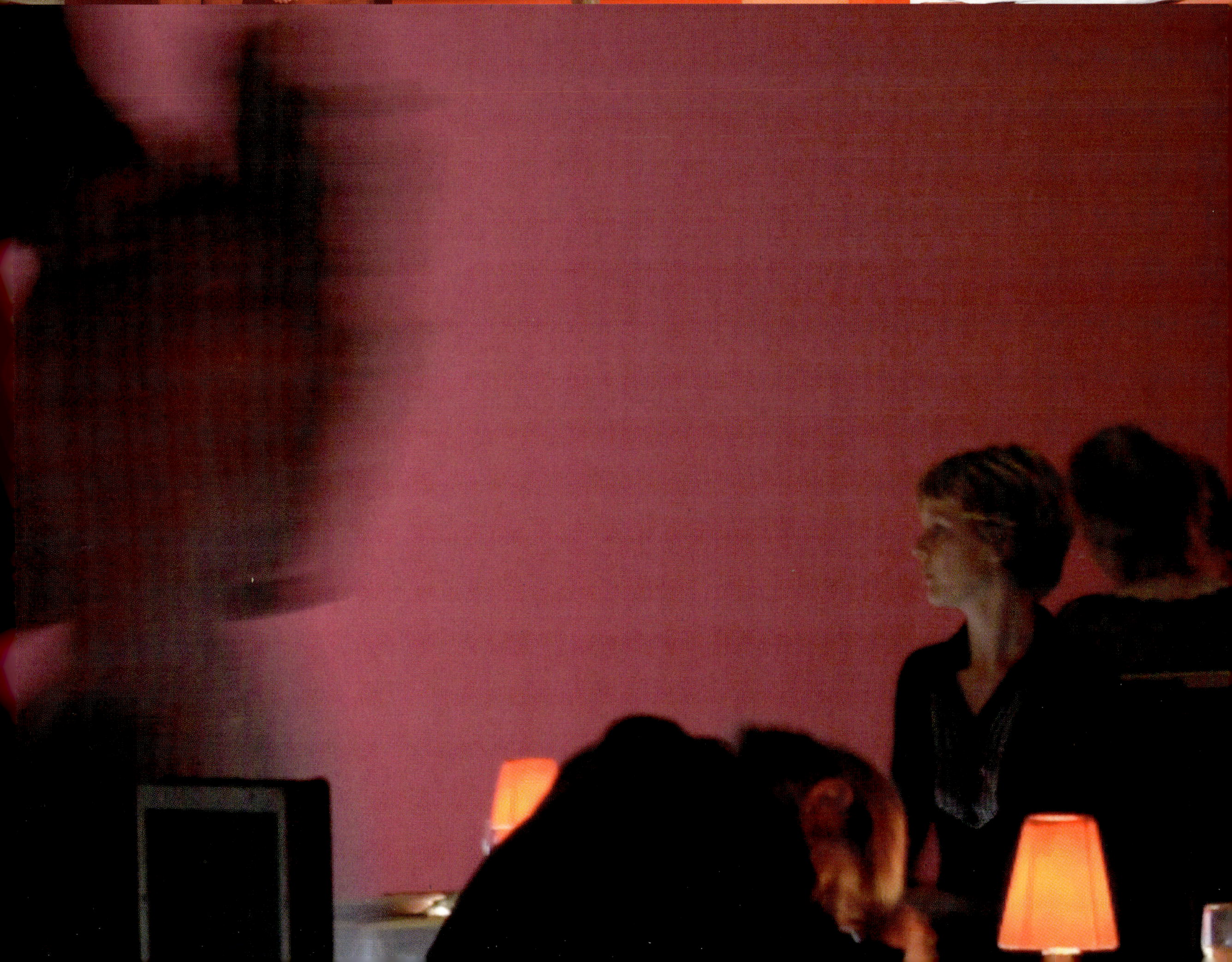

Grüße aus Zürich

Sibylle Berg

Grüße aus Zürich

Matthias Brandt,
Lena Schwarz,
Jele Brückner
in *Schau, da geht die Sonne unter. Spaß ab 40*
von Sibylle Berg

114

Von: Sibylle Berg
An: Lucia Wiesner
Datum: 27.11.04, 13.01 Uhr
Betreff: liebe

luci,
weiss nicht warum ich denke, der boss ist nicht so gut mit mails. künstler, weisst ja. darum schicke ich dir den text um den er gefragt hatte, für das abschiedsding.
hab einen feinen tag. eine umarmung von bille

Bochum, das war für mich: ANGST. Das alles nicht zu können. Nach Jahren allein zu Hause, mit Menschen, und die sagen meine Texte auf, was, wenn sie lachen, weil es so schlecht ist. Wenn sie sich weigern. Sagen: Na aber hallo, das üben wir nochmal. Das sind ja Erwachsene. Was ich für mich alleine mache, geht ja keinen was an, das kann man verstecken, und wenn es einer schlecht findet, dann ist es schon lange her und man kann sich sagen: Der ist ja betrunken. Im Theater geht das nicht. Die sind ja da, die Schauspieler und alle, die so ein Stück machen. Da war also die Angst und dann die Stadt. Meine Güte, diese Stadt, es war Herbst oder sah so aus, und ich dachte, wie kann da jemand leben. Alle in Erdgeschosswohnungen, an Hauptstraßen und Trinkhallen, und was die kauften, was die in ihre Körbe taten, das ging ja gar nicht, das war ja alles aus Sägemehl mit gezuckerter Kondensmilch. Wir wohnten beim ersten Mal irgendwo draußen, Eppendorf hieß das, und ich rauchte noch, ich rauchte die ganze Zeit in so einen Garten raus und hatte Angst, und wagte nichts zu fragen, oder wohin zu gehen oder zu sitzen, und lag darum jeden Tag im Keller, im Probenraum und versuchte unsichtbar zu sein. Alle wurden krank. Alle hatten Angst, das fand ich dann raus, half mir aber nicht sehr. Im Theater laufen ja die meisten rum, als wüssten sie, was sie tun, dass sie nur so tun, das ahne ich heute, dass ja keiner sicher sein kann in dem, was er tut, weil alles überflüssig ist. Jaja, die Rolle des Theaters. Machen wir uns nichts vor, das ist doch Luxus. Kultur ist Luxus, den braucht man, sonst ist man klinisch tot, aber überleben kann man klinisch tot auch. Das merkt man noch nicht mal. Also redet man sich da so eine Wichtigkeit ein. Das macht es so hermetisch dicht, das Theater, und dann erschrickst du, wenn du wieder auf die Straße kommst und da hat es eine Sonne, die man nicht ausschalten kann. Hatte es in Bochum damals nicht.

Grüße aus Zürich

Dauerregen, aber vielleicht erinnere ich mich nicht mehr richtig daran. Als das Stück, mein erstes, unser aller erstes, dann aufgeführt wurde, war es richtig schlimm. Da war ich verantwortlich. Ganz alleine. Dafür, ob sich die Menschen langweilen würden, rauslaufen, sich ärgern, die hatten ja viel Geld bezahlt, die darf man ja nicht quälen, die Leute, die wohnen alle in Erdgeschosswohnungen. Und jeder Satz war furchtbar. Alles meine Schuld. Es ging aber irgendwie. Und dann kam das nächste Stück, das ging schon ein bisschen besser. Manche haben schon „Guten Tag" gesagt, wenn ich ins Theater kam. Ich hätte ihn dann am liebsten geküsst. Den Menschen. Und jetzt das dritte Stück. 5 Jahre später oder vielleicht 10, keine Ahnung, ich werde ja nicht älter. Und was verblüffend war: Alles sah anders aus. Alle Bochumer waren in die oberen Stockwerke gezogen. Ich kannte das „Tucholsky", und da geht ja jetzt auch wireless.

Abb. rechte Seite:
Helges Leben
von Sibylle Berg;
Erika Stucky,
Sina (oben);
Lena Schwarz,
Manfred Böll,
Erika Stucky (Mitte links);
Manuel Bürgin
(Mitte rechts);
Manfred Böll,
Erika Stucky,
Julie Bräuning,
Sina (unten)

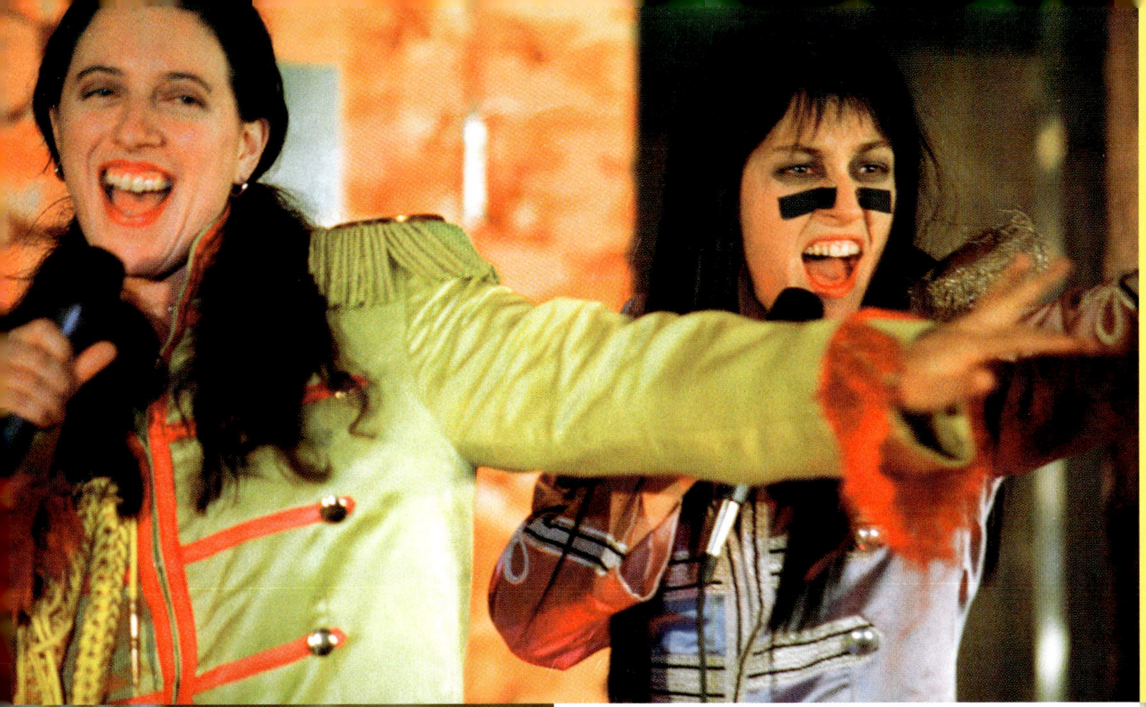
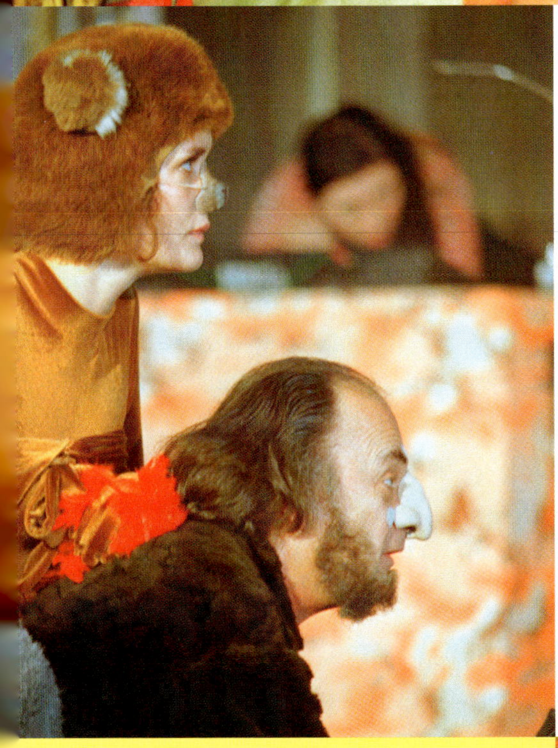
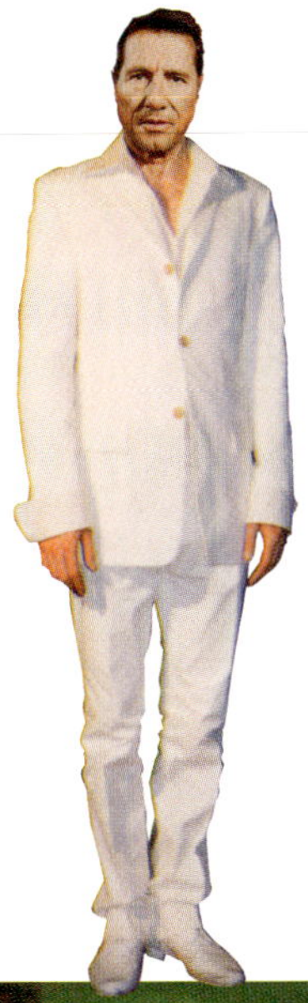
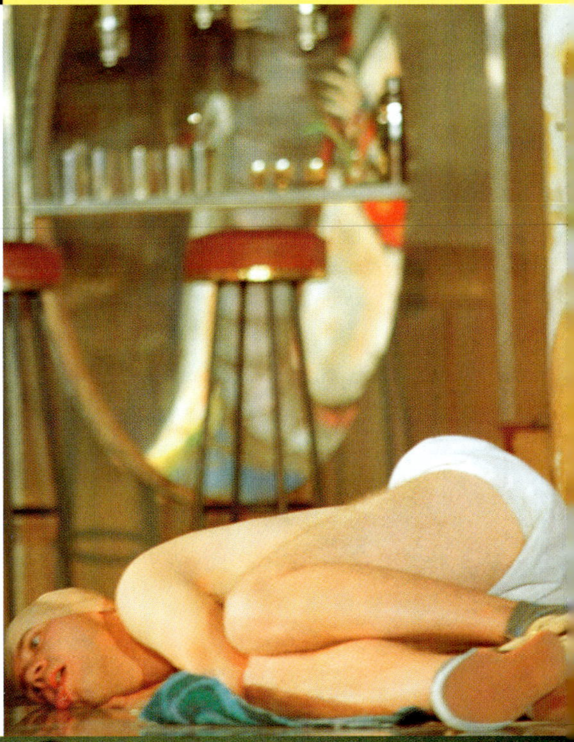
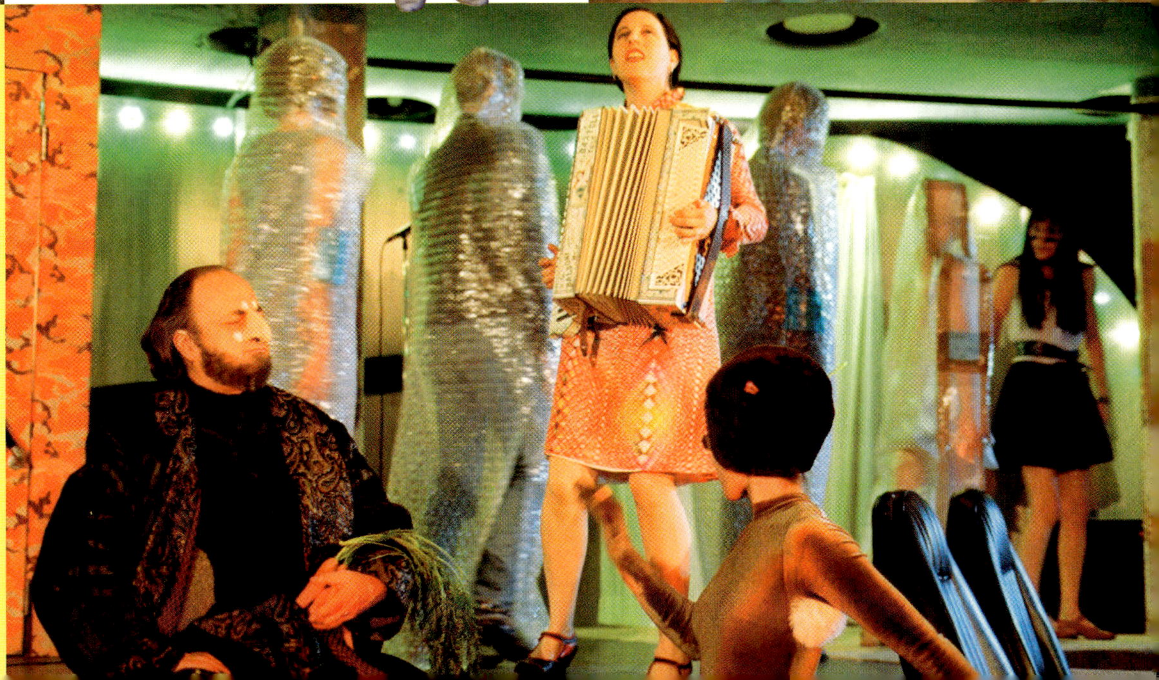

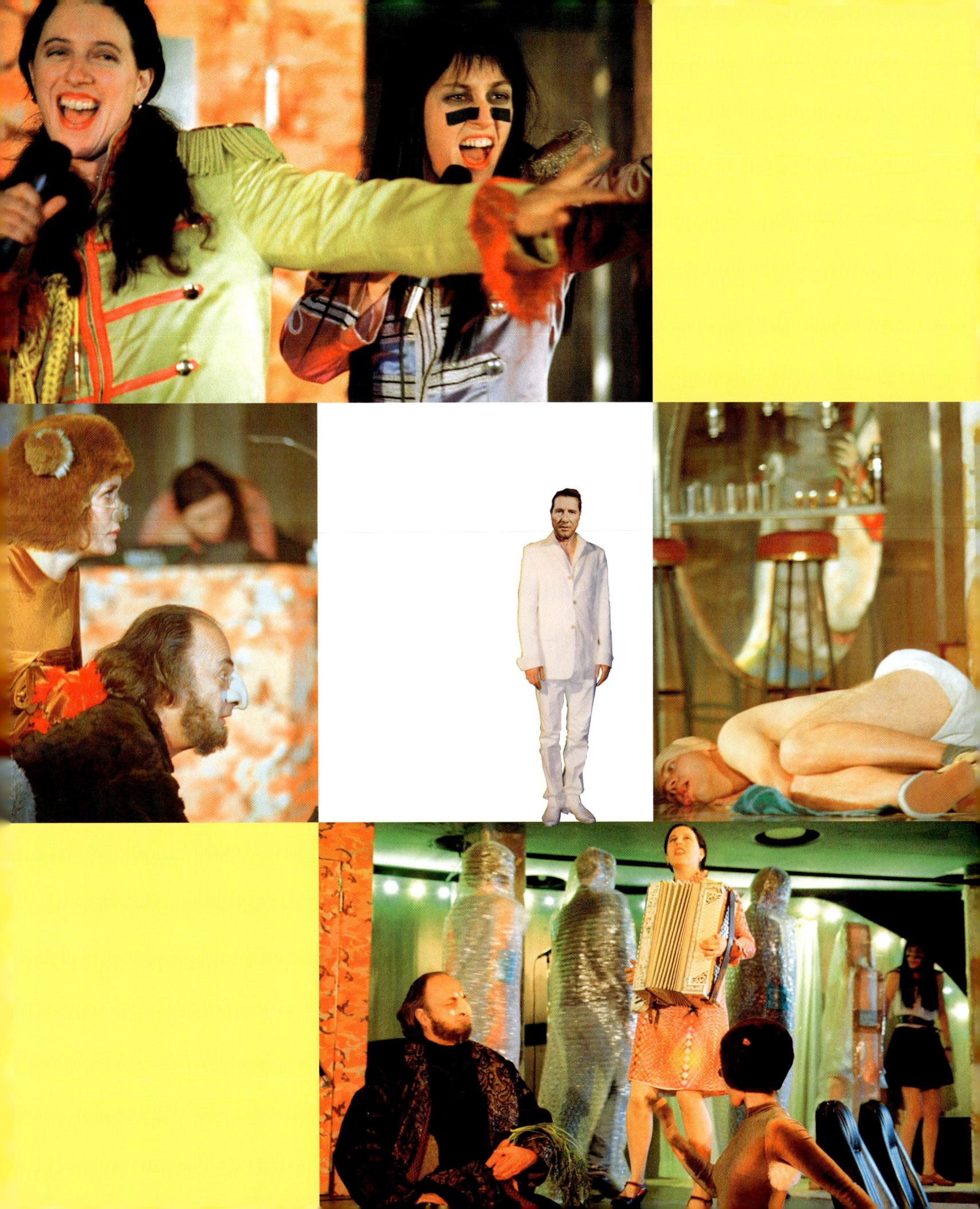

Grüße aus Zürich

Im Theater sagten alle „Guten Tag". Ich auch. Und die Angst war weg. Man versucht das halt, so gut man kann, mehr geht nicht. Die Verantwortung ist auch weniger geworden, durch viele geteilt. Und ich fürchtete nicht mehr, dass einer mir sagt: Was machst du denn hier, das geht dich ja alles nichts an, geh mal heim in deine Zelle. Das war gut. So erwachsen, das Alter ist bei mir angekommen. Die Aufregung, die war auch weg, aber damit kann ich leben. Und nun packen da alle ihre Schreibtische ein, das Haus bleibt stehen, aber für mich wird das nicht mehr so sein, wie die Jahre, das ist dann eben ein Haus, ein Theater drin, und Bochum eine Stadt, die ich inzwischen gern habe, aber vielleicht nicht mehr so oft sehen werde. Alles wird alt und ändert sich und irgendwie kann ich das nicht ausstehen. Ich verabschiede mich nicht gerne und würde am liebsten mit allen zusammen sterben, an die ich mich gewöhnt habe. Der ganzen Stadt, dem Theater, den Leuten da, den Autos, den Erdgeschossen. Und die Angst, die wär aber schon lange tot.

Abb. linke Seite:
Bildleiste:
Michael Maertens in *Schau, da geht die Sonne unter* von Sibylle Berg; Felix Vörtler, Johanna Gastdorf in *Das wird schon. Nie mehr lieben!* von Sibylle Berg; Jele Brückner und Martin Rentzsch in *Schau, da geht die Sonne unter*;
Großes Foto:
Angelika Richter, Renate Becker, Felix Vörtler, Johanna Gastdorf in *Das wird schon* (Postkartenmotiv)

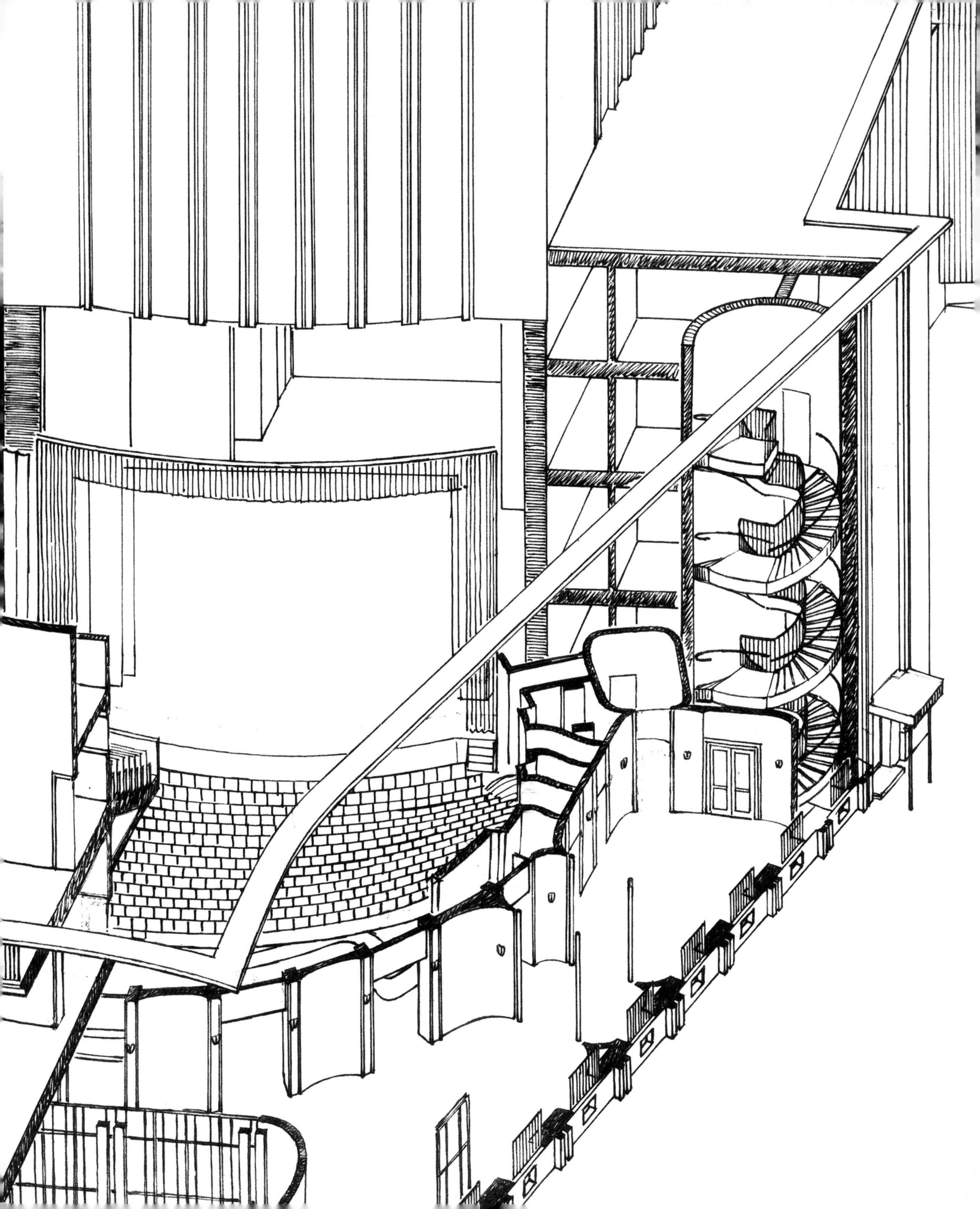

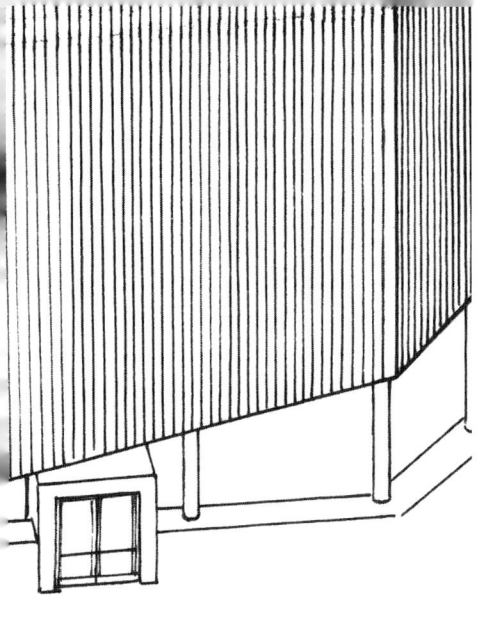

DIE BÜHNE – DAS HAUS

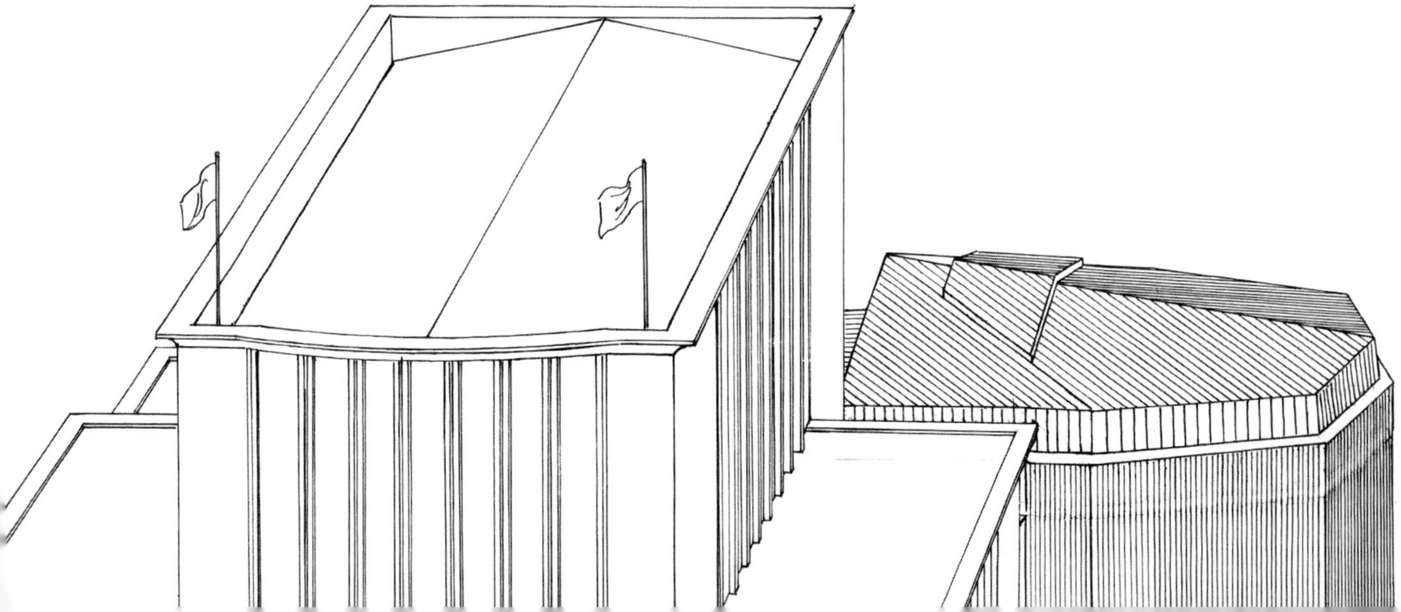

DIE BÜHNE – DAS HAUS

Achtung Baustelle
Andreas Erdmann .... Seite 125

Es vibriert so
Fritz Schediwy .... Seite 139

„Wer erstmal an einem Theater ist, der bleibt auch da."
Ein Gespräch mit Peter Schulz .... Seite 145

Grüße aus München und Bochum
Albert Ostermaier .... Seite 165
Tankred Dorst .... Seite 171
Thomas Oberender .... Seite 175

Für Wilfried Minks
Thomas Oberender .... Seite 179

Tür nicht
öffnen bei
PEER GYNT

Achtung Baustelle

Das Schauspielhaus im Umbau

von Andreas Erdmann

Wie jedes richtige Theater ist das Schauspielhaus ein Labyrinth. Gänge, Flure, Zwischenstocke, Leitern, Stege, Treppenhäuser, viele Treppenhäuser, Estriche und Falltüren, Abgründe, Geheimkammern. Und das ist gut so, irgendwo müssen die Albträume und Träume sich tagsüber verstecken können, wenn sie abends auf die Bühne kommen sollen. Schon wer nur die 50 Meter von der Pforte zur Kantine will, muss durch fünf verschiedene Räume gehen, an einundzwanzig Türen vorbei und die vier richtigen erwischen, wenn er nicht in irgendeinem Keller, irgendeiner Unter- oder Hinterbühne landen will. Andererseits scheinen die Bewohner sich normalerweise nicht besonders drum zu scheren, welche Räume und Geheimnisse sich oft schon hinter ihren eigenen vier Wänden und erst recht hinter der kleinen Tür am Ende ihres Flurs verbergen. Einzelne von ihnen kann man leicht für Tage aus dem Trott bringen, indem man sie, vielleicht nach Jahren stiller Tätigkeit am Schauspielhaus, unvermittelt in eine wildfremde Abteilung bringt, die nur durch einen unentdeckten Aufzug, einen kurzen Gang – die Türen sind meist unverschlossen – von der eigenen entfernt ist. Leicht kommt dann der Eindruck auf, dass man in einer völlig fremden Stadt lebt, dass man keinen Menschen kennt, und die am wenigsten, die man zu kennen glaubte. Und dazu kommt, dass sich das Gebäude – schon das Wort klingt irgendwie zu einfach – bereits in der kurzen Zeit, die die meisten von uns darin ein und aus gehen, ständig ändert, unmerklich, aber unaufhaltsam. Nicht allein die Bretter, die die Welt bedeuten, schwanken. Auch das ganze Haus. Die ganze Stadt.

Die Bühne – Das Haus

Am 4. November 1944 wird das alte Schauspielhaus zerstört. Zwischen 19 und 20 Uhr werfen 700 britische Bomber 10.000 Sprengbomben und 130.000 Brandbomben auf Bochum. Tagelang brennen hunderte von Feuern. 1.300 Bochumer sterben. Das Schauspielhaus ist vorher schon getroffen worden, aber diesen Abend überlebt es nicht. Im Jahre 1907 hatte Clemens Erlemann, der visionäre Erbauer des ganzen Stadtviertels zwischen Reichsbahnlinie und Rechener Park, das „Apollo Varieté-Theater" an der Königsallee errichtet. Einen exotisch wirkenden Jugendstil-Bau, der durch seine große Kuppel und die Schnörkel leicht an eine Schildkröte erinnert. Das Theater hat 2.000 Plätze und ist kein Erfolg. Es läutet auch den wirtschaftlichen Untergang seines Erbauers ein, dessen städteplanerisches Mammutprojekt sich für ihn nicht auszahlen soll. 1915, also schon im Weltkrieg, übernimmt die Stadt das Objekt, verkleinert es und lässt die verschnörkelte Fassade durch eine eher seriös daherkommende Tempelfront ersetzen. Der Spielbetrieb des neuen „Stadttheaters" wird – zunächst noch recht bescheiden – durch Gastspiele des Düsseldorfer Schauspielhauses bestritten. Ab 1919 startet Saladin Schmitt mit einem eigenen Ensemble. Er wird dreißig Jahre lang (!) Intendant des Hauses bleiben, Großes leisten, wenn er sich auch gegen Ende seiner Zeit – mehr als es im Nachhinein wahrscheinlich schön war – mit den Nazis arrangiert. Die Rückwand des modernen Nachkriegs-Bühnenhauses, die bis hinauf ans Dach des Bühnenturmes reicht und diesen trägt, ist ein Teil des alten „Apollo-Theaters": Deshalb steht das große Tor in dieser Wand, das die Bühne mit dem Hinterbühnen-Magazin verbindet, im Verhältnis zu der Bühne völlig asymmetrisch. Wenn man in den Malersaal, der heute in Wahrheit eine Probebühne ist, hinaufgeht, kann man in der Wand die Fensterhöhlen des Varieté-Theaters sehen.

Die Bühne – Das Haus

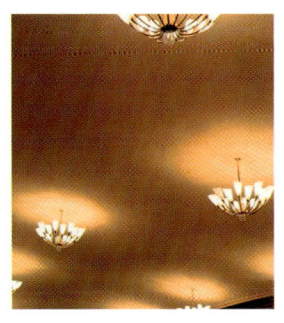

Am 23. September 1953 eröffnet Intendant Hans Schalla feierlich das neue Schauspielhaus in Bochum mit der Premiere von Shakespeares *Richard III*. Erbaut hat das Theater der Berliner Architekt Gerhard Moritz Graubner, alles strahlt im von sich selber überraschten Optimismus der jungen Republik. Minister und Ministerpräsidenten, alle sind mit ihrer Frau gekommen, Gustaf Gründgens mit seinem Monokel. Großer Bahnhof. Was nicht heißt, dass der Betrieb bis dahin stillgelegt gewesen wäre: 1945 bis 1949 hat Saladin Schmitt im Bochumer Stadtpark-Restaurant gespielt, hier hat Schalla ihn schließlich gestürzt, und selber schon einmal die ersten vier Jahre seiner Intendanz herumgebracht. Und dafür gesorgt, dass neben nationalen Klassikern die zuvor verfemten Expressionisten und internationale Gegenwartsdramatik auf den Spielplan kommen.

Die Bühne – Das Haus

Im Jahr 2000 ist das Schauspielhaus reif für die Sanierung. Der Putz fällt von den Decken, der rote Teppich im Foyer ist abgetreten, die Bestuhlung ist nach 50 Jahren unwiderruflich durchgesessen. Seit Beginn der Achtziger ist an Renovierungen nur noch das Nötigste vollzogen worden. Unter Steckel herrscht ohnehin konzertierte Endzeitstimmung, und Leander Haußmann versucht, den Sanierungsfall irgendwie als Charme der Nostalgie zu verkaufen. Matthias Hartmann macht in den Verhandlungen mit der Stadt Bochum eine Generalsanierung zur Bedingung seines Antritts. Das gesamte Vorderhaus, also die Foyers, der Zuschauerraum, wird renoviert: alles in den denkmalgeschützten Farben und Stoffen von 1953. Die Obermaschinerie wird überholt, eine neue Tonanlage eingebaut und eine neue Anlage für die Inspizienten – was zur Folge hat, dass alle Durchrufe zwei Jahre lang bei höchster Lautstärke durch die Etagen donnern, weil die Lautsprecher keinen Knopf zum Leiserdrehen haben, dafür reichte der Etat nicht, und die hauseigenen Techniker dürfen vor Ablauf der

Garantiezeit nicht selber daran basteln. (Inspizienten sind die Mitarbeiter, die – unter anderem – Beteiligte, die sich gerade anderswo im Haus aufhalten – in der Kantine zum Beispiel – zu ihrem Auftritt auf die Bühne rufen.) Probebühnen, Flure und Büros werden neu gestrichen, Böden abgezogen oder neue Teppiche verlegt. Aber nicht allein mit Staatsknete wird renoviert. Eine „Stuhlgala" wird für die Stifter der neuen Bestuhlung des großen Hauses veranstaltet. Dabei ist das Wort Bestuhlung etwas zu bescheiden: eher träfe es „Besesselung". Nachher jedenfalls erstrahlt der Saal im Cognacton desselben Cordstoffes, der vor 50 Jahren Wirtschaftswunderstimmung schürte. Einziger kleiner Unterschied zum Originalzustand sind die Plaketten mit den Stifternamen an den Sitzen: darunter Hermann Beil, Tana Schanzara, Armin Rohde, aber auch die Bochumer Branddirektion, der Entsorgungsfachbetrieb Kanal-Drabe, Dr. Grönemeyer und Leander, ein Karl Rossmann (Kafka-Leser glaubten ihn verschollen) usw. usf. Allen ist zu danken.

Auch das Kellertheater wird mit Unterstützung von privaten Spendern renoviert. Was sich nicht so leicht gestaltet, wie zunächst geglaubt: Unter der abgehängten Decke kommt der Kabelsalat von 50.000 Jahren zum Vorschein. Und ehe man die Leitungen, die hier die längste Zeit blind durchgeschossen worden sind, wieder neu verlegen kann, muss ein Elektriker herausfinden, wozu jede einzelne von ihnen gut ist. Dabei stellt sich raus, dass hier Verbindungen in das ganze Haus durchgehen. Schneller, wenn auch teurer, ist der Einbau einer neuen Klimaanlage: die es allerdings ermöglicht, dass ab jetzt mehr als nur 100, sondern – bei den *Tanzpalästen* – bis 400 Menschen in den kleinen Raum rein dürfen. Das „Theater unten", das bei Haußmann „ZadEck" hieß, wird als „Theater unter Tage" wieder aufgemacht.

Im bis dahin offenen Foyer der Kammerspiele wird das Restaurant „Speisekammer" eingerichtet, und endlich wird die Bar neben der Kellerbühne, nun als „Eve Bar" neu eröffnet. Die historische „Eve Bar" im Keller des Schauspielhauses war zwar ein Striplokal und hatte auch nicht dort gelegen, wo sie heute ist: Die Damen tanzten da, wo später das „Theater unten" hin kam. Ein „gehobener Nachtclub", wie versichert wird, was immer das bedeutet haben mag – vielleicht, dass er kein Hinterzimmer hatte. Die Räumlichkeiten sind im Keller eingeschränkt. Aber ob gehoben oder nicht, Peymann wollte nichts zu tun haben mit Schmuddelkram und warf ihn raus. (Das Etablissement wurde betrieben von dem Kölner Hans Herbert Blatzheim, Stiefvater von Romy Schneider.) In Wahrheit ist die „Eve Bar" also die Nachfolge-Organisation des alten „U-BO", einer eher rustikalen Kneipe, die sich ihrer Zeit großer Beliebtheit erfreute. Das Bier kam aus einem Kanonenofen, hölzerne Nischen an den Wänden sorgten für Gemütlichkeit. Unter Steckel wird die urige Einrichtung herausgerissen und ins „Puvogel" in der Brückstraße geschafft. Ob dort auch das Publikum abbleibt, lässt sich nicht mehr feststellen. In der eleganten Einrichtung, die folgt, sollen nun auch die Premierenfeiern stattfinden. In der Praxis ist dies aber nur einmal der Fall. Unter Haußmann muss der Laden dann geschlossen werden.

Auf dem Platz, an dem heute die Kammerspiele stehen, stand seit dem 15. Jahrhundert das Herrenhaus des Rittergutes derer von Rechen, später von Schell. Eine Wasserburg, die im gleichen Bombenhagel wie das alte Schauspielhaus vernichtet wird. Aber auch um die Ruine des „Hauses Rechen" gibt es lange Auseinandersetzungen: Gerhard Graubner, der zusammen mit dem neuen Schauspielhaus auch das sich an das Areal anschließende Finanzamt-Süd erbauen soll, schlägt die Schleifung der Ruine vor. Der Landeskonservator findet schließlich, der Bestand sei im künstlerischen wie im historischen Sinne zu unbedeutend, um seinen Abriss zu verbieten. Es sei „Angelegenheit der Bochumer Bevölkerung, ob sie einen romantischen und geschichtlichen Punkt innerhalb des Häusermeeres erhalten will." Bis zum Bau der Kammerspiele schaut das Schauspielhaus mit seiner Rückfront auf den Burggraben der Wasserburg. Der spätere Innenhof ist noch nach hinten zum Finanzamt offen. Es gibt auch noch keine Hofeinfahrt. Da, wo diese heute ist, befindet sich in der Seitenwand des Hauses eine offene Verladerampe auf 2,80 Metern Höhe: Bühnenniveau. Und davor steht eine hölzerne Schräge, die bis auf einen Meter über Straßenniveau zur Saladin-Schmitt-Straße hinuntergeht. Sie ist mit Dachpappe und Querleisten beschlagen, damit keiner ausrutscht – über sie werden die Kulissen an- und abtransportiert. Heute gibt es dafür im Hof einen Aufzug.

Für die Kammerspiele, die sich an die Westfassade des Schauspielhauses anschließen, wird dann auch der Burggraben geopfert. Zwischen Schlosserei und Kammerspielen, also zwischen Saladin-Schmitt-Straße und

Königsallee, wird der hintere Gebäuderiegel errichtet, der den Hof nach hinten schließt und der das Kammermagazin, Eisenlager, Schuhmacher, Tonstudio und Reinigungspersonal aufnimmt. Und damit der Hausmeister im Winter von der Klimaanlage im Keller des Haupthauses zur Klimaanlage im Keller der Kammerspiele nicht immer über den kalten Hof muss, schickt die Stadt eine Betonsäge, die bei dem Versuch, die zwei Meter dicke Kellerwand zwischen beiden Häusern durchzusägen, das ganze Schauspielhaus zum Zittern bringt. Der Durchbruch allerdings gelingt.

Am 13. Oktober 1966 werden die Kammerspiele festlich mit der Uraufführung *Herostrat* von Maximilian Schell, in der Regie von Maximilian Schell mit Maximilian Schell als Herostrat (der Mann hat einen Oscar), eröffnet. Über die Aufführung ist nicht so viel bekannt. Der Architekt der Kammerspiele ist Heinz Jentsch, der beim Bau des Schauspielhauses Assistent von Gerhard Graubner war. „Theater heute" schreibt über das neue Haus, es sei „angemessen, zweckdienlich und angenehm", wenn auch „nicht harmonisch" mit dem großen Haus. Dabei sind die Kammerspiele die erfolgreiche Fortsetzung eines Zusammenspiels von Theater und Architektur, das in dieser Bau-Epoche seinesgleichen sucht. Beide Häuser werden Generationen von Theatermachern zum Schwärmen bringen, beide schaffen eine ungewöhnliche Konzentration und Kraft. Die Bauten sind der Anfang des Theaterwunders.

1979 wird das Schauspielhaus mit einer Maschinenkraft versehen, die sich vor den schwerindustriellen Produktionsstätten in der Region nicht mehr zu verstecken braucht. Riesenhafte Hubpodien werden in die Untermaschinerie des großen Hauses eingebaut, tonnenschwere Stahlträger und an diesen hängende Maschinenzüge in den Schnürboden. Die Maschinenzüge, also maschinelle Hebevorrichtungen, die Kulissen in den Bühnenturm hinaufziehen und auf die Bühne runterlassen können, ermöglichen die Einhängung einer Drehbühne, die an der Bühnenrückwand hängt und bei Bedarf, in Schienen gleitend, auf die Bühne abgelassen werden kann. Die Drehbühne hat einen Durchmesser von 11 Metern, sie ist 20 Tonnen schwer und hängt an ein paar Drahtseilen. Das Theater ist im Übrigen der einzige Arbeitsplatz in Deutschland, an dem Angestellte ohne Helm unter schwebender Last arbeiten dürfen. Peymann ist der erste Intendant, der in den Genuss der neuen Technik kommt.

Aus Zadeks Zeit ist nur eine einzige spektakuläre Neuerung erhalten: die Geheimtür zwischen Intendanzbüro und Seitenbühnentreppenhaus. Um sich verkrümeln zu können, wenn im Vorzimmer der Intendanz unliebsamer Besuch auftaucht.

Den Renovierungen der Ära Hartmann folgt, mit etwas Abstand, nun demnächst der Bau des neuen Malersaals. Der alte, in der Haldenstraße, fiel einem Brand zum Opfer. Der neue wird nun, in der Saladin-Schmitt-Straße, direkt ans Schauspielhaus angebaut. Eine großzügige neue Lösung. Mal sehen, wie lang es dauert, bis darin auch Theater gespielt wird.

Die Bühne – Das Haus

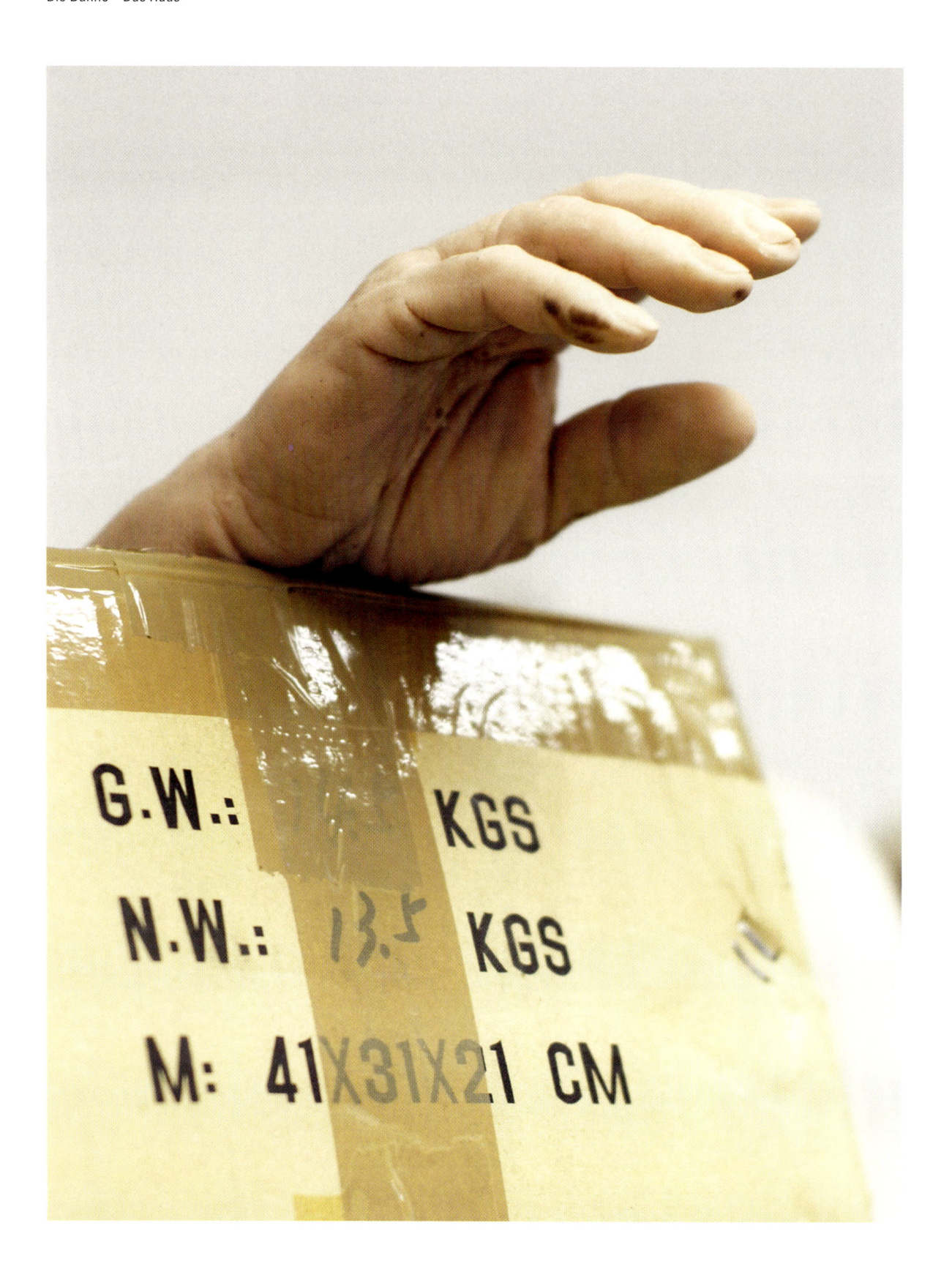

Nachts macht das Schauspielhaus manchmal Geräusche. In Abteilungen, von denen kein Mensch glaubt, dass da um diese Zeit gearbeitet wird. Als ob Füße tappen. Schwitzend rennt der Nachtpförtner die Gänge ab, reißt alle unverschlossenen Türen auf, sagt, dass er gerade seinen Rundgang macht und dass man jetzt die nächste halbe Stunde an der Pforte nicht mehr raus kommt. Im Schein der Taschenlampe tauchen Mauern, Rauhfasertapeten, Postkarten, Plakate, die Pokale der Bochumer Theaterfußballmannschaft und die Fotos von Gesichtern, deren Namen er nicht kennt, auf. Nachts sehen die Bilder von den aktuellen Stücken denen aus vergangenen Jahrzehnten ähnlich. Schönheit, Leben und Begeisterung sind darauf gebannt. Aber die Geschichten sind vergessen, die Kostüme, Bühnenbilder scheinen rätselhaft und unsinnig. Und diese Bilder werden da noch hängen, wenn nicht nur der Nachtpförtner keine Ahnung mehr hat, wen und was sie zeigen.

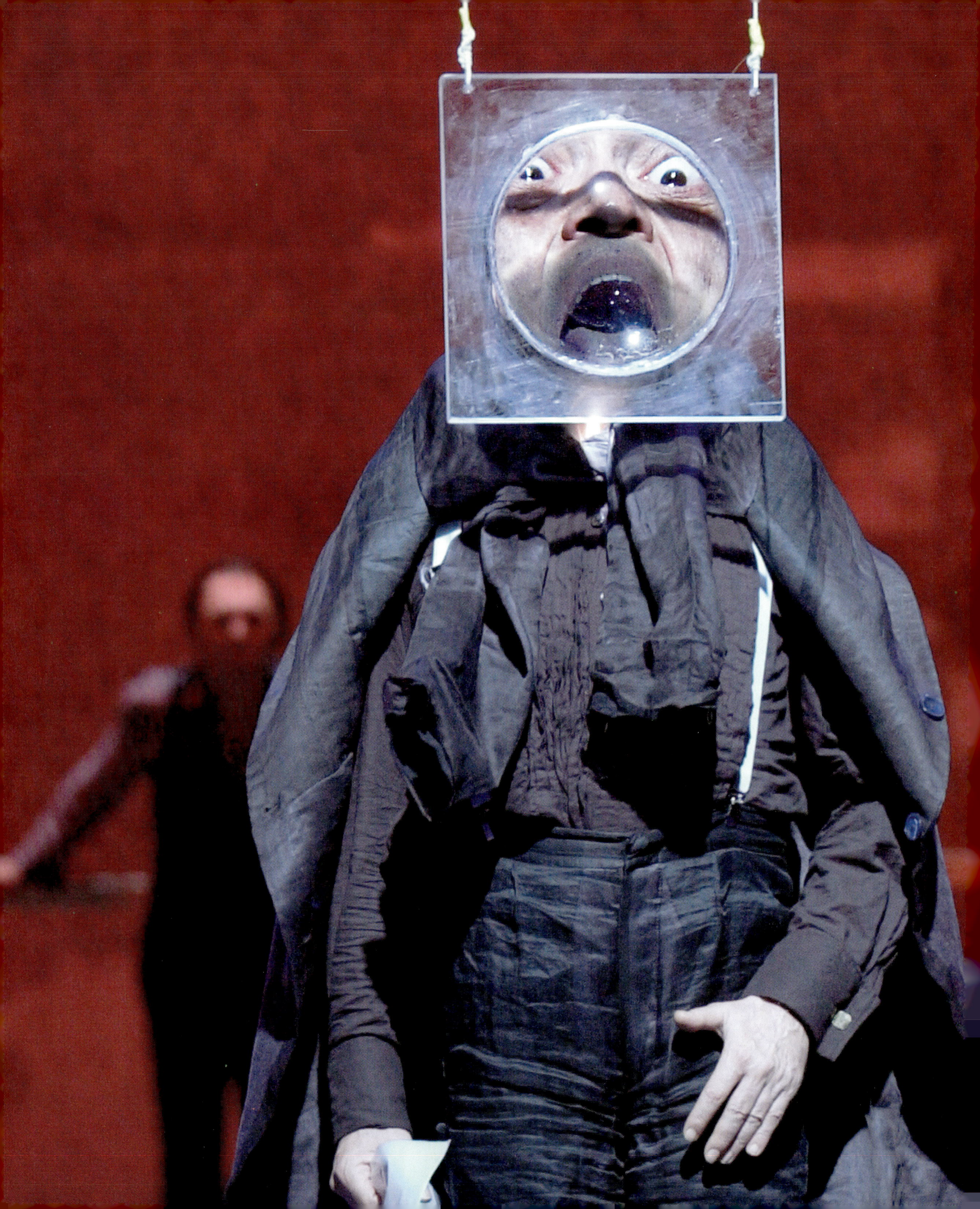

Es vibriert so

Fritz Schediwy über das Geheimnis des Schauspielhauses

Das Schauspielhaus Bochum zog unter allen Intendanten immer die interessantesten Schauspieler an. Ein hervorragendes Exemplar als Künstler und Mensch ist Fritz Schediwy, der zudem ein begeisterter „Bochumer" geworden ist. Der folgende Text über sein Verhältnis zu Bochum und seinem Schauspielhaus entstand aus einem Gespräch mit den Dramaturgen Viola Eckelt und Andreas Erdmann.

Man darf nicht vergessen, dass ich mit dem Schauspielhaus eine Geschichte habe. Ich bin ja schon zum dritten Mal hier. Erst war ich bei Zadek hier. Da habe ich auch die Heide, meine Frau, kennen gelernt. Sie saß in Zadeks Vorzimmer und war eine wunderbare Frau. Sie ist leider viel zu früh gestorben.

Dann war ich bei Peymann hier. Zuerst als Gast, und dann bin ich mit ihm nach Wien. Und zuletzt bin ich mit Matthias Hartmann wieder hergekommen. In der Zwischenzeit habe ich ungefähr an allen Schauspielhäusern Deutschlands gespielt – außer an der Schaubühne und den Münchner Kammerspielen – aber in Bochum war es eindeutig am besten.

Es war immer toll. Weil man hier so toll Theater spielen kann. Weil man diese tollen Bühnen hat. Das große Haus ist ein kleines großes Haus, und das kleine Haus ist ein großes kleines Haus. Die Akustik und die Proportionen beider Häuser sind ideal, das spürt man, wenn man darin spielt. Das große Haus gleicht einer Hand, die einen hält. Im Vergleich dazu steht man in Düsseldorf auf der Bühne wie auf einem Flughafen. Sogar dass die Kammerbühne und das Schauspielhaus in Bochum so nah beieinander liegen, ist aus irgendeinem Grunde ideal, da liegt ja nur ein Garderobengang dazwischen, der ist vielleicht dreißig Meter lang. Das ist wie ein Kraftfeld, in dem diese beiden Bühnen stehen. Einmal habe ich zwei Premieren gleichzeitig gehabt, im Schauspielhaus und in den Kammerspielen, unter Zadek. Das ist nur in Bochum möglich. In Wien müsste man vom Burgtheater mit dem Taxi ins Akademietheater fahren, das würde gar nicht gehen.

Für einen Schauspieler ist ja der Raum, in dem er spielt, wie für einen Musiker das Instrument, und das Schauspielhaus ist eine Stradivari. Völlig unabhängig von persönlichem Geschmack, darüber kann man gar nicht streiten. Schon alleine deshalb muss man traurig sein, wenn man von Bochum weggeht.

Dann ist auch noch das Publikum in Bochum sehr gut, das ist wirklich was Besonderes, das wäre sogar gut in einem schlechteren Raum als dem Schauspielhaus. Man sieht es schon daran, dass man jeden in der Stadt fragen kann, wo es zum Schauspielhaus geht, jeder kann es dir erklären. Versuchen Sie das mal in Mannheim. Und wenn in Bochum irgendetwas los ist, wo versammeln sich die Bochumer? Auf dem Rathausplatz? Vor dem Schauspielhaus. So etwas hab ich nirgendwo erlebt. Das muss so was wie eine Tradition sein. Geht wahrscheinlich auch wieder auf Saladin Schmitt zurück.

Und dann hat dieses Haus einen besonderen Geist, einen guten Geist. Wer ihn spüren kann. Den hat auch nicht jede Bühne. Was man an den Menschen merkt, den Technikern, den Ankleidern, überhaupt

Abb. linke Seite:
Fritz Schediwy in
Die Familie Schroffenstein
von Heinrich von Kleist

Die Bühne – Das Haus

Fritz Schediwy in
Der Leutnant von Inishmore
von Martin McDonagh
(oben links);
Ein Inspektor kommt von
John B. Priestley
(oben rechts);
André Meyer, Fritz
Schediwy in *Der Leutnant
von Inishmore*
(Mitte links);
Fritz Schediwy in
Die Physiker von Friedrich
Dürrenmatt
(Mitte rechts);
Der Hausmeister
von Harold Pinter
(unten links);
Maik Solbach, Fritz
Schediwy, André Meyer in
Der Leutnant von Inishmore
(unten rechts)

140

Fritz Schediwy,
Marcus Kiepe,
Thomas Büchel,
Johann von Bülow,
Statisten
in *Don Carlos*
von Friedrich Schiller

die zuarbeitenden Abteilungen, die haben alle Lust auf das Theater, identifizieren sich damit. Und dieser Geist war immer hier: auf der Bühne sowieso, in den Räumen drumherum war er bei Peymann etwas anders als bei Zadek, jetzt ist er natürlich auch ein bisschen anders. Aber schon, wenn man hereinkommt, schon von außen spürt man das. Das Theater steht ja wie ein Raumschiff in der Stadt, als wäre es hier gelandet. Es vibriert so. Wie ein großes Tier, naja, ein Monster.

Es gab so viele tolle Aufführungen. Zadeks *Möwe*, Zadeks *Hedda*. Aber auch von anderen Regisseuren: *Doña Rosita* und *Atlantis* von Fernandes. Kirchners *Räuber*, die ganz in einer Kadettenanstalt spielten, nur mit jungen Männern. Und *Warten auf Godot* von Hartmann war auch so eine tolle Inszenierung. Besonders mochte ich das Bühnenbild: dieser schmale Steg, dass man da oben stehen konnte wie auf dem Mount Everest und trotzdem nicht herunterfiel. Schrecklich eigentlich, aber auch toll. Das ging eigentlich nur deshalb, weil man wusste, wenn man runterfiele, würden die Bochumer dich auffangen.

Und dann hat ja im Schauspielhaus auch die Heide ihren Sitzplatz, den ich ihr gekauft hab. Bei der Stuhl-aktion, als die neuen Stühle kamen. Und da sitzt sie jetzt und schaut jeden Abend zu.

Die Bühne – Das Haus

Ernst Stötzner,
Michael Maertens,
Fritz Schediwy,
Harald Schmidt
in *Warten auf Godot*
von Samuel Beckett

143

Nutzlast der Züge

Handzüge		250 kg
Punktzüge	VORBÜHNE	150 kg
" "	BÜHNE	150 kg
Maschinenzüge		500 kg
Panoramazüge		300 kg
Seitenbühnen-Züge		500 kg
Hinterbühnen-Züge		500 kg

„Wer erstmal an einem Theater ist, der bleibt auch da."

Seit 1974 ist Peter Schulz am Schauspielhaus Bochum beschäftigt und als Werkstättenleiter ein besonders geschätzter Partner bei den Künstlern, die hier arbeiten. In einem Gespräch mit Andreas Erdmann und Axel von Ernst erzählt er von seiner Arbeit und den Menschen am Theater.

Die Bühne – Das Haus

ANDREAS ERDMANN: Ich schreibe gerade einen Artikel über Umbauten am Schauspielhaus. Es hat ja auch noch in der jüngeren Vergangenheit zahlreiche Veränderungen gegeben.
PETER SCHULZ: Also eine große Veränderung war das, als der Peymann hier anfing. Da haben wir die neuen elektrischen Winden statt der alten Handzüge für den Schnürboden bekommen und die Untermaschinerie wurde erweitert – mit der Drehscheibe und mit den Podien usw. Die Bauprobe für die erste Inszenierung wurde auf Baubohlen gemacht, über die wir Tischlerplatten legten, weil da zu dieser Zeit gar kein Bühnenboden war, und unter dem Schnürboden war ein Schutzgerüst, damit da nichts herunterfiel und die da unten weiterarbeiten konnten. Das war für *Tasso*.
ANDREAS ERDMANN: Das heißt, die neue Maschinerie ist während des Betriebes eingebaut worden?
PETER SCHULZ: Ja. Während des Umbaus haben wir eine Bauprobe gemacht.
ANDREAS ERDMANN: Das Bühnenbild zu *Tasso* war von Karl-Ernst Herrmann.
PETER SCHULZ: Dazu muss man sagen, das ist einer, der sagt, was er will – und dann kann man das machen. Auch wenn es mal kompliziert ist, oder es Veränderungen gibt, dazu ist die Bauprobe ja da.
AXEL VON ERNST: Wie flexibel könnt ihr bei so einer Bauprobe denn sein?
PETER SCHULZ: Es geht ja erst mal los mit einer Vorbesprechung am Modell. Da wird schon manchmal was gekippt, weil die Mittel nicht vorhanden sind. Es gibt ja schließlich immer nur eine bestimmte Summe für ein Bühnenbild.
AXEL VON ERNST: Wie wird denn ein Budget entwickelt?
PETER SCHULZ: Es ist so: Wenn wir die Pläne haben, machen wir zuerst eine relativ genaue Kalkulation. Dann schlagen wir zur Sicherheit ein bisschen drauf – und dann kommt das auch meistens zustande. Und das mache ich übrigens auch nicht alleine, sondern die Technische Abteilung macht das zusammen.

Peter Schulz (links), zusammen mit dem Technischen Direktor Oliver Kroll

JULIA

Andreas Erdmann: Aber liegen nun die Bühnenbildner mit ihren Ideen eher über dem finanziellen Rahmen oder eher innerhalb?
Peter Schulz: Drüber. Meistens.
Andreas Erdmann: Und ihr müsst das dann verbessern?
Peter Schulz: Ja, da muss man dann darüber reden, was für Veränderungen man macht, ob man andere Mittel einsetzt usw. Meistens kriegen wir das dann hin.
Axel von Ernst: Und ihr habt immer Vorschläge parat?
Peter Schulz: Na ja, ich mach das ja schon ein paar Jahre. Es ist so, dass ich mich auch immer interessiert habe dafür, also für die Bildentdeckung – das ist Bühnenbild ja mehr als Bild*darstellung* – und wenn man sich dafür interessiert, dann ist man auch ein guter Partner. Dann kann man auch den Künstlern etwas vorschlagen, was nicht irgendwie idiotisch ist, sondern Hand und Fuß hat, was also die Optik nicht so ändern würde. Vorschläge über Strukturen, Wandbehandlung und so Sachen.
Axel von Ernst: Dieses Wissen dürfte ja gerade bei jungen Bühnenbildnern sehr gefragt sein.
Peter Schulz: Ja, ach, das macht mir auch Spaß. Und wenn unsere Assistenten kommen und ihre ersten eigenen Bühnenbilder machen, dann sind wir genauso intensiv dabei wie bei den Alten.
Axel von Ernst: Du bist hier Werkstättenleiter. Aus welchem Beruf kommst du eigentlich?
Peter Schulz: Ich bin '59 in die Lehre gekommen und habe drei Jahre oben in Norddeutschland, in Schleswig, das Tischlerhandwerk gelernt. Bau- und Möbeltischler hieß das. Und dann habe ich da noch zwei Jahre in der Firma als Geselle gearbeitet, und dann ergab sich das, dass ich als Tischler und Bühnentechniker ans Nordmark Landestheater in Schleswig gehen konnte.
Axel von Ernst: Was hattest du für Vorstellungen vom Theater?
Peter Schulz: Ja, wie gesagt: Da ich mich schon immer für die Kunst interessiert habe, war das für mich eine gute Möglichkeit. Es ging mir ja von Anfang an ums Mitgestalten. Gerade an so einem kleinen Theater musst du viel mit einbringen an eigenen Ideen.
Axel von Ernst: Wie alt warst du, als du am Theater angefangen hast?
Peter Schulz: Warte mal, '43 bin ich geboren, '59 in die Lehre gekommen – also 21.
Axel von Ernst: Also bist du schon sehr früh ans Theater gekommen. Damit erübrigt sich die Frage, ob du schon als Tischler in die kreative Richtung gehen wolltest, vielleicht Entwürfe gemacht hast ...
Peter Schulz: Na doch, ich konnte immer schon gut zeichnen und habe gemalt, gebildhauert, ganz bescheiden, auch geschnitzt. Das hat mir schon immer Spaß gemacht, und das war auch ganz gut.

Die Bühne – Das Haus

ANDREAS ERDMANN: An welchen Theatern warst du dann?
PETER SCHULZ: Ich bin neun Jahre am Landestheater Schleswig gewesen und dann hier nach Bochum gegangen.
AXEL VON ERNST: Und wie bist du nach Bochum gekommen?
PETER SCHULZ: Da gab's in Recklinghausen das Institut von der Deutschen Theatertechnischen Gesellschaft. Die haben Leute ausgebildet, die dann die Bühnenmeisterprüfung machen konnten. Und da habe ich 1968/69 ein Jahr lang alles noch mal neu gelernt, Mathematik, Bühnentechnik und -statik. Und in Hamburg in der Staatsoper haben wir dann die Prüfung abgelegt. Eine schriftliche und eine praktische. Und die praktische war so, dass wir einen Grundriss vorgelegt bekamen, um in Gruppen von vier oder fünf Leuten das Bühnenbild aufzubauen. Es war das 2. Bild von *Zar und Zimmermann*, das hatten die da gerade stehen. Wir mussten einen Bühnenaufriss machen, das heißt, mit Kreide zügig den Grundriss zeichnen, damit man weiß, wo die Dinge stehen sollen, und den Schnürboden organisieren und all so was.

AXEL VON ERNST: Und du hast da gewonnen.
PETER SCHULZ (*lacht*): Ja, da habe ich gewonnen. Und dann bin ich erstmal wieder nach Schleswig gegangen und hab da die Technische Leitung gemacht. 1973 habe ich dann auch noch die Beleuchtungsmeisterprüfung abgelegt, diesmal in Frankfurt an der Oper. Wenn man Technischer Leiter sein will, ist es gut, wenn man beides gemacht hat: Bühnenmeister und Beleuchtungsmeister. Weil man ja verantwortlich ist für alle Bereiche. – Na ja und dann habe ich mich als Assistent des Technischen Direktors in Bochum beworben. 1974, bei Zadek war das. Tja, und seitdem bin ich hier. Ich hab's mit den Vieren: '64 in Schleswig angefangen, '74 in Bochum.
ANDREAS ERDMANN: War das ein großer Unterschied für dich?
PETER SCHULZ: Ich hab hier angefangen und hab erstmal gestaunt, von unserem kleinen Theater in Schleswig in dieses große zu kommen, das ist schon ein Unterschied. Die Dimensionen sind andere, die Bauteile sind größer. Mit dem Landestheater haben wir überall gespielt, in Kappeln, auf den Inseln, Wyk auf Föhr, auf Sylt, in Westerland, St. Peter Ording, in Aulen, in Kneipen mit kleinen Bühnen ... Bei den Deko-

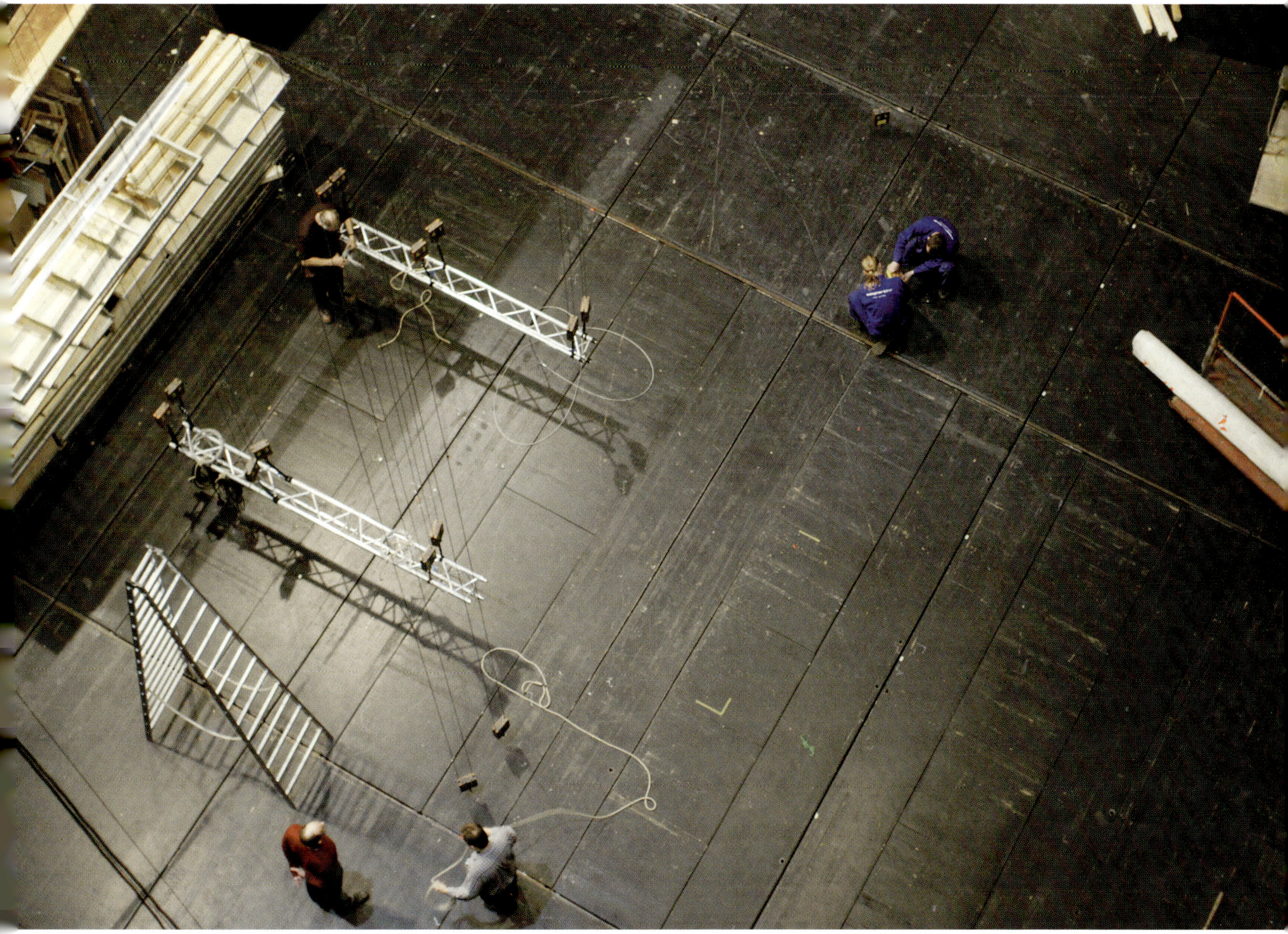

rationen ging es immer von drei Metern bis sechs Metern Höhe, das wurde mit Aufsätzen je nach Raum verändert.

ANDREAS ERDMANN: Haben sich die technischen Anforderungen und Mittel im Laufe der Zeit verändert, seit Zadek zum Beispiel?

PETER SCHULZ: Bei Zadek, sage ich mal, war die Plünnenzeit. Der hat die Kostüme umgedreht, also die Innenseite nach außen gekehrt und als Kostüm genommen. Wir haben zum Beispiel Dekorationen für die Aufführung gebaut, und er hatte eine Probendekoration. Und wenn er dann das Neue gesehen hat und das hat ihm nicht gefallen, dann hat er einfach die Probendekoration behalten. Aber wir haben natürlich auch Bühnenbilder gebaut wie das für *Hedda Gabler*, tolle Sachen, große, aufwändige Sachen, das gab's auch. Die Anforderungen haben immer auch etwas mit der jeweiligen Ästhetik zu tun.

ANDREAS ERDMANN: Macht ihr heute Sachen, die ihr früher nicht gekonnt hättet?

PETER SCHULZ: Eine Revolution war zum Beispiel, als Prospekte und gemalte Hintergründe durch Projektionsfolien ersetzt wurden. Dadurch wurde ein schneller Wechsel der Hintergrundmotive möglich. Das begann ja bereits in den 70ern.

AXEL VON ERNST: Hat der Einsatz von Computern eure Arbeit sehr verändert?

PETER SCHULZ: In manchen Bereichen sind wir schneller geworden. Gerade bei 3-D-Zeichnungen ist das jetzt einfach schneller, als wenn man am Zeichenbrett sitzt.

ANDREAS ERDMANN: Ihr könnt mehr und schneller, leistet ihr auch mehr?

PETER SCHULZ: Die Grenze liegt in der Kapazität der Werkstätten. Wir können nicht mehr und schneller, aber schneller und genauer.

ANDREAS ERDMANN: Wenn auf allen Stufen der Produktion aufgerüstet wird, wird die Arbeit für keinen weniger?

Peter Schulz: Zu den Anfangen hat sich was getan, aber irgendwo sind Grenzen. Inzwischen sind wir wirklich sehr schnell, aber noch weiter kann man das nicht forcieren, denke ich.
Axel von Ernst: Du bist Werkstättenleiter, welche Werkstätten fallen darunter?
Peter Schulz: Malersaal, Bildhauerei, Schlosserei, Schreinerei und Polsterei. Kostüm und Maske waren früher dabei, das sind jetzt eigenständige Abteilungen, was auch sinnvoll ist.
Andreas Erdmann: Was für traditionelle Handwerke gibt es im Haus?
Peter Schulz: Wir haben Schlosser, Schreiner, Polsterer und Dekorateure, Theatermaler und Bildhauer, Schneider, Schuhmacher und Elektrotechniker. Die Maler haben eine besondere Ausbildung zum Bühnenmaler, die anderen lernen das Theaterspezifische bei der Arbeit mit der Zeit von selbst.
Axel von Ernst: Bildet ihr auch aus?
Peter Schulz: Momentan bilden wir Theatermaler aus und Schneider in der Kostümabteilung. Zeitweise haben wir Schreiner ausgebildet und zwar sehr gute. Aber zum Ausbilden muss man einen Meister in der Werkstatt haben und man braucht auch Zeit, die Auszubildenden zu betreuen. Und die ist hier nicht immer vorhanden.
Axel von Ernst: Wo kommen die Leute her?
Peter Schulz: Einfach aus anderen Handwerksbetrieben ...
Axel von Ernst: Also nicht aus anderen Theatern?
Peter Schulz: Nee, das kommt selten vor. Ich glaube, Leute, die erst einmal bei einem Theater sind, die bleiben da.
Andreas Erdmann: In den Werkstätten und in der Technik. Während die Ensembles wechseln.
Peter Schulz: Ich habe das Gefühl, dass immer spannende Leute hierher kamen. Darum bin ich auch nie weggegangen hier, das war nie langweilig.

Die Bühne – Das Haus

Axel von Ernst: Arbeiten die Abteilungen mehr für sich und du koordinierst das oder arbeiten die automatisch eng zusammen?

Peter Schulz: Am Anfang steht ja erst einmal das Stück und vielleicht auch schon die Idee des Regisseurs zu diesem Stück. Der Regisseur spricht mit dem Bühnenbildner, und zusammen entwickeln sie eine Idee zum Bühnenbild. Diese Idee wird dann in Skizzen und auch als Modell gezeigt. Dann macht der Bühnenbildner erste Pläne, und nach denen bauen wir dann auf der Bauprobe das Bühnenbild aus Latten und Papier und Teilen abgespielter Stücke in Originalgröße auf der Bühne auf. Erst an diesem originalgroßen Modell können wir die Proportionen und die Sichtlinien des Entwurfes endgültig überprüfen. Weshalb es dann ja auch noch einmal Änderungen geben kann. Und dann berechnen wir die Kosten, und dann kommt's drauf an: Wenn das technisch komplizierte Dinge sind, geht unser Zeichner ran und konstruiert das, und sobald konkrete Pläne und Zeichnungen vorliegen, können die Werkstätten mit dem Bau der Dekorationsteile beginnen. Ganz entscheidend ist übrigens auch, dass wir die Aufbauzeiten bedenken. Dass der Auf- und Abbau eines Bühnenbilds im Repertoirebetrieb zügig gehen muss. Und das alles sind Arbeitsabläufe, die natürlich koordiniert werden müssen.

Axel von Ernst: Wie ist denn das mit den Räumlichkeiten: Kann man viel lagern im Theater? Muss man weite Wege gehen?

Peter Schulz: Der Platzmangel im Haus wird schon immer größer. Und macht auch zusätzliche Arbeit. Wenn ein Repertoire-Stück beispielsweise drei Wochen nicht gespielt wird, müssen wir das Bühnenbild ins Außenlager bringen. Es wird schon alles zu klein, zu eng, zu voll.

Axel von Ernst: Es wird aber auch angebaut.

Peter Schulz: Ja, das bezieht sich aber nur auf den Malersaal, der ist ja vor drei Jahren abgebrannt. Die Maler arbeiten zur Zeit in einem abgetrennten Teil des Außenlagers, doch da ist es kalt, und da ist der Boden schief. Und außerdem arbeiten da auch die Leute, die die Kulissen auseinander bauen, und das ist schon nervig, wenn man sich als Maler konzentrieren muss, und dann kloppen die da rum. Die Räumlichkeiten der Requisite sind auch sehr primitiv.

Andreas Erdmann: Wie ist der Malersaal abgebrannt?

Peter Schulz: Zyklusmäßig wird im Malersaal der Boden alle zwei Jahre abgeschliffen und neu lackiert. Das geschieht während der spielfreien Zeit im Sommer, der zum Zeitpunkt der letzten Renovierung besonders heiß war. Vermutlich haben sich Säcke, die mit Lackresten und Schleifstaub gefüllt waren, selbst entzündet, und alles ist ausgebrannt. Das war schon ein Schlag.

Axel von Ernst: Lest ihr alle Stücke, die ihr macht?

Peter Schulz: Ich lese die Stücke, die ich nicht kenne. Wichtiger sind für mich aber die Gespräche mit den Bühnenbildnern.

Axel von Ernst: Gerätst du in ein Tüftelfieber?

Peter Schulz: Ja, natürlich, und auch nicht nur ich. Das ist ja das Schöne an unserem Beruf.

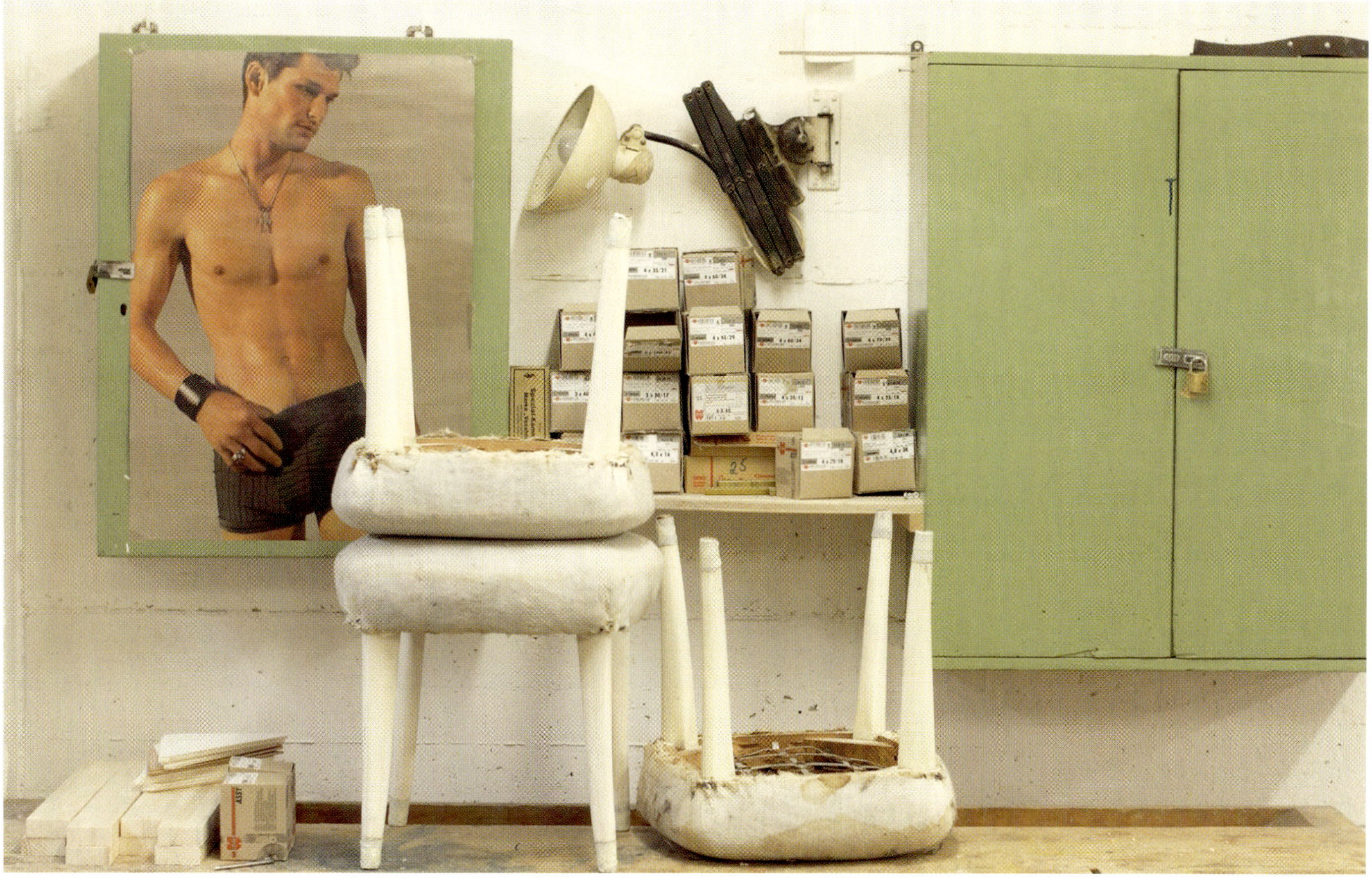

Die Bühne – Das Haus

Schönes
von Jon Fosse,
(Bühne: Karl-Ernst
Herrmann)
Manuel Bürgin,
Julie Bräuning
(oben links);
Burghart Klaußner,
Ernst Stötzner
(oben rechts);
Catrin Striebeck,
Ernst Stötzner
(unten)

Axel von Ernst: Manchmal gibt es ja richtig schwirige Ideen von Bühnenbildnern oder Regisseuren. Zum Beispiel bei *Schönes*, da sollte ja dieses Haus langsam über die Bühne fahren. Wusstet ihr sofort, wie man das umsetzt?

Peter Schulz: Eigentlich schon. Das Problem war diese langsame Fahrt, dass man da einen Elektromotor haben muss, der so langsam dreht. Und das andere war, dass das Haus auf beiden Seiten aus dem Bild herausfährt, dass da aber gar kein Platz war. Es musste also, wenn es aus dem Bild hinausfuhr, zusammengeklappt werden. Jedenfalls die Teile, die nicht mehr zu sehen waren.

Axel von Ernst: Und das sollte automatisiert ablaufen?

Peter Schulz: Automatisiert heißt einfach: unsichtbar. Das ging dann mit einer Feder: Wenn das Haus rechts wegfuhr vom Portal, klappte die rechte Seite hoch, und wenn es auf der linken Seite wieder gegen das Portal fuhr, wurde das Dach auf der anderen Seite runtergedrückt.

Axel von Ernst: Hat denn auch mal was nicht geklappt?

Peter Schulz: Nee, eigentlich nicht. Das sagen wir dann sofort im Voraus. Was wir versprochen haben, kriegen wir auch hin. Entscheidend sind zumeist die Dimensionen und die Kosten. Manchmal wünschen sich Bühnenbildner auch Dinge, die technisch gar nicht gehen. Das müssen wir ihnen dann sagen.

Axel von Ernst: Wie ist das mit dem Sparen im Moment? Merkt man in den Werkstätten, dass gespart wird im Theater?

Peter Schulz: Ja. Und was besonders problematisch ist: Wir sind zu wenig Leute in den Werkstätten und auf der Bühne. Wir haben zum Beispiel die Probebühne draußen in der Zeche, da müssen immer Leute rausfahren. Das ist oft sehr aufwändig, und eigentlich fehlt dazu das Personal.

Axel von Ernst: Sind die technischen Bedingungen durch Sparmaßnahmen oft veraltet?

Peter Schulz: Ja, neue Maschinen könnten wir teilweise in einigen Bereichen brauchen. Mit den alten Maschinen ist es eben schwieriger und zeitaufwändiger, bestimmte Teile herzustellen.

Axel von Ernst: Kennst du die technische Situation in anderen Häusern?

Peter Schulz: Gastspiele werden von der Bühnentechnik betreut, aber oft müssen wir Vorbesichtigungen machen.

Andreas Erdmann: Und wenn ein Bühnenbild zu groß oder zu klein ist für das zu bespielende Theater?

Peter Schulz: Dann müssen wir ein Bühnenbild fürs Gastspiel anpassen. Das fällt wieder in meinen Bereich – da bekommen wir dann Pläne und Fotos von den anderen Bühnen.

Axel von Ernst: Müsst ihr Anfragen auch ablehnen, weil das mit dem Bühnenbild im anderen Haus nicht klappt?

Peter Schulz: Das kommt vor, weil die Bühnenbilder für unsere Bühnen eingerichtet wurden. Nicht alle Theater haben die gleichen technischen Voraussetzungen. Bei *Romeo und Julia*, das ja sehr gefragt ist im Moment, haben wir das Problem mit dem Fahrstuhl. Der ist 4 Meter mal 2 Meter und braucht nicht nur eine

Julie Bräuning,
Johannes Zirner
in *Romeo und Julia*
von William Shakespeare

entsprechende Zugmaschine, sondern auch Führungsschienen, damit er bei der Fahrt nicht hin und her pendelt. Das kann man nicht in allen Häusern einrichten.

Axel von Ernst: Wie sieht dein Tagesplan aus? Gibt es da einen bestimmten Rhythmus?

Peter Schulz: Um sieben Uhr beginnt die Arbeit in den Werkstätten, durch die ich in der Regel erstmal meinen Rundgang mache. Dabei werden anstehende Fragen angesprochen, zeitliche Koordination der Produktionen, viele Teile müssen ja in verschiedenen Werkstätten nacheinander bearbeitet werden, die Transporte sind zu organisieren – meistens für mehrere Stücke gleichzeitig. Dann kommen Termine mit Bühnenbildnern, Besprechungen für neue Stücke, das Erstellen von Kalkulationen.

Dann gibt es die Wochen der „Technischen Einrichtung", wenn ein neues Bühnenbild zum ersten Mal fertig auf der Bühne zusammengebaut wird, und die Wochen der Endproben, der Haupt- und Generalproben vor Premieren. Alles das spielt sich zwischen acht und 24 Uhr ab.

Andreas Erdmann: Ist die Zahl der Produktionen angestiegen?

Peter Schulz: Ja, schon.

Axel von Ernst: Wie empfindest du denn überhaupt die Wechsel der Intendanten?

Peter Schulz: Ich überlege gerade, mit wie vielen verschiedenen Intendanten ich nun schon gearbeitet habe, neun, meine ich, drei in Schleswig, sechs in Bochum.

Und jede Truppe, ich sag das mal ein bisschen frech, hat das Theater neu erfunden, und alles vorher war Mist. Soll ja auch so sein, aber die erste Zeit reibt sich das schon immer auch, weil ja ein ganz neues Spielplanangebot erstellt werden muss. Das Wichtigste ist eigentlich die Ehrlichkeit. Man sagt, was nicht geht, und wenn man etwas zusagt, dann muss man das auch einhalten.

Axel von Ernst: Ist denn schon mal der Verdacht entstanden, dass ihr etwas nur nicht wollt, wenn ihr sagt, das geht nicht?

Peter Schulz: Nee. Weil wir ja auch selber interessiert sind, die verrücktesten Ideen zu ermöglichen.

Andreas Erdmann: Wie war das mit dem Panther in Heiner Müllers *Auftrag*?

Peter Schulz: Das war damals in den Kammerspielen, das war schön, aber auch ziemlich aufwändig. Heiner Müller war ein sympathischer Mensch, er hat das Stück hier selber inszeniert. Das Bühnenbild war von Erich Wonder und stellte uns vor besondere Aufgaben. Die Bühnenfläche sollte aus Torfmatsch bestehen, drei Wände sollten brennen, ein Konzertflügel sollte im Schnürboden hängen und schwanken, es sollte regnen und schneien, und ein lebender schwarzer Panther sollte sich in einem Käfigtunnel bewegen, der von der Bühne durch den Zuschauerraum bis zum Beleuchtungsstellwerk führte. Und wir haben das alles hingekriegt. Nur der schwarze Panther, der eigentlich in seinem Käfig hin- und herlaufen sollte, und der jeden Nachmittag vom Bochumer Tierparkdirektor persönlich gebracht werden musste, steuerte, kaum dass man ihn in den Käfig setzte, dessen höchsten Punkt an und bewegte sich nicht mehr. Katzen sitzen gerne oben.

AXEL VON ERNST: Wie ist das, gibt es einen, der beauftragt ist, die Sicherheit zu überprüfen?

PETER SCHULZ: Für die Sicherheit verantwortlich sind die Technische Leitung, die Bühnenmeister, die Leiter der Werkstätten, die Vorarbeiter, aber auch jeder einzelne Techniker. Also eigentlich alle.

AXEL VON ERNST: Werden die speziell geschult?

PETER SCHULZ: Ja, nach den Richtlinien der Sicherheitsvorschriften für Theater sowie der Versammlungsstättenverordnung.

AXEL VON ERNST: Machst du viele Überstunden?

PETER SCHULZ: Ja, man muss halt spüren, wann es wichtig ist, da zu sein. Man kann das nicht auf eine Viertelstunde festlegen. Das war immer klar. Aber oft wird es schon spät.

AXEL VON ERNST: Bist du verheiratet?

PETER SCHULZ: Ja, wir haben 1968 in Schleswig geheiratet. Zu der Zeit war ich schon am Theater. 1971 ist unsere Tochter geboren. Meine Familie musste also von Anfang an mit den Theaterdienstzeiten klarkommen. Damals kamen wir dann beispielsweise gegen zwei Uhr nachts von einem Abstecher zurück und morgens um neun musste im Theater wieder geplant werden.

Für Familienangehörige ist es nicht immer einfach, der Kunst den Vorrang zu geben, den ganz normalen Alltag um das Theater herum zu organisieren.

AXEL VON ERNST: Wie sind die Zeitdimensionen für die Produktionen?

PETER SCHULZ: Meistens ist – von der Premiere rückwärts – ungefähr vier Wochen Zeit zu bauen. Davor haben wir zwei Wochen, alles richtig durchzuzeichnen und zu konstruieren. Und davor hat der Bühnenbildner Zeit, die Ergebnisse der Bauprobe einzubringen.

AXEL VON ERNST: Da sind wir dann schon bei acht Wochen.

PETER SCHULZ: Das Schwierigste ist eigentlich, dass man immer genau auf diesen einen Termin hinarbeiten muss. Das ist immer wieder stressig, auch wenn es ein kleines Stück ist. Es gibt Dinge, die man schlecht beeinflussen kann – zum Beispiel eine Materiallieferung, die nicht klappt usw.

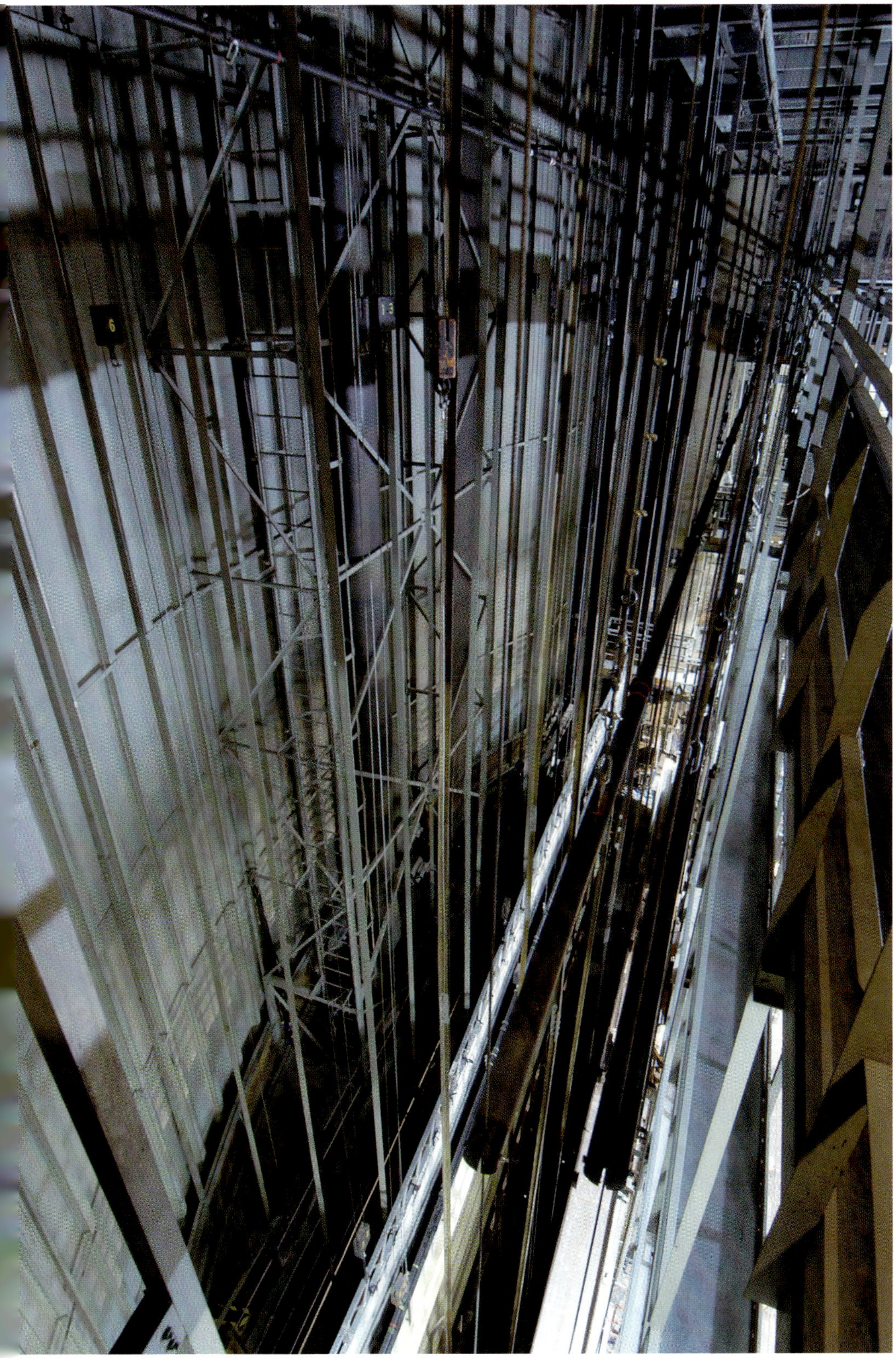

Die Bühne – Das Haus

AXEL VON ERNST: Kulisse hat ja auch mit Illusion zu tun. Viele Bühnenbildner wollen aber „echte" Materialien auf der Bühne.

PETER SCHULZ: Für mich ist eine „echte" Betonwand auch eine Kulisse. Ein Ding, das wir für eine Aufführung auf die Bühne stellen, ist Kulisse. Es muss eben in sich stimmig sein. Auf der Bühne ist es immer Kunst und nie Realität.

AXEL VON ERNST: Theoretisch könnte aber vieles günstiger gemacht werden.

PETER SCHULZ: Das ist aber gar nicht die Frage, sondern ob es in sich richtig ist.

AXEL VON ERNST: Woher nimmst du Anregungen? Guckst du gerne Filme?

PETER SCHULZ: Ja, das auch. Aber noch mehr interessieren mich Ausstellungen, ich gucke mir gern Kunst an. Denn ich finde ja, Bühnenbild ist auch immer abhängig von der Malerei und der Bildhauerei oder von Aktionen, die in der freien Kunst stattfinden. Das fließt alles auf die Bühne. Ich interessiere mich auch für Astronomie, schau in den Himmel mit meinem Teleskop und geh' in die Natur und sammle Federn und Steine... Das einzige, was ich eigentlich noch machen müsste, wozu ich mich aber noch nicht aufraffen konnte, wäre die Beschäftigung mit dem Computer, Zeichnen am Computer. Aber andererseits finde ich die von Hand gezeichneten Entwürfe von Karl-Ernst Herrmann oder alte Architekturzeichnungen von Fassaden und Gebäuden spannender, weil die eine eigene Handschrift haben, einen eigenen Charakter.

AXEL VON ERNST: Wie sind überhaupt die Menschen am Theater? Sind die Künstler verrückter als andere?

PETER SCHULZ: Nee, die leben das nur aus. Das ist für mich nicht verrückt, sondern nur schön.

Lena Schwarz in *Es ist Zeit. Abriss* von Albert Ostermaier

Grüße aus München

Albert Ostermaier

Grüße aus München

----- Original Message -----
Sent: Friday, January 28, 2005, 10:40 AM
Subject: abschlussbuch

liebe lucia,

habe ein gedicht geschrieben, hat mehr mit film als theater zu tun, aber matthias hat ja filme für mich inszeniert, außerdem war das die einzige möglichkeit, das auto einzubauen, den citroen sm, von dem wir dauernd sprachen.
hoffe, es gefällt euch!
alles liebe!
Dein Albert

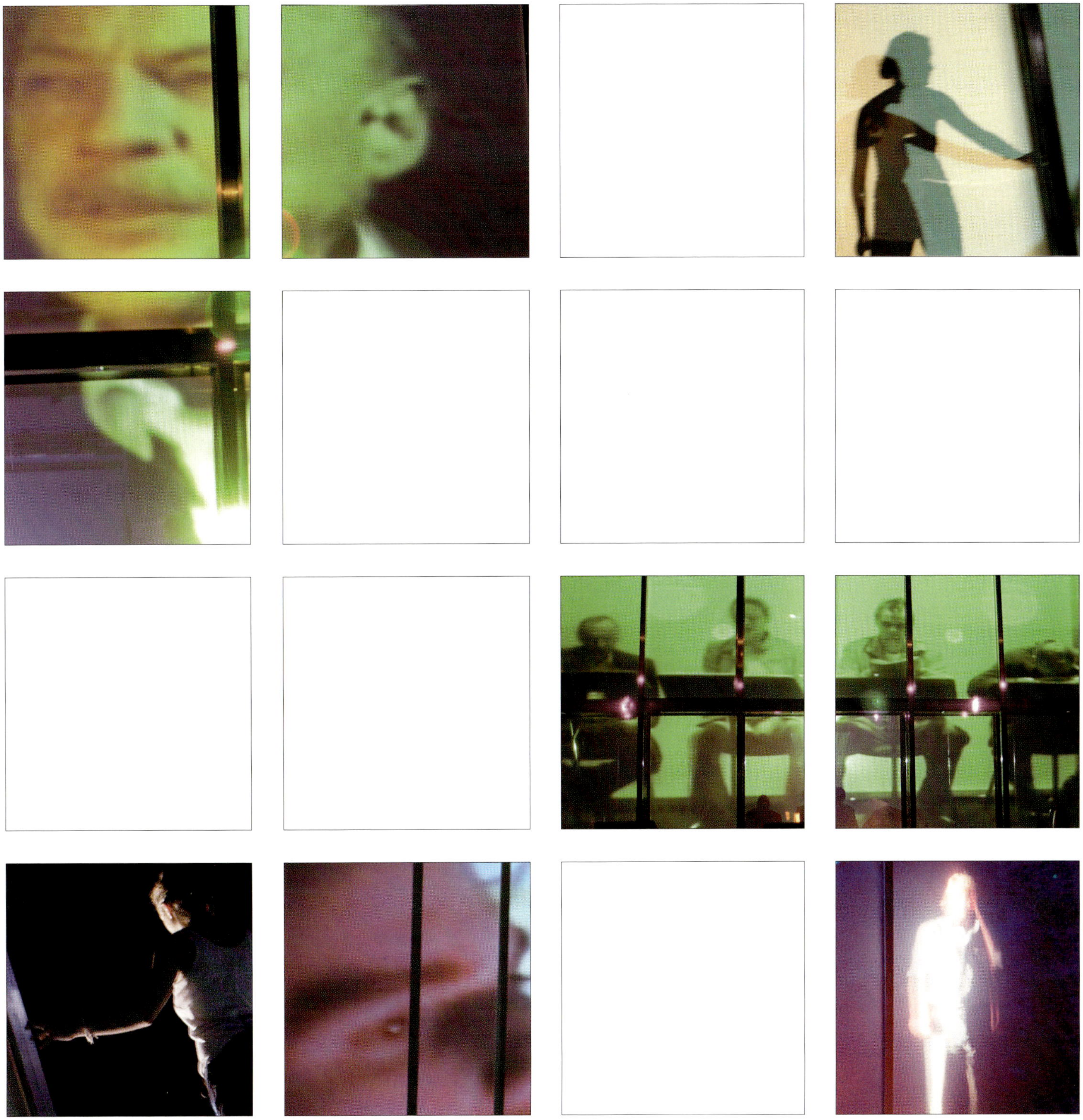

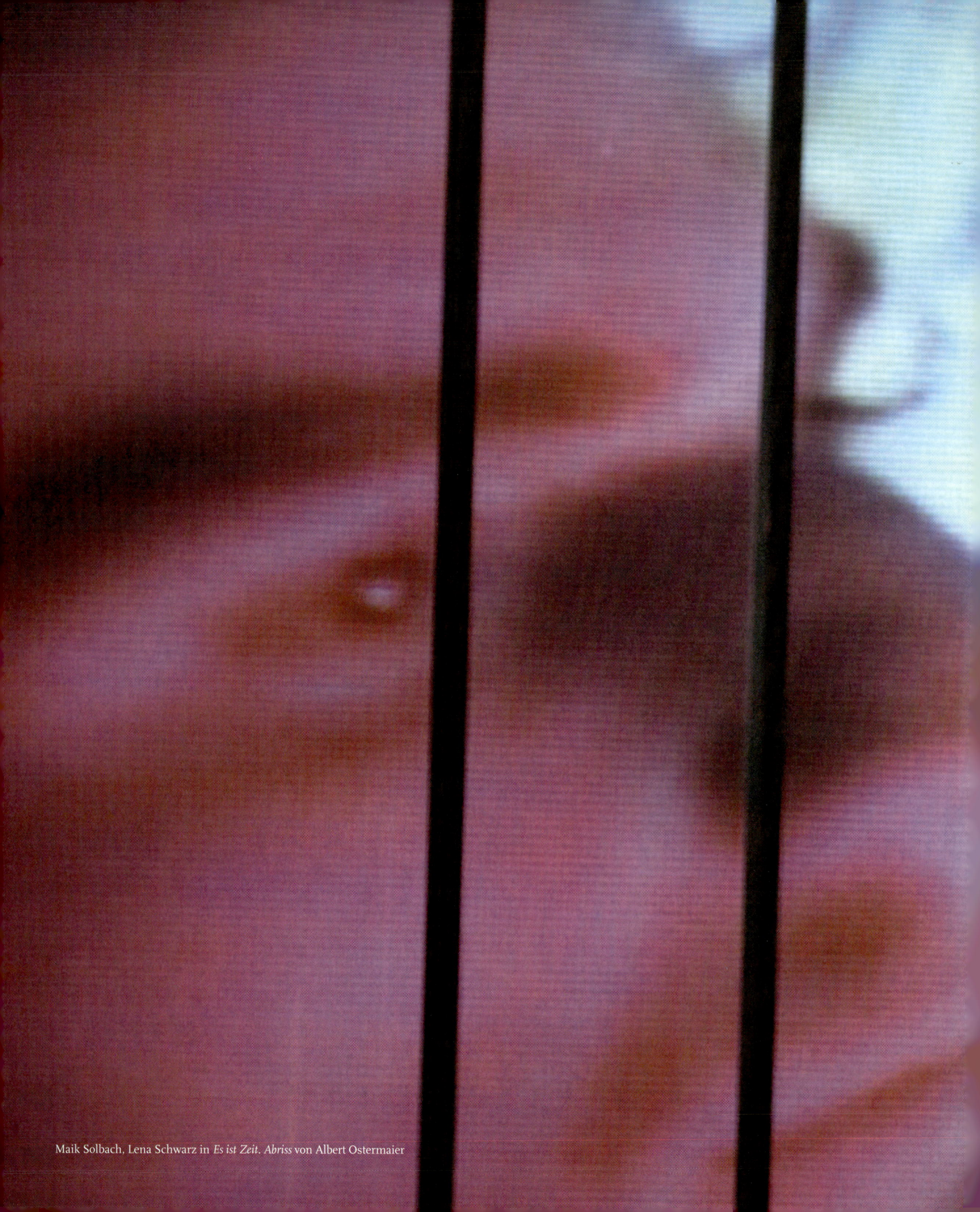

Maik Solbach, Lena Schwarz in *Es ist Zeit. Abriss* von Albert Ostermaier

les nuits
ein film für matthias

die gelben scheinwerfer drehen sich in
die kurve brennen ihre falschen sonnen
durch die flügel der fliegenkadaver ein
steinschlag das erleuchtete glas splittert
über die stoßstange und gräbt sich in den
gummi der hinterreifen ich habe auf
dich gewartet in der pfütze auf dem
asphalt staucht sich ein hochhaus im
taschenspiegel einer frau verwischt
ihr lippenstift die erinnerung an einen
hals zwischen den kissen ein aufzug
fährt leer bis zum dach und öffnet sich
dem wind schade um dich in der tiefgarage
läuft eine katze mit ihren weißen pfoten
durch die ölspuren und verschwindet hinter
einem pfeiler ein motor stirbt ab schritte
immer schneller atmen ein herzschlag
verzögert die faust in der manteltasche
gib mir feuer die telefonschaltungen
umkreisen die stadt bleibst du heute
nacht die liebenden in den cafés denken
an die ewigkeit und verpassen sich in
einem nebensatz auf den schwarzen
tasten des klaviers neben dem balkon
träumt sich eine schwere hand ins dur
und bricht ab unter dem druck auf der
schulter ich werde unter die erde sinken
und du wirst in der sonne gehen an
der ampel hält der wagen er wartet die
stille nichts geschieht

Albert Ostermaier

Wolf-Dietrich Sprenger in *Ich, Feuerbach* von Tankred Dorst

Grüße aus München

Tankred Dorst

Grüße aus München

Wo?

Bochum ist eine schöne Stadt. Ich versuche da zu wohnen, bin mit dem Ikea-Sofa zufrieden, auch mit dem Balkon, der frühsommerlich über dem Garagenhof hängt. Auch mit den Geräuschen von nebenan. „Sind Sie vom Theater?", fragt die Frau in der Wäscherei. Sie erinnert sich an *Kleiner Mann, was nun?* Sie erinnert sich an jeden Intendanten und lobt den jetzigen … „Schade, dass er geht." Sie liebt die Schauspieler. Ich gehe zum Schauspielhaus, ich sehe die Fassade leuchten, sehe am Eingang eine Schlange stehen, bis über den halben Platz warten die Leute geduldig auf ihre Eintrittskarten für das, was auf der Bühne zu sehen und zu hören ist. „Gefällt Ihnen das Stück?", fragt der Mann in der Bäckerei. Es wird viel applaudiert. Ich habe Lust, an einem neuen Stück zu arbeiten. Was ist Wirklichkeit? Die Menschen auf der Straße in ihren fantastischen Kostümierungen? In diesen Wochen in Bochum fühle ich mich dem Leben näher als anderswo. Um die

Wolf-Dietrich Sprenger, Alexander Maria Schmidt, Martina Eitner-Acheampong in *Ich, Feuerbach* von Tankred Dorst (Collage aus dem Programmheft)

Straßenecke fängt eine Geschichte an, ich gehe ihr nach, verliere sie wieder. Wieviele Geschichten gibt es in dieser Stadt? Ich höre, wie jemand schreit und schimpft in einer unbekannten Sprache, er spuckt dabei immer wieder in seine vollgepackte Tüte vom Supermarkt. Ich trage einer alten Frau die Bierflaschen, die ihr aus der kaputten Tasche auf die Straße gerutscht sind, in ihre trübdunkle Wohnung, alle Vorhänge sind zugezogen am helllichten Tag. Fröhlich-laute Stimmen in der Pizzeria. Oben im feinen Hotel wohnt ein bekannter Schauspieler, einsam und krank. Er hat seine Wohnung aufgegeben, wollte dort nicht mehr sein. „Da ist mein Schrei drin." Ich habe ihn auf der Bühne bewundert, als er den D'Annunzio spielte. Wann war das? Vor wieviel Jahren? Wo?

Tankred Dorst

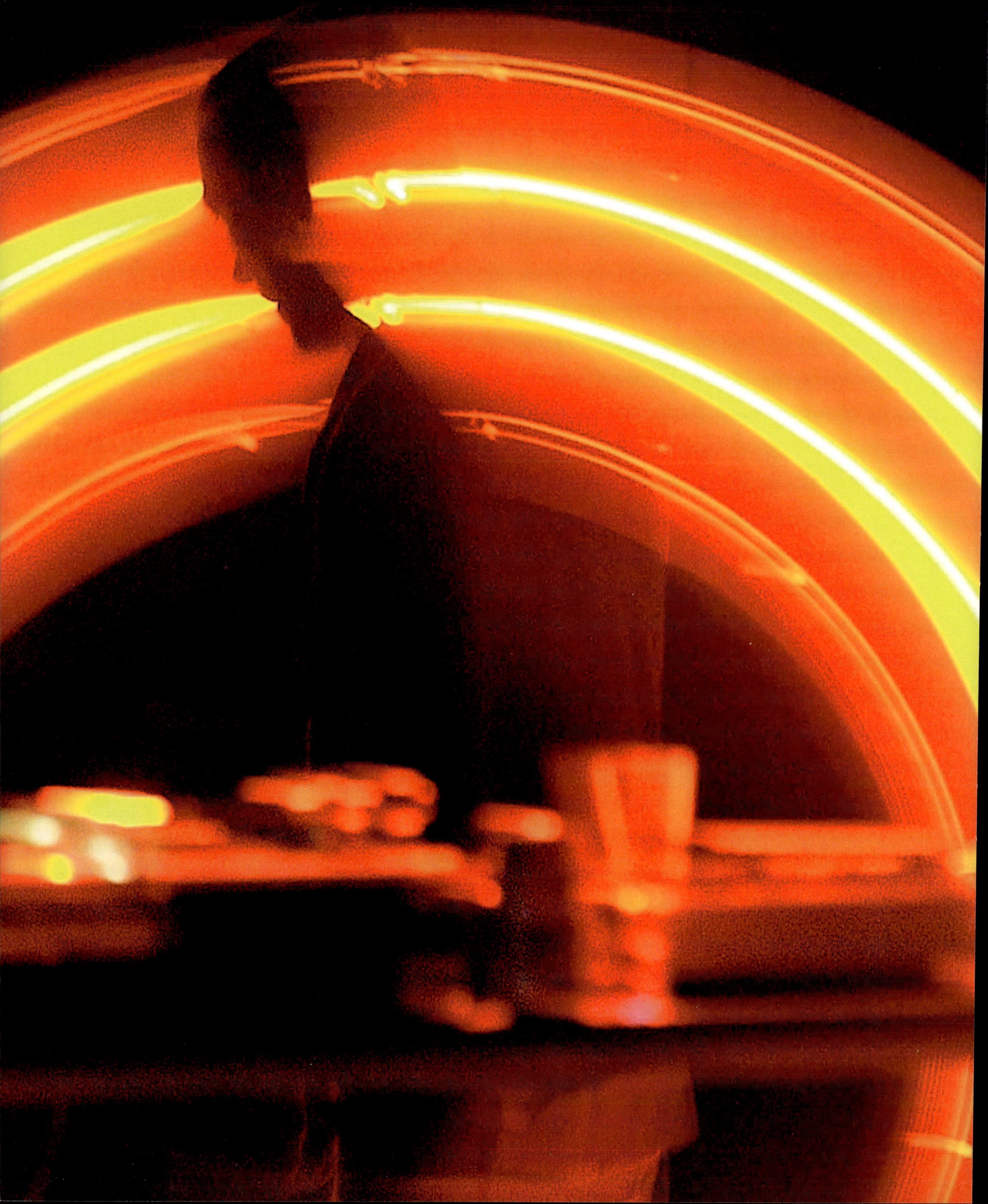

Grüße aus Bochum

Thomas Oberender

Als Theaterautor an das Theater zu gehen, ist eine unsinnige Idee. Die Theater unterliegen einem so hohen ökonomischen Effizienzdruck, dass sie sich einen Autor, dessen Arbeitszeit vor allem Schreibzeit ist, schlicht nicht leisten können. Der Autor als Dramaturg dient anderen Texten, Regisseuren, dem Betrieb und wird als Autor nicht gebraucht, bzw. da, wo er sich als Autor verhält, für seine Ambition, das Schreiben und Denken in eigenem Auftrag, argwöhnisch betrachtet. Umgekehrt findet sich für Autoren durch dieses Eigene, das sie umtreibt, am Theater oft nur all zu bereitwillig ein Platz, an dem sie gefragt sind und das ist, so zumindest in meinem Falle, bisweilen von großem Vorteil. Denn das Interessante am Theater ist ja nicht die Aufführung, sondern die Arbeit an der Aufführung – die Lebensschule der Proben. Es ist die Gesellschaft von anderen Künstlern, an denen ich als Künstler und Mensch reife, und das Theater war daher für mich sowohl ein Ort des sozialen Erwachsenwerdens, als auch der künstlerischen Inspiration und Kritik.

Am Schauspielhaus Bochum bin ich Autor geblieben, aber vor allem zum Dramaturgen geworden. Dies begann mit einem Sprung ins kalte Wasser, sechs Produktionen allein in der ersten Spielzeit, dieser Sprung härtete ab und machte süchtig. Dramaturgie, das bedeutete für mich zunächst und zuerst: Medium sein, Verständigung schaffen – über Werke, Konstellationen, Absichten. Das eigene Inspiriertsein weitertragen, behutsam und stur, dabei im gleichen Augenblick Abstand zu halten und Nähe zu suchen, das Fremde der Werke und Interpreten zu achten und zu fördern, das war das tägliche Kunststück zwischen Probenzeiten, unzähligen Sitzungen und den knappen Stunden des Lesens. Wann war ich das letzte Mal im Kino? Verständigung zu schaffen, dies hieß für mich vor allem: für ein inspiriertes Klima sorgen. Nicht nur innerhalb einzelner Produktionen und in planerischen Gesprächen, sondern auch als Klima, das unser Haus insgesamt prägt – als internes Arbeitsklima und Gesprächsangebot für die Stadt. Es ging nie nur um erfolgreiche Theaterabende. Die über drei Jahre laufende Diskussionsreihe *Zur Zukunft des Politischen*, die Reihe *ORIENTierung. Irak im Dialog*, die wissenschaftlichen Symposien *Bildbeschreibung* zu Heiner Müller und *Politik der Vorstellung* über das Verhältnis von Politik, Theorie und Theater verwandelten das Schauspielhaus in ein Podium, auf dem gesellschaftliche Fragen öffentlich diskutiert wurden, und diese Diskussionen wirkten auch inspirierend zurück, in das Haus, in die Stadt. Auch diese Arbeit verstand ich als eine dramaturgische, Verständnis stiftende, und ich merkte, dass der „Text", an dem ich in Bochum schrieb, nicht der eines singulären Stückes war, sondern, zumindest dem Wunsch nach, die Atmosphäre eines Hauses, einer Gemeinschaft, einer Lebenszeit, die sich in Arbeit tilgt.

Was Theater ist, das Theatralische des Lebens, was Macht mit Menschen macht und was es heißt zu spielen, den Zusammenhang zwischen Schönheit und Abscheulichkeit – all das hätte ich, ohne am Theater zu leben, in dieser Deutlichkeit wahrscheinlich nie oder sehr viel später erfahren. Und neben den Schauspielern, die ich bei ihrer Arbeit beobachten durfte, neben großen Texten, deren andere Welt sich mir am Schreibtisch nie erschlossen hätte, war es die Nähe und das Beispiel eines Künstlers wie Wilfried Minks, der mich um Jahre und Lebenswelten weiter brachte. In unserer fünften Spielzeit wurde er 75 Jahre alt und die nachfolgende Geburtstagsrede, die ich auf ihn hielt, ist mein Dank an ihn für die gemeinsame Zeit in Bochum.

Julie Bräuning, Nele Rosetz, Patrick Heyn, Martin Horn in *Selbstportraits. 48 Details* von Thomas Oberender

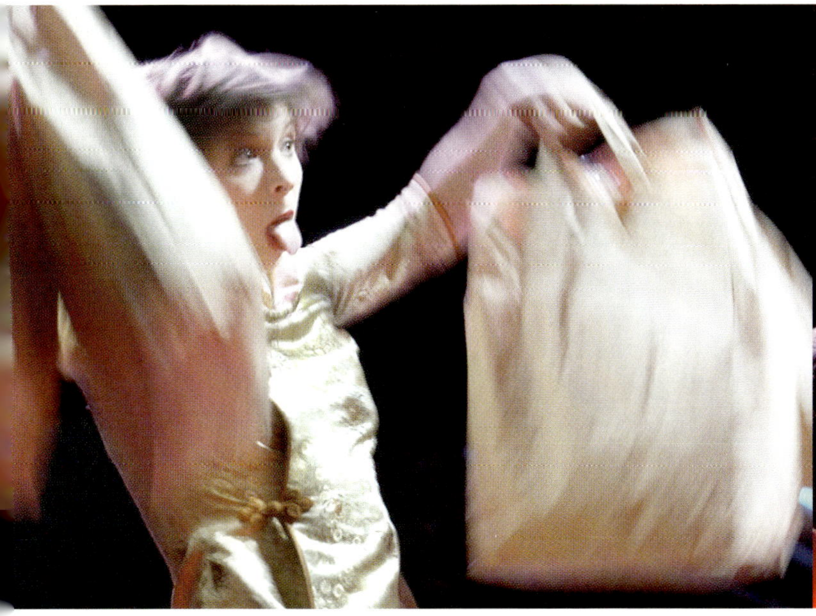
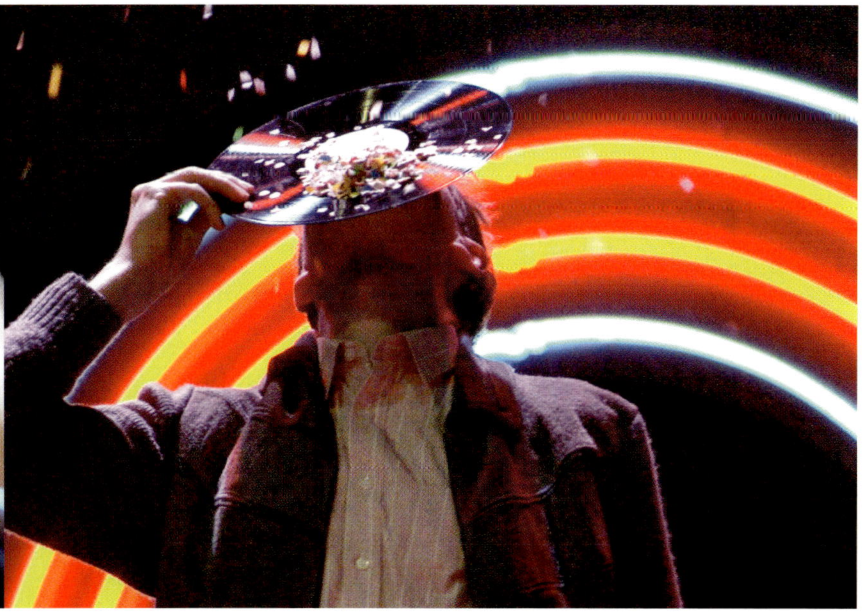
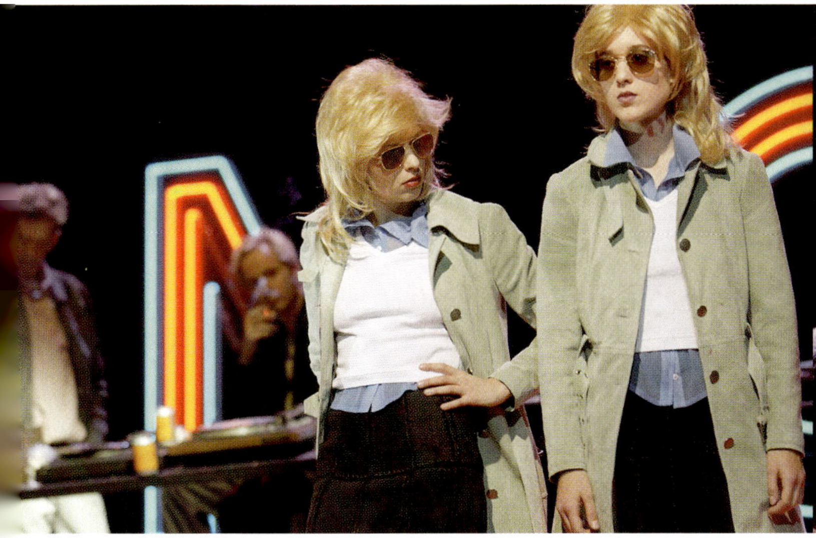
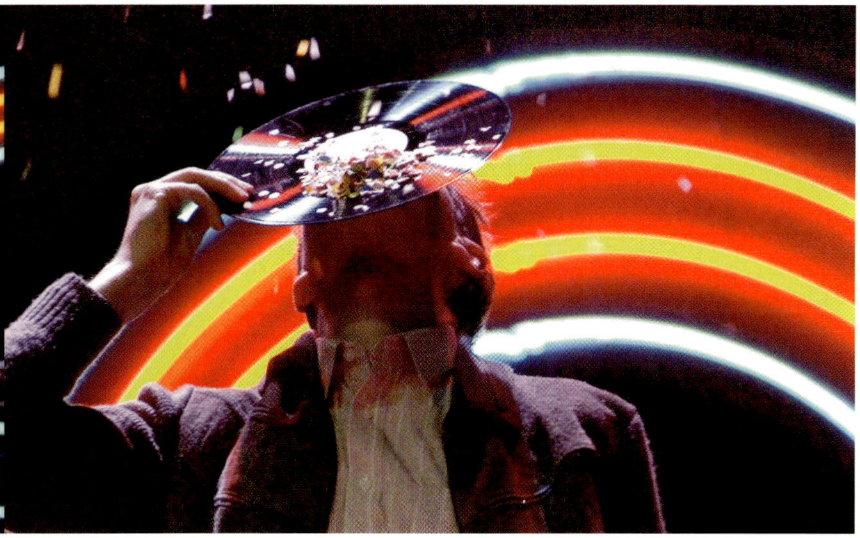
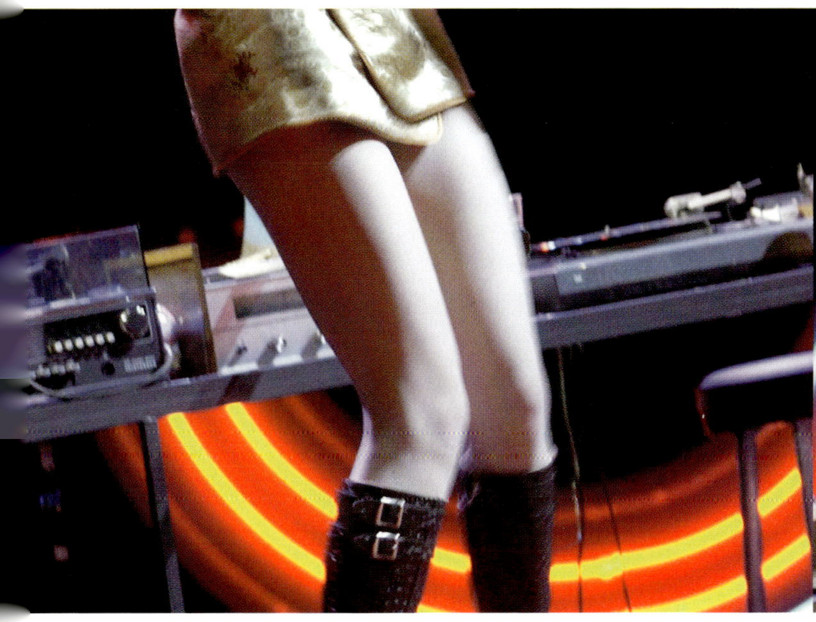
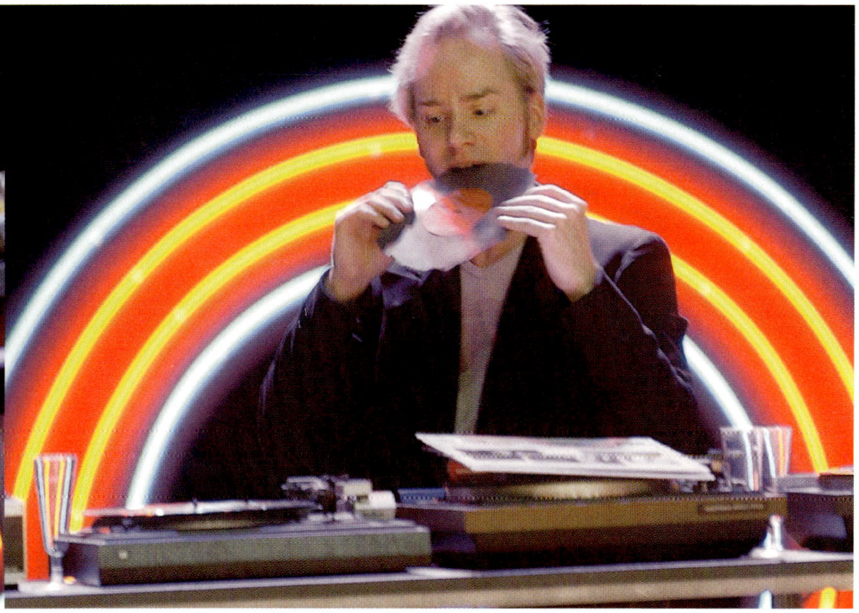

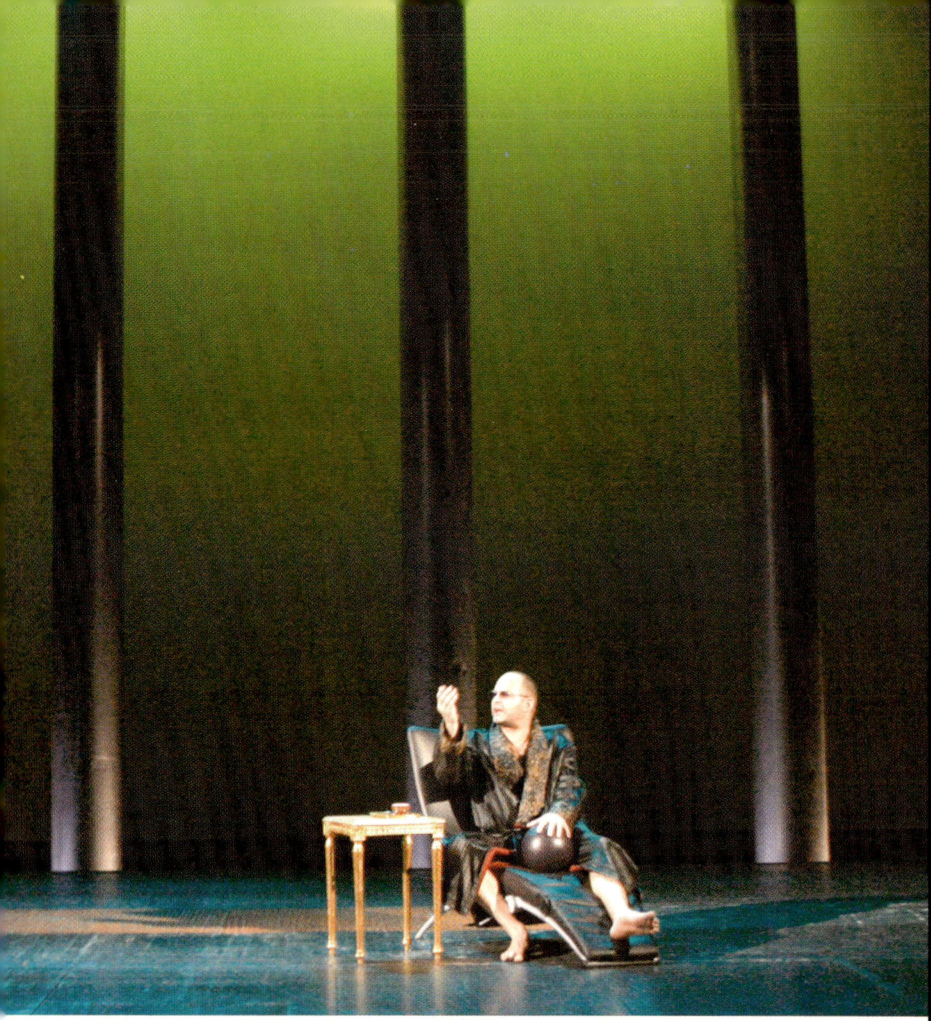
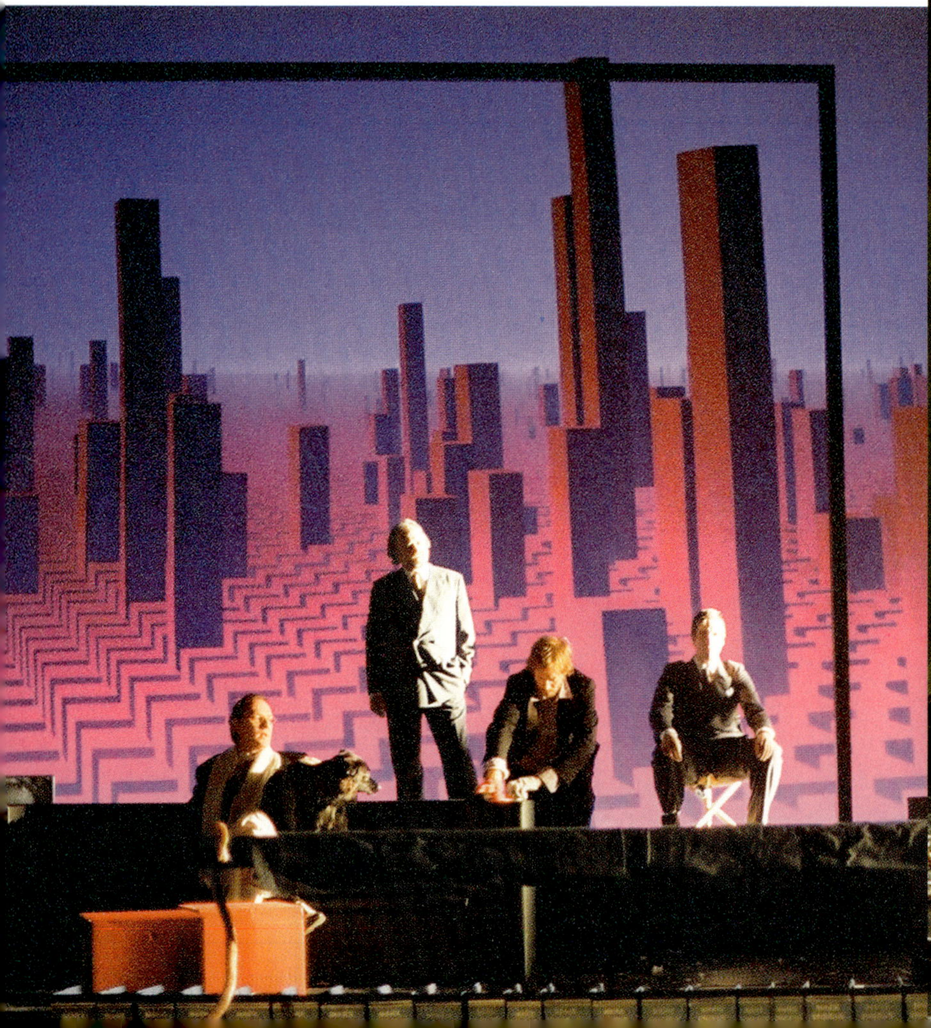

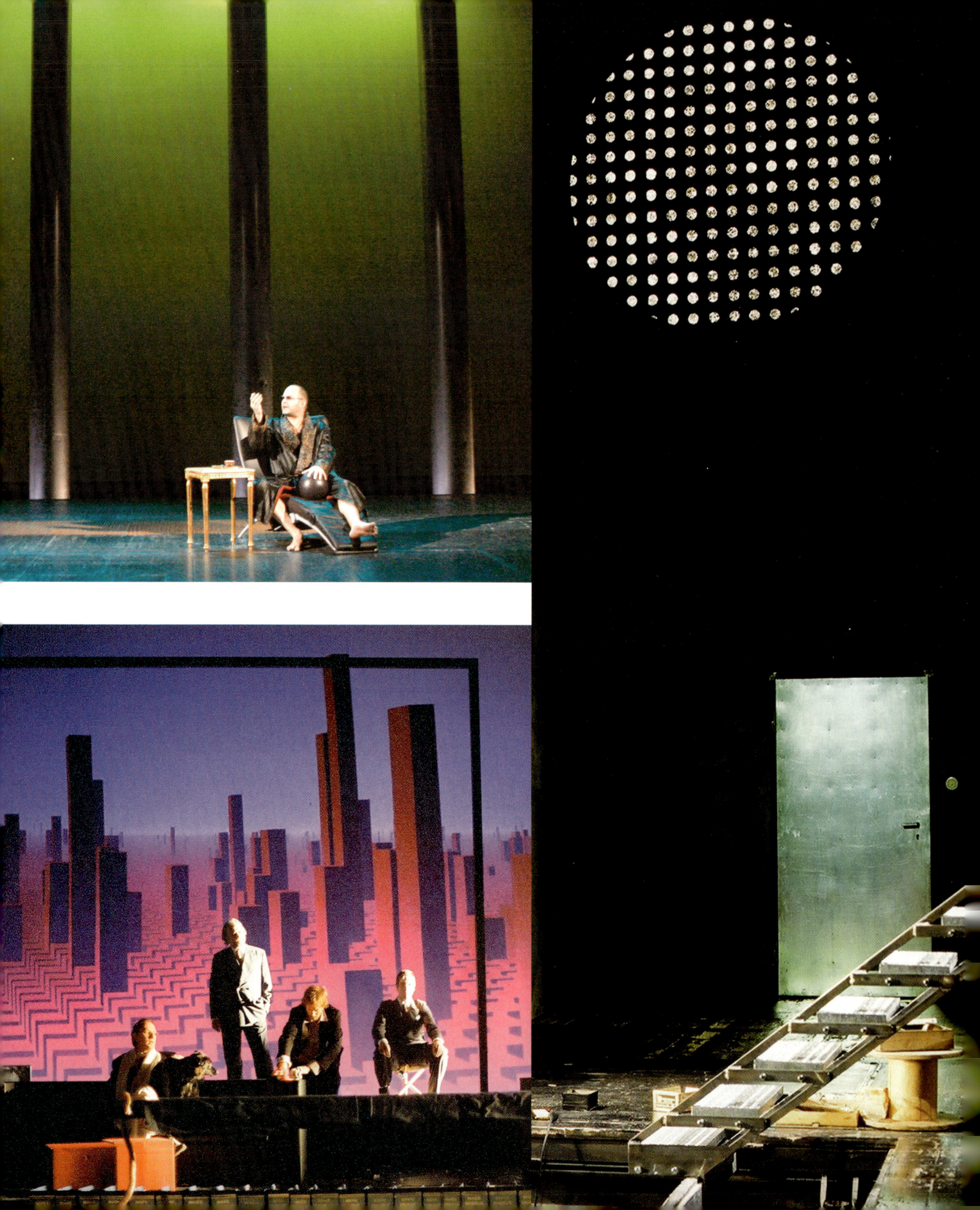

Für Wilfried Minks
von Thomas Oberender

So entspannt Wilfried wirkt, man muss nur drei Minuten Auto mit ihm fahren und weiß sofort, auf welch hohen Touren dieser Mann im Inneren läuft. Er fährt drangvoll, schnell, seinem Gefühl nach wahrscheinlich immer zu langsam, aber daher auch mit Übersicht. Es macht Spaß, neben ihm zu sitzen.

Und so muss Wilfried wahrscheinlich auch fahren, denn er wohnt ja in Hamburg weit draußen, in diesem unglaublichen Haus, dieser immer lichter und weiter gewordenen Wohnwabe, entstanden aus einem ehemaligen Gartenhaus. Wilfried sagt, die vielen großen Fenster seines Hauses habe er alle im Baumarkt gekauft, aber sie ergeben etwas ganz anderes als die üblichen Heimwerkerbauten: Das Palais Minks ist außen dunkel, innen weiß und hinter der klassisch modernen Anmutung verbergen sich Geheimtüren und Schönheit im Sinne des Angebots, sich in diesem Haus frei zu fühlen. Wilfried schläft unter Bäumen. Und lebt im Garten. Das ist ein schönes Bild.

Und wie dieses Haus funktionieren für mich auch die Arbeiten, bei denen ich Wilfried begleiten durfte. Über Hebbels *Judith* sagte er den Schauspielern, sie sollten das Stück als ein entschlüsselbares Geheimnis behandeln – er forderte in ihrem Spiel das offenbare und offensichtliche Benutzen von Formen. Wovor ihm graut, ist das „Drama" der Innerlichkeit. Kissen mit Knick. Deckchen unter Blumenvasen. Die Emotionen sollten vielmehr durch den Umstand entstehen, dass man sich Emotionen nicht leisten kann – in der Übergenauigkeit der Schilderung liegt die Intensität der Empfindung, im kalten Blick aufs Wie. „Ihr macht es zu privat – weil ihr es zu persönlich macht", sagt er den Schauspielern. „Es ist eher ein Ritual: Das Stück ist eine Verhandlung. Nicht unemotional, aber in Strategien." Das ist eine der Geheimtüren, die Wilfried in der Arbeit öffnet. Und am Schönsten war es natürlich zu erleben, wie er das selber demonstrierte. Er hat es ja nicht vorgespielt, sondern mit seinem Dasein geglänzt. Er hat gezeigt, wie man es macht, aber eben so, wie ein Handwerker, nachdem er den Schaden betrachtet hat, ein Werkzeug nimmt, es kurz ansetzt, das Malheur beseitigt und es dann lächelnd zur Seite legt. Was sich da bei Wilfried zeigte, ist ein Besitz an Charisma, der sich nicht herstellen lässt, nur einsetzen. Und er weiß sehr genau wie.

Ich kann mir Wilfried in vielerlei Verkleidungen vorstellen – in jungen Jahren mit langen Haaren, mit Koteletten und Schlaghosen – aber mir will nicht einfallen, wie ich ihn mir als Klassenkämpfer vorstellen soll, als Kämpfer schon, sofort, aber als Vollstrecker kollektiver Weisungen, mir das vorzustellen, will nicht gelingen. Er scheint mir kein Parteigänger eines Glaubens sein zu können, es sei denn, es handelt sich um Dinge wie Schönheit, Grazie, Härte, Pathos, all das sind Dinge, für die er, glaube ich, auf der Suche nach der wahren Empfindung, zum poetischen Terroristen werden kann. Seine Erfahrung in der Hitlerjugend, so sagte er mir einmal, wirkte in ihm ein Leben lang insofern nach, dass er jeder Uniformierung und jedem Beitritt in ein Glaubenskollektiv zuverlässig aus dem Wege ging. Er ging

Abb. oben:
Wilfried Minks bei den Proben zu
Der Hausmeister
von Harold Pinter

Abb. linke Seite:
Martin Reinke in Minks' Bühnenbild zu *Judith* von Friedrich Hebbel (oben); Bernd Rademacher, Manfred Böll, Johann von Bülow, Alexander Maria Schmidt in
Die Unvernünftigen sterben aus von Peter Handke, Bühne: Wilfried Minks (unten); Ausschnitt aus Minks' Bühnenbild zu
Der Hausmeister von Harold Pinter (rechts)

Für Wilfried Minks

Fabian Krüger
in *Koala Lumpur*
von David Lindemann,
Regie und Bühne:
Wilfried Minks

seinen eigenen Weg und ich bin davon überzeugt, dass Wilfried heute besser in seine Zeit passt als früher. Heute schaut man vergleichsweise unverstellter auf den Menschen und entdeckt in ihm das Geheimnis – kein durch Klassenzugehörigkeit oder Zeitgeist gänzlich auflösbares, denn was sichtbar wird, ist ein originäres Rätselwesen, das Spielchen spielt, tötet, liebt und komisch ist. In ihm zeigt sich etwas, das so schon immer „menschlich" war, bzw. unmenschlich. Dafür hat Wilfried ein sonderbar sicheres Gespür. Für das, was Menschen mit Macht machen und die Macht mit Menschen – niemand, den ich kenne, weiß darüber mehr als er.

Ich habe Fotografien von seinen Bühnenbildern aus den 60er und 70er Jahren gesehen und bin hingerissen von ihrer Kühnheit. Umstandslos wären sie auf die Bühne der Gegenwart übertragbar und noch immer avantgardistisch. Denn noch immer entführen Bühnenbilder den Zuschauer in der Regel lediglich in die Welt um die Ecke – nach Berlin Marzahn, in eine Spießerwohnung oder die Modewelt der Magazine. Wilfried aber hat im Bereich des Bühnenbilds eine ästhetische Auseinandersetzung in Gang gesetzt und verkörpert, die auf der Auseinandersetzung mit Malern und Kulturen seiner Epoche beruht. Roy Lichtenstein und Claes Oldenburg zum Beispiel – er hat diese Chiffren aufgegriffen und mit Shakespeare konfrontiert. Er hat Comicstrips und Renaissancegemälde auf die Bühne gebracht und die Zuschauer in eine andere Welt entführt. In seiner Bühnenwelt existiert ein „Außerhalb" der Szene, das eine Wirklichkeit präsent werden lässt, in der die alten Texte, die in ihr gesprochen werden, plötzlich fremd und neu erscheinen. Wilfrieds Bauten sind Setzungen mit großer Geste und immer auch Installationen, also in den Raum gestellt, nie der Raum selbst. Man spürt ihnen die Sympathie mit den Dingen an, die in diesen Räumen gezeigt werden, die Liebe zum Objekt, das sie als Zeichen ausstellen. Auch das haben seine Schüler Karl-Ernst Herrmann und Erich Wonder von ihm gelernt. Das macht sie so besonders und dem Zuschauer Lust, in dieses überraschende Theater zu gehen.

Abb. oben:
Martin Horn,
Fritz Schediwy,
Martin Rentzsch
in *Der Hausmeister*
von Harold Pinter,
Regie und Bühne:
Wilfried Minks;
Abb. unten:
Katharina Thalbach
und Fabian Krüger
in *Koala Lumpur*
von David Lindemann,
Regie und Bühne:
Wilfried Minks

Für Wilfried Minks

Dörte Lyssewski
in *Judith*
von Friedrich Hebbel,
Regie und Bühne:
Wilfried Minks

Seine Arbeiten sind Setzungen, keine rechthaberischen Behauptungen, denn seine Neugierde weist über das Ergebnis hinaus. Wilfried ist ein neugieriger und großzügiger Mensch. Er ist ein Regisseur, bei dem ich das Gefühl hatte, ich bin ein Mitarbeitender. Und ich lernte ihn für seine Stückbearbeitungen bewundern – er hat für seine Inszenierungen eine Textgestalt und einen Ton ihrer Vergegenwärtigung im Kopf, in der alles, was hohl klingt, entfernt wird. Er arbeitet stur aufs Notwendige orientiert und anhaltend misstrauisch gegen alles Mittlere und Laue. Er hat das absolute Gehör für die dramaturgische Musik des Abends. Und dieser Musik treibt er die Schauspieler entgegen wie ein Jäger das Wild: beharrlich, fintenreich und mit Spürsinn. Die Produktionen, bei denen ich Wilfried begleiten durfte, habe ich als Besuche in einer Meisterklasse empfunden und über Kunst mehr gelernt als in den Jahren zuvor. Aber zuvorderst war es eine Lebensschule, die ich als jüngerer Mann genossen habe. Wilfried hat Stil. Und ist ein Mann, ein Mann, der noch weiß, was das heißt, und es auch genießt.

Er ist neugierig wie ein Teenager. Theaterweise wie ein 160-Jähriger. Und verheiratet mit einer wunderbaren Frau. Er ist ein Mann mit Blick und Griff und Haltung. Ein Macho, kein Frauenverächter, gar nicht, aber ein Mann, der ein Haus gebaut hat und dennoch keine Kaffeemaschine bedienen kann. Seine Unbeholfenheit in profanen Dingen macht klar, dass er Kopf und Hände für andere Dinge frei behalten will. Mit wem er spricht, dem tritt er nahe. Schwarz gekleidet, grinsend, mit einem Blick, der trifft. Und dank des Minks'schen Enzyms, das Alkohol im Blut so schnell abbaut wie andere Leute Zucker, ist er selbst heute trinkfester als die Jüngeren um ihn herum. Sein Haus in Hamburg ist eine Enklave – ein sicherer, ruhiger Ort, der für ihn spricht: eigen und stark. Von diesem Ort aus konnte er auf Reisen gehen, weil es diesen kleinen Paradiesgarten gab – gegen die Welt. Und von dort aus reiste er in die Welt. So lernte ich ihn kennen...

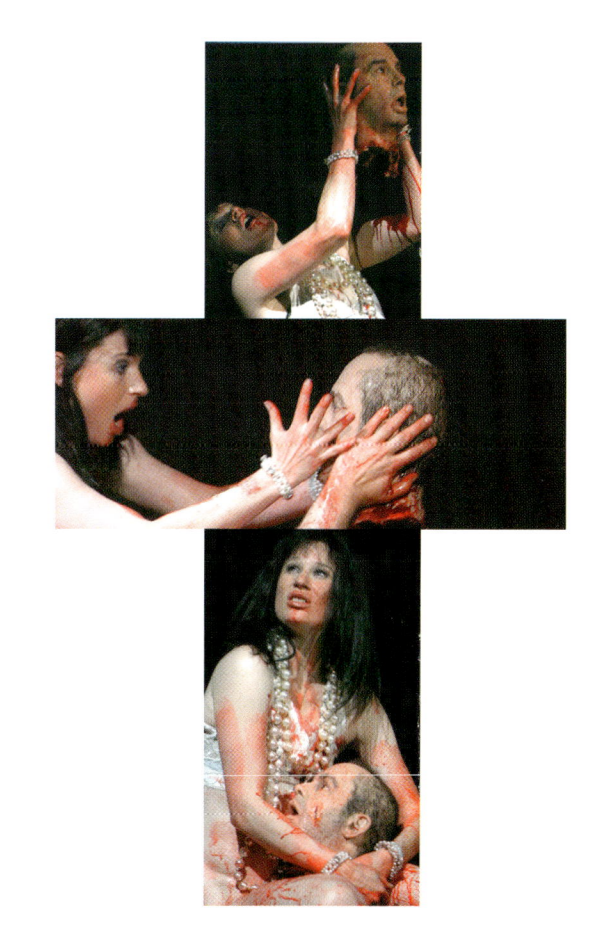

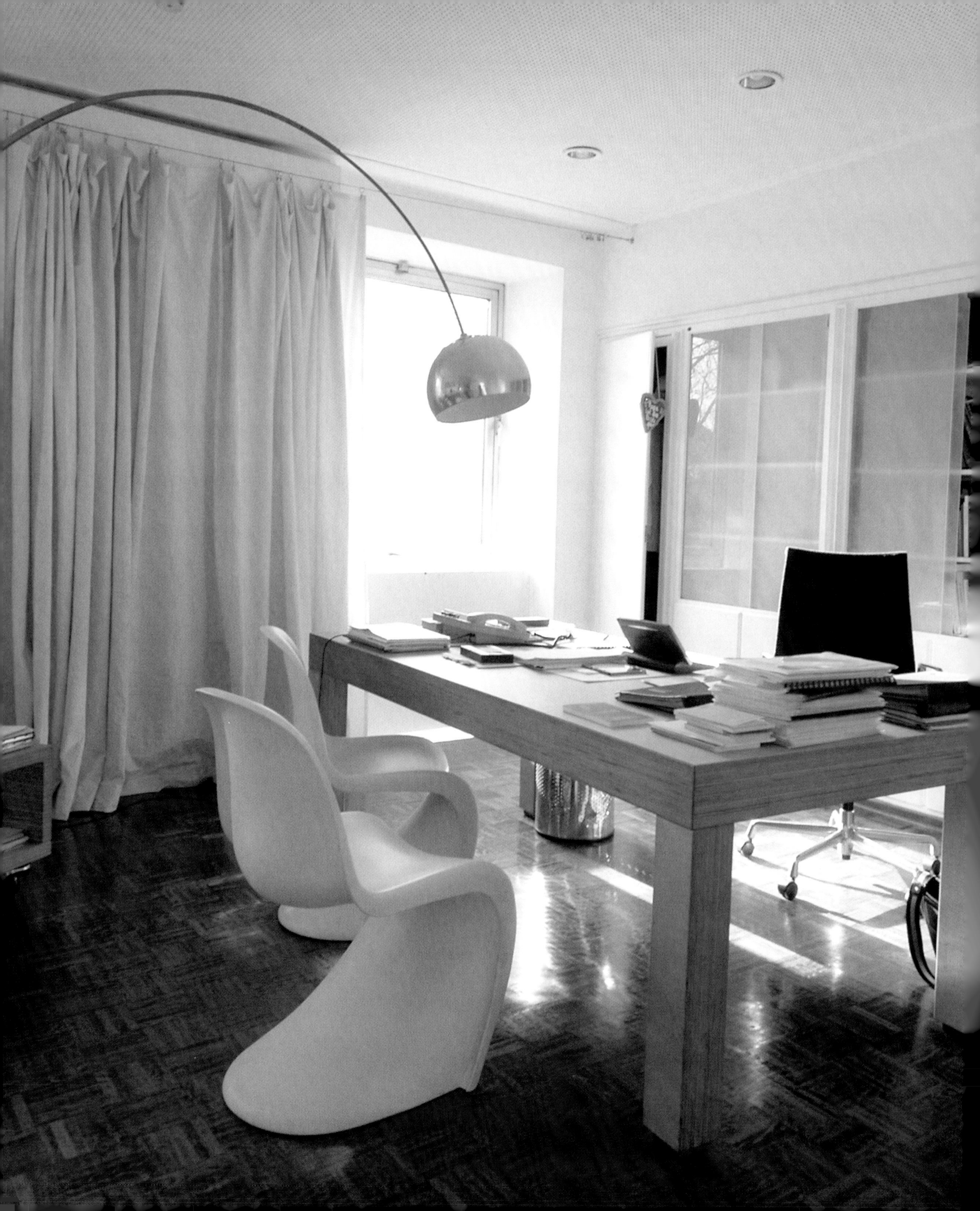

DIE SPIELZEITEN

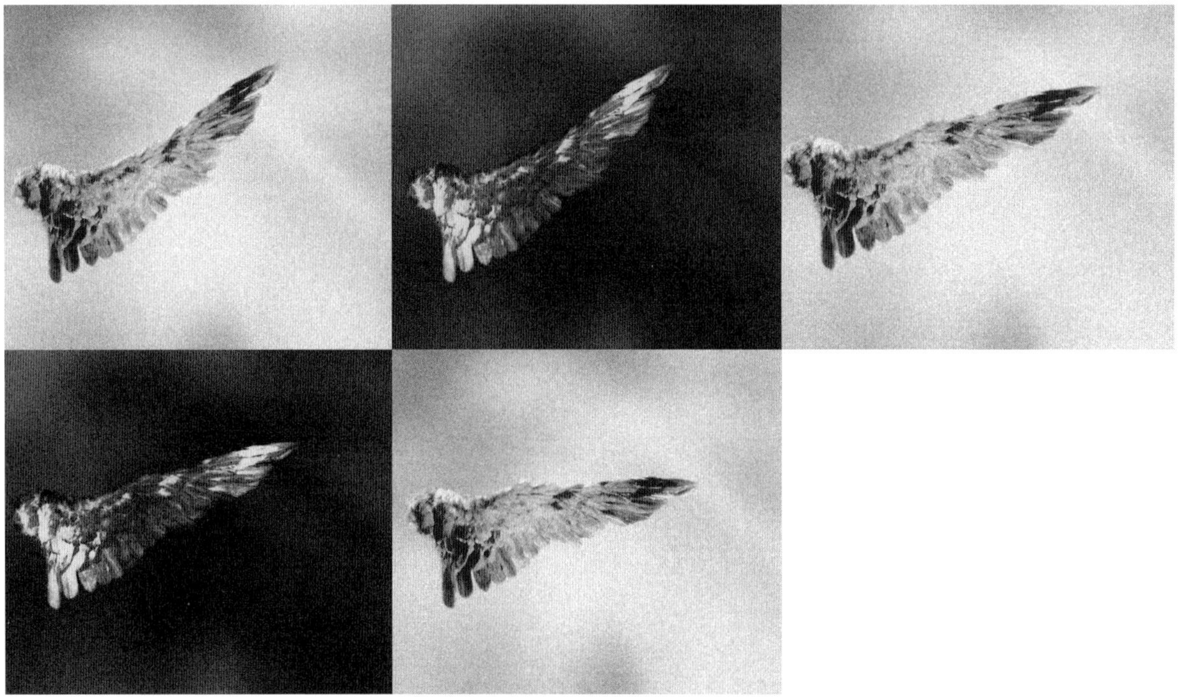

DIE SPIELZEITEN

„BochumBochum!"
Ein Gespräch mit Klaus Mißbach .... Seite 189

Das Publikum hat sich mit uns auf den Weg gemacht
Matthias Hartmann .... Seite 201

Wo bin ich denn hier gelandet?
Karsten Riedel .... Seite 209

Von Jugendlichen profitiert man immer
Ein Gespräch mit Annette Raffalt .... Seite 219

Ein leichter Frühstückswein
Kathrin Sievers über Tana Schanzara .... Seite 225

Kein Freibier im Malersaal
Peter Hein .... Seite 237

Grüße aus Mülheim an der Ruhr und Berlin
Helge Schneider .... Seite 241
Moritz Rinke .... Seite 249

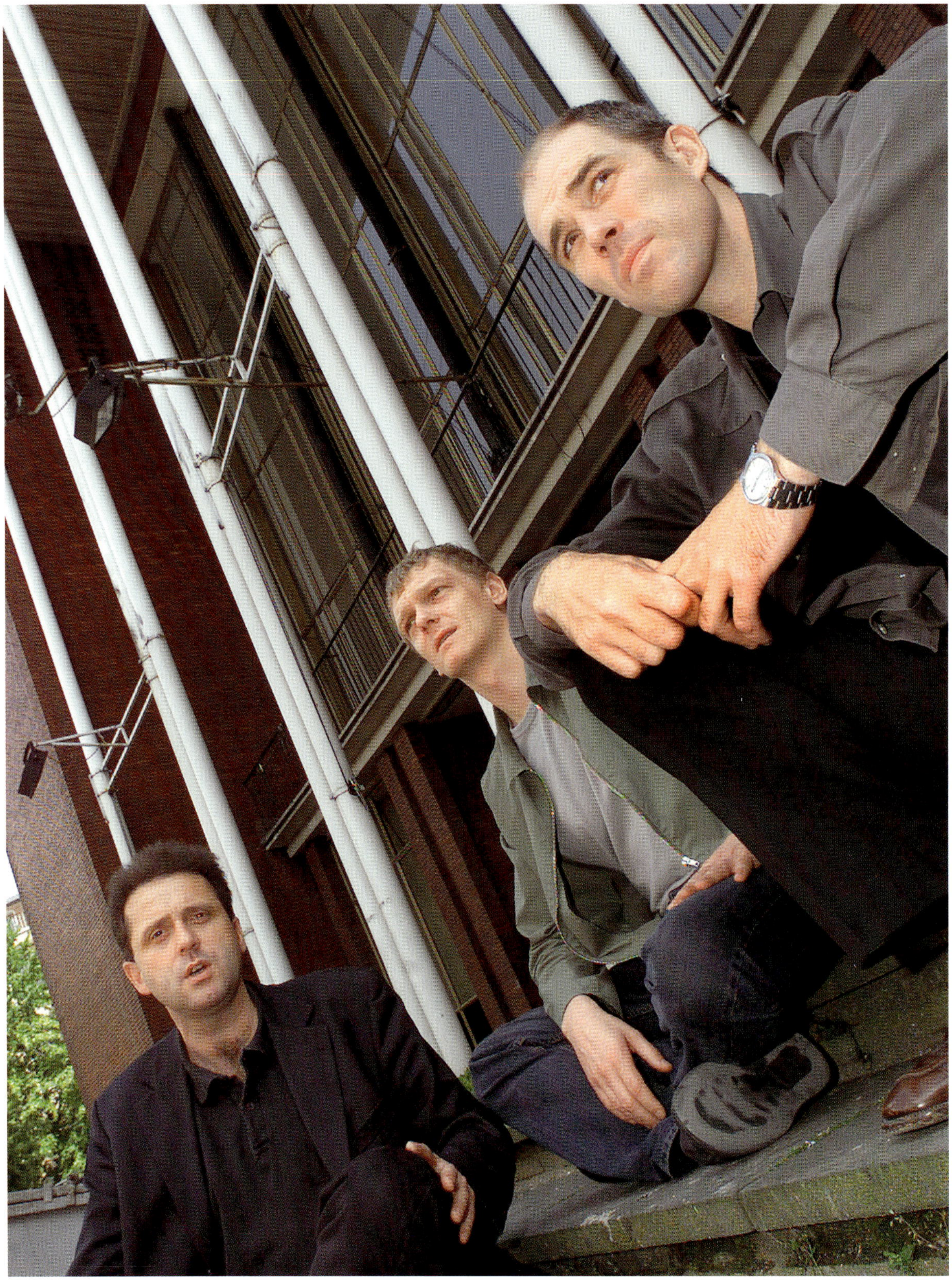

„BochumBochum!"

Klaus Mißbach war als geschäftsführender und leitender Dramaturg für den Spielplan und das Ensemble mitverantwortlich. Im Gespräch mit Axel von Ernst berichtet er über die Vorbereitungszeit bis zum Herbst 2000, als die erste Spielzeit von Matthias Hartmann begann.

AXEL VON ERNST: Wie beginnt die Vorbereitung einer Intendanz? Wann und wie habt ihr euch kennen gelernt? Hat Matthias dich angerufen?
KLAUS MISSBACH: Ja. Ich hatte Matthias Hartmann plötzlich am Telefon. Das war im Juni '99, etwa drei Monate, nachdem er zum Intendanten des Schauspielhauses gekürt worden war.
Ich kannte ihn bis dahin nur aus der Perspektive des Dramaturgen, das heißt, ich hatte mir Regiearbeiten von ihm angesehen. Hartmann war Anfang der 90er Jahre bei Eberhard Witt am Staatstheater Hannover und machte dort seine ersten Inszenierungen. Jürgen Flimm, mein Intendant damals am Thalia Theater in Hamburg, hat gesagt: Fahr da doch mal hin, guck dir mal was von dem an. Dann bin ich also von Hamburg aus nach Hannover gefahren, habe auf der Probebühne II, das war eine Spielstätte dort, Marivaux' *Das Spiel von Liebe und Zufall* gesehen, eine außergewöhnlich strenge, formale Arbeit, die neugierig machte auf diesen jungen Regisseur. Dann habe ich seine *Lulu* mit der wunderbaren Maria Happel in der Titelrolle gesehen. Aber bevor Jürgen Flimm sich entscheiden konnte, ihn ans Thalia Theater zu engagieren, war Frank Baumbauer vom Deutschen Schauspielhaus in Hamburg schneller. Dort hat Matthias dann jedes Jahr eine Inszenierung gemacht. Er war damals der Regisseur, der beim Publikum in Hamburg den größten Erfolg hatte. Es begann mit dem *Käthchen von Heilbronn*, später folgten *Peer Gynt* mit Michi Maertens in der Titelrolle, die *Jungfrau von Orléans* und viele Inszenierungen mehr.

Abb. linke Seite:
Klaus Mißbach,
Thomas Oberender,
Matthias Hartmann

Die Spielzeiten

Margit Carstensen,
Armin Rohde
in *Triumph der Liebe*
von Pierre Carlet de
Marivaux

AXEL VON ERNST: Du wusstest also sehr genau, wer dich anrief.

KLAUS MISSBACH: Ich hatte gerade kurz vorher in Zürich seine Inszenierung von Botho Strauß' *Der Kuss des Vergessens* mit Otto Sander gesehen.

AXEL VON ERNST: Habt ihr euch dann gleich getroffen?

KLAUS MISSBACH: Matthias war inzwischen als Hausregisseur mit Eberhard Witt ans Bayerische Staatsschauspiel nach München gegangen. Ich bin sehr früh losgefahren und kam relativ unausgeschlafen aus Düsseldorf, wo ich damals engagiert war, in München an. Wir trafen uns in einer Eckkneipe in Schwabing und haben ein erstes Gespräch geführt.

AXEL VON ERNST: Und wann bist du auf den Rest der Truppe gestoßen?

KLAUS MISSBACH: Es gab noch keine „Truppe". Wenn man zum ersten Mal Intendant wird, muss man sich sein Team von Grund auf zusammenstellen. Unser Treffen war im Juni '99, die Intendanz begann im Herbst 2000, das war also eine Vorbereitungszeit von einem guten Jahr. Das ist nicht allzu lang. Matthias hatte schon Gespräche geführt mit Regisseuren, hatte sich für Schauspieler interessiert, aber das Team war noch nicht zusammen.

AXEL VON ERNST: Wie fängt man dann an zu planen? Wurde von ihm von vornherein schon eine künstlerische Richtung vorgegeben?

KLAUS MISSBACH: Es gab eine erste Phase, in der man sich kennen lernte und herausfand, dass man etwas miteinander zu tun haben wollte. Als wir uns dann die Hand gegeben hatten, „BochumBochum!" hieß das bei uns, fingen wir an, konkreter über Pläne und Mitarbeiter zu reden. Hartmann hatte im Laufe seiner Zeit als Regisseur an vielen großen Häusern gearbeitet. Das heißt ja auch immer, dass man vielen Menschen begegnet, Schauspielern, Bühnenbildnern, Dramaturgen, Autoren. Es entwickeln sich künstlerische Prozesse, die man weiterführen möchte. Teams entstehen, die eine gemeinsam begonnene Arbeit fortsetzen wollen. Matthias hatte also schon einige Vorstellungen, und dann war von Anfang an Thomas Oberender dabei, der als Autor und Botho-Strauß-Experte eher mit einer größeren Distanz zum Theaterbetrieb dazu stieß. Jeder von uns hat über seine Biographie Leute eingebracht, über die man nachgedacht hat. Wir haben versucht zu definieren, was wir bisher gemacht haben und was wir hier programmatisch vertreten wollen.

AXEL VON ERNST: Hat bei diesen Planungen auch der Ort eine Rolle gespielt? Die Stadt Bochum, das Ruhrgebiet.

KLAUS MISSBACH: Theater macht man meiner Meinung nach an einem Ort und für einen Ort und für die Menschen an einem Ort. Wir haben viel Zeit in Bochum verbracht. Um die Stadt zu spüren. Und auch, um zu sehen, welche Art von Theater dort gerade gemacht wird, welche Menschen ins Theater gehen. Das ist wahnsinnig interessant in so einer Vorbereitungszeit, seine eigenen Ideen zu messen, ins Verhältnis zu setzen mit den Gegebenheiten eines Ortes, mit den Menschen dort und dem zukünftigen Haus.

AXEL VON ERNST: Schränkte das dann die künstlerischen Absichten eher ein oder erweiterte der Kontakt mit Bochum die Möglichkeiten?

KLAUS MISSBACH: Künstlerisch will man immer nach den Sternen greifen. Dabei ist der Ort eine Herausforderung und keine Einschränkung. Das heißt, man sucht

Die Spielzeiten

Abb. rechte Seite:
Michael Wittenborn,
Johanna Gastdorf,
Angelika Richter
in *Minna von Barnhelm*
von Gotthold Ephraim
Lessing

eine zusätzliche Inspiration, die noch zu den eigenen Plänen und Ideen dazukommt. Wir haben sehr lange und immer wieder darüber gesprochen, was das Theater kann, was andere Medien nicht können. Das hat uns interessiert. Das neu zu denken und zu definieren. Was macht dieses scheinbar konservative und alte Medium heute in unserer Gesellschaft noch interessant? Wie können wir in unserer Zeit Leute dazu bewegen, mit uns auf die Reise zu gehen in fremde Welten, zu fremden Texten, Geschichten nachzuspüren, die uns bewegen? Wie kriegen wir sie an einen Ort zurück, an dem gesellschaftliche Kontroversen ihren Platz haben und wo man ästhetisch anders denkt und arbeitet als in anderen Medien?

AXEL VON ERNST: Ihr habt dann ein Vorbereitungsbüro im Rathaus bekommen. Wie muss man sich die Vorbereitungsarbeit vorstellen? Seid ihr viel herumgereist? Habt ihr Leute eingeladen?

KLAUS MISSBACH: Merkwürdige Situation. Jeden Tag mit dem Paternoster im Bochumer Rathaus in ein viereckiges Büro, in dem immer ein bisschen Hall war, keine Theaterluft um uns herum, keine Schauspieler auf den Gängen, keine Bühnenarbeiter. Anastasija Nimmer saß in diesem Büro, telefonierte den ganzen Tag für uns, organisierte unsere Reisen und wühlte sich mit uns durch die Berge der Bewerbungen. Das war unser Stützpunkt, von dem aus wir natürlich viel unterwegs waren, um unser Ensemble zusammenzustellen. Wir haben uns viele Schauspieler in Vorstellungen und Produktionen von Regisseuren angesehen und gleichzeitig an den Wochenenden auf der Probebühne im Schauspielhaus Vorsprechen organisiert. Zu diesen Vorsprechen haben wir Regisseure eingeladen, die später an unserem Haus arbeiten sollten.

AXEL VON ERNST: Wie wählt man die Schauspieler und Schauspielerinnen aus? Sagt man, man braucht so und so viele Damen und so und so viele Herren? Oder hängt das auch schon von der Stückplanung ab?

KLAUS MISSBACH: Das geht immer parallel. Man hat schon sehr früh Stücke im Kopf, die man unbedingt machen will, und die muss man besetzen können. Genauso gab es Schauspielerinnen und Schauspieler, mit denen wir unbedingt arbeiten wollten und von denen klar war, dass sie uns nach Bochum begleiten würden. Matthias hatte in München viel mit Fritz Schediwy gearbeitet, und ganz zu Anfang unserer Vorbereitungszeit klingelte das Telefon im Büro und Fritz fragte: „Wieso hast du mich noch nicht angerufen, ob ich mit nach Bochum komme?" Und Matthias sagte nur: „Ich muss dich doch nicht anrufen, das ist doch sowieso klar." Dann gibt es Regisseure, mit denen man zusammen arbeiten will, die auch Schauspieler vorschlagen. Es ist ein sehr intensiver und lang andauernder Prozess mit vielen schlaflosen Nächten und schwierigen Entscheidungen bis man die richtige, gute Mischung zusammen hat. Unser Ensemble kam aus vielen verschiedenen Städten und Theatern zusammen, Dörte Lyssewki und Ernst Stötzner beispielsweise kamen aus Berlin, Martina Eitner-Acheampong, Nele Rosetz, Thomas Büchel und Johann von Bülow aus Leipzig, Veronika Bayer, Marcus Kiepe und Franz Xaver Zach vom Düsseldorfer Schauspielhaus, Angelika Richter und Martin Rentzsch vom Thalia Theater Hamburg, Johanna Gastdorf und Fritz Schediwy vom Residenz Theater München und viele junge SchauspielerInnen wie Lena Schwarz, Julie Bräuning, Sonja Baum, André Meyer, Manuel Bürgin, Alexander Maria Schmidt direkt aus den Schauspielschulen in München,

193

Die Spielzeiten

Dörte Lyssewski
in *Hedda Gabler*
von Henrik Ibsen

Almut Zilcher,
Matthias Brandt
in *Rausch*
von August Strindberg

Zürich, Stuttgart und Berlin. Im Repertoiretheater, wie wir es am Schauspielhaus mit einem fest engagierten Ensemble machen, gilt immer noch die Regel, man muss etwa $^1/_3$ Damen und $^2/_3$ Herren haben. Das hat damit zu tun, dass fast in der gesamten klassischen Theaterliteratur die Rollen in diesem Verhältnis verteilt sind. Ändern kann das der Regisseur ja immer noch, aber ich muss erstmal die Möglichkeit haben, so besetzen zu können.

AXEL VON ERNST: Hattet ihr euch eine bestimmte Richtung für euer Programm ausgedacht? Ich kann mich an ein Interview von Matthias am Anfang erinnern, in dem er beispielsweise gesagt hat, dass er junge Autoren fördern wolle ...

KLAUS MISSBACH: Bei der Planung unserer ersten Spielzeit haben wir in langen und intensiven Gesprächen immer wieder über Texte, Themen und Autoren geredet, die eine Haltung zu unserer gesellschaftlichen Situation spiegeln. Das kann man in klassischen Theatertexten wieder finden, aber man sucht natürlich nach zeitgenössischen Autoren, die uns mit einem Standpunkt konfrontieren oder manchmal auch provozieren. Das ist immer ein Prozess, ein Fließen. Man liest viel, beobachtet Autoren, interessiert sich für sie. Dass Botho Strauß für uns ein wichtiger Autor ist, den wir in Bochum gerne ins Zentrum rücken wollten, war klar. Seit Matthias Hartmann die Uraufführung von *Der Kuß des Vergessens* in Zürich gemacht hatte, gab es einen sehr persönlichen Kontakt zu ihm. Sibylle Berg, eine Autorin, die noch gar keine Texte fürs Theater geschrieben hatte, lernten wir über den Regisseur Niklaus Helbling kennen, und aus dem ersten Stückauftrag wurden während unserer Zeit in Bochum drei äußerst spannende und erfolgreiche Uraufführungen. Lukas Bärfuss, einen jungen Schweizer Autor, haben wir in Zürich entdeckt und ihm seine allererste Auftragsarbeit fürs Theater gegeben. Das war damals *Die Reise von Klaus und Edith* ... Wir haben ihn ins Ruhrgebiet eingeladen, sind mit ihm viel hier durch Bochum gegangen, und sein schweizerdeutscher, fremder Blick auf Bochum hat uns extrem interessiert. Auch mit ihm entwickelte sich eine sehr intensive Zusammenarbeit, die über die gesamte Zeit anhielt. Er schrieb *Vier Bilder der Liebe* für Bochum, und in diesem Jahr haben wir von ihm *Die sexuellen Neurosen unserer Eltern* aufgeführt.

Die Idee, Peter Turrini mit einem Stück zur ersten Spielzeiteröffnung zu beauftragen, *Die Eröffnung*, war ein Glücksfall.

Insgesamt haben wir in den fünf Jahren von Matthias Hartmann 32 Ur- bzw. deutschsprachige Erstaufführungen im Spielplan gehabt. Das sind über $^1/_3$ der gesamten Produktionen.

AXEL VON ERNST: Hattet ihr besondere Befürchtungen während eurer Vorbereitungszeit in Bochum?

KLAUS MISSBACH: Befürchtungen hatten wir tatsächlich, nämlich in dem Moment, als wir anfingen, in Bochum ins Theater zu gehen und nicht in die Premieren, sondern mitten in der Woche. Ich kann mich noch daran erinnern, als ich *Maß für Maß* von Leander Haußmann gesehen habe, immerhin ein Shakespeare und eine Inszenierung, die künstlerisch absolut in Ordnung war, aber mit mir saßen etwa 40 weitere Zuschauer im leeren Schauspielhaus. Da kriegt man Angst. Claus Peymann saß übrigens auch in dieser Vorstellung. Der hat sich auch gewundert.

AXEL VON ERNST: Aber du hast sicher auch um das schwierige Verhältnis der damaligen Intendanz zum Publikum gewusst? Und damit auch um Probleme bei der Auslastung.

KLAUS MISSBACH: In vielen Städten wurde und wird über Besucherschwund, Theaterschließung, Finanzierungsprobleme gesprochen und nachgedacht, da bist du dir vorher nicht sicher, dass das ausgerechnet in Bochum nicht so sein wird. Man hat natürlich Hoffnung, weil man weiß, dass Bochum eine außergewöhnliche Theatertradition hat. Viele Leute, die wir in dieser Zeit hier kennen gelernt haben, sagten uns immer wieder, ihr schafft das, das Publikum kommt wieder. Aber das beruhigt einen nicht, solange man vorbereitet und warten muss, was passiert. Es gibt ja noch so einen Faktor, nämlich, dass das Schauspielhaus Bochum und das Deutsche Schauspielhaus in Hamburg die einzigen Häuser sind ohne festes Abonnementsystem. Und zwar, weil es an beiden Häusern Peter Zadek als Intendant einfach abgeschafft hat. Mit einem festen Abonnement kann man gewisse Risiken im Spielplan absichern. Man weiß, man hat eine Reihe von Vorstellungen, da sind schon mal 200 Leute dabei. Das gibt es in Bochum nicht. Wir haben ein Wahlabonnement, das heißt, dass im Publikum nur Leute sitzen, die völlig frei entschieden haben, ich

Die Spielzeiten

gehe heute Abend in Tschechows *Iwanow* oder in Gorkis *Kinder der Sonne*. Und das wiederum ist ein großer Vorteil, wenn ein Theater gut läuft, eine Erfahrung, die wir aber erst etwas später genießen konnten. Dass heute am Ende unserer letzten Spielzeit mehr Leute mit ihrem Abo die Vorstellungen sehen wollen, als wir Plätze haben, ist ein Luxusproblem, das wir uns am Anfang nicht im Entferntesten hätten träumen lassen. Wir mussten den Verkauf von Wahlabos kürzlich stoppen.

AXEL VON ERNST: War es eine Überlegung, aus der Haußmann-Zeit etwas zu übernehmen?

KLAUS MISSBACH: Natürlich stellt man, wenn man neu an ein Haus kommt, seine eigenen künstlerischen Absichten in den Vordergrund. Aber man findet ja nicht alles schlecht, was man vorfindet. Jürgen Rohe, Margit Carstensen, Manfred Böll stellten eine große Bereicherung für das Theater dar, das wir vorhatten. Wir waren froh, dass sie bleiben wollten. Und Jürgen Kruse, Direktionsmitglied der alten Intendanz, mit seiner Exzentrik und seinem unbedingten theatralischen Wollen ist immer ein spannender Regisseur gewesen. Er hat fünf Inszenierungen bei uns gemacht.

AXEL VON ERNST: Wie wurden die neue Leitung und das Ensemble in Bochum aufgenommen? Welche Hoffnungen hat man in euch gesetzt?

KLAUS MISSBACH: Jede Stadt setzt große Hoffnungen in einen neuen Intendanten. Das haben wir auch gespürt, als wir in Bochum angefangen haben. In einer Zeit, in der Länder und Kommunen so stark unter finanziellem Druck stehen, ist das Theater immer bedroht. Und immerhin ist das Schauspielhaus eines der Sprechtheater mit der größten Tradition im deutschsprachigen Raum. Hier waren fast zu allen Zeiten die besten Regisseure und Schauspieler engagiert. Viele Schauspieler verbinden mit Bochum wunderbare Zeiten. Sie schwärmen von der Architektur der Theaterräume, von dem fantastischen Publikum.

AXEL VON ERNST: Ihr habt sehr viele Premieren gemacht. War das auch gleich so geplant?

KLAUS MISSBACH: Man hat ein Theater und plant Produktionen und hat Lust, viele Stücke zu zeigen, mit vielen Leuten zusammen zu arbeiten. Wir hatten uns vorgenommen, jeden Abend zu spielen. Wir wollten so wenig Schließtage wie möglich. Ich glaube, wir haben uns permanent überfordert. Glücklicherweise haben viele Mitarbeiter das ausgehalten und geholfen, dass jeden Abend Theater stattfinden kann. Jeder hat gespürt, dass das Publikum wieder gerne ins Haus kommt. Besonders die Werkstätten und die Bühnentechnik haben Sachen hingekriegt, die eigentlich gar nicht klappen konnten. Plötzlich hat uns beispielsweise Botho Strauß die Uraufführung von *Der Narr und sein Frau heute abend in Pancomedia* angeboten, mitten in der ersten Spielzeit. Alles war verplant. Wir fanden das Stück aber so spannend, dass wir es unbedingt machen wollten. Wir haben es gewagt, und es hat sich gelohnt. Eigentlich eine Überforderung des ganzen Hauses.

AXEL VON ERNST: Besonderen Erfolg hattet ihr ja damit, dass einige Prominente hier auf die Bühne kamen. War das von Anfang an Teil eurer Planung?

KLAUS MISSBACH: Das war nicht nur am Anfang kein Konzept, das war auch später kein Konzept. Wenn wir davon überzeugt waren, dass das künstlerisch richtig war, haben wir das gemacht. Bei Harald Schmidt war uns klar, dass er ein wun-

Armin Rohde
in *König Richard III.*
von William Shakespeare

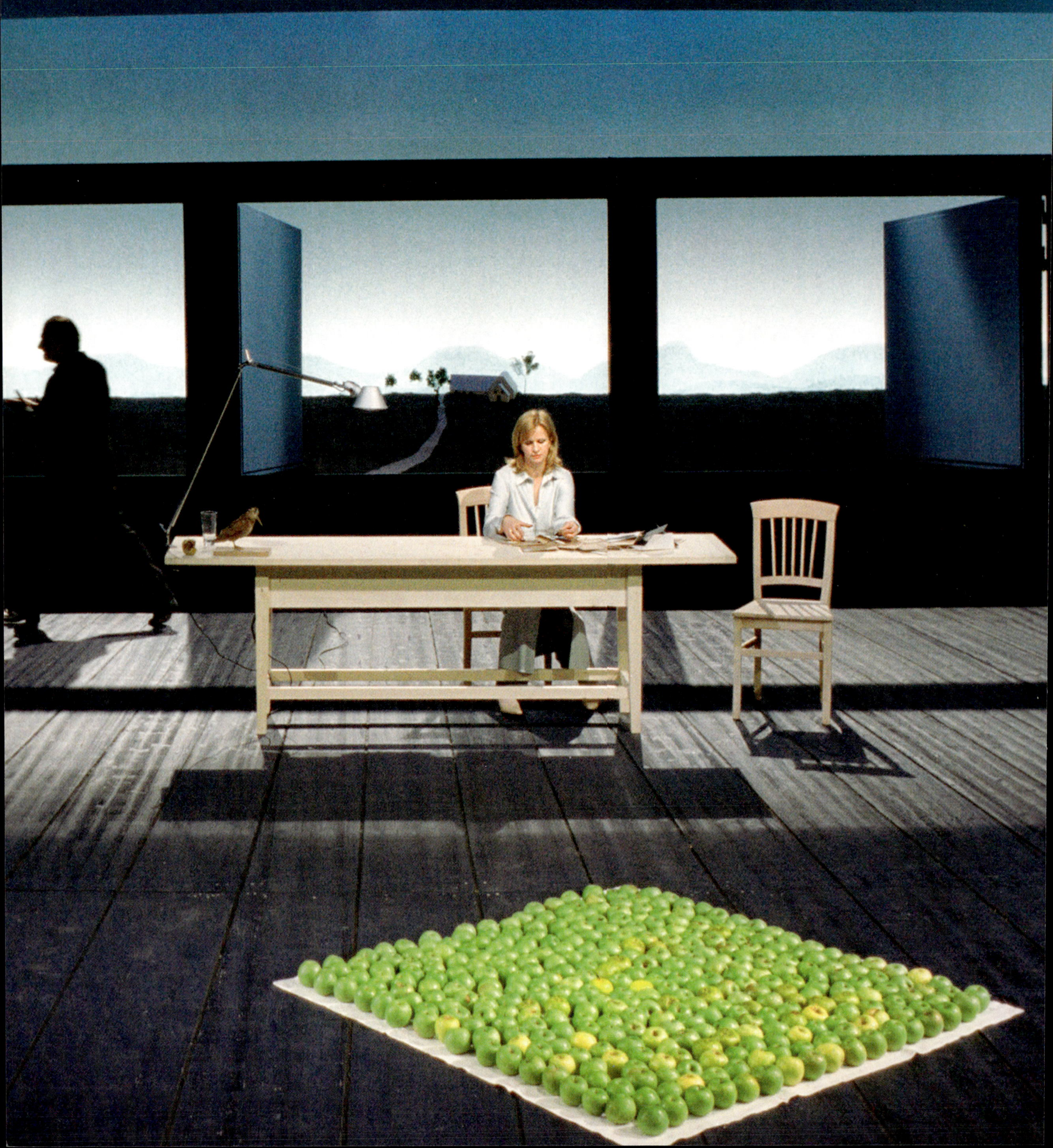

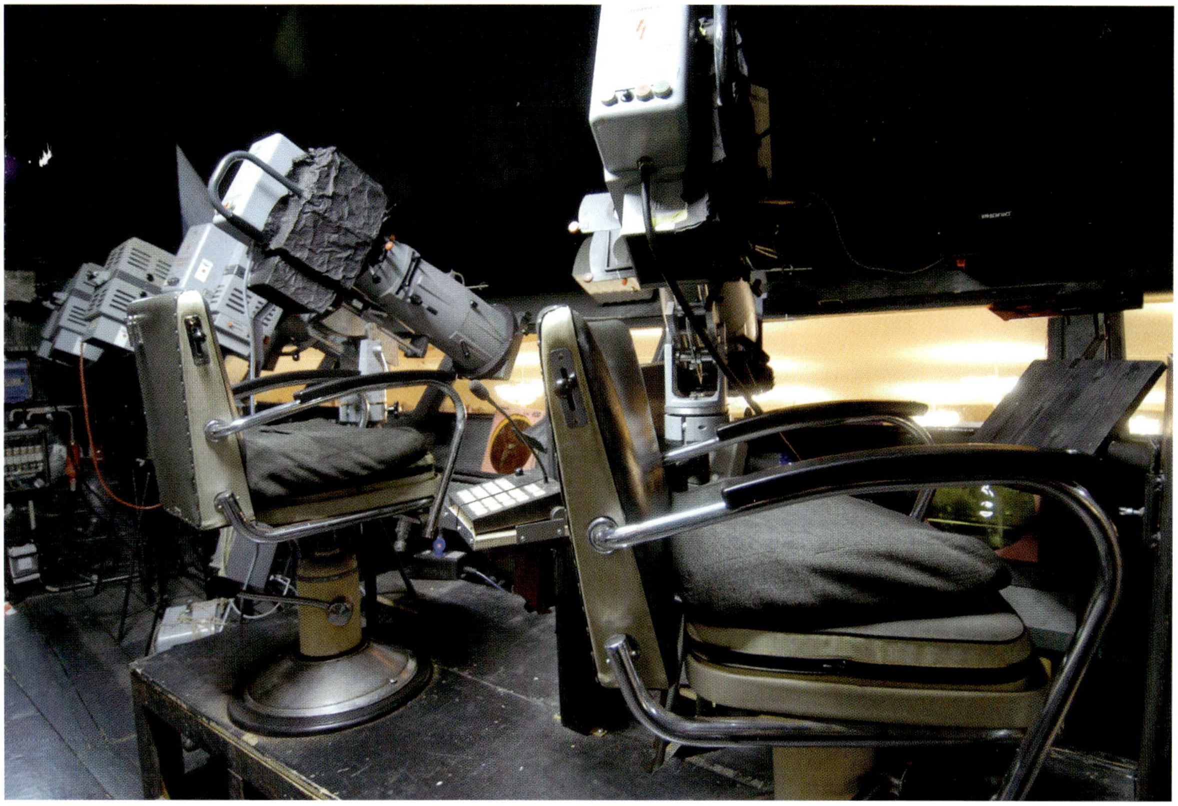

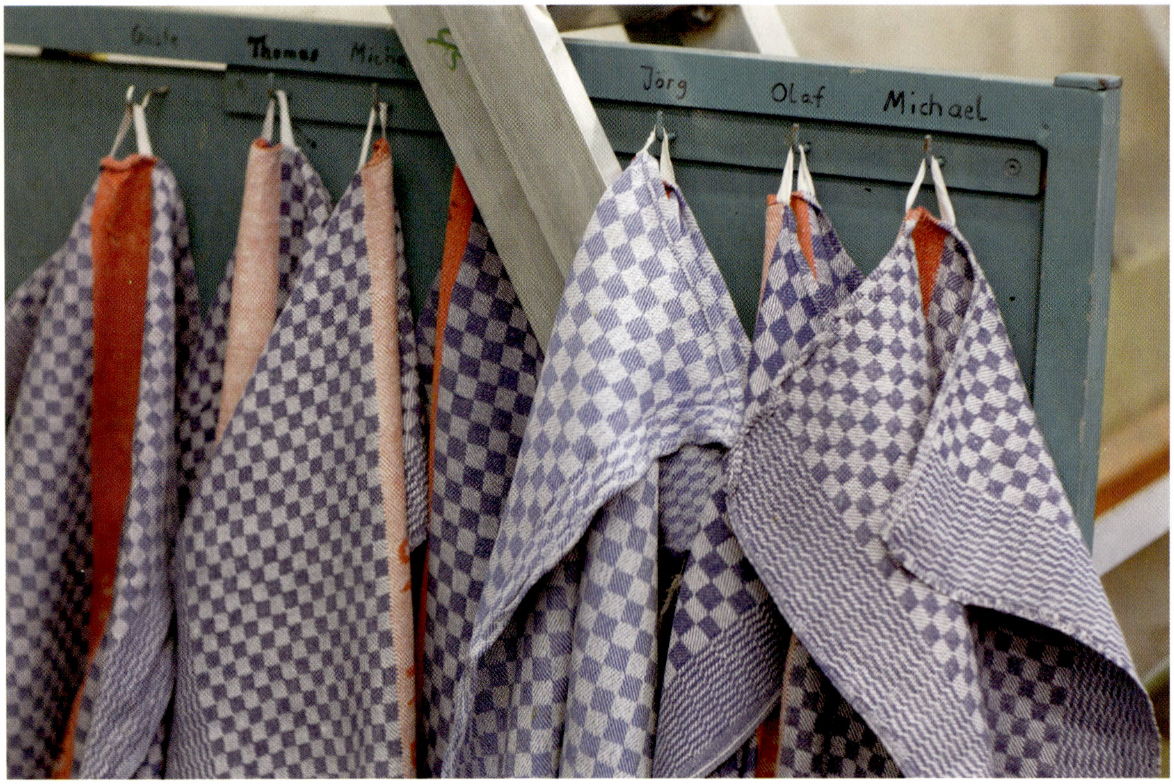
Thomas
Jörg
Olaf
Michael

Die Statistik

SCHREINEREI_Leitung Jürgen Brucks **SchreinerInnen** Vitalij Grauberger, Andreas Rauth, Britta Sabanovic, Ursula Schemme, Oliver Sievers

SCHNEIDEREI_Kostümdirektorin Britta Brodda **Gewandmeisterin Damen** Cornelia Fischer, Patricia Weide **Gewandmeister Herren** Dieter Zunke **Damenschneiderinnen** Meike Bludau, Karin Clevinghaus, Anke Flüs, Claudia Hellwig, Brigitte Köhler, Christa Krause, Anne Reitmeier, Ellen Salewsky, Doris Schaefer, Petra Woytke **HerrenschneiderInnen** Erich Ciecior, Monika Drost, Jörg Liebisch, Martin Mandla, Andrea Poglajen-Loetters, Christel Sareyka, Hans-P. Schneider, Ann-Kathrin Selthofer, Nicole Weber-Meyer, Nicole Wippich, Robert Zydek **Auszubildende_**Christian Hölbing, Mario Schönmann

ANKLEIDERINNEN_ Margarete Baumann, Annemarie Bretschke, Oumlaid Koch, Silvia Stemmer

SCHUHMACHER_ Ralf Oberste-Beulmann

PUTZMACHERIN_ Andrea Räckers

FUNDUSVERWALTER_ Guido Hußmann

MASKE_Chefmaskenbildner Francis Clément Jadoul, Thorsten Kirchner, Werner Merz **Stellv. Chefmaskenbildner** Georg Herzog, Markus Pannhausen **MaskenbildnerInnen** Judith Aretz, Tanja Bade, Christian Bernecker, Thomas Brackmeyer, Parwin Fakir, Pavel Holinka-Szangolies, Markus Hollinger, Jens Holstein, Monika Jankowski, Marion Jünemann, Bettina Krantz, Stefanie Lingener, Barbara Lork, Henryk Minkiewicz, Astrid Schenkel, Ursula Schürer, Edith Thom, Ulrike Tischler, Heike Wolff **Auszubildende** Birte-Regine Greiwe, **Volontärin** Judith Rauprich

REQUISITE_Leitung Kornelia Helisch **RequisiteurInnen** Andrea Figger, Astrid Freyer, Sonja Kaszuba, Walter Ludwig, Rainer Peters, Juliane Reincke, Wolfgang Vogt **Volontärin** Jessica Cosse

VERWALTUNG_Leitung Brigitte Käding **Sekretariat** Petra Halfmeier, Christiane Koschollek **Personalabteilung** Tobias Fritzsche, Elke Günthner, Gabriele Hackel-Pieczonka, Heike Melkau, Siegfried Szyska(†) **Rechnungsangelegenheiten** Heinz-Jürgen Brandtstedt, Sandy Dirks, Elke Neuhaus **Controlling und Datenverarbeitung** Ute Hellwig **EDV** Sebastian Fitz, Michael Kowalczyk **Haus- und Gebäudeverwaltung** Alfred-Otto Fleischmann(†), Linda Timmermann **Urheberrechte / Werbung / Gastspiele** Ulrike Klimach, Petra Schliep

THEATERKASSE / ABOBÜRO_(Mietengeschäftsstelle)**_Leitung** Renate Holtei **Vertreter** Dirk Welschehold **MitarbeiterInnen** Christina Brand, Renate Dehnhardt, Sandy Dirks, Beatrice Feldmann, Heike Glöckner, Claudia Kreimendahl, Christa Meinhart, Stefani Minner, Anja Minor, Christel Müller, Eylem Özgeday, Heike Reinders, Ursula Steingaß, Linda Timmermann, Friedrich Wichmann **Telefonservice** Sevgi Ceylan, Petra Halfmeier, Ellen Heiermann, Petra Krollikowski, Beatrice Mellinghoff-Lihs, Katja Srodan, Tanja Umbach

EINLASS / GARDEROBE_Leitung Ulrike Klimach **Vertreterinnen** Regina Koch, Renate Münch **Mitarbeiterinnen** Dragina Barzik, Rosel Christa Bönnemann, Olga Doering, Erika Ganskop, Heide Goihl, Ute Grutsch, Carola Gurok, Rita Held, Christiane Kunick, Emilie Quetschke, Ingrid Reinsch, Tülay Szyska, Birgit Uschkurat

HAUSDIENST_ Manfred Bartnick, Oliver Bußmann, Rolf Hagenbucher, Udo Hermes, Rainer Normann, Helge Werthschütz

PFORTE_ Rosel Christa Bönnemann, Ursula Häffner, Cornelia Kiszka, Ingrid Kretschmann(†), Wolfgang Kroner, Wolfgang Kühnemund, Ilse Ochs, Cornelia Skusa, Barbara Sonnak, Margot Steinhaus **Nachtpforte** Klaus Berschneider(†), Bernhard Jeloneck, Wolfgang Welt

TRANSPORTARBEITER_Leitung Heinz Büdding, Bernhard Kampik **Mitarbeiter** Ulrich Brozio, Jürgen Gönder, Christian Kückelheim, Rainer Schmack, Hans-Joachim Schröder **Kraftfahrer** Willy Doering **Bote** Rolf Schmitz

GASTRONOMIE_Leitung Tom Walter **Büro** Birgit Antonius **Speisekammer Leitung** Hilde Belarbi, Jochen Stein **Köche** Frank Abel, Thomas Canavan, Kerstin Kornetzki, Thomas Taschner **Eve Bar Leitung** Lena van Dornick

KANTINE_ Erika Heisterkamp, Balan Kailasapillai, Bianca-Carina Kerpen, Elken Krüger, Agnes Rusin, Iris Schab, Angelika Stanek

REINIGUNGSDIENST_Leitung Rosel Bomm **Reinigungskräfte** Ulrike Andrejewski, Anne Czerniewicz, Ingrid Dörrmann, Sigrid Gramer, Carola Jurok, Verena Kewiz, Marlene Klicinski, Jutta Kronenberg, Giovanna Liotile, Elke Mertsch, Sigrid Niemeyer, Maria Peschke, Monika Rolff, Brigitte Teichmann, Karin Towara, Nurten Ügur, Ingrid Welskopf, Marzena Wenerski, Martina Wischneschki, Christine Zitelli **Spätdienst** Fatma Cebeci, Lieane Hübner, Dagmar Messaoudi, Jana Petroschke

Stucky, Ingmar Süberkrüb, Marion Terbuyken, Jeroen Visser, Christoph Maria Wagner, Lars Wittershagen

VIDEO_Katrin Bethge, Ralf Bury, Philip Bußmann, Christian Davi, Peer Engelbracht, Aram Geraets, Piotr Gregorowicz, Stephan Komitsch, Kornel Miglus, Philipp Reuter, Hasko Sadrina, Filip Zumbrunn

COMPUTERANIMATION_Christopher Lensing

CHOREOGRAFIE_Sabine Amadia, Luciana Benosilio, Meret Hottinger, Salomon Nägeli, Stefan Nölle, Anna Pocher, Thomas Rascher, Salome Schneebeli, Thomas Stache, Anthony Taylor

KAMPFTRAINING_Klaus Figge

PUPPENSPIEL_Evelyn Arndt, Kathrin Krone

REGIEASSISTENZ_Jana Arnhold, Florence Behm, Nadine Frensch, Tobias Fritzsche, Marlin de Haan, Michaela Kuczinna, Martin Laberenz, Katja Lauken, Alexandra Liedtke, Marc Lunghuß, Britta Mannes, Christoph Nitz, Christian Papke, Charlotte Roos, Christine Rudolph, Astrid Schenka, Raimund Scherhorn, Michael Schlothane, David Unseld, Christopher Werth, Orazio Zambelletti

BÜHNENBILD- UND KOSTÜMASSISTENZ_Stefanie Anders, Dagmar Bald, Anna Bauer, Victoria Behr, Christel Bergmann, Veronika Bleffert, Constanze Böhm, Katja Brunner, Sarah Budde, Alexander Büchel, Cathrin Dahm, Steffi Dellmann, Jean-Marc Desbonnets, Martin Dolnik, Turid Eulen, Kerstin Feldmann, Franz Gronemeyer, Grit Groß, Natalia Haagen, Stefanie Heinrich, Kathrine von Hellermann, Diana Hellwig, Lisa Kentner, Katrin Kersten, Katherina Kopp, Mareile Krettek, Andrea von Krüchten, Aino Laberenz, Jessica Laou, Katharina Meintke, Margarethe Mielentz, Muriel Nestler, Vanessa Sahm, Raimund Scherhorn, Kathrin Schlecht, Tobias Schunck, Yvette Schuster, Sara Stachowiak, Carolin Stübler, Galja Taneva, Jennifer Thiel, Olga Ventosa Quintana, Lena Wolf, Kathrin Wortmann, Steffi Wurster

INSPIZIENZ_Franz Ahlke, Christina Baston, Gerd Beiderbeck, Christiane Laux, Alexander Störzel

SOUFFLEUSEN_Beate Bagenberg, Tanja Brügger, Ingeborg Maria Gierich, Sybille Hadulla-Kleinschmidt, Jutta Kaiser, Regina Kroneberg, Gertrud Kunkel, Erika Neutzler (†), Jutta Schneider, Birgit Wabra-Fathi

STATISTERIE_Beatrice Feldmann, Michaela Kuczinna, Michaela Schäper

TECHNISCHE LEITUNG_Technischer Direktor und Bühnentechnischer Leiter Ralph Hillbrand, Oliver Kroll, Gotthard Wulff Assistentin des Technischen Direktors Alexandra Kaiser

Werkstättenleiter Peter Schulz Sekretariat Marion Treckmann Technischer Assistent Til Blume Produktionsleiter Magnus Freudling, Eric Müller Bühnenobermeister Michael Mikolajczak, Franz Schenkel Bühnenmeister Uwe Marx, Dirk Schnabel

BÜHNENTECHNIK_Marc Albrecht, Thomas Arndt, Verena di Battista, Thorsten Bendix, Michael Doering, Andreas Dudzik, Holger Dünnebacke, Klaus Fabri, Andreas Fernau, Erwin Fiebrandt, Reinhard Frese, Udo Giehl, Walter Gräwe, Dirk Günther, Jakub Hilmar, Stefan Hofmeister, Jörg Hommann, Martin Jacob, Andreas Korfmann, Detlef Kornath, Frank Koslowski, Frank Kuhlmeier, Abdelkadar Lashab, Hans-G. Ludwiczak, Alfred Lübbehusen, Lucian Martin, Thomas Marx, Michael Mollenhauer, Klaus-D. Mosebach, Rudolf Orzel, Tobias Pauli, Maik Rohnke, Christof Rusin, Peter Schaffrinna, Olaf Schmeink, Jürgen Schnurbusch, Björn Schumacher, Martin Sievering, Oliver Sievers, Christian Szyska, Ali Tugrul, Uwe Wagner, Hans-Jürgen Weiß, Dirk Wils, Klaus Wolf, Thomas Wrobel Auszubildende Jessica Garske, Daniel Graczyk, Ronny Kirlum, Daniel Lüder, Manuel Milek

BELEUCHTUNG_Leitung Bernd Kühne Lightdesigner Peter Bandl Beleuchtungsobermeister Andreas Bartsch Beleuchtungsmeister Ansgar Evers, Bernd Felder, Tanja Grewing, Peter Stachura Beleuchtungsassistent Paulus Vogt Beleuchter Timo Berghaus, Uwe Böller, Armin Bönnemann, Fiorenzo Bonazza, Jens Dobrinski, Hans Dzwigoll, Norbert Eggers, Thomas Giehl, Daniel Graczyk, Christoph Jacob, Detlev Jon, Wolf-Dieter Krause, Ralf Lau, Waldemar Lehmann, Frank Lukaschewski, Ulrich Meist, Axel Middeke, Alfred Rapp, Max Reinhardt, Dominyk Salenga, Jörg Schumacher, Thomas Sikora, Michael Stumpf, Dieter Vesper, Paul Wallraff, Michael Zoll

TECHNIK UND BELEUCHTUNG TUT_Alexander Gershman

TON_Leitung Christoph Bonk, Andreas König, Hans Rosolski Tontechniker Andreas Eich, Matthias Fleskes, Karl Haase, Jürgen Jaeger, Michael Klank, Frederic Mingo, Sascha Wehmeier Freie Mitarbeit Ingo Behrens, Felix Lange, Jan Seiffert, Andy Simon

MALERSAAL_Leitung Gudrun Schönbeck-Wach, Hans-Peter Schubert TheatermalerInnen Walter Grawit, Silke Hobusch, Marcus Loer, Anja Mauruschat, Fritz S. Wollschläger Theaterbildhauer und Kascheur Gert Angres, Friedrich Gesell Näherin Evelyn Ackers, Heike Küsell Maler Holger Krämer, Jörg Palmberg Auszubildende Claudia Doms

POLSTEREI_Leitung Helge Ritter Mitarbeit Verena di Battista, Britta Sabanovic, Jürgen Schröder Dekorateurin Julia Wagner

SCHLOSSEREI_Leitung Olaf Schug Schlosser Michael Bitzkowski, Jörg Borrmann, Michael Holle, Thomas Marx, Joachim Stroka, Jürgen Teneyken (†)

Alle Mitarbeiter 2000–2005

INTENDANZ_Intendant Matthias Hartmann **Persönliche Referentin des Intendanten** Lucia Wiesner **Verwaltungsdirektor** Jürgen Braasch **Persönliche Referentin des Verwaltungsdirektors_**Anastasija Nimmer **Betriebsdirektor** Rolf D. Suhl **Assistentin des Betriebsdirektors** Natalie Fingerhut, Britta Kampert

KÜNSTLERISCHES BETRIEBSBÜRO_Leiterin des Künstlerischen Betriebsbüros Jutta van Asselt **Disponent** Andreas Bloch

DRAMATURGIE_Geschäftsführender und leitender Dramaturg Klaus Mißbach **Leitender Dramaturg** Dr. Thomas Oberender **DramaturgInnen** Viola Eckelt, Andreas Erdmann, Martin Fendrich, Silvia Manz **Gast_**Bernd Stegemann **Dramaturgiemitarbeit** Petra Biederbeck **Dramaturgiesekretariat_**Susanne Kreuzer

KOMMUNIKATION_Presse- und Öffentlichkeitsarbeit Kirsten Herkenrath, Sigrid Wilhelm **Mitarbeit_**Britta Bleckmann, Anne Brendgen **Marketing und Vertrieb** Kerstin A. Dorscht, Heike Hempen, Ingolf Müller **Grafik** Jan Frerichs, Heidrun von Irmer, HD Schellnack

JUNGES SCHAUSPIELHAUS_Leitung Annette Raffalt **Mitarbeit** Diana Maria Breuer, Nadine Frensch, Peter Raffalt **Theaterpädagogik** Sandra Anklam

THEATER UNTER TAGE_Leitung Alexandra Liedtke

REGIE_ Hans-Ulrich Becker, Karin Beier, Helm Bindseil, David Bösch, Luc Bondy, Thomas Dannemann, Tankred Dorst, Titus Georgi, Dieter Giesing, Elmar Goerden, Jürgen Gosch, Marlin de Haan, Maria Happel, Matthias Hartmann, Niklaus Helbling, Karin Henkel, Martin Höfermann, Jürgen Kruse, Katja Lauken, Alexandra Liedtke, Marc Lunghuß, Gil Mehmert, Wilfried Minks, David Mouchtar-Samorai, Sebastian Nübling, Sebastian Orlac, Isabel Osthues, Christina Paulhofer, Klaus Pohl, Philipp Preuss, Annette Pullen, Annette Raffalt, Stephan Rottkamp, Patrick Schlösser, Christian Schlüter, Georg Schmiedleitner, Helge Schneider, Samuel Schwarz, Kathrin Sievers, Wolf-Dietrich Sprenger, Nicolas Stemann, Ernst Stötzner, Christopher Werth

BÜHNE UND KOSTÜME_Ausstattungsleiter Volker Hintermeier **Leitende Kostümbildnerin** Su Bühler **Bühnen- und KostümbildnerInnen** Victoria Behr, Esther Bialas, Moidele Bickel, Ele Bleffert, Veronika Bleffert, Beatrice von Bomhard, Stefan Brandtmayr, Steffi Bruhn, Klaus Bruns, Steffi Dellmann, Martin Dolnik, Thomas Dreißigacker, Barbara Drosihn, Urte Eicker, Henrike Engel, Florian Etti, Fred Fenner, Sabin Fleck, Muriel Gerstner, Hugo Gretler, Grit Groß, Anke Grot, Alex Harb, Heinz Hauser, Kathrine von Hellermann, Karl-Ernst Herrmann, Andy Hohl, Rudolf Jost, Eva Karobath, Julia Kaschlinski, Lisa Kentner, Katrin Kersten, Lydia Kirchleitner, Bernhard Kleber, Thorsten Klein, Alissa Kolbusch, Katherina Kopp, Petra Korink, Julia Krenz, Aino Laberenz, Stéphane Laimé, Kathi Maurer, Stefan Mayer, Nina von Mechow, Uta Meenen, Silvia Merlo, Wilfried Minks, Alexander Müller-Elmau, Muriel Nestler, Amra Rasidkadic, Franziska Rast, Christiane Reikow, Achim Römer, Maria Roers, Kathrin Schlecht, Johannes Schütz, Ulrike Schulze, Tobias Schunck, Thomas Schuster, Yvette Schuster, Robert Schweer, Nini von Selzam, Regine Standfuss, Jan Steigert, Barbara Steiner, Nicolas Stemann, Ulf Stengl, Gabriele Sterz, Klaus Teepe, Dirk Thiele, Anna Sofie Tuma, Gesine Völlm, Katja Wetzel, Caritas de Wit, Erich Wonder, Chantal Wuhrmann

PUPPENBAU_ Constanze Schuster

MUSIK_ Oliver Aigner, Mart Barczewski, Ernst Bechert, Gerd Bessler, Thomas Bloch-Bonhoff, Karlos Boes, Jochen Bosak, Arno Bovensmann, Jörg Brinkmann, Sandra Burchartz, Martin Busen, Peter Deinum, Arne Eickenberg, Jakob Eihof, Florian Esch, Fritz Feger, Matthias Flake, Hans-Helge Gerlik, Gerhard Giel, Mike Gosen, Matthias Hartmann, Frank Heierli, Thomas Hertel, Sebastian Herzfeld, Florian Hoffmann, Oliver Holland, Felix Huber, Jürgen Jaeger, Matthias Jahner, Michael Kadelbach, Christoph Kammer, Klaus Kappmeyer, Jörg Kinzius, Valerij Kisseljow, Frank Köllges, Jouri Kostew, Fabian Krüger, Bernd Kullak, Ingmar Kurenbach, Daniel Lager, Marius Lange, Stephan Langenberg, Andreas Laux, Eun-Young Lee, lotte ohm., Michael Lutz, Holger Marseille, Parviz Mir-Ali, Max Müller, Malte Preuss, Dirk Raulf, Karsten Riedel, Peter Rimpau, Sergej Rybnikow, Michael Sauter, Thomas Schäfer, Kathrin Scheer, Patrick Schimanski, Ole Schmidt, Helge Schneider, Christof Schnelle, Romano Schubert, Martin Schütz, Jay Schwartz, Jörg Seyffarth, Anne Simmering, Sina, Lothar von Staa, Henning Stoll, Erika

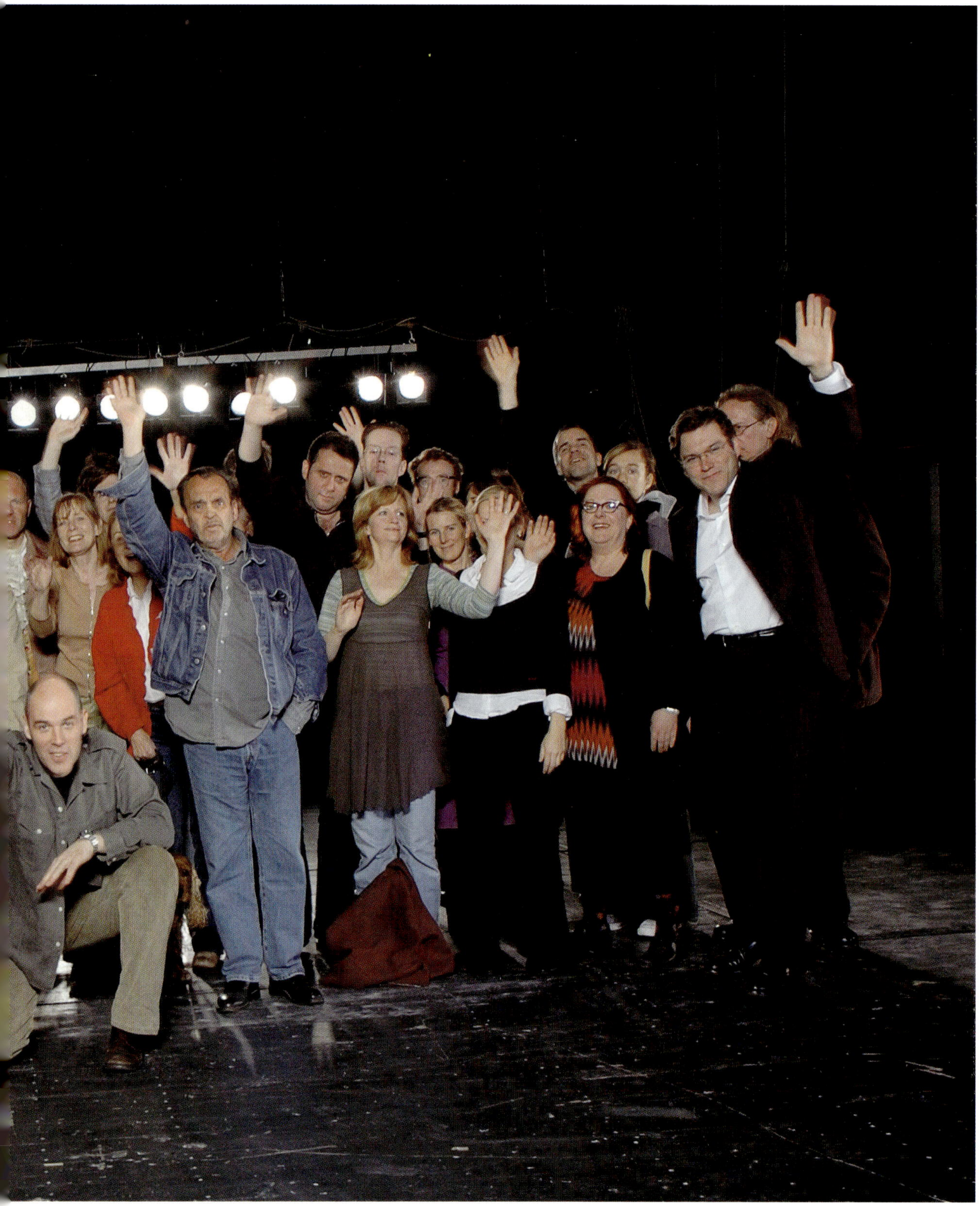

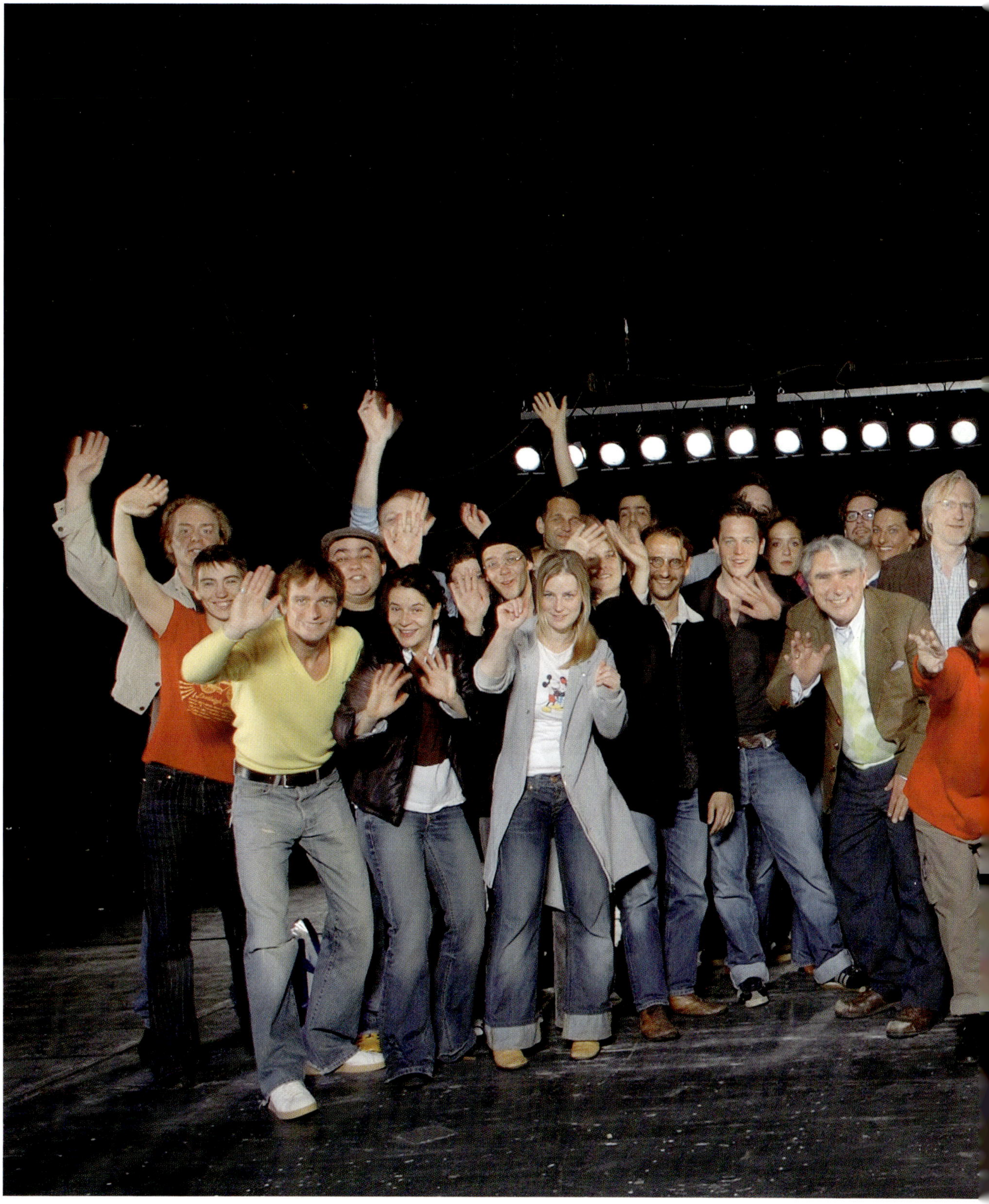

Sergej Gleithmann, Lucas Gregorowicz,
Klaus-Peter Haase, Markus Haase,
Michael Hanemann, Alfred Herms,
Philipp Hochmair, Thomas Hodina,
Silvester von Hösslin, Thomas Huber,
Dieter Hufschmidt, Robert Hunger-Bühler,
Jan Kämmerer, Jan-Peter Kampwirth,
Özgür Karadeniz, Friedhardt Kazubko,
Tilo Keiner, Burghart Klaußner,
Peter Knaack, Lothar Kompenhans,
Joachim Król, Mirko Lang,
Thomas Limpinsel, Martin Lindow,
Peter Luppa, Oliver Masucci,
Alexander May, Thomas Meinhardt,
Wolfgang Michalek, Andreas Möckel,
Tobias Moretti, Volker Mosebach,
Volker Muthmann, Oliver Nägele,
Andreas Pietschmann, Jörg Pohl,
Tim Porath, Friedrich-Karl Praetorius,
Gabriel Raab, Michael Ransburg,
Michael Rastl, Matthias Redlhammer,
Hans-Michael Rehberg, Martin Reinke,
Armin Rohde, Otto Sander,
Heribert Sasse, Roland Schäfer,
Clemens Schick, Alexej Schipenko,
Harald Schmidt, Christian Schneller,
Henning Sembritzki, Wolf-Dietrich Sprenger,
Philipp Stengele, Oliver Stokowski,
Peter Striebeck, Mirko Thiele,
Peter Thoms, Günter Tuchel,
Max Urlacher, Volker Weidlich,
Alexander Weise, Wolfgang Welt,
Friedrich Witte, Michael Wittenborn,
August Zirner

**Studierende der Folkwang Hochschule
Studiengang Schauspiel Bochum**

Jan Bluthardt, Björn Bonn,
Markus Brandl, Jean-Luc Bubert,
Jan Byl, Matthias Gall,
Björn Jacobsen, Jan-Peter Kampwirth,
Arne Lenk, Markus Lerch,
Volker Muthmann, Jörg Pohl,
Roland Riebeling, Roman Schmelzer,
Konrad Singer, Laurens Walter,
Timo Wenzel, Friedrich Witte,
John Wesley Zielmann

Ensemble 2000–2005

Schauspielerinnen

Sonja Baum, Veronika Bayer,
Maja Beckmann, Julie Bräuning,
Diana Maria Breuer, Jele Brückner,
Margit Carstensen, Martina Eitner-Acheampong,
Johanna Gastdorf, Dörte Lyssewski,
Angelika Richter, Nele Rosetz,
Tana Schanzara, Lena Schwarz,
Cathérine Seifert

Gäste

Manuela Alphons, Renate Becker,
Lina Beckmann, Anne-Marie Bubke,
Lea Draeger, Bettina Engelhardt,
Sophie Engert, Wiebke Frost,
Susanne Gärtner, Marina Galic,
Sina-Maria Gerhardt, Diana Greenwood,
Maria Happel, Sabine Haupt,
Simone Henn, Irm Hermann,
Mavie Hörbiger, Chris Hohenester,
Nina Hoss, Julia Klomfaß,
Kathi Kriegel, Katharina Lorenz,
Alexandra Lowygina, Ulli Maier,
Dagmar Manzel, Katharina Müller-Elmau,
Barbara Nüsse, Nadja Petri,
Josefin Platt, Anne Ratte-Polle,
Ulrike Recknagel, Petra Redinger,
Yvonne Ruprecht, Annelore Sarbach,
Ingrid Schaller-Rohe, Maja Schöne,
Antje Charlotte Sieglin, Sina,
Sara Sommerfeldt, Catrin Striebeck,
Erika Stucky, Katharina Thalbach,
Anne Tismer, Lilly Marie Tschörtner,
Friederike Wagner, Carolin Weber,
Almut Zilcher

Studierende der Folkwang Hochschule Studiengang Schauspiel Bochum

Lina Beckmann, Maya Bothe,
Cornelia Dörr, Sina-Maria Gerhardt,
Katja Herrmann, Nora-Marie Horstkotte,
Lisa-Marie Janke, Nora Jokhosha,
Vera Kasimir, Julia Philippi,
Rike Schäffer, Cathérine Seifert,
Antje Charlotte Sieglin, Silvia Weiskopf

Schauspieler

Manfred Böll, Matthias Brandt,
Thomas Büchel, Johann von Bülow,
Manuel Bürgin, Haymon Maria Buttinger,
Ralf Dittrich, Tomas Flachs Nóbrega,
Jost Grix, Patrick Heyn,
Martin Horn, Marcus Kiepe,
Fabian Krüger, Matthias Leja,
Michael Maertens, André Meyer,
Bernd Rademacher, Peter Raffalt,
Martin Rentzsch, Jürgen Rohe (†),
Fritz Schediwy, Alexander Maria Schmidt,
Maik Solbach, Ernst Stötzner,
Felix Vörtler, Franz Xaver Zach,
Johannes Zirner

Gäste

Michael Altmann, Tonio Arango,
Wolf Bachofner, Peter Bernhardt,
Marcus Bluhm, Jan Bluthardt,
Georg-Martin Bode, Thorsten-Kai Botenbender,
Achim Buch, Traugott Buhre,
Denis Burgazliev, Karim Chérif,
Hans Diehl, Sebastian Dunkelberg,
Andreas Ebert (†), Peter Fitz,

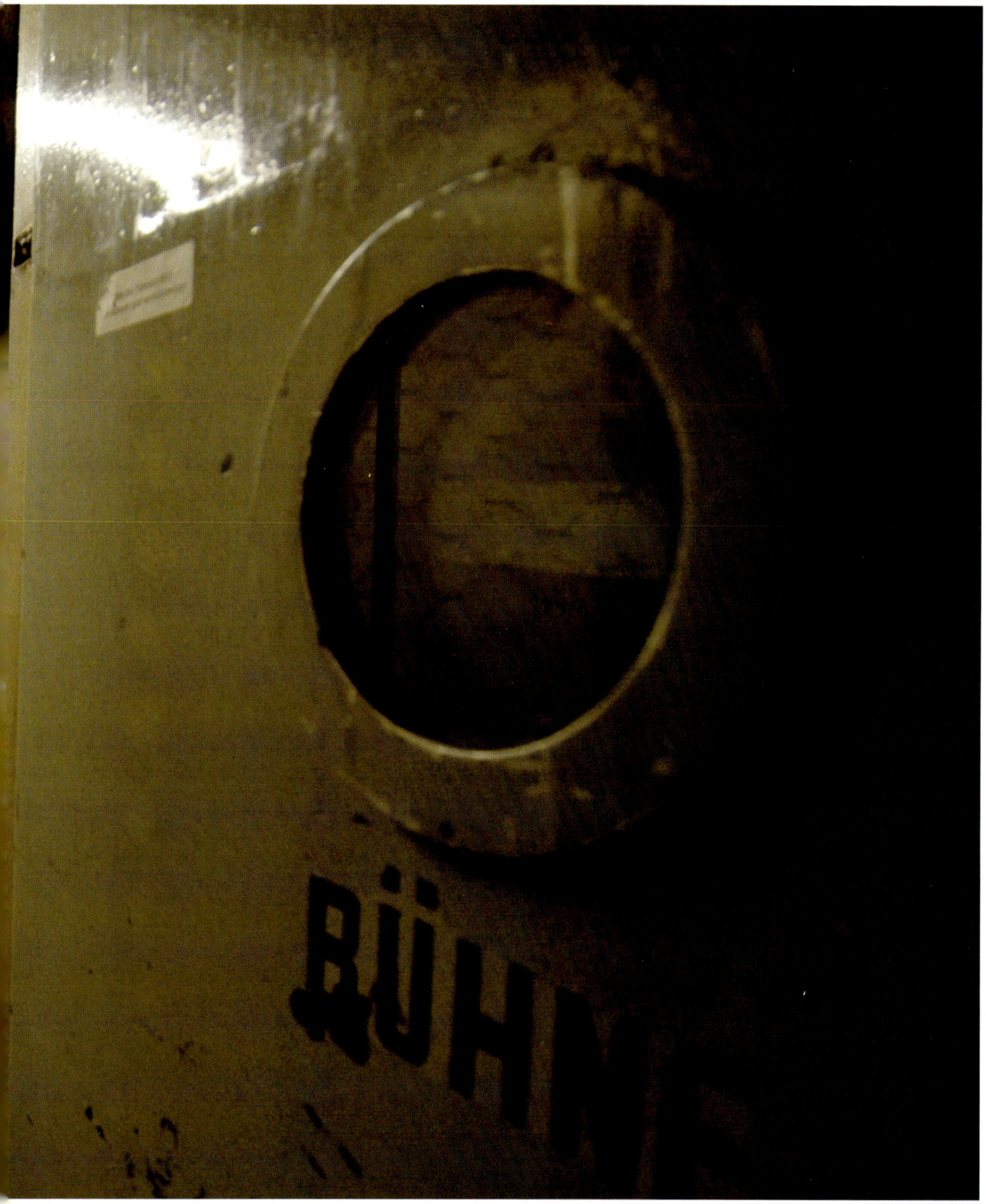
BÜHN

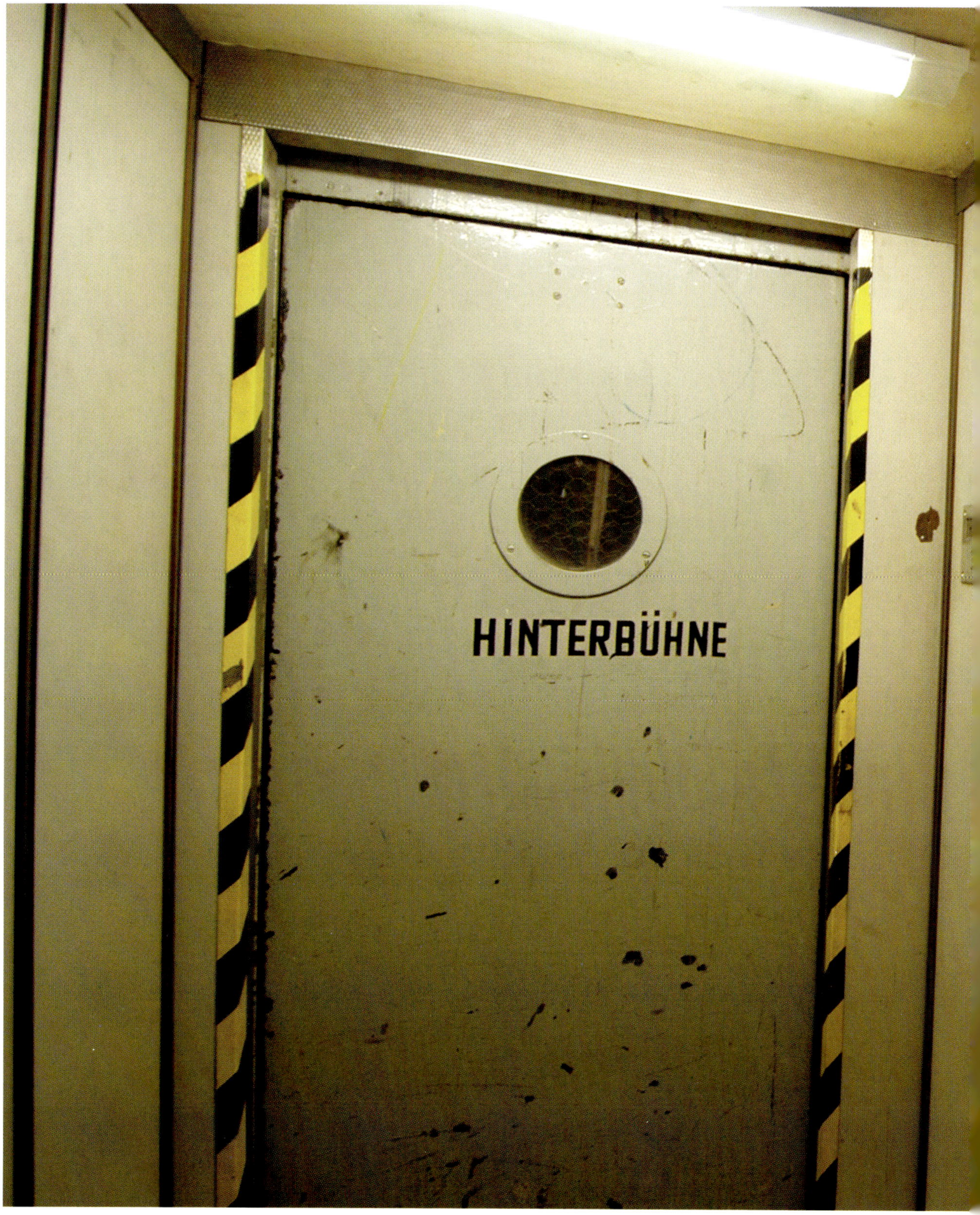
HINTERBÜHNE

Zuschauerzahlen 2000–2004

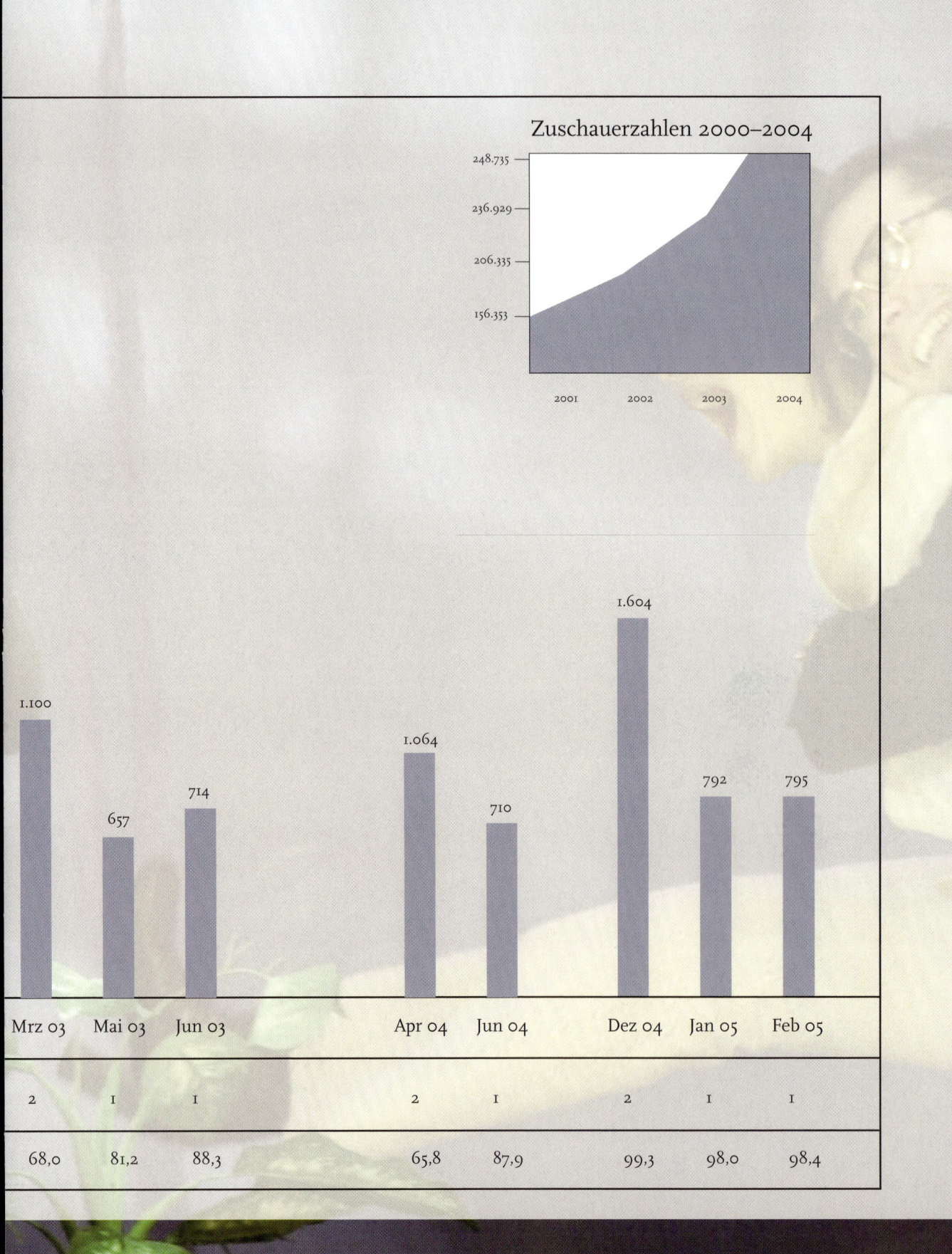

248.735
236.929
206.335
156.353

2001 2002 2003 2004

1.100	657	714		1.064	710	1.604	792	795
Mrz 03	Mai 03	Jun 03		Apr 04	Jun 04	Dez 04	Jan 05	Feb 05
2	1	1		2	1	2	1	1
68,0	81,2	88,3		65,8	87,9	99,3	98,0	98,4

Besucherstatistik
Beispielmonate von *Der Parasit*

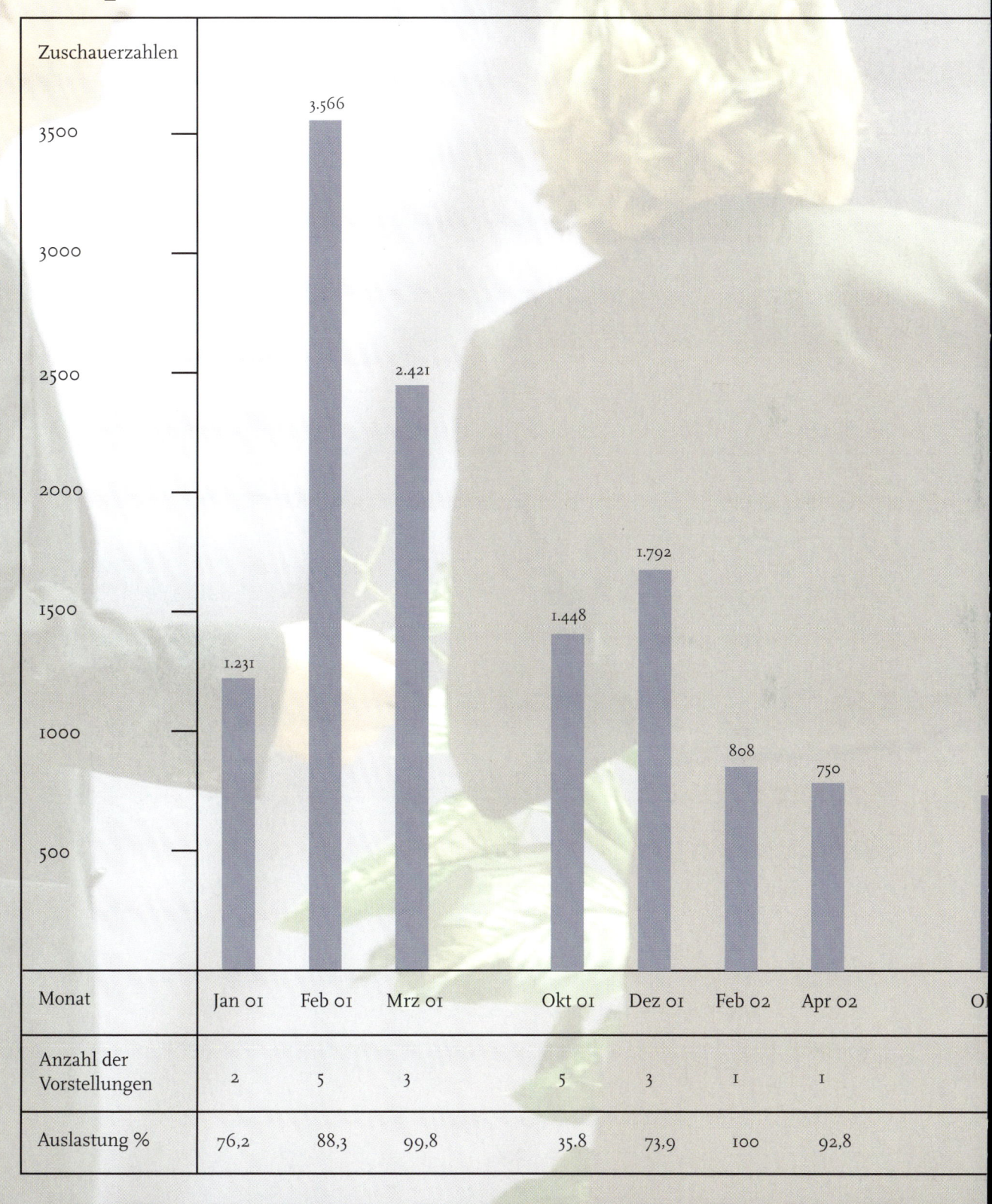

Monat	Jan 01	Feb 01	Mrz 01	Okt 01	Dez 01	Feb 02	Apr 02
Zuschauerzahlen	1.231	3.566	2.421	1.448	1.792	808	750
Anzahl der Vorstellungen	2	5	3	5	3	1	1
Auslastung %	76,2	88,3	99,8	35,8	73,9	100	92,8

Statistiken

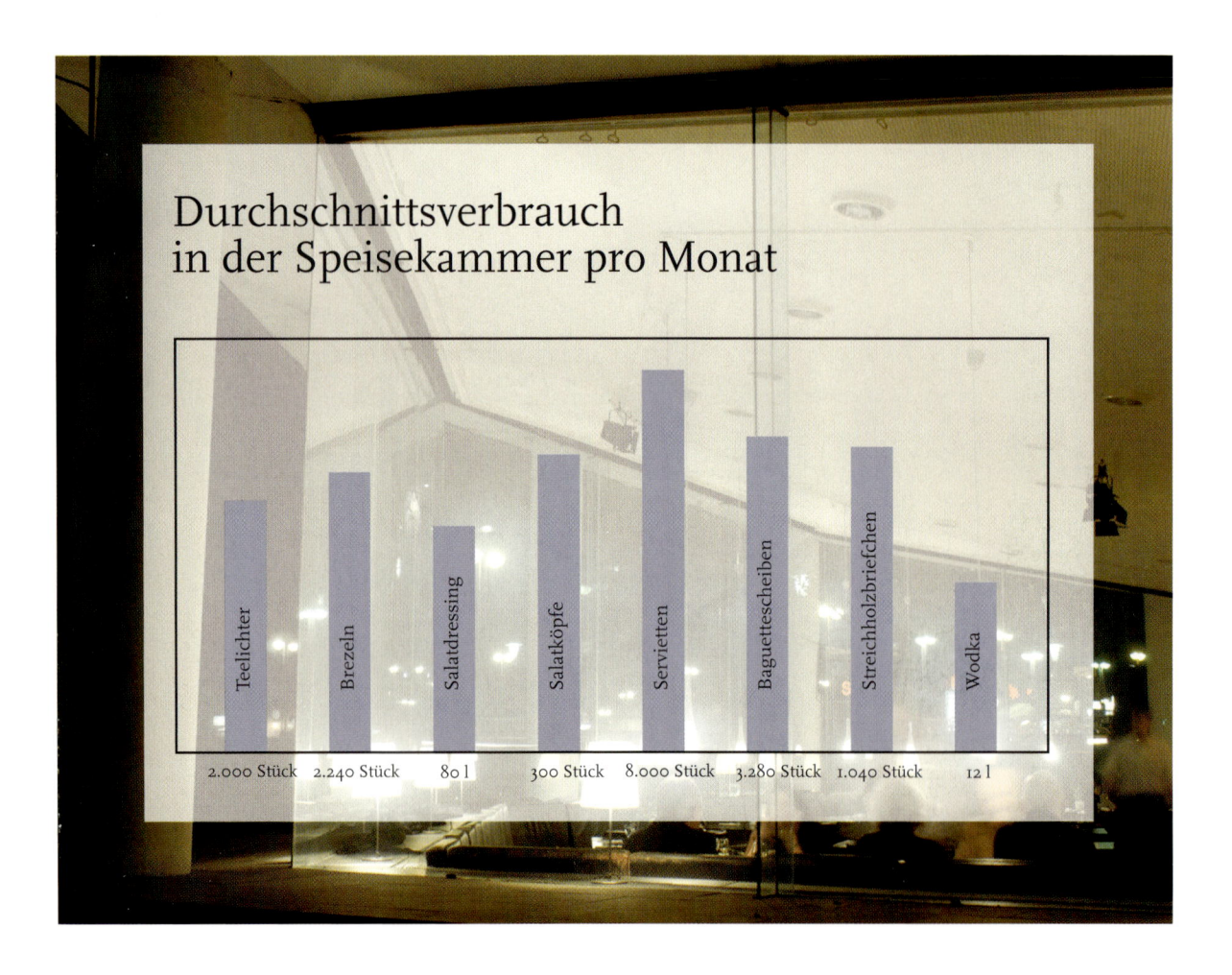

Durchschnittsverbrauch in der Speisekammer pro Monat

Teelichter	Brezeln	Salatdressing	Salatköpfe	Servietten	Baguettescheiben	Streichholzbriefchen	Wodka
2.000 Stück	2.240 Stück	80 l	300 Stück	8.000 Stück	3.280 Stück	1.040 Stück	12 l

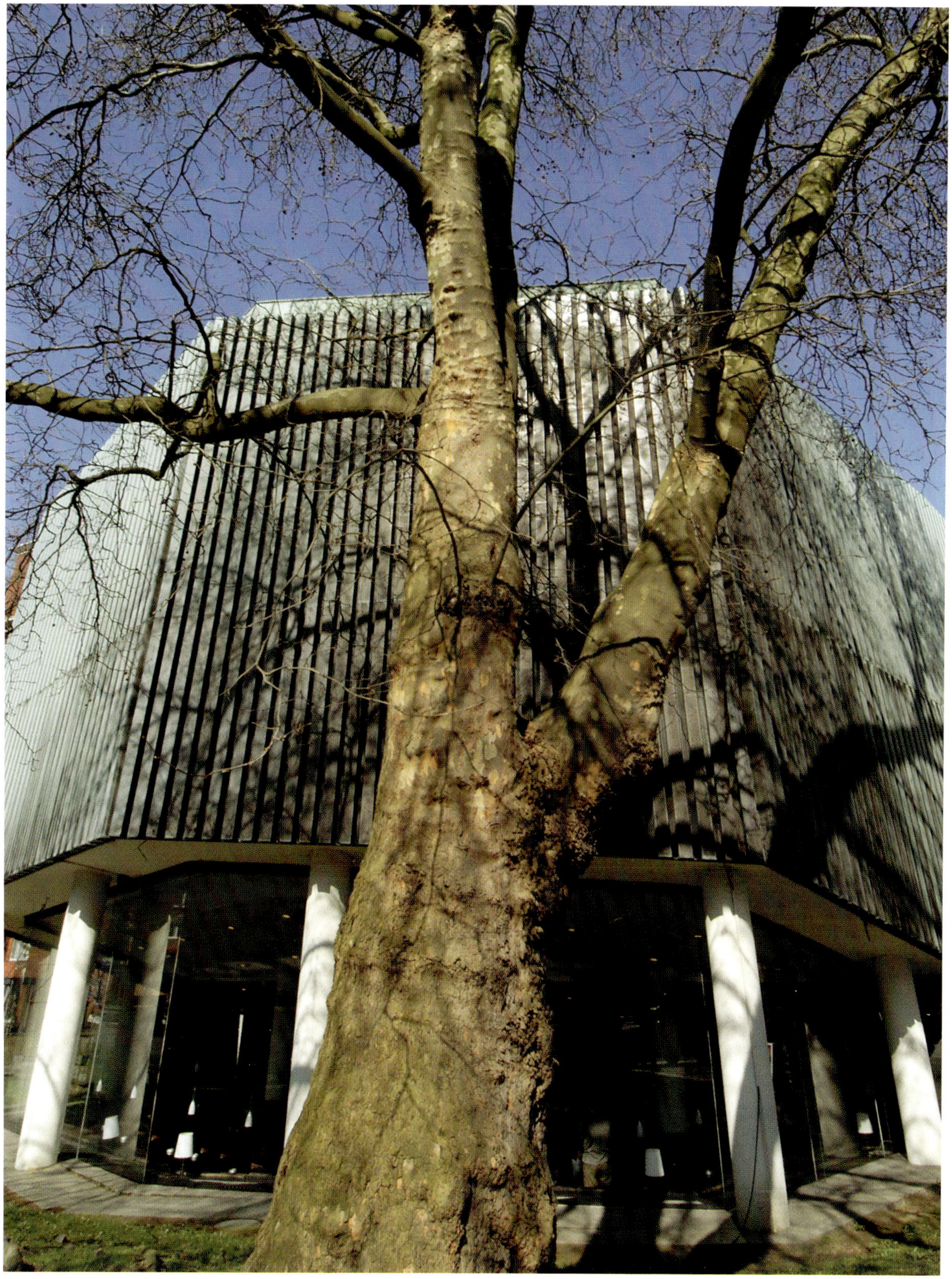

Alexander Maria Schmidt,
Julie Bräuning
in *Glücksstress. Liebesspiele
aus der besten Zeit:
der Gegenwart*
Actors Studio

Jürgen Jaeger,
André Meyer,
Johann von Bülow
in *Coffee & Cigarettes*
von Jim Jarmusch
Actors Studio

Die Statistik

Fön Literatur und Musik, Macondo-Literatur-Festival, 09.11.04
Die wilden Hunde von Pompeii Lesung mit Helmut Krausser,
Macondo-Literatur-Festival, 10.11.04
Die Sonne scheint uns Lesung mit Georg Klein,
Macondo-Literatur-Festival, 11.11.04
Debütantenball, Macondo-Literatur-Festival, 13.11.04
Die Brüder Karamasow Lesung mit Swetlana Geier, 07.12.04
Meines Vaters Land Lesung mit Wiebke Bruhns, 26.01.04
Wie es leuchtet Lesung mit Thomas Brussig, 02.03.05

Eve Bar
Adventslesungen, 28.11./05./12./19.12.04

Jugendclubs des Jungen Schauspielhauses

Pünktchen und Anton von Erich Kästner, Februar 2000
Der kleine Vampir nach Angela Sommer-Bodenburg, März 2000
Anti-Gone mit Texten von Jean Anouilh, Bertolt Brecht,
Hasenclever, Sophokles, April 2000
Die rote Zora nach Kurt Held, Mai 2000
Linie 1 von Volker Ludwig, September 2001
Hirsche und Hennen von Willy Russell, März 2002
Das Gauklermärchen von Michael Ende, Mai 2002
Die kleine Hexe von Ottfried Preußler, Mai 2002
Liebe, Leid und viel Lärm um Nichts nach William Shakespeare,
Juni 2002
Des kleinen Königs Schatten nach Bernt von Heiseler,
September 2002
Die Schaukel von Edna Mazya, September 2002
Glaube Liebe Hoffnung von Ödön von Horvàth, Oktober 2002
Himmel und Erde von Patricia Liedtke-Wittenborn, Januar 2003
Schnitt ins Fleisch von Xavier Durringer, April 2003
Prinz und Bettelknabe von Mark Twain, Mai 2003
Nachtschwärmer von Thomas Oberender, Juni 2003
Mirad, Ein Junge im Krieg von Ad de Bont, Juli 2003
Mädchen in Uniform von Christa Winsloe, November 2003
Sabeth von Günter Eich, Februar 2004
Leonce und Lena von Georg Büchner, März 2004
Die schwarze Hand von Peter Raffalt, April 2004
Unter der Gürtellinie von Richard Dresser, April 2004
Mein wunderbarer Waschsalon von Hanif Kureishi, Juni 2004
Krach in Chiogga von Carlo Goldoni, Oktober 2004
Momo von Michael Ende, Januar 2005
Die kahle Sängerin von Eugène Ionesco, Februar 2005
Die Kinder von Edward Bond, März 2005
Future II – Wir werden gemacht haben, April 2005
Glückssucher mit Texten von Sibylle Berg, Clemens von Brentano,
Heinz Erhardt u.a., April 2005
Reiher von Simon Stephens, Juni 2005

Eve Bar
Inferno (Strindberg-Lesung), 11.12.00

Oberes Foyer
Märchenkiste, 02./16.12.00, Carolin Weber und Peter Raffalt

Spielzeit 2001/02
Schauspielhaus
Kill your idols: Otto Sander liest Samuel Beckett, 28.12.01
Deutsches Theater Lesung mit Benjamin von Stuckrad-Barre, 20.02.01

Kammerspiele
Brückner Beat, Macondo-Literatur-Festival, 05.11.01

Theater unter Tage
Late-Night-Lesung mit Albert Ostermaier, 09.11.01
Lesung mit Saxophon mit Josef Bierbichler, 24.11.01
Adventslesungen, 9./16.12.01
Umberto Eco: Baudolino Lesung mit Ernst Stötzner, 12.03.02
Bobrowski, Fuchs und Schnell lesen Schnell, Fuchs, Bobrowski, 16.04.02
Shakespeare – Alles gesagt? Lesung mit Ulrich Suerbaum, 13.05.02

Spielzeit 2002/03
Kammerspiele
Morbus fonticuli oder Die Sehnsucht des Laien Lesung mit Harry Rowohlt, Frank Goosen und Frank Schulz, Macondo-Literatur-Festival, 04.11.02
Caliban über Setebos Lesung mit Joachim Kersten, Bernd Rauschenbach und Jan Philipp Reemtsma, Macondo-Literatur-Festival, 10.11.02
Urmel aus dem Eis Lesung mit Dirk Bach, 18.11.02
Bücherschau der Literarischen Gesellschaft, 26.11.02
Max Goldt liest, 28.01.03
Der Gebärdensammler Lesung mit Thomas Oberender, 06.07.03
Stupid White Men Lesung mit Peter Lohmeyer, 06.07.03
Benjamin von Stuckrad-Barre liest Botho Strauß, 07.07.03

Theater unter Tage
Die toten Männer Lesung mit Lukas Bärfuss, 05.10.02
Allein das Meer Lesung mit Amos Oz, 15.10.02
Lenas Liebe Lesung mit Judith Kuckart, Macondo-Literatur-Festival, 05.11.02
Debütantenball, Macondo-Literatur-Festival, 08.11.02
Tagebuch der Reise nach Italien Lesung mit Hans Stilett, 10.12.02
Siegfried und Krimhild Lesung mit Jürgen Lodemann, 13.01.03
Koenigs Kinder Lesung mit Kathrin Schmidt, 04.02.03
Esra Lesung mit Maxim Biller, 25.03.03
Das Unerfreuliche zuerst Lesung mit Sibylle Berg und Marc Krebs, 24.04.03
Ideen. Das Buch „Le Grand" Lesung mit Fritz Schediwy, 16.04.03
Maries Reise Lesung mit Marie Pohl, 12.05.03
Don Delillos Amerika Lesung mit Dörte Lyssewski, 21.05.03
Hitze Lesung mit Ralf Rothmann, 17.06.03

Der schwarze Grat Lesung mit Burkhard Spinnen, 08.07.03

Eve Bar
Adventslesungen, 1./8./15./22.12.02

Spielzeit 2003/04
Schauspielhaus
Jossel Wassermanns Heimkehr Lesung mit Otto Sander, 16.06.04

Kammerspiele
Die Feuerzangenbowle Lesung mit Götz Alsmann, 11.11.03
Die Lücke, die der Teufel lässt – Im Umfeld des neuen Jahrhunderts Lesung mit Alexander Kluge, 07.12.03
Ich bin etwas schief ins Leben gebaut – Ringelnatz-Abend mit Otto Sander, 10.12.03
Das System Lesung mit Falk Richter, 13.12.03
Hotel Grand Babylon Lesung mit Götz Alsmann, 24.03.04

Theater unter Tage
Das Handbuch des Tötens Lesung mit Norbert Gstrein, 14.10.03
Debütantenball, Macondo-Literatur-Festival, 15.11.03
Rhein.Ruhr. Soundprosa, Macondo-Literatur-Festival, 16.11.03
Das ist Alise Lesung mit Dörte Lyssewski, 02.12.03
Suchbild. Meine Mutter Lesung mit Christoph Meckel, 21.01.04
Schicksale 1945 – Aufzeichnungen aus den letzten Jahren des 2. Weltkriegs, 17.02.04
Tristan da Cunha Lesung mit Raoul Schrott, 30.03.04
Robert Musil. Eine Biografie Lesung mit Karl Corino, 21.04.04
31 Songs Lesung mit Johannes Oliver Hamm, 25.05.04
Westöstlicherdiwan – Literarische Begegnungen, 08.06.04

Eve Bar
Adventslesungen, 30.11./07./14./21.12.03

Spielzeit 2004/05
Schauspielhaus
Des Knaben Wunderhorn oder Die andere Wahrheit Ein literarisch-musikalischer Abend mit Günter Grass, Helene Grass und Stephan Meier, 08.03.05
Ich bin etwas schief ins Leben gebaut – Ringelnatz-Abend mit Otto Sander, 23.03.05

Kammerspiele
Harmonia Caelestis Lesung mit Peter Esterhazy, Macondo-Literatur-Festival, 07.11.04
Bücherschau der Literarischen Gesellschaft, 30.11.04
Das ist Alise Lesung mit Jon Fosse, 11.02.05
Vom Zauber des seitlich dran Vorbeigehens Lesung mit Max Goldt, 14.02.05
Bartleby, der Schreiber Lesung mit Barbara Nüsse, 08.03.05
Eikan, du bist spät Lesung mit Adolf Muschg, 04.04.05
Mit Thomas Mann ins Theater Lesung mit Otto Sander, 09.05.05

Theater unter Tage
Das Tier, das weint Lesung mit Michael Kleeberg, 11.10.04

Die Statistik

Spielzeit 2003/04
Schauspielhaus
Symphoniekonzerte im Rahmen des Europäischen Klassik Festival Ruhr, 13./26.09.03
Georgette Dee und Band: Matrosen, Meer, Mond, 15.10.03
Hamlet von William Shakespeare, American Drama Group, 12.11.03
Death of a Salesman von Arthur Miller, American Drama Group, 23./24.03.04
Dominique Horwitz singt Jacques Brel Konzert, 25.04.04
Tim Fischer & Band: Yesterday once more Konzert, 12.05.04
Liebesmonat frei nach Turgenevs *Ein Monat auf dem Lande*, Staatstheater Charkow/Ukraine, Fidena 2004, 19.05.04

Kammerspiele
Otto Sander - Der Mann im Kimono und andere Szenen von Botho Strauß, 19.10.03
Festival Open Systems Konzert, 13.11.03
Sina & Stucky: Toluheischis Vorläbu Konzert, 25.11.03
Liebe Jelena Sergejwna von Ljudmila Rasumowskaja, Gymnasium am Ostring, 08.02.04
Margot & Hannelore von Marc Becker, Theaterhaus Jena, Impulse 2004, 12.02.04
Der Stimmenimitator von Thomas Bernhard mit Herrmann Beil und Claus Riedl, 24.04.04
The People next Door von Henry Adam, Traverse Theatre Edinburgh, 20.05.04

Theater unter Tage
Unzensiert 01, clubdubios, 26.10./09.11.03/29.01./15.02./20.03./08.04./16.05.04
Nefes in motion Konzert der Jazz Initiative Bochum, 14.11.03
Rosanna & Zélia Konzert der Jazz Initiative Bochum, 27.11.03
Heimliche Liebe im Pfirsichblütenland, Ostasiatisches Seminar der Universität Köln, 10.12.03
A Christmas Carol von Charles Dickens, stage & fright theatre company, 21./22./23.12.03
Grupo La Conga Konzert der Jazz Initiative Bochum, 26.12.03
Quadro Nuevo Konzert der Jazz Initiative Bochum, 26.02.04
Die Schöne und das Tier oder Die purpurrote Blume, Theater ohne Namen Berlin, 29.02./01.03.04
Videolounge 05, 17.04.04
Sevgi & Merhaba Konzert der Jazz Initiative Bochum, 14.05.04

Spielzeit 2004/05
Schauspielhaus
Georgette Dee und Band: Zu jeder Zeit, 03.11.04
Hexenjagd von Arthur Miller, American Drama Group, 07.03.05
Dominique Horwitz singt „The Best of Dreigroschenoper" Konzert, 10.03.05
Max und Moritz und andere lustige Geschichten präsentiert von Claude-Oliver Rudolph und Ralf Richter, 16.03.05
Wolf Biermann „Das ist die feinste Liebeskunst. Shakespeare Sonette. Ein Liederzyklus", 19.05.05

Just the two of us Das Kult-Duo der legendären Wittenbrink-Liederabende, 29.05.05

Kammerspiele
Die Leiden des jungen Werther mit Heribert Sasse, 08./18.12.04/14.01./09.02./06.03./15.04./11.05.05
Doran-Stucky-Studer-Clarke play the Music of Jimi Hendrix Konzert, 13.10.04
Le petit prince d'Antoine de Saint-Exupéry, La compagnie de Théâtre Tour de Force, 09.11.04
Die wundersame Reise des Perikles von William Shakespeare, Shakespeare und Partner, Theater an der Sihl, Zürich, Zürcher Festspiele, 22.04.05

Theater unter Tage
Unzensiert 01, clubdubios, 31.10./26.11.04/31.03.05
Jazz TuT Gut Konzert mit dem Thomas Klein Trio und Cony Bauer, 18.12.04
A Christmas Carol von Charles Dickens, stage & fright theatre company, 22./23.12.04
Jazz TuT Gut Salsa Nacht, 26.12.04
The Bad Boy Boogiez in concert, 02.04.05
Videolounge 07, 29.04.05
Paul von Pommern von Christopher Werth, 03.05.05

Lesungen

Spielzeit 2000/01
Schauspielhaus
Turrini liest Turrini, 15.11.00
Rufus Beck liest Harry Potter, 14./16.02.01
Klagendes Leid – Schaurige Lust – Balladenabend mit Otto Sander, 22.03.01

Kammerspiele
Ich bin etwas schief ins Leben gebaut – Ringelnatz-Abend mit Otto Sander, 08.12./17.06.00
Traugott Buhre liest Gorki, 15.02.01
Peter Turrini liest Karl Kraus, 06.04.01
Herrmann Beil liest Wittgensteins Neffe, 20.04.01

Theater unter Tage
Der Dädalus-Abend, 06.11.00
Der Ikarus-Abend, 13.11.00
Offenbarung des Johannes, 04.12.00
Geschichten im Vers – Langgedichte von Peter Handke, 15.01.01
Geschichten im Vers II – Gedichte von Heiner Müller, 23.03./14.05.01
Illusionsfassaden – Alexander May liest Theodor Lessing, 23.04.01
Alles, alles Liebe Lesung mit Barbara Honigmann, 21.05.01
Manfred Böll liest ‚Der Grossinquisitor' von Fjodor Dostojewskij, 28.05.01

Spielzeit 2001/02
Schauspielhaus
Last Night of the Proms Konzert, 09.09.01
Das Ende der Paarung von Franz Xaver Kroetz,
Berliner Ensemble, 21./22.11.01
Georgette Dee und Terry Truck: Die Balladen, 29.11.01
Macbeth von William Shakespeare, American Drama Group,
19./20.02./11.03.02
Gidon Kremer und Kremerata Baltica Chamber Orchestra Konzert,
10.04.02
the far side of the moon von Robert Lepage/Ex Machina,
Fidena 2002, 09./10.05.02
Kaya Yanar Welttournee durch Deutschland, 16.05.02
Das Buckelpferdchen mit den Wolga Virtuosen und
Thomas Büchel, 21.04./23.06.02

Kammerspiele
Erika Stucky: Mrs. Bubbles & Bones Konzert, 10.11.01
Der zweite Sonntag im Mai, Koproduktion von Hund und Hose
und Theaterhaus Gessnerallee, Zürich, Impulse 2001,
27./28.11.01
Claude-Oliver Rudolph liest Klaus Kinski, 14.12.01
Die Geschichte vom Soldaten von Igor Strawinsky mit
Lore Brunner und dem Merlin Ensemble Wien, 09.02.02

Theater unter Tage
Ein Viertel Rotlicht Hafen- und Hurenlieder mit
Yvonne Werner-Mees und Ulrich Nötscher, 07.12.01
Silvia Droste & Springtime Konzert der Jazz Initiative Bochum,
15.12.01
A Christmas Carol von Charles Dickens, stage & fright theatre
company, 19./20./22./23. 12.01
Macondito Konzert der Jazz Initiative Bochum, 26.12.01
Videolounge 03, 31.01.02
Frauenzimmer Liederabend mit Claudia Wiedemer
und Rüdiger Krause, 14.02.02
Noel McLoughlin Irish-Folk-Music, 15.03.02
lear, Theater pepperMind und Materialtheater Stuttgart,
Fidena 2002, 08./09.05.02
entre.distance – A wicked Game, wonderfooltheater,
Fidena 2002, 10.05.02
Die lange Nacht der Kasper, Fidena 2002, 11.05.02
GirlsNightOut von Gesine Danckwart, lurch.theater Bochum,
27.05.02

Eve Bar
Gebietsweise Regen Konzert, 11.01./07.03.02

Spielzeit 2002/03
Schauspielhaus
Symphoniekonzerte im Rahmen
des Europäischen Klassik Festival Ruhr, 08./15.09.02
Helge Schneider Konzert, 28.09.02
Georgette Dee und Band: Just Lovesongs, 15.11.02
A Midsummer Night's Dream von William Shakespeare,
American Drama Group, 10./11.11.02
Am offenen Herzen Ein Liederabend von Franz Wittenbrink,
schauspielhannover, 25./26.01.03
Amor und der Tod von Christopher Gibbons und Matthew Locke,
Staatsoper Stuttgart/Junge Oper, Traumspiele 2003, 28.03.03
Hudson Shad Konzert, 22.05.03

Kammerspiele
Erika Stucky: Mrs. Bubbles & Bones Konzert, 27.10.02
Krazy Kat, Mass & Fieber, Zürich, 06./07.11.02
The Fiddler's Tale mit dem Merlin Ensemble Wien und Manfred
Karge, 24.11.02
Eröffnungskonzert Festival Open Systems 2002, 05.12.02
Das Buckelpferdchen mit den Wolga Virtuosen
und Thomas Büchel, 19.01.03
Werther! mit Philip Hochmair, 19./20.01.03
Maria de Buenos Aires Tango Operita von Astor Piazzolla
mit der Gruppe Primavera del Tango, 20.02.03
Façade, Ensemble le Banquet – Compagnie les Syrtes, Paris,
Traumspiele 2003, 26.03.03
Das Mädchen Kiesel und der Hund von Katrin Lange, Schnawwl,
Kinder- und Jugendtheater am Nationaltheater Mannheim,
Traumspiele 2003, 30.03.03
Moon Palace nach Paul Auster, American Drama Group,
08./09.04.03
Shooting Star, Théâtre de la Mezzanine, Fidena 2003, 21.05.03
*Suchers Leidenschaften: Was bleibt von der Literatur
des 20. Jahrhunderts? Botho Strauß* Szenischer Vortrag
mit C. Bernd Sucher, 04.07.03
*Otto Sander – Der Mann im Kimono und andere Szenen
von Botho Strauß*, 05.07.03

Theater unter Tage
Embryo Konzert der Jazz Initiative Bochum, 16.11.02
*Coco-Lorez machos y muchachos tango argentino traditional total
sentimental* mit Franziska Dannheim und Carmela De Feo,
23.11.02
Archaic Pop Stuff Konzert der Jazz Initiative Bochum, 14.12.02
A Christmas Carol von Charles Dickens, stage & fright theatre
company, 21./22./23.12.02
Grupo La Conga Konzert der Jazz Initiative Bochum, 26.12.02
Sax and more Konzert der Jazz Initiative Bochum, 11.01.03
Noel McLoughlin Irish-Folk-Music, 25.01.03
Between Heaven & Earth Lieder zwischen Himmel und Erde mit
dem Annette-Marquard-Quintett, 08.02.03
Almanya, Ruhrstadt Theater Pantarhei, 27.03.03
Videolounge 04, 25.04.03
Gebietsweise Regen Konzert, 26.04.03
Lyrik & Jazz: Erich Mühsam: Das Leben her!, 13.05.03
Kurz vor unedlich Konzert mit Christiane Weber und Timm
Beckmann, 16.05.03
Witztum Konzert der Jazz Initiative Bochum, 12.06.03
Bad Boy Boogiez Konzert, 16.07.03

Die Statistik

Actors Studio/Gastspiele/ Lesungen/Jugendclubs

Actors Studio

Spielzeit 2000/01
Misterman von Enda Walsh, Premiere am 24.03.01
im Theater unter Tage

Spielzeit 2001/02
Laurel and Hardy: Birds of a Feather, Premiere am 02.02.02
im Theater unter Tage
Hamlet als Serie, Premiere am 09.03.02 im Theater unter Tage
Glücksstress. Liebesspiele aus der besten Zeit: der Gegenwart,
Premiere am 10.04.02 im Theater unter Tage

Spielzeit 2002/03
Chimo trouve Lila nach dem Roman *Sagt Lila* von Chimo,
Premiere am 17.03.03 im Theater unter Tage
Der Chef von Stig Larsson, Premiere am 01.04.03
im Theater unter Tage
Straßenkino: Erste Liebe von Samuel Beckett, Premiere am
12.03.03 in der Speisekammer
Straßenkino: Stawrogin beichtet von Fjodor Dostojewskij,
Premiere am 22.04.03 in der Speisekammer
Straßenkino: Night on earth (Rom) von Jim Jarmusch,
Premiere am 20.05.03 in der Speisekammer

Spielzeit 2003/04
Coffee & Cigarettes von Jim Jarmusch, Premiere am 19.10.03
in der Kantine
Straßenkino: Night on earth (Helsinki) von Jim Jarmusch,
Premiere am 19.01.04 in der Speisekammer
1/2 2. Pretty ways to leave your lover nach Arthur Schnitzler,
Premiere am 12.04.04 im Theater unter Tage
Ein Flanellnachthemd von Leonora Carrington, Premiere am
06.07.04 im Theater unter Tage

Spielzeit 2004/05
Die Nacht kurz vor den Wäldern von Bernard-Marie Koltès,
Premiere am 23.04.05 in der
U-Bahn Haltestelle Schauspielhaus
Salome von Oscar Wilde, Premiere am 31.05.05
im Theater unter Tage
All tomorrow's parties Ein Velvet Underground-Abend,
Premiere am 11.06.05 im Theater unter Tage

Gastspiele

Spielzeit 2000/01
Schauspielhaus
Georgette Dee und Terry Truck: Drachenland, 21.11.00
Parzival nach Wolfram von Eschenbach, Impulse 2000,
29./30.11.00
Richard II. von William Shakespeare, Berliner Ensemble,
15./16./17.12.00
Horst Schroth: Herrenabend, 21.04.01
Max Raabe … singt! Konzert, 23.05.01
Hudson Shad Konzert, 11.01./21.05.01
Hamlet von William Shakespeare, schauspielhannover,
14./15.06.01

Kammerspiele
Tiger Lillies Konzert, 21.10.00
Weltkomödie Österreich mit Hermann Beil und Claus Peymann,
Berliner Ensemble, 13.12.00
Werther! mit Philip Hochmair, 03./04.11.00/28./29.01./
20./21.03./05./08.04./24.06.01
Ein Bericht für eine Akademie von Franz Kafka, Berliner
Ensemble, 09./10.06.01

Theater unter Tage
Supernova Projekt Konzert der Jazz Initiative Bochum, 04.11.00
Gilda Razani and the Groove Gang Konzert der Jazz Initiative
Bochum, 09.12.00
A Christmas Carol von Charles Dickens, stage & fright theatre
company, 15./16./17.12.00
Radio Noir von Albert Ostermaier, schauspielhannover/
Schauspielhaus Hamburg, 6./8.12.00/5./6./7.01.01
Macondito Konzert der Jazz Initiative Bochum, 26.12.00
Videolounge 01, 18.01.01
Lyrik & Jazz: Notes from a Roach mit Lesego Rampolokeng,
Günter Sommer und Johannes Bauer, 25.03.01
Milkman's Sons Konzert, 12.04.01
Videolounge 02, 19.04.01
Himmel ist oben Ein Chansonabend mit Christiane Weber und
Timm Beckmann, 11.05.01
Terremoto Party Konzert, 25.05.01

Nietzsche-Trilogie
von Einar Schleef
mit_Margit Carstensen (Mutter), Dörte Lyssewski (Tochter/Elisabeth), Ernst Stötzner (Sohn/Fritz)
Regie_Ernst Stötzner **Bühne und Kostüme**_Johannes Schütz
Dramaturgie_Andreas Erdmann **Premiere**_07.05.2005 in den Kammerspielen **Vorstellungen**_7

Hughie
von Eugene O'Neill
mit_Martin Rentzsch (Erie Smith), Alexander Maria Schmidt (Ein Nachtwächter), Wolfgang Welt (Hughie)
Regie_Marc Lunghuß **Bühne**_Tobias Schunck **Kostüme**_Grit Groß **Dramaturgie**_Viola Eckelt **Premiere**_21.05.2005 im Theater unter Tage **Vorstellungen**_4

Die Statistik

Die sexuellen Neurosen unserer Eltern
von Lukas Bärfuss
mit_Angelika Richter (Dora), Veronika Bayer (Mutter), Manfred Böll (Vater), Bernd Rademacher (Chef), Fritz Schediwy (Arzt), Tana Schanzara (Mutter des Chefs), Martin Horn (Der feine Herr)
Regie_Martin Höfermann **Bühne**_Volker Hintermeier **Kostüme**_Christiane Reikow **Musik**_Max Müller **Kampftraining**_Klaus Figge **Dramaturgie**_Viola Eckelt
Premiere_24.03.2005 in den Kammerspielen **Vorstellungen**_14

Das Käthchen von Heilbronn
oder Die Feuerprobe
von Heinrich von Kleist
mit_Cathérine Seifert (Käthchen), Patrick Heyn (Friedrich Wetter vom Strahl), Julie Bräuning (Kunigunde von Thurneck), Maja Beckmann (Rosalie), Ralf Dittrich (Theobald Friedeborn), Tomas Flachs Nóbrega (Gottschalk), Franz Xaver Zach (Kaiser), Jost Grix (Rheingraf vom Stein), Johannes Zirner (Maximilian Burggraf von Freiburg), Karim Chérif (Georg von Waldstätten), Marcus Kiepe (Graf Otto von der Flühe), Alexander Maria Schmidt (Friedrich von Herrnstadt), Martina Eitner-Acheampong (Gräfin Helena)
Regie_Stephan Rottkamp **Bühne**_Robert Schweer **Kostüme**_Ulrike Schulze **Dramaturgie**_Thomas Oberender
Premiere_15.04.2005 im Schauspielhaus **Vorstellungen**_12

Eine Produktion in Zusammenarbeit mit der Folkwang Hochschule Studiengang Schauspiel Bochum
Ein Sommernachtstraum
von William Shakespeare
mit_Jean-Luc Bubert (Theseus/Oberon), Thomas Meinhardt (Klaus), Jörg Pohl (Lysander), Konrad Singer (Demetrius), Jan Bluthardt (Puck), Charlotte Müller (Puck), André Meyer (Peter), Vera Kasimir (Hippolyta/Titania) Silvia Weiskopf (Hermia), Maya Bothe (Helena)
Regie_Thomas Dannemann **Bühne**_Stéphane Laimé **Kostüme**_Sabin Fleck **Musik**_Sebastian Herzfeld **Künstlerische Mitarbeit**_Olaf Lippke **Dramaturgie**_Martin Fendrich
Premiere_16.04.2005 in den Kammerspielen **Vorstellungen**_10

Der Menschenfeind
von Molière
mit_Michael Maertens (Alceste), Catrin Striebeck (Célimène), Tomas Flachs Nobréga (Philinte), Fabian Krüger (Oronte), Lina Beckmann (Eliante), Johanna Gastdorf, (Arsinoé), Maik Solbach (Acaste), Michael Ransburg (Clitandre), Franz Xaver Zach (Dubois), Peter Berensdorff (Basque), Hendrik Goldammer (Gardist)
Regie_Matthias Hartmann **Bühne**_Stefan Mayer **Kostüme**_Su Bühler **Dramaturgie**_Andreas Erdmann **Premiere**_04.05.2005 im Schauspielhaus **Vorstellungen**_11

Jost Grix,
Ernst Stötzner
in *American Buffalo*
von David Mamet

Mavie Hörbiger
in *Lulu*
von Frank Wedekind
in einer Bearbeitung von
Moritz von Uslar

Uraufführung
Aprikose, Banane, Erdbeer – Kommissar Schneider und Satanskralle von Singapur
von Helge Schneider

mit_Bernd Rademacher (Kommissar Schneider, Älterer Mann), Peter Thoms (Die Kralle), Franz Xaver Zach (Der Mann von der Stiftung, Frau Chan, 1. Kuli, Bedienung, Ein Zeitungsjunge, Yvonne, Teufel), Manfred Böll (Gefängniswache, Wirt Kabuffke, Polizeidirektor, 2. Polizist, Schwester Herfried, 2. Kuli, Der Chef der Eisdiele, Jessica, Höllenbewohner, Affe), Martin Horn (Ein Arzt, Clown, 3. Polizist, Doktor von Skalph, Tsch en Lai, Lars, Affe), Martina Eitner-Acheampong (Vogel Vau, Wurstverkäuferin, Putzfrau, Ältere Frau, Krokodil, Ein Briefträger, Tante Amalie), Alexander Maria Schmidt (Der Hochofenschweißer, 1. Polizist, Höllenbewohner, Ein Tierwärter), Karlos Boes (Eremit), Jochen Bosak (Prostituierte), Sergej Gleithmann (Crazy Carl); Musiker: Karlos Boes (Saxophon), Jochen Bosak (Klavier), Mike Gosen (Percussion)
Regie und Musik_Helge Schneider Regiemitarbeit_Andrea Schumacher Bühne_Volker Hintermeier Kostüme_Su Bühler Dramaturgie_Klaus Mißbach Premiere_21.01.2005 im Schauspielhaus Vorstellungen_20

Deutschsprachige Erstaufführung
Todesvariationen
von Jon Fosse

mit_Barbara Nüsse (Die ältere Frau), Hans-Michael Rehberg (Der ältere Mann), Sabine Haupt (Die junge Frau), Patrick Heyn (Der junge Mann), Cathérine Seifert (Die Tochter), Johannes Zirner (Der Freund)
Regie_Matthias Hartmann Bühne_Karl-Ernst Herrmann Kostüme_Grit Groß Dramaturgie_Thomas Oberender Premiere_12.02.2005 in den Kammerspielen Vorstellungen_14

Philotas
von Gotthold Ephraim Lessing

mit_Martin Rentzsch (Aridäus), Marcus Kiepe (Strato), Jörg Pohl (Philotas), Jost Grix (Parmenio)
Regie_Marlin de Haan Bühne_Steffi Dellmann, Tobias Schunck Kostüme_Lisa Kentner, Yvette Schuster Musik_Jörg Brinkmann, Karsten Riedel Choreografie_Luciana Benosilio Dramaturgie_Viola Eckelt Premiere_13.02.2005 im Theater unter Tage Vorstellungen_10

Eine Koproduktion mit dem schauspielhannover
Was ihr wollt
von William Shakespeare

mit_Clemens Schick (Orsino), Katharina Lorenz (Viola), Mirko Lang (Sebastian), Denis Burgazliev (Antonio), Anne Ratte-Polle (Olivia), Tim Porath (Tobias von Rülp), Peter Knaack (Andrew von Bleichenwang), Wolf Bachofner (Malvolio), Simone Henn (Maria), Wolfgang Michalek (Der Narr), Günter Tuchel (Ein Kapitän)
Regie_Sebastian Nübling Bühne und Kostüme_Muriel Gerstner Musik_Lars Wittershagen Dramaturgie_Thomas Laue Premiere_17.02.2005 im Schauspielhaus Vorstellungen_13

Die Statistik

Uraufführung
Der Nussknacker
von Peter Raffalt
mit_Markus Haase (Nussknacker, Paul), Cathérine Seifert (Marie-Helene), Gabriel Raab (Fritz, Zottel), Diana Maria Breuer (Mutter, Frau Riese), Martin Rentzsch (Drosselmeier, Simurgh), Franz Xaver Zach (Mausekönig), Maja Beckmann (Mofiz, Lee), Sara Sommerfeldt (Elfe, Lu), Borys Kortunov (Herr Riese), Sina-Maria Gerhardt (Esmeralda, Lah)
Regie_Annette Raffalt Bühne_Volker Hintermeier, Tobias Schunck Kostüme_Ele Bleffert, Veronika Bleffert Musik_Parviz Mir-Ali Puppenspiel_Evelyn Arndt, Kathrin Krone Puppenbau_Constanze Schuster Dramaturgie_Viola Eckelt Premiere_19.11.2004 im Schauspielhaus Vorstellungen_38

Iwanow
von Anton P. Tschechow
mit_Michael Maertens (Nikolaj Alexejewitsch Iwanow), Johanna Gastdorf (Sarah Abramson), Fritz Schediwy (Matwej Semjonowitsch Schabjelski), Felix Vörtler (Pawel Kirillitsch Lebedjew), Margit Carstensen (Sinaida Sawischna), Lea Draeger (Sascha), Tomas Flachs Nóbrega (Jewgeni Konstantinowitsch Lwow), Angelika Richter (Marfa Jegorowna Babakina), Marcus Kiepe (Dudkin), Maik Solbach (Dimitri Nikititsch Kosich), Oliver Masucci (Michail Michailowitsch Borkin), Tana Schanzara (Awdotja Nasarowna); Karsten Riedel (Musiker), Sergej Rybnikow (Sänger)
Regie_Matthias Hartmann Bühne_Volker Hintermeier Kostüme_Su Bühler Musik_Karsten Riedel Videodesign_Peer Engelbracht, Stephan Komitsch Dramaturgie_Andreas Erdmann Premiere_10.12.2004 in den Kammerspielen Vorstellungen_26

American Buffalo
von David Mamet
mit_Ernst Stötzner (Don), Jost Grix (Prof), Jörg Pohl (Bob)
Regie_Marc Lunghuß Bühne_Tobias Schunck Kostüme_Grit Groß Kampftraining_Klaus Figge Dramaturgie_Viola Eckelt Premiere_17.12.2004 im Theater unter Tage Vorstellungen_17

Deutschsprachige Erstaufführung
Weit von hier
von Neil LaBute
mit_André Meyer (Darrell), Johannes Zirner (Tim), Bettina Engelhardt (Cammie), Lena Schwarz (Shari), Fabian Krüger (Rich), Julie Bräuning (Jenn), Maja Beckmann (Mädchen), Jan Bluthardt (Junge), Tomas Flachs Nóbrega (Angestellter)
Regie_Annette Pullen Bühne_Julia Krenz Kostüme_Barbara Drosihn Dramaturgie_Martin Fendrich Premiere_07.01.2005 in den Kammerspielen Vorstellungen_16

Spielzeit 2004/2005

Peer Gynt
von Henrik Ibsen

mit_Oliver Stokowski (Peer Gynt), Veronika Bayer (Åse, Zaun, Eine Andere, Alte Frau, Anderer Troll, Kirchgänger, Anderer Baum, Rechte Hauswand, Heck, Trauergesellschaft), Lena Schwarz (Mühlendach, Zaun, Ein Mädchen, Eine alte Frau, Ingrid, Anderer Troll, Anderes Trollkind, Anderer Baum, Linke Hauswand, Kari, Gallionsfigur, Matrose, Trauergesellschaft), Cathérine Seifert (Mühlendach, Zaun, Tanzendes Mädchen, Eine Dritte, Solvejg, Anderer Troll, Anderes Trollkind, Kirchgänger, Anderer Baum, Reling links, Trauergesellschaft), Antje Charlotte Sieglin (Mühlendach, Zaun, Tanzendes Mädchen, Liebespaar, Die Vierte, Zugewanderte, Die Grüne, Anderer Baum, Linke Hauswand, Die Möwe, Trauergesellschaft), Manuel Bürgin (Mühlendach, Zaun, Das Schwein, Klein-Helga, Anderer Troll, Anderes Trollkind, Kirchgänger, Anderer Baum, Linke Hauswand, Reling rechts, Trauergesellschaft), Tomas Flachs Nóbrega (Mühlendach, Zaun, Junger Mann, Der Koch, Mads Moen, Anderer Troll, Hoftroll, Kirchgänger, Anderer Baum, Rechte Hauswand, Katze, Reling links, Trauergesellschaft), Martin Horn (Zweite alte Frau, Zaun, Junger Mann, Der Geiger, Zugewanderter, Verfolgertroll, Trollbaby, Anderer Baum, Rechte Hauswand, Das Kind der Grünen, Heck, Matrose, Ein fremder Passagier, Trauergesellschaft, Der Magere), Marcus Kiepe (Mühlendach, Zaun, Junger Mann, Der Mann mit der Mundharmonika, Aslak, Dritte Sennerin, Brautpferd, Geburtshelfertroll, Kirchgänger, Ein Baum, Rechte Hauswand, Reling links, Matrose, Trauergesellschaft, Ein Knopfgießer), Maik Solbach (Mühlendach, Zaun, Junger Mann, Der Posaunist, Tanzender Junge, Liebespaar, Anderer Troll, Geburtshelfertroll, Erstes Trollkind, Anderer Baum, Kirchgänger, Rechte Hauswand, Reling rechts, Matrose, Der Trauerredner), Ernst Stötzner (Erste alte Frau, Zaun, Junger Mann, Der Mann am Schlagzeug, Der Hægstadbauer, Zweite Sennerin, Der Dovrekönig, Kirchgänger, Anderer Baum, Linke Hauswand, Reling rechts, Matrose, Koch, Trauergesellschaft, Der alte Dovrekönig), Franz Xaver Zach (Mühlendach, Zaun, Erste Sennerin, Anderer Troll, Hebammentroll, Kirchgänger, Anderer Baum, Linke Hauswand, Kapitän, Trauergesellschaft)
Regie_Jürgen Gosch Bühne und Kostüme_Johannes Schütz Dramaturgie_Klaus Mißbach Premiere_01.10.2004 im Schauspielhaus Vorstellungen_20

Uraufführung
Das wird schon
Nie mehr lieben!
von Sibylle Berg

mit_Johanna Gastdorf (Frau 1), Angelika Richter (Frau 2), Felix Vörtler (Universalmann), Renate Becker (Klageweib); Musiker: Jürgen Jaeger
Regie_Niklaus Helbling Bühne_Dirk Thiele Kostüme_Aino Laberenz Musik_Jürgen Jaeger, Karsten Riedel Choreografie_Salome Schneebeli Video_Ralf Bury Dramaturgie_Klaus Mißbach Premiere_02.10.2004 im Theater unter Tage Vorstellungen_34

Romeo und Julia
von William Shakespeare

mit_Johannes Zirner (Romeo), Julie Bräuning (Julia), Fabian Krüger (Mercutio), André Meyer (Benvolio), Thomas Büchel (Paris), Patrick Heyn (Tybalt), Bernd Rademacher (Capulet), Jele Brückner (Lady Capulet), Martina Eitner-Acheampong (Amme), Jost Grix (Pater Lorenzo), Manfred Böll (Der Prinz)
Regie_David Bösch Bühne_Volker Hintermeier Kostüme_Su Bühler Kampfszenen_Klaus Figge Dramaturgie_Andreas Erdmann Premiere_30.10.2004 in den Kammerspielen Vorstellungen_51

Heinrich IV.
von William Shakespeare in einer Bearbeitung von Lukas Bärfuss
mit_Julie Bräuning (Doll Tearsheet, Lady Percy, Prinz John), Katharina Thalbach (Sir John Falstaff), Manfred Böll (Lord Northumberland, Mortimer), Thomas Büchel (Heinrich Percy), Jost Grix (Walter Blunt, Lord Westmoreland, Owen Glendower), Martin Horn (Heinrich IV.), Fabian Krüger (Prinz Harry), André Meyer (Douglas, Lady Mortimer, Shallow), Bernd Rademacher (Worcester, Sheriff) Philipp Stengele (Poins, Vernon)
Regie_Samuel Schwarz **Bühne**_Chantal Wuhrmann **Kostüme**_Rudolf Jost **Musik**_Michael Sauter **Video**_Katrin Bethge, Peer Engelbracht **Dramaturgie**_Andreas Erdmann **Premiere**_15.05.2004 im Schauspielhaus **Vorstellungen**_15

Andromache
von Jean Racine
mit_Lena Schwarz (Andromache), Martin Rentzsch (Pyrrhus), Manuel Bürgin (Orest), Angelika Richter (Hermione), Maik Solbach (Pylades, Kephise), Marcus Kiepe (Phönix, Kleone)
Regie_Niklaus Helbling **Bühne**_Dirk Thiele **Kostüme**_Regine Standfuss **Musik**_Jeroen Visser **Choreografie**_Salome Schneebeli **Dramaturgie**_Klaus Mißbach **Premiere**_05.06.2004 in den Kammerspielen **Vorstellungen**_16

Lulu
von Frank Wedekind
in einer Bearbeitung von Moritz von Uslar
mit_Mavie Hörbiger (Lulu), Patrick Heyn (Schwarz), Felix Vörtler (Dr. Franz Schöning), Andreas Pietschmann (Alwa Schöning), Heribert Sasse (Schigolch), Margit Carstensen (Gräfin Geschwitz), André Meyer (Verstrahlter 1), Alexander Maria Schmidt (Verstrahlter 2), Manfred Böll (Flavio Briatore), Martin Fendrich (Ferdinand), Johannes Zirner (Volontär), Maja Beckmann (Britney), Julie Bräuning (Christina), Nadia Migdal (Scarlett), Luciana Benosolio (Sofia), Angela Melchers (Sibel), Joanna Lammers (Ludivine)
Regie_Christina Paulhofer **Bühne**_Alex Harb **Kostüme**_Anna Sofie Tuma **Musik**_Malte Preuss **Kamera**_Aram Geraets/Piotr Gregorowicz **Choreografie**_Salome Schneebeli **Kampf**_Klaus Figge **Dramaturgie**_Martin Fendrich **Premiere**_18.06.2004 im Schauspielhaus **Vorstellungen**_13

Judith
von Friedrich Hebbel
mit_Dörte Lyssewski (Judith), Martin Reinke (Holofernes), Matthias Redlhammer (Hauptmann des Holofernes), Tana Schanzara (Mirza), Silvester von Hösslin (Ephraim), Martin Rentzsch (Bote), Thorsten-Kai Botenbender (Chalkol), Ousmane Bah (Zepho), Yun Geol Kim (Idun)
Regie und Bühne_Wilfried Minks **Kostüme**_Beatrice von Bomhard **Dramaturgie**_Thomas Oberender
Premiere_25.06.2004 in den Kammerspielen **Vorstellungen**_17

Henning Sembritzki,
Maja Beckmann
in *Electronic City*
von Falk Richter

Julie Bräuning,
Johannes Zirner
in *Bluthochzeit*
von Federico García Lorca

Brinkmann (Violoncello), Florian Esch (Trompete, Flügelhorn), Karsten Riedel (Keyboard, Schreibmaschine, Concertina) **Regie**_Matthias Hartmann **Bühne**_Bernhard Kleber **Bühnenbildmitarbeit**_Martin Dolnik, Kathrin Schlecht **Kostüme**_Su Bühler, Grit Groß, Victoria Behr **Musik**_Karsten Riedel **Dramaturgie**_ Andreas Erdmann **Premiere**_31.01.2004 im Schauspielhaus **Vorstellungen**_52

Bluthochzeit
von Federico García Lorca

mit_Veronika Bayer (Die Mutter), Julie Bräuning (Die Braut), Martina Eitner-Acheampong (Die Schwiegermutter), Cathérine Seifert (Die Frau Leonardos), Renate Becker (Die Dienstmagd), Tana Schanzara (Die Nachbarin), Maja Beckmann (2. Mädchen, Holzfäller), Daniela Treckmann (1. Mädchen), Johann von Bülow (Leonardo), Johannes Zirner (Der Bräutigam), Manfred Böll (Der Vater der Braut), Patrick Heyn (Der Mond), Wiebke Frost (Der Tod), Jost Grix, Volker Muthmann, Henning Sembritzki (Holzfäller, Junggesellen, Vettern von der Küste), Julia Breier/ Felizitas Gethmann (Das Kind), Martin Fendrich (Der Autor), Musiker: Ingmar Kurenbach, Peter Rimpau, Christof Schnelle **Regie**_Jürgen Kruse **Bühne**_ Volker Hintermeier **Kostüme**_ Caritas de Wit **Flamenco**_Sabina Amadia **Kampftraining**_Klaus Figge **Dramaturgie**_Martin Fendrich **Premiere**_05.03.2004 in den Kammerspielen **Vorstellungen**_15

Eine Produktion in Zusammenarbeit mit der Folkwang Hochschule Studiengang Schauspiel Bochum
Man spielt nicht mit der Liebe
von Alfred de Musset

mit_Friedrich Witte (Der Baron), Markus Lerch (Perdican), John Wesley Zielmann (Blazius), Björn Jacobsen (Bridaine), Lina Beckmann (Camille), Katja Herrmann (Frau Pluche), Antje Charlotte Sieglin (Rosette), Sina-Maria Gerhardt (Projektleiterin) **Regie**_Philipp Preuss **Bühne**_Muriel Nestler, Philipp Preuss **Kostüme**_Eva Karobath **Dramaturgie**_Viola Eckelt, Andreas Erdmann **Premiere**_26.03.2004 in den Kammerspielen **Vorstellungen**_14

Die Möwe
von Anton P. Tschechow

mit_Catrin Striebeck (Irina Nikolaevna Arkadina), Alexander Maria Schmidt (Konstantin Gavrilovič Treplev), Oliver Nägele (Pëtr Nikolaevič Sorin), Lena Schwarz (Nina Michajlovna Zarečnaja), Franz Xaver Zach (Ilya Afanasjevič Šamraev), Margit Carstensen (Polina Andreevna), Jele Brückner (Maša), Ernst Stötzner (Boris Alekseevič Trigorin), Roland Schäfer (Evgenij Sergeevič Dorn), Martin Rentzsch (Semën Semënovič Medvedenko), Gustav Warm (Jakov) **Regie**_Elmar Goerden **Bühne**_Silvia Merlo, Ulf Stengl **Kostüme**_Lydia Kirchleitner **Dramaturgie**_Thomas Oberender **Premiere**_02.04.2004 im Schauspielhaus **Vorstellungen**_20

Ich, Feuerbach
von Tankred Dorst

mit_Wolf-Dietrich Sprenger (Der Schauspieler Feuerbach), Alexander Maria Schmidt (Ein Regieassistent), Martina Eitner-Acheampong (Eine Frau) **Regie**_Tankred Dorst **Mitarbeit**_Ursula Ehler **Bühne**_Kathrine von Hellermann **Kostüme**_Grit Groß **Dramaturgie**_Thomas Oberender **Premiere**_14.05.2004 in den Kammerspielen **Vorstellungen**_14

Piaf
von Pam Gems

mit_Maria Happel (Piaf), Josefin Platt (Toine), Chris Hohenester (Marlene), Cathérine Seifert (Madeleine), Manfred Böll (Manager, Polizist), Franz Xaver Zach (Leplee, Therapeut), Jost Grix (Eddie, Georges, Freddie, Dealer), Alexander Maria Schmidt (Soldat, Marcel, Jacko), Johannes Zirner (Louis, Theo), Volker Muthmann (Jacques, Pierre), Thomas Büchel (Emil, Paul, Angelo); Musiker: Matthias Flake/Thomas Schäfer (Piano), Stephan Langenberg/ Gerhard Giel (Akkordeon), Peter Deinum (Bass), Andreas Laux/Romano Schubert (Saxophon), Jörg Kinzius/Jörg Seyffarth (Schlagzeug)
Musikalische Leitung_Matthias Flake **Regie**_Maria Happel **Bühne**_Volker Hintermeier **Kostüme**_Su Bühler **Dramaturgie**_Klaus Mißbach **Premiere**_30.12.2003 im Schauspielhaus **Vorstellungen**_31

Deutschsprachige Erstaufführung
Tief im Loch und das Schwein sucht mit
von Jeroen Olyslaegers

mit_Fritz Schediwy (Vater), Oliver Masucci (Sohn)
Regie_Martin Höfermann **Bühne**_Martin Dolnik **Kostüme**_Grit Groß **Musik**_Karsten Riedel **Dramaturgie**_Viola Eckelt **Premiere**_16.01.2004 im Theater unter Tage **Vorstellungen**_19

Die Wahlverwandtschaften
nach dem Roman von Johann Wolfgang von Goethe

mit_Thomas Huber (Eduard), Dörte Lyssewski (Charlotte), Patrick Heyn (Der Hauptmann), Nadja Petri (Ottilie), Alexej Schipenko (Der Graf), Martina Eitner-Acheampong (Die Baronesse), Bernd Rademacher (Mittler), Antje Charlotte Sieglin (Luciane), Manuel Bürgin (Der Architekt)
Regie_Ernst Stötzner **Bühne**_Petra Korink **Kostüme**_Beatrice von Bomhard **Musik**_Thomas Bloch-Bonhoff **Dramaturgie**_Andreas Erdmann **Premiere**_30.01.2004 in den Kammerspielen **Vorstellungen**_31

Der Hauptmann von Köpenick
von Carl Zuckmayer

mit_Otto Sander (Wilhelm Voigt), Jele Brückner (Olympia, Frau Obermüller), Margit Carstensen (Puppe, Marie Hoprecht, Eine Frau), Angelika Richter (Plörösenmieze, Fanny, Wäscherin Kähndorf), Lilly Marie Tschörtner (Prostituierte, Das kranke Mädchen), Thomas Büchel (v. Schlettow, Stadtrat Rau, Untersuchungshäftling Stutz), Alfred Herms (Zivilist, Arbeitssuchender, Zuchthausdirektor, Ein dicker Mann, Dienstmann, Kriminaldirektor), Martin Horn (Wabschke, Hirschberg, 1. Bahnbeamter, Rosencrantz, Kriminalinspektor), Marcus Kiepe (Jellinek, Der Herbergsvater, Anstaltsgeistlicher, Polizist, Stadtrat Comenius, Kriminalkommissar), Fabian Krüger (Willy Wormser, Kellner, Leutnant, Sally, Sekretär Kutzmann, Zeitungsjunge, Polizist), André Meyer (Wachtmeister, Schutzmann, Deltzeit, Pudritzki, Schietrum, 2. Bahnbeamter, Soldat, Passkommissar), Matthias Redlhammer (Gardegrenadier, Friedrich Hoprecht), Martin Rentzsch (Paul Kallenberg, Der „Vorwärts"- Leser, Polizeiinspektor), Felix Vörtler (Oberwachtmeister, Dr. Obermüller), Franz Xaver Zach (Adolf Wormser, Prokurist Knell, Ein Mann, Krakauer, Kilian), Walter Ludwig (Der Postbote); Musiker: Jörg

Das Dschungelbuch
von Rudyard Kipling nach der Fassung von Hansjörg Betschart
mit_Johannes Zirner (Mogli), Jost Grix (Baghira), Bernd Rademacher (Balu), Marcus Kiepe (Kaa), Thomas Büchel (Shir-Khan), Friedrich Witte (Tabaqui), André Meyer (Chil, King Lui), Jele Brückner (Raksha, Winnifred), Alexander Maria Schmidt (Vater Wolf, Oberst Hathi), Manfred Böll (Akela), Lina Beckmann (Graufellchen, Kleiner Elefant), Maja Beckmann (Affe Elli, Mädchen)
Regie_Annette Raffalt **Bühne**_Volker Hintermeier, Tobias Schunck **Kostüme**_Ele Bleffert **Kostümmitarbeit**_Veronika Bleffert **Musik**_Parviz Mir-Ali **Bewegungstraining und Maskenspiel**_Thomas Rascher **Dramaturgie**_Viola Eckelt
Premiere_01.11.2003 im Schauspielhaus **Vorstellungen**_45

Uraufführung
Die Optimisten
von Moritz Rinke
mit_Michael Maertens (Nick Neuss), Lena Schwarz (Carla Rosinski), Johanna Gastdorf (Inken Hellinger), Wolf-Dietrich Sprenger (Christian Kraus), Anne-Marie Bubke (Maria Berger), Martin Rentzsch (Tom Stetten), Felix Vörtler (Otto Jung)
Regie_Matthias Hartmann **Bühne**_Erich Wonder **Kostüme**_Amra Rasidkadic **Musik**_Parviz Mir-Ali **Dramaturgie**_Klaus Mißbach
Premiere_22.11.2003 im Schauspielhaus **Vorstellungen**_17

Deutschsprachige Erstaufführung
Schönes
von Jon Fosse
mit_Julie Bräuning (Das Mädchen), Manuel Bürgin (Der Junge), Burghart Klaußner (Der Mann), Ernst Stötzner (Der andere Mann), Catrin Striebeck (Die Frau), Veronika Bayer (Die Mutter)
Regie_Dieter Giesing **Bühne**_Karl-Ernst Herrmann **Kostüme**_Fred Fenner **Musik**_Gerd Bessler **Dramaturgie**_Klaus Mißbach **Premiere**_29.11.2003 in den Kammerspielen **Vorstellungen**_23

Uraufführung
Koala Lumpur
von David Lindemann
mit_Katharina Thalbach (Frau Schmidt), Fabian Krüger (Max), Martin Horn (Ein Mann mit einem Messer), Yun Geol Kim, Min-Chor Wi (Zwei Japaner)
Regie und Bühne_Wilfried Minks **Kostüme**_Maria Roers **Dramaturgie**_Thomas Oberender **Premiere**_19.12.2003 in den Kammerspielen **Vorstellungen**_28

Die Statistik

Spielzeit 2003/2004

Glaube Liebe Hoffnung
von Ödön von Horváth
mit_Angelika Richter (Elisabeth), Patrick Heyn (Ein Schupo), Bernd Rademacher (Oberpräparator, Der Herr Amtsgerichtsrat, Ein vierter Schupo), Marcus Kiepe (Präparator, Ein Arbeiter), Alexander Maria Schmidt (Vizepräparator, Eltz, Ein zweiter Arbeiter), Franz Xaver Zach (Der Baron mit dem Trauerflor, Kamerad), Felix Vörtler (Irene Prantl, Der Oberinspektor), Martina Eitner-Acheampong (Frau Amtsgerichtsrat, Ein dritter Schupo), Jost Grix (Ein Buchhalter), Manuel Bürgin (Maria, Joachim); Mart Barczewski (DJ)
Regie_Karin Henkel Bühne_Dirk Thiele Kostüme_Klaus Bruns Musik_Mart Barczewski Dramaturgie_Martin Fendrich Premiere_13.06.2003 im Schauspielhaus Vorstellungen_14

Der Hausmeister
von Harold Pinter
mit_Martin Horn (Mick), Martin Rentzsch (Aston), Fritz Schediwy (Davies)
Regie und Bühne_Wilfried Minks Kostüme_Su Bühler Dramaturgie_Klaus Mißbach Premiere_14.06.2003 in den Kammerspielen Vorstellungen_24

Minna von Barnhelm
oder das Soldatenglück
von Gotthold Ephraim Lessing
mit_Michael Wittenborn (Major Tellheim), Johanna Gastdorf (Minna von Barnhelm), Angelika Richter (Franziska), Martin Rentzsch (Just), Felix Vörtler (Paul Werner), Franz Xaver Zach (Der Wirt), Fritz Schediwy (Riccaut de la Marlinière)
Regie_Karin Beier Bühne_Thomas Dreißigacker Kostüme_ Beatrice von Bomhard Musik_Fritz Feger Dramaturgie_Klaus Mißbach Premiere_04.10.2003 im Schauspielhaus Vorstellungen_24

Uraufführung
Electronic City
von Falk Richter
mit_Maja Beckmann, Julie Bräuning, Julia Klomfaß, Lena Schwarz, Cathérine Seifert, Manfred Böll, Johann von Bülow, André Meyer, Henning Sembritzki, Maik Solbach
Regie und Bühne_Matthias Hartmann Regiemitarbeit_Marlin de Haan Bühnenbildmitarbeit_Martin Dolnik Kostüme_Su Bühler Musik_Karsten Riedel Video_Peer Engelbracht, Stephan Komitsch Computeranimation_Christopher Lensing Dramaturgie_Andreas Erdmann Premiere_04.10.2003 in den Kammerspielen Vorstellungen_21

Lucas Gregorowicz,
Patrick Heyn
in *True Dylan*
von Sam Shepard

Lucas Gregorowicz
in *1979*
von Christian Kracht

Uraufführung
Schau, da geht die Sonne unter
Spaß ab 40
von Sibylle Berg
mit_Michael Maertens (Er 1, Er 2), Angelika Richter (Sie 1, Sie 2), Johanna Gastdorf (Nachbarin), Martin Rentzsch (Kranker Mann, DJ), Jele Brückner (Kassiererin, Stylistin), Lena Schwarz (Prostituierte), Manuel Bürgin (Kneipier, Barmann), Matthias Brandt (Kollege), Marcus Kiepe (Arzt und alle Gegenstände), Felix Huber (Malte)
Regie_Niklaus Helbling **Bühne**_Dirk Thiele **Kostüme**_Regine Standfuss **Musik**_Felix Huber **Choreografie**_Salome Schneebeli **Dramaturgie**_Klaus Mißbach **Premiere**_22.03.2003 in den Kammerspielen **Vorstellungen**_25

Uraufführung
Eine Produktion in Zusammenarbeit mit der Folkwang Hochschule Studiengang Schauspiel Bochum
Seele des Dichters – Unheimliches Lokal
von Klaus Pohl
mit_Markus Brandl (Claus Rotter, Dr. Zanek), Nora Jokhosha (Lou, Frau Woolhädt), Peter Luppa (Peter Rotter), Arne Lenk (Alexander Polti), Jan Byl (Caspar Neuhauser), Rike Schäffer (Fritzi Krauss), Julia Philippi (Julia), Björn Bonn (Costas), Nora-Marie Horstkotte (Nora-M., Sunny Mo), Timo Wenzel (Florian Wenzel), Volker Muthmann (Volker Hagen, Arne Wassermann), Tobias Fritzsche (Tobias Fischel)
Regie_Klaus Pohl **Bühne und Kostüme**_Martin Dolnik **Dramaturgie**_Viola Eckelt **Premiere**_11.04.2003 in den Kammerspielen **Vorstellungen**_7

Uraufführung
Mendy – Das Wusical
von Helge Schneider und Andrea Schumacher
mit_Julie Bräuning (Wendy), Martina Eitner-Acheampong (Mutter, Der Kleine Muck), Bernd Rademacher (Vater), André Meyer (Mocca), Martin Horn (Knecht, 2. Polizist, Die Ziege Roland), Manfred Böll (Schlachter, Hauptkegel, Das Pferd Flying Tambourine), Franz Xaver Zach (Fahrgast, Chefpferd, Security), Johann von Bülow (Porscheverkäufer, Dr. Rainer Klimke, Das Pausenpolizeihähnchen, 1. Polizist, Das Schaf Dolly), Thomas Limpinsel (Thorsten, Die Kuh Zenzi), Alexander Maria Schmidt (Boris, Der Schwarze Vogel), Tana Schanzara (Kellnerin, Frau Knecht-Mutter, Die Kuh Lisa), Musiker: Jochen Bosak (Flügel), Karlos Boes (Saxophon, Querflöte), Mike Gosen (Percussion)
Regie und Musik_Helge Schneider **Mitarbeit**_Andrea Schumacher **Bühne**_Volker Hintermeier **Kostüme**_Su Bühler **Dramaturgie**_Klaus Mißbach **Premiere**_17.04.2003 im Schauspielhaus **Vorstellungen**_50

Clavigo
von Johann Wolfgang von Goethe
mit_Maik Solbach (Clavigo), Fabian Krüger (Carlos), Thomas Büchel (Beaumarchais), Lena Schwarz (Marie), Jele Brückner (Sophie Guilbert), Bernd Rademacher (Guilbert), Johann von Bülow (Buenco), Tänzer: Lenka Bartumková, Magerita Hanisch, Fornier Ortiz, Philipp Tafel
Regie_Samuel Schwarz **Bühne**_Chantal Wuhrmann, Andy Hohl **Kostüme**_Rudolf Jost **Musik**_Frank Heierli, Michael Sauter **Choreografie**_Anna Pocher **Dramaturgie**_Andreas Erdmann **Premiere**_24.05.2003 im Schauspielhaus **Vorstellungen**_10

Die Statistik

Die Physiker
von Friedrich Dürrenmatt
mit_Margit Carstensen (Frl. Doktor Mathilde von Zahnd), Martina Eitner-Acheampong (Marta Boll), Cathérine Seifert (Monika Stettler), Alexander Maria Schmidt (Uwe Sievers), Thorsten-Kai Botenbender (McArthur), Hrvoje Frljuzec (Murillo), Traugott Buhre (Herbert Georg Beutler), Fritz Schediwy (Ernst Heinrich Ernesti), Wolf-Dietrich Sprenger (Johann Wilhelm Möbius), Manfred Böll (Missionar Oskar Rose), Petra Redinger (Frau Missionar Lina Rose), Bernd Rademacher (Richard Voß)
Regie_David Mouchtar-Samorai **Bühne**_Martin Dolnik **Kostüme**_Su Bühler **Musik**_Ernst Bechert **Dramaturgie**_Klaus Mißbach **Premiere**_28.02.2003 im Schauspielhaus **Vorstellungen**_43

Hedda Gabler
von Henrik Ibsen
mit_Felix Vörtler (Jørgen Tesman), Dörte Lyssewski (Hedda), Irm Hermann (Fräulein Juliane Tesman), Diana Greenwood (Frau Elvsted), Martin Horn (Amtsgerichtsrat Brack), Alexej Schipenko (Ejlert Løvborg), Anneliese Hackert (Berte)
Regie_Ernst Stötzner **Bühne**_Petra Korink **Kostüme**_Beatrice von Bomhard **Musik**_Thomas Bloch-Bonhoff **Dramaturgie**_Thomas Oberender **Premiere**_01.03.2003 in den Kammerspielen **Vorstellungen**_42

Die Altruisten
von Nicky Silver
mit_Jost Grix (Ronald), Julie Bräuning (Sydney), André Meyer (Lance), Thomas Büchel (Ethan), Nele Rosetz (Cybil)
Regie_Christopher Werth **Bühne**_Volker Hintermeier **Kostüme**_Grit Groß **Musik**_Ingmar Süberkrüb **Dramaturgie**_Martin Fendrich **Premiere**_04.03.2003 im Theater unter Tage **Vorstellungen**_7

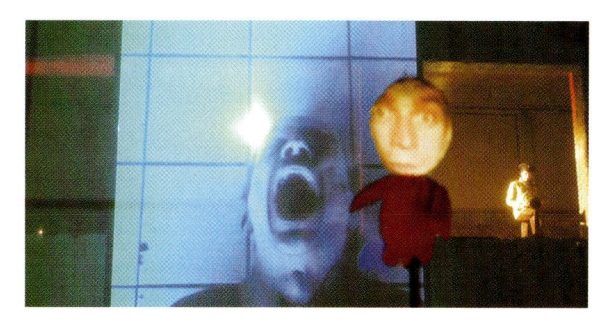

Uraufführung
1979
von Christian Kracht
mit_Lucas Gregorowicz, Oliver Masucci, Maik Solbach
Regie_Matthias Hartmann **Bühne**_Volker Hintermeier **Kostüme**_Su Bühler **Musik**_Karsten Riedel **Video**_Peer Engelbracht, Piotr Gregorowicz, Stephan Komitsch **Dramaturgie**_ Andreas Erdmann **Premiere**_14.03.2003 in der Zeche 1 **Vorstellungen**_63

Deutschsprachige Erstaufführung
True Dylan
von Sam Shepard

mit_Lucas Gregorowicz (genannt Bob), Patrick Heyn (genannt Sam)
Regie_Jürgen Kruse **Bühne**_Volker Hintermeier, Neil Young **Kostüme**_Grit Groß **Dramaturgie**_Martin Fendrich **Premiere**_30.11.2002 im Theater unter Tage **Vorstellungen**_35

Uraufführung / Deutschsprachige Erstaufführung
Einordnen/Ausflug/Land der Toten
von Neil LaBute

mit_Dörte Lyssewski, August Zirner *(Einordnen)*; Ann-Kristin Göcke/Inga Knoth, Felix Vörtler *(Ausflug)*; Nele Rosetz, Oliver Stokowski *(Land der Toten)*; Karsten Riedel *(Musiker)*
Regie und Bühne_Matthias Hartmann
Bühnenbildmitarbeit_Martin Dolnik **Kostüme**_Su Bühler
Musik_Karsten Riedel, Matthias Hartmann **Dramaturgie**_Thomas Oberender **Premiere**_19.12.2002 im Theater unter Tage **Vorstellungen**_36

Die Unvernünftigen sterben aus
von Peter Handke

mit_Michael Altmann (Hermann Quitt), Johann von Bülow (Hans), Alexander Maria Schmidt (Franz Kilb), Bernd Rademacher (Harald v. Wullnow), Manfred Böll (Karl-Heinz Lutz), Ernst Stötzner (Berthold Koerber-Kent), Veronika Bayer (Paula Tax), Julie Bräuning (Quitts Frau), Daniela Treckmann, Stephanie Müller/Michelle Madeleine Sembritzki (Sturmflut der Zukunft) sowie Ari von der Mombachbrücke
Regie_Jürgen Kruse **Bühne**_Wilfried Minks **Kostüme**_Caritas de Wit **Dramaturgie**_Martin Fendrich **Premiere**_20.12.2002 in den Kammerspielen **Vorstellungen**_15

The Lonely Hearts Club Band
Ein Beatles-Abend

mit_Martina Eitner-Acheampong, Thomas Büchel, Johann von Bülow, Jost Grix, Bernd Rademacher; Matthias Flake (Musiker)
Musikalische Leitung_Matthias Flake **Leitung**_Alexandra Liedtke **Bühne**_Katrin Kersten **Kostüme**_Grit Groß **Premiere**_07.01.2003 im Theater unter Tage **Vorstellungen**_31

Die Statistik

Deutschsprachige Erstaufführung
das maß der dinge
von Neil LaBute
mit_Nele Rosetz (Evelyn), Martin Lindow (Adam), Angelika Richter (Jenny), Patrick Heyn (Phillip)
Regie_Karin Beier **Bühne**_Julia Kaschlinski **Kostüme**_Maria Roers **Dramaturgie**_Andreas Erdmann **Premiere**_19.10.2002 in den Kammerspielen **Vorstellungen**_48

Eine Koproduktion mit der RUHRtriennale
Deutschland, deine Lieder
von Albert Ostermaier
mit_Marcus Bluhm (Wolf), Gesang: Oliver Aigner, Arno Bovensmann, Sandra Burchartz, Martin Busen, Hans-Helge Gerlik, Florian Hoffmann, Daniel Lager, Eun-Young Lee, Karsten Riedel, Kathrin Scheer, Anne Simmering
Regie_Matthias Hartmann **Bühne**_Volker Hintermeier **Kostüme**_Su Bühler **Komposition und musikalische Arrangements**_Parviz Mir-Ali **Musikalische Leitung**_Marius Lange **Video**_Philip Bußmann, Peer Engelbracht, Stephan Komitsch **Dramaturgie**_Thomas Wördehoff
Premiere_31.08.2002 in der Zeche Zollverein Essen, 23.10.2002 im Schauspielhaus Bochum **Vorstellungen**_12

Arsen und Spitzenhäubchen
von Joseph Kesselring
mit_Tana Schanzara (Abby Brewster), Margit Carstensen (Martha Brewster), Martin Rentzsch (Teddy Brewster), Matthias Leja (Mortimer Brewster), Marcus Kiepe (Jonathan Brewster), Alfred Herms (Dr. Harper, Mr. Gibbs, Mr. Witherspoon), Lena Schwarz (Ellen Harper), Maik Solbach (Klein, Mr. Hoskins), Lothar Kompenhans (Brofy, Mr. Spinalzo), Jost Grix (Dr. Einstein), Thomas Büchel (Leutnant Roony), André Meyer (O'Hara)
Regie_Gil Mehmert **Bühne und Kostüme**_Alissa Kolbusch, Jan Steigert **Dramaturgie**_Andreas Erdmann **Premiere**_16.11.2002 im Schaupielhaus **Vorstellungen**_47

Ronja Räubertochter
von Barbara Hass nach Astrid Lindgren
mit_Cathérine Seifert (Ronja), Peter Raffalt (Mattis), Martina Eitner-Acheampong (Lovis), Manuel Bürgin (Birk), Mirko Thiele (Borka), Diana Maria Breuer (Undis, Wilddrude), Volker Mosebach (Glatzen-Per), Özgür Karadeniz (Klein-Klipp, Rumpelmann), Maja Beckmann (Rumpelfrau, Wilddrude)
Regie_Annette Raffalt **Bühne**_Kathrin Schlecht **Kostüme**_Ele Bleffert **Musik**_Parviz Mir-Ali **Dramaturgie**_Viola Eckelt **Premiere**_29.11.2002 im Schauspielhaus **Vorstellungen**_42

Nele Rosetz,
Dörte Lyssewski
in *Don Carlos*
von Friedrich Schiller

Oliver Masucci,
Mavie Hörbiger,
Michael Rastl
in *Die Komödie der Verführung*
von Arthur Schnitzler

Spielzeit 2002/2003

Eine Koproduktion mit dem schauspielhannover
Komödie der Verführung
von Arthur Schnitzler
mit_Anne-Marie Bubke (Aurelie), Lena Schwarz (Judith), Simone Henn (Seraphine), Oliver Masucci (Max von Reisenberg), Ernst Stötzner (Ulrich Freiherr von Falkenir), Johann von Bülow (Arduin Prinz von Perosa), Wolfgang Michalek (Ambros Doehl), Denis Burgazliev (Gysar), Andreas Ebert (Westerhaus), Cathérine Seifert (Julia), Michael Rastl (Eligius Fenz), Margit Carstensen (Franziska Fürstin von Degenbach), Marcus Kiepe (Braunigl), André Meyer (Skodny), Klaus-Peter Haase (Rudolf von Heyskal), Dieter Hufschmidt (Hansen), Mavie Hörbiger (Gilda)
Regie_Matthias Hartmann **Bühne**_Karl-Ernst Herrmann **Kostüme**_Su Bühler, Gesine Völlm **Musik**_Parviz Mir-Ali **Dramaturgie**_Thomas Oberender **Premiere**_19.09.2002 im schauspielhannover, 29.09.2002 im Schauspielhaus Bochum **Vorstellungen**_31

Uraufführung
Vier Bilder der Liebe
von Lukas Bärfuss
mit_Annelore Sarbach (Evelyn), Marina Galic (Susan), Martin Horn (Sebastian), Martin Rentzsch (Daniel), Alexander Maria Schmidt (Ein junger Mann)
Regie_Karin Henkel **Bühne**_Henrike Engel **Kostüme**_Klaus Bruns **Video**_Philipp Reuter **Dramaturgie**_Silvia Manz **Premiere**_28.09.2002 in den Kammerspielen **Vorstellungen**_20

Die Präsidentinnen
von Werner Schwab
mit_Veronika Bayer (Erna), Martina Eitner-Acheampong (Grete), Yvonne Ruprecht (Mariedl)
Regie_Katja Lauken **Bühne**_Kathrine von Hellermann **Kostüme**_Katherina Kopp **Musik**_Holger Marseille, Arne Eickenberg (verklangwelt.de) **Dramaturgie**_Martin Fendrich **Premiere**_02.10.2002 im Theater unter Tage **Vorstellungen**_48

Der Kaufmann von Venedig
von William Shakespeare
mit_Manfred Böll (Der Doge von Venedig, Tubal), Peter Raffalt (Prinz von Marokko), Felix Vörtler (Antonio), Thomas Büchel (Bassanio), Maik Solbach (Salerio), Franz Xaver Zach (Solanio, Der alte Gobbo), Bernd Rademacher (Gratiano), Manuel Bürgin (Lorenzo), Friedrich-Karl Praetorius (Shylock), Jost Grix (Lanzelot Gobbo), Johanna Gastdorf (Portia), Jele Brückner (Nerissa), Julie Bräuning (Jessica), Christoph Maria Wagner (Pianist)
Regie_Georg Schmiedleitner **Bühne**_Stefan Brandtmayr **Kostüme**_Esther Bialas **Musik**_Christoph Maria Wagner **Dramaturgie**_Klaus Mißbach **Premiere**_16.10.2002 im Schauspielhaus **Vorstellungen**_21

Die Statistik

Uraufführung
Eine Koproduktion mit dem Berliner Ensemble
Unerwartete Rückkehr
von Botho Strauß
mit_Nina Hoss (Freundin), Dagmar Manzel (Die Frau), Peter Fitz (Der Mann), Robert Hunger-Bühler (Der andere Mann)
Regie_Luc Bondy **Regiemitarbeit**_Geoffrey Layton **Bühne**_Wilfried Minks **Kostüme**_Moidele Bickel **Dramaturgie**_Dieter Sturm **Premiere**_03.05.2002 im Schauspielhaus
Vorstellungen_9

Rattenjagd
von Peter Turrini
mit_André Meyer (Er), Lena Schwarz (Sie)
Regie_Alexandra Liedtke **Bühne**_Katrin Kersten **Kostüme**_Katherina Kopp **Dramaturgie**_Viola Eckelt **Premiere**_04.05.2002 im Theater unter Tage **Vorstellungen**_11

Deutschsprachige Erstaufführung
Winter
von Jon Fosse
mit_Ernst Stötzner (Der Mann), Dörte Lyssewski (Die Frau)
Regie_Matthias Hartmann **Bühnenbildmitarbeit**_Martin Dolnik **Kostüme**_Nini von Selzam **Dramaturgie**_Thomas Oberender
Premiere_10.05.2002 in den Kammerspielen **Vorstellungen**_31

Deutschsprachige Erstaufführung
Die Direktoren
von Daniel Besse
mit_Martin Rentzsch (Odéon), Martin Horn (Denfert), Patrick Heyn (Châtelet), Chris Hohenester (Grenelle), Felix Vörtler (Bercy), Harald Schmidt (Montparnasse), Jele Brückner (Journalistin), Christopher Werth (Oberkellner)
Regie_Matthias Hartmann **Bühne**_Volker Hintermeier **Kostüme**_Su Bühler **Video**_Hasko Sadrina **Videotechnik und Mitarbeit**_ Peer Engelbracht, Stephan Komitsch **Dramaturgie**_Klaus Mißbach **Premiere**_31.05.2002 in der Sparkasse Bochum, Dr. Ruer-Platz **Vorstellungen**_8

Liebelei
von Arthur Schnitzler
mit_Manfred Böll (Hans Weiring), Cathérine Seifert (Christine), Julie Bräuning (Mizi Schlager), Martina Eitner-Acheampong (Katharina Binder), Johann von Bülow (Fritz), Jost Grix (Theodor), Thomas Büchel (Ein Herr)
Regie_Christian Schlüter **Bühne**_Anke Grot **Kostüme**_Beatrice von Bomhard **Musik**_Dirk Raulf **Dramaturgie**_Silvia Manz
Premiere_07.06.2002 in den Kammerspielen **Vorstellungen**_22

Don Carlos
von Friedrich Schiller

mit_Fritz Schediwy (Philip II.), Nele Rosetz (Elisabeth), Johann von Bülow (Don Carlos), Sonja Baum (Herzogin von Olivarez), Diana Maria Breuer (Marquise von Mondecar), Dörte Lyssewski (Prinzessin von Eboli), Maik Solbach (Marquis von Posa), Thomas Büchel (Herzog von Alba), Marcus Kiepe (Domingo), Traugott Buhre (Der Großinquisitor), Jost Grix (Graf von Lerma), Manfred Böll (Don Raimond von Taxis), Bastian Semm (Page)
Regie_Patrick Schlösser **Bühne**_Thomas Schuster **Kostüme**_Su Bühler **Musik**_Ole Schmidt **Dramaturgie**_Thomas Oberender **Premiere**_10.03.2002 im Schauspielhaus **Vorstellungen**_20

bash – stücke der letzten tage
von Neil LaBute

mit_Martin Rentzsch (Junger Mann), Patrick Heyn (John), Sonja Baum (Sue), Jele Brückner (Die Frau)
Regie_Titus Georgi **Bühne und Kostüme**_Katja Wetzel **Dramaturgie**_Martin Fendrich **Premiere**_28.03.2002 im Theater unter Tage **Vorstellungen**_25

Der stumme Diener
von Harold Pinter

mit_Patrick Heyn (Ben), Johann von Bülow (Gus), Julie Bräuning (Gottvater), Alexander Maria Schmidt (Gottvater)
Regie_Jürgen Kruse **Bühne**_Thorsten Klein **Kostüme**_Su Bühler **Dramaturgie**_Martin Fendrich **Premiere**_07.04.2002 im Theater unter Tage **Vorstellungen**_25

Deutschsprachige Erstaufführung
Haus & Garten
von Alan Ayckbourn

mit_Joachim Król (Teddy Platt), Johanna Gastdorf (Trish Platt), Cathérine Seifert (Sally Platt), Matthias Brandt (Giles Mace), Friederike Wagner (Joanna Mace), Manuel Bürgin (Jake Mace), Christian Schneller (Gavin Ryng-Mayne), Felix Vörtler (Barry Love), Angelika Richter (Lindy), Kathie Kriegel (Lucille Cadeau), Martina Eitner-Acheampong (Fran Briggs), Michael Hanemann (Warn Coucher), Veronika Bayer (Izzie Truce), Chris Hohenester (Pearl Truce)
Regie_David Mouchtar-Samorai **Bühne**_Heinz Hauser **Kostüme**_Urte Eicker **Musik**_Ernst Bechert **Choreografische Mitarbeit**_Anthony Taylor **Dramaturgie**_Klaus Mißbach **Premiere**_13.04.2002 im Schauspielhaus und in den Kammerspielen **Vorstellungen**_36

Die Statistik

Uraufführung
Selbstportraits. 48 Details
von Thomas Oberender
mit_Nele Rosetz (Helene), Julie Bräuning (Juliane), Martin Horn (Daniel), Patrick Heyn (Fabian)
Regie_Isabel Osthues **Bühne und Kostüme**_Franziska Rast **Musik**_Patrick Schimanski **Dramaturgie**_Silvia Manz **Premiere**_21.12.2001 in den Kammerspielen **Vorstellungen**_13

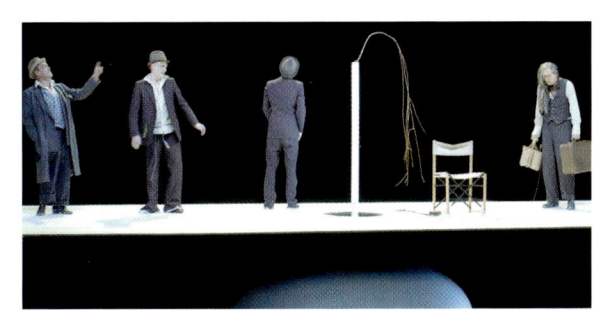

Warten auf Godot
von Samuel Beckett
mit_Michael Maertens (Wladimir), Ernst Stötzner (Estragon), Fritz Schediwy (Pozzo), Harald Schmidt (Lucky), Friedrich Gottschewski/Richard Lingscheidt/Jan-Philipp Doppel (Ein Junge)
Regie_Matthias Hartmann **Bühne**_Karl-Ernst Herrmann **Kostüme**_Su Bühler **Dramaturgie**_Thomas Oberender **Premiere**_06.01.2002 im Schauspielhaus **Vorstellungen**_77

Der Cid
von Pierre Corneille
mit_Marcus Kiepe (Ferdinand I.), Angelika Richter (Donna Urraca), Martin Rentzsch (Don Diego), Thomas Büchel (Don Gomez, Don Alonso), Manuel Bürgin (Don Rodrigo), Alexander Maria Schmidt (Don Sancho), Jele Brückner (Don Arias, Léonor), Lena Schwarz (Chimène), Martina Eitner-Acheampong (Elvire)
Regie_Niklaus Helbling **Bühne**_Dirk Thiele **Kostüme**_Regine Standfuss **Musik und Cid-o-matic-Klanginstallation**_Jeroen Visser **Körpertraining/Choreografie**_Meret Hottinger, Salomon Nägeli **Dramaturgie**_Klaus Mißbach **Premiere**_19.01.2002 in den Kammerspielen **Vorstellungen**_35

Harold und Maude
von Colin Higgins
mit_André Meyer (Harold), Tana Schanzara (Maude), Ingrid Schaller (Mrs. Chasen), Peter Raffalt (Pater Finnegan), Ralf Dittrich (Dr. Mathews, Onkel Victor, Friedhofsgärtner, Officer), Julie Bräuning (Candy Gulf, Nancy Mersch, Sunshine Doré, Ministrant, Dr. Mathews-Double), Christoph Maria Wagner (Butler am Fender Rhodes Piano)
Regie_Gil Mehmert **Bühne**_Jan Steigert **Kostüme**_Yvette Schuster **Musik**_Christoph Maria Wagner **Dramaturgie**_Silvia Manz **Premiere**_08.03.2002 in den Kammerspielen **Vorstellungen**_82

Johann von Bülow
in *Made in China*
von Mark O'Rowe

André Meyer
in *Ein Inspektor kommt*
von John B. Priestley

König Richard III.
von William Shakespeare

mit_Thomas Hodina (König Edward IV.), Tilo Keiner (Edward, Graf Rivers), Patrick Heyn (Richard, Lord Grey), Felix Vörtler (Clarence), Armin Rohde (Gloster, später König Richard III.), Johanna Gastdorf (Königin Elizabeth), Angelika Richter (Lady Anne), Matthias Leja (Herzog von Buckingham), Franz Xaver Zach (Lord Hastings), Manfred Böll (Lord Stanley), Thomas Büchel (Sir William Catesby), Johann von Bülow (Erster Mörder), Martin Rentzsch (Zweiter Mörder)
Regie_Karin Beier **Bühne**_Florian Etti **Kostüme**_Maria Roers **Musik**_Frank Köllges **Choreografie**_Thomas Stache **Dramaturgie**_Klaus Mißbach **Premiere**_24.10.2001 im Schauspielhaus **Vorstellungen**_34

Die Marquise von O.
von Ferdinand Bruckner

mit_Dörte Lyssewski (Frau von O.), Hans Diehl (Ihr Vater), Margit Carstensen (Ihre Mutter), Lucas Gregorowicz (Ein Hauptmann), Martin Horn (Ein Gutsherr), Alexander Maria Schmidt (Ein Infanterist)
Regie_Ernst Stötzner **Bühne**_Petra Korink **Kostüme**_Beatrice von Bomhard **Musik**_Thomas Bloch-Bonhoff **Fechtkampf**_Klaus Figge **Dramaturgie**_Martin Fendrich **Premiere**_03.11.2001 in den Kammerspielen **Vorstellungen**_31

Peterchens Mondfahrt
von Brian Michaels und Ulrike Schanko
nach Gerdt von Bassewitz

mit_Jan-Peter Kampwirth (Peter), Sonja Baum (Anneliese), Jost Grix (Sumsemann), Peter Raffalt (Sandmann, Donnerman, Windliese, August Auge), Andreas Möckel (Castrop, Hagelhans, Oskar Ohr), André Meyer (Rauxel, Regenfritz, Mondmann), Diana Maria Breuer (Blitzhexe, Nachtfee), Bastian Semm (Eismax)
Regie_Annette Raffalt **Bühne**_Volker Hintermeier **Kostüme**_Ele Bleffert **Musik**_Michael Kadelbach, Parviz Mir-Ali **Dramaturgie**_Viola Eckelt **Premiere**_15.11.2001 im Schauspielhaus **Vorstellungen**_29

Pizza Pazza
Ein italienischer Liederabend

mit_ Martina Eitner-Acheampong, Johann von Bülow, Ralf Dittrich, Patrick Heyn, Felix Vörtler, Franz Xaver Zach
Musikalische Leitung und Klavier_Matthias Flake **Leitung**_Alexandra Liedtke **Bühne**_Katrin Kersten **Kostüme**_Yvette Schuster **Premiere**_14.12.2001 im Theater unter Tage **Vorstellungen**_61

Die Statistik

Spielzeit 2001/2002

Ein Inspektor kommt
von John B. Priestley

mit_Fritz Schediwy (Arthur Birling), Margit Carstensen (Sybil Birling), Angelika Richter (Sheila Birling), Maik Solbach (Eric Birling), Martin Rentzsch (Gerald Croft), Tana Schanzara (Edna), André Meyer (Inspektor Goole)
Regie_Patrick Schlösser **Bühne**_Thomas Schuster **Kostüme**_Uta Meenen **Dramaturgie**_Silvia Manz **Premiere**_16.06.2001 in den Kammerspielen **Vorstellungen**_21

Eine Mittsommernachts-Sex-Komödie
von Woody Allen

mit_Matthias Brandt (Andrew), Johanna Gastdorf (Adrian), Johann von Bülow (Maxwell), Sophie Engert (Dulcy), Felix Vörtler (Leopold), Anne-Marie Bubke (Ariel)
Regie_Matthias Hartmann **Bühne**_Katrin Kersten **Kostüme**_Yvette Schuster **Dramaturgie**_Thomas Oberender **Premiere**_08.07.2001 im Schauspielhaus **Vorstellungen**_21

Deutschsprachige Erstaufführung
Der Leutnant von Inishmore
von Martin McDonagh

mit_Fritz Schediwy (Donny), André Meyer (Davey), Maik Solbach (Padraic), Nele Rosetz (Mairead), Alexander Maria Schmidt (James), Marcus Kiepe (Christy), Jost Grix (Brendan), Manuel Bürgin (Joey)
Regie_Patrick Schlösser **Bühne**_Thomas Schuster **Kostüme**_Uta Meenen **Musik**_Ole Schmidt **Dramaturgie**_Silvia Manz **Premiere**_28.09.2001 in den Kammerspielen **Vorstellungen**_18

Uraufführung
Es ist Zeit. Abriss
von Albert Ostermaier

mit_Jürgen Rohe (Castou), Maik Solbach (Lux), Lena Schwarz (Dor), Ernst Stötzner (Dufin)
Regie_Matthias Hartmann **Bühne**_Volker Hintermeier **Kostüme**_Su Bühler **Musik**_Parviz Mir-Ali **Video**_Philip Bußmann **Dramaturgie**_Thomas Oberender **Premiere**_12.10.2001 in den Kammerspielen **Vorstellungen**_10

Der Idiot
von Fjodor Dostojewskij

mit_Manuel Bürgin (Fürst Lew Nikolajewitsch Myschkin), Thomas Büchel (Parfjon Semjonowitsch Rogoschin), Katharina Müller-Elmau (Natassja Filippowna Baraschkowa), Manfred Böll (Afanassij Iwanowitsch Tozkij), Ralf Dittrich (Iwan Fjodorowitsch Jepantschin), Manuela Alphons (Jelisaweta Jepantschina), Sonja Baum (Alexandra Iwanowna), Ulrike Recknagel (Adelaida Iwanowna), Nele Rosetz (Aglaja Iwanowna), Haymon Maria Buttinger (Ardalion Alexandrowitsch Iwolgin), Renate Becker (Nina Alexandrowna), Marcus Kiepe (Ganja Ardalionowitsch), Julie Bräuning (Warja Ardalionowna), Andreas Möckel (Lukjan Timofejewitsch Lebedew), Die Wolga-Virtuosen: Valeri Kisseljov, Jakob Eihof, Jouri Kostew, Michael Lutz
Regie_Hans-Ulrich Becker **Bühne**_Alexander Müller-Elmau **Kostüme**_Gabriele Sterz **Musik**_Thomas Hertel **Dramaturgie**_Klaus Mißbach **Premiere**_28.04.2001 im Schauspielhaus **Vorstellungen**_9

Eine Produktion in Zusammenarbeit mit der Folkwang Hochschule Studiengang Schauspiel Bochum
Früchte des Nichts
von Ferdinand Bruckner

mit_Roman Schmelzer (Gert), Roland Riebeling (Foss), Cornelia Dörr (Adi), Cathérine Seifert (Creszenz), Jan-Peter Kampwirth (Lebrecht), Lisa-Marie Janke (Sophie), Matthias Gall (Kaus, Lech), Laurens Walter (Gries)
Regie_Christian Schlüter **Bühne**_Alissa Kolbusch **Kostüme**_Beatrice von Bomhard **Choreografische Mitarbeit**_Anna Pocher **Dramaturgie**_Viola Eckelt **Premiere**_05.05.2001 in den Kammerspielen **Vorstellungen**_23

Tod eines Handlungsreisenden
von Arthur Miller

mit_Jürgen Rohe (Willy Loman), Veronika Bayer (Linda), Patrick Heyn (Biff), Johann von Bülow (Happy), Alexander Maria Schmidt (Bernard), Lena Schwarz (Die Frau), Manfred Böll (Charley), Ralf Dittrich (Onkel Ben), Jost Grix (Howard Wagner), Haymon Maria Buttinger (Stanley), Sonja Baum, Julie Bräuning (Jenny, Letta & Miss Forsythe)
Regie_Jürgen Kruse **Bühne**_Steffi Bruhn **Kostüme**_Caritas de Wit **Dramaturgie**_Martin Fendrich **Premiere**_26.05.2001 in den Kammerspielen **Vorstellungen**_12

Uraufführung
Dreiunddreißigstes Kapitel ...
von Alexej Schipenko

mit_Nele Rosetz (Camilla), Manuel Bürgin (Der junge Mann), Lucas Gregorowicz (Der Boxer), Marcus Kiepe (Ein Priester), Franz Xaver Zach (Trainer), Julie Bräuning (Camilla II, Nonne)
Regie_Ernst Stötzner **Bühne und Kostüme**_Petra Korink **Videokamera**_Kornel Miglus **Dramaturgie**_Thomas Oberender **Premiere**_13.06.2001 im Theater unter Tage **Vorstellung**_1

Die Statistik

Deutschsprachige Erstaufführung
Auf dem Land
von Martin Crimp

mit_Johanna Gastdorf (Corinne), Burghart Klaußner (Richard), Nele Rosetz (Rebecca)
Regie_Dieter Giesing **Bühne**_Karl-Ernst Herrmann
Kostüme_Yvette Schuster **Musik**_π + Mat hoch zwei
Dramaturgie_Klaus Mißbach **Premiere**_09.02.2001 in den Kammerspielen **Vorstellungen**_22

Deutschsprachige Erstaufführung
Made in China
von Mark O'Rowe

mit_Jost Grix (Hughie), André Meyer (Paddy), Johann von Bülow (Kilby)
Regie_Patrick Schlösser **Bühne**_Thomas Schuster **Kostüme**_Uta Meenen **Dramaturgie**_Silvia Manz **Premiere**_23.02.2001 im Theater unter Tage **Vorstellungen**_12

Uraufführung
Der Narr und seine Frau heute abend in *Pancomedia*
von Botho Strauß

mit_Dörte Lyssewski (Sylvia Kessel), Tobias Moretti (Zacharias Werner), Felix Vörtler (Empfangschef, Angestellter, Greis, Ein später Gast, Elmar Kitz), Matthias Leja (Herr Schill, Schwager Oswald, Der Liebhaber), Annelore Sarbach (Frau Schill, Bewerberin 9, Papierfabrikantin, Beate, Die Ehefrau, Kritische Leserin), Alfred Herms (Leser, Gregor, Onkel Bernd), Thomas Limpinsel (Verkaufsleiter, Pulk, Angestellter, Hotelgast, Lothar, Er), Volker Weidlich (Ein Gast, Pulk, Nachtportier, Ein Holger, Busfahrer), Tana Schanzara (Ein älterer Mann, Eine alte Frau), Margit Carstensen (Frau des älteren Manns, Bewerberin 4, Phintys, Fröstelnde Leserin), Peter Raffalt (Ein anderer Besucher, Angestellter, Greis, Er 1, Harald, Pulk), Martina Eitner-Acheampong (Begleiterin des anderen Besuchers, Bewerberin 3, Greis, Jodie, Konstantins Mutter, Auflachende Leserin II), André Meyer (Bunter Junge, Angestellter, Zweiter Kellner, Greis, Engel), Franz Xaver Zach (Ein Skeptiker, Erster Kellner, Hausdetektiv, Der Ehemann), Angelika Richter (Die Begleiterin, Bewerberin 8, Liftboy, Holgers Begleiterin), Friederike Wagner (Die Unruhige, Bewerberin 6, Anja, Sie 1, Kattrin, Einschlafende Leserin), Jele Brückner (Die Brünette, Bewerberin 2, Greis, Frau am Nebentisch, Sie, Pulk), Alexander Maria Schmidt (Ein Besucher, Sylvia Kessels Kompagnon, Greis, Felix, Ein Mann), Lena Schwarz (Heike, Saaltochter, Auflachende Leserin), Jost Grix (Livrierter Junge, Greis, Der echte Liftboy), Diana Maria Breuer (Pulk, Bewerberin 1, Proserpina, Elke, Leserin in Trance), Veronika Bayer (Eine Angestellte, Agrypnia, Kurzsichtige Leserin), Susanne Gärtner (Bewerberin 5, Ina Schmölling-Knecht, Wütende Leserin, Eine mit Handy), Chris Hohenester (Bewerberin 7, Jennifer, Sie 2, Sie), Sophie Engert (Bewerberin 10, Greis, Emilie, Kerstin, Die Buchfee, Sie), Patrick Heyn (Der Bruder, Angestellter, Greis, Zweiter später Gast, Er 2, Er, Pulk), Fritz Schediwy (Alfredo), Ernst Stötzner (Vittorio), Jakob Fedler/Mario von Grumbkow (Konstantin), Alexander May (Albert Brigg), Alexandra Liedtke (Essende Leserin)
Regie_Matthias Hartmann **Bühne**_Erich Wonder **Bühnenbildmitarbeit**_Amra Rasidkadic **Kostüme**_Su Bühler **Musik**_ Parviz Mir-Ali **Dramaturgie**_Thomas Oberender **Premiere**_07.04.2001 im Schauspielhaus **Vorstellungen**_28

Matthias Brandt,
Sonja Baum
in *Durstige Vögel*
von Kristo Šagor

Jürgen Rohe,
Ernst Stötzner,
Dörte Lyssewski,
Matthias Leja
in *Kinder der Sonne*
von Maxim Gorki

Kinder der Sonne
von Maxim Gorki

mit_Ernst Stötzner (Pawel Fjodorowitsch Protassow), Friederike Wagner (Lisa), Dörte Lyssewski (Jelena Nikolajewna), Matthias Leja (Dimitrij Sergejewitsch Wagin), Jürgen Rohe (Boris Nikolajewitsch Tschepurnoj), Angelika Richter (Melanija), Franz Xaver Zach (Nasar Awdejewitsch), Johann von Bülow (Mischa), Martin Rentzsch (Jegor), Ulrike Recknagel (Awdotja), Marcus Kiepe (Jakow Troschin), Renate Becker (Antonowna), Maja Schöne (Fima), Lena van Dornick (Luscha), Haymon Maria Buttinger (Roman)

Regie_Karin Henkel **Bühne und Kostüme**_Henrike Engel **Kampfszenen**_Klaus Figge **Dramaturgie**_Martin Fendrich **Premiere**_30.12.2000 im Schauspielhaus **Vorstellungen**_17

Uraufführung
Die Reise von Klaus und Edith durch den Schacht zum Mittelpunkt der Erde
von Lukas Bärfuss

mit_Julie Bräuning (Edith), Martin Horn (Klaus), Fabian Krüger (Ihr Liebster, später der Blaue), Jele Brückner (Die Rote), Martina Eitner-Acheampong (Die Gelbe), Lars Scherf (Der Grüne), Thomas Bloch-Bonhoff (Der Lilalane), Kofi Acheampong (Der Güldene), Jutta Schneider (Die Wispernde), Der Unhold von Danzig: Alle außer Martin Horn, Musiker: Thomas Bloch-Bonhoff (Flügel), Fabian Krüger (Cello)

Regie_Samuel Schwarz **Bühne**_Chantal Wuhrmann **Kostüme**_Rudolf Jost **Musik**_Thomas Bloch-Bonhoff, Fabian Krüger **Dramaturgie**_Silvia Manz **Premiere**_12.01.2001 in den Kammerspielen **Vorstellungen**_18

Der Parasit
von Friedrich Schiller

mit_Felix Vörtler (Narbonne), Veronika Bayer (Madame Belmont), Lena Schwarz (Charlotte), Michael Maertens (Selicour), Thomas Büchel (La Roche), Ralf Dittrich (Firmin), Manuel Bürgin (Karl Firmin), Peter Raffalt (Michel), Alexander Maria Schmidt (Robineau)

Regie_Matthias Hartmann **Bühne**_Petra Korink **Kostüme**_Su Bühler **Musik**_Parviz Mir-Ali **Dramaturgie**_Thomas Oberender **Premiere**_27.01.2001 im Schauspielhaus **Vorstellungen**_72

Eine Produktion des Thalia Theaters Hamburg
Enigma
von Eric-Emmanuel Schmitt

mit_Armin Buch (Erik Larsen), Peter Striebeck (Abel Znorko)

Regie_Wolf-Dietrich Sprenger **Bühne und Kostüme**_Achim Römer **Musikalische Betreuung**_Laurenz Wannenmacher **Dramaturgie**_Wolfgang Wiens **Premiere**_31.01.2001 im Schauspielhaus **Vorstellungen**_12

Die Statistik

Eine Produktion des Bayerischen Staatsschauspiels München
Shakespeares sämtliche Werke (leicht gekürzt)
von Adam Long, Daniel Singer, Jess Winfield
mit_Thomas Limpinsel, Felix Vörtler, Franz Xaver Zach
Premiere_18.11.2000 in den Kammerspielen **Vorstellungen**_74

Josef und Maria
von Peter Turrini
mit_Alexander May (Josef Pribil), Tana Schanzara (Maria Patzak), Jan Kämmerer (Ein Sprecher)
Regie_Kathrin Sievers **Bühne und Kostüme**_Beatrice von Bomhard **Choreografie**_Anna Pocher **Dramaturgie**_Viola Eckelt
Premiere_19.12.2000 in den Kammerspielen **Vorstellungen**_39

Die verzauberten Brüder
von Jewgenij Schwarz
mit_Carolin Weber (Wassilíssa die Arbeitsame), Bastian Semm (Fjódor), Piotr Gregorowicz (Jegoruschka), Alexander Weise (Iwánuschka), Diana Maria Breuer (Die Hexe Bábajagá), Volker Weidlich (Der Bär H. Mischa), Peter Raffalt (Der Kater Kotoféj Múrlewitsch), Andreas Möckel (Der Hund Schárik), Hendrik Spree (Fuchs, Hühnerbein), Sandra Wickenburg (Maulwurf, Hühnerbein), Sina-Maria Gerhardt (Eichhörnchen), Beatrix Pluta (Geigenmeise)
Regie_Annette Raffalt **Bühne**_Volker Hintermeier **Kostüme**_Ele Bleffert **Kostümmitarbeit**_Veronika Bleffert **Musik**_Thomas Bloch-Bonhoff **Dramaturgie**_Klaus Mißbach
Premiere_30.11.2000 in den Kammerspielen **Vorstellungen**_33

Uraufführung
Durstige Vögel
von Kristo Šagor
mit_Sonja Baum (Gundula), Matthias Brandt (Tomasz), André Meyer (B), Manfred Böll (Schutte), Patrick Heyn (Peter), Bettina Schmidt (Ellen, Stewardess 1, Putzfrau), Julia Raabe (Stewardess 2, Putzfrau 2)
Regie_Sebastian Orlac **Bühne und Kostüme**_Kathi Maurer **Musik**_lotte ohm. **Dramaturgie**_Thomas Oberender
Premiere_20.12.2000 im Theater unter Tage **Vorstellungen**_14

Rausch
von August Strindberg

mit_Matthias Brandt (Maurice), Jele Brückner (Jeanne), Martin Rentzsch (Adolphe), Almut Zilcher (Henriette), Ralf Dittrich (Emile), Martina Eitner-Acheampong (Madame Cathérine), Jürgen Rohe (Der Abbé)

Regie_Karin Henkel Bühne_Barbara Steiner Kostüme_Nina von Mechow Arbeit mit den Tänzern_Stefan Nölle Dramaturgie_Martin Fendrich Premiere_28.10.2000 in den Kammerspielen Vorstellungen_19

Die Familie Schroffenstein
von Heinrich von Kleist

mit_Fritz Schediwy (Raimond), Ulli Maier (Elmire), Johann von Bülow (Rodrigo), André Meyer (Juan), Ernst Stötzner (Alonzo), Friedhardt Kazubko (Der Großvater), Veronika Bayer (Franziska), Sonja Baum (Ignez), Thomas Büchel (Antonio von Ghonorez), Marcus Kiepe (Aldola), Haymon Maria Buttinger (Santin), Peter Raffalt (Vetorin), Franz Xaver Zach (Thiesta), Tana Schanzara (Ursula), Julie Bräuning (Barnabé), Diana Maria Breuer (Eine Kammerjungfer der Elmire), Manfred Böll (Ein Kirchendiener), Musiker: Thomas Bloch-Bonhoff (Keyboard), Christoph Kammer/ Klaus Kappmeyer (Kontrabass), Lothar von Staa/ Matthias Jahner (Flöte), Bernd Kullak/Marion Terbuyken (Violine)

Regie_Matthias Hartmann Bühne_Hugo Gretler Kostüme_Su Bühler Musik_Parviz Mir-Ali Dramaturgie_Silvia Manz, Thomas Oberender Premiere_29.10.2000 im Schauspielhaus Vorstellungen_21

Eine Produktion des Theaters der Stadt Heidelberg
Indien
von Alfred Dorfer und Josef Hader

mit_Peter Bernhardt (Kwiatkovski), Matthias Brandt (Fellner), Andreas Möckel (Wirt, Arzt, Priester)

Regie_Helm Bindseil Bühne und Kostüme_Klaus Teepe Dramaturgie_Matthias Schubert Premiere_31.10.2000 in den Kammerspielen Vorstellungen_19

Eine Produktion des Schauspielhauses Zürich
Der Kuß des Vergessens
Vivarium rot
von Botho Strauß

mit_Anne Tismer (Ricarda), Otto Sander (Herr Jelke), Johanna Gastdorf (Annkattrin), Burghart Klaußner (Lukas), Alfred Herms (Männlich: C), Patrick Heyn (Männlich: D), Marcus Kiepe (Männlich: E), Martina Eitner-Acheampong (Weiblich: 3), Lena Schwarz (Weiblich: 4), Veronika Bayer (Weiblich: 5), Manuel Bürgin (Wechsler: FM6)

Regie_Matthias Hartmann Bühne_Karl-Ernst Herrmann Kostüme_Su Bühler Film und Video_Christian Davi, Filip Zumbrunn Dramaturgie_Elisabeth Mildschuh, Reinhard Palm Premiere_17.11.2000 im Schauspielhaus Vorstellungen_34

Die Statistik

Inszenierungen

Spielzeit 2000/2001

Uraufführung
Die Eröffnung
von Peter Turrini
mit_Michael Maertens (Der Mann), Thomas Büchel (Der Feind), Tana Schanzara (Die Maskenbildnerin), Alexandra Liedtke (Das Kind), Anton Lohse, Wilfried Mueller (Zwei Aufseher der Psychiatrie), Beate Bagenberg (Die Souffleuse)
Regie_Matthias Hartmann **Bühne**_Matthias Hartmann, Katrin Kersten **Kostüme**_Su Bühler **Dramaturgie**_Silvia Manz
Premiere_21.10.2000 im Schauspielhaus **Vorstellungen**_53

Kauft Tasso!
nach Goethe
mit_Sebastian Dunkelberg (Alfons der Zweite), Nele Rosetz (Leonore von Este), Dörte Lyssewski (Leonore Sanvitale), Philipp Hochmair (Torquato Tasso), Max Urlacher (Antonio Montecatino)
Regie_Nicolas Stemann **Bühne**_Nicolas Stemann, Esther Bialas **Kostüme**_Esther Bialas **Dramaturgie**_Silvia Manz, Bernd Stegemann **Premiere**_22.10.2000 in den Kammerspielen **Vorstellungen**_14

Triumph der Liebe
von Pierre Carlet de Marivaux
mit_Johanna Gastdorf (Leonida), Angelika Richter (Corinna), Armin Rohde (Hermokrates), Margit Carstensen (Leontine), Patrick Heyn (Agis), Felix Vörtler (Dimas), Alexander Maria Schmidt (Arlequin)
Regie_Patrick Schlösser **Bühne**_Thomas Schuster **Kostüme**_Uta Meenen **Musik**_Jay Schwartz **Dramaturgie**_Klaus Mißbach
Premiere_21.10.2000 im Schauspielhaus **Vorstellungen**_18

Uraufführung
Helges Leben
von Sibylle Berg
mit_Manuel Bürgin (Helge), Marcus Kiepe (Helges Vater, Tinas Angst, Schnapphamster, Kleiner Montag), Lena Schwarz (Helges Mutter, Krankenschwester, Reh), Tonio Arango (Helges Angst), Julie Bräuning (Tina, Reh), Erika Stucky (Frau Gott), Sina (Tod), Manfred Böll (Tapir)
Regie_Niklaus Helbling **Bühne**_Dirk Thiele **Kostüme**_Muriel Nestler, Dirk Thiele **Musik**_Erika Stucky, Sina **Choreografie**_Salome Schneebeli **Dramaturgie**_Klaus Mißbach
Premiere_22.10.2000 im Theater unter Tage **Vorstellungen**_27

DIE STATISTIK

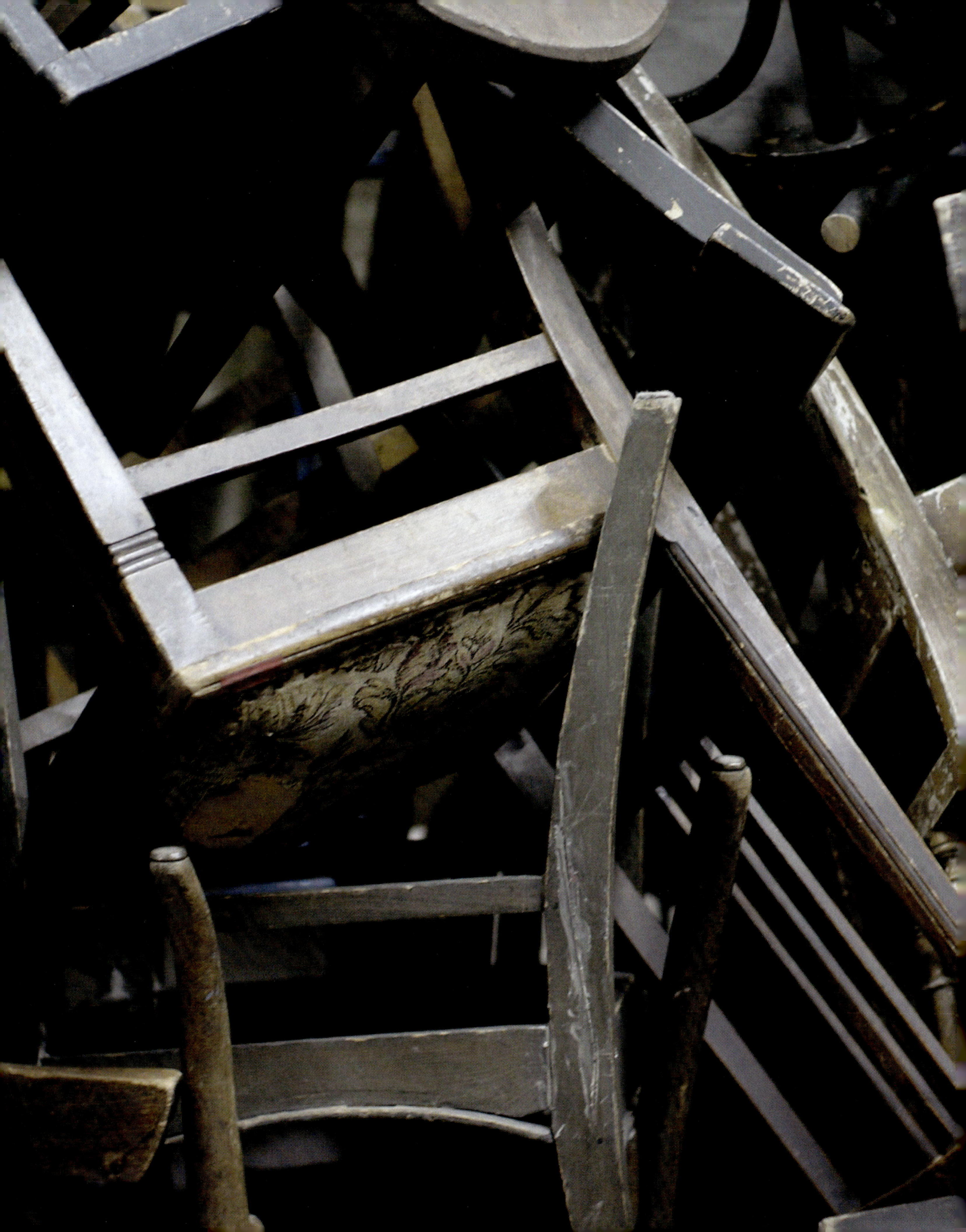

Abb. oben: Martin Horn, Angelika Richter in *Die sexuellen Neurosen unserer Eltern* von Lukas Bärfuss
Abb. unten: Fritz Schediwy, Veronika Bayer, Angelika Richter in *Die sexuellen Neurosen unserer Eltern* von Lukas Bärfuss

Katharina Thalbach, Julie Bräuning in *Heinrich IV.*
von William Shakespeare bearbeitet und aus dem Englischen übertragen von Lukas Bärfuss

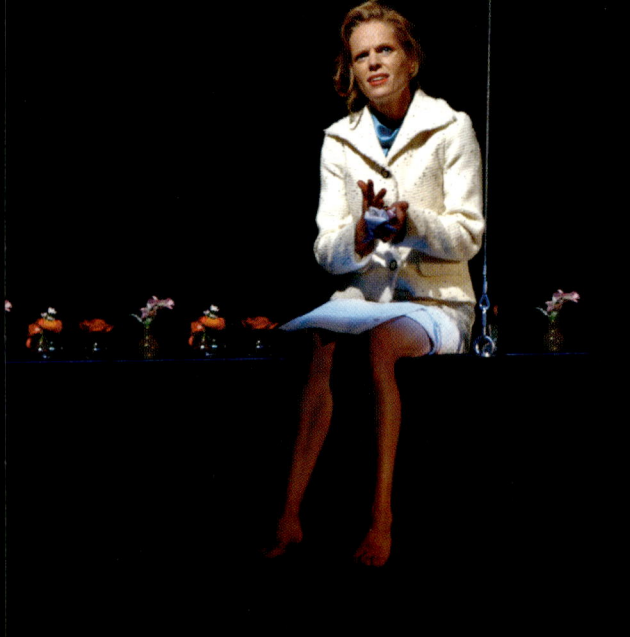

Und vor allem liebe ich die Erinnerung an meine ersten Nächte in der Villa Wahnsinn, dem Gästehaus des Theaters an der Königsallee, gerade zurückgekehrt aus Kamerun, aus dreißig Grad im Schatten direkt in die deutsche Novemberkälte, von der Körperlichkeit des Reisens in die hermetische Welt einer Uraufführungsauseinandersetzungsschlacht. Ich liebe die Erinnerung an den Grusel dieser Gästewohnung, unbewohnt und ohne Interesse für meine Geschichte, aber trotzdem beseelt vom Geist der ungezählten Theaterleute auf Wanderschaft, die hier bloß nächtigten, nicht mehr, ohne zusätzliche Ansprüche, zufrieden mit Telefon, Teekocher und dem anmutigen Eichhörnchenballett im Garten vor dem Fenster. Und dann die Freude, das Erstaunen, hier eine nie erlebte Leidenschaft, einen Fanatismus fürs Theater zu finden. Der Geruch in den Gängen des Theaters, etwas zwischen Kohlroulade, Bohnerwachs und dem Theaterstaub aus Jahrzehnten, ist mein Sentimentalitätsgenerator. Und wie liebe ich das „Alles klar" der Pförtner als Antwort auf mein „Bis dann also"!

Lieblich? Die Stadt Bochum hat mich immer sanft gestimmt, und was an Zierrat fehlt dem Auge, entsteht in mir als Seelenornament.

Alexander Maria Schmidt
Marina Galic,
Annelore Sarbach,
Martin Rentzsch,
Martin Horn
in *Vier Bilder der Liebe*
von Lukas Bärfuss

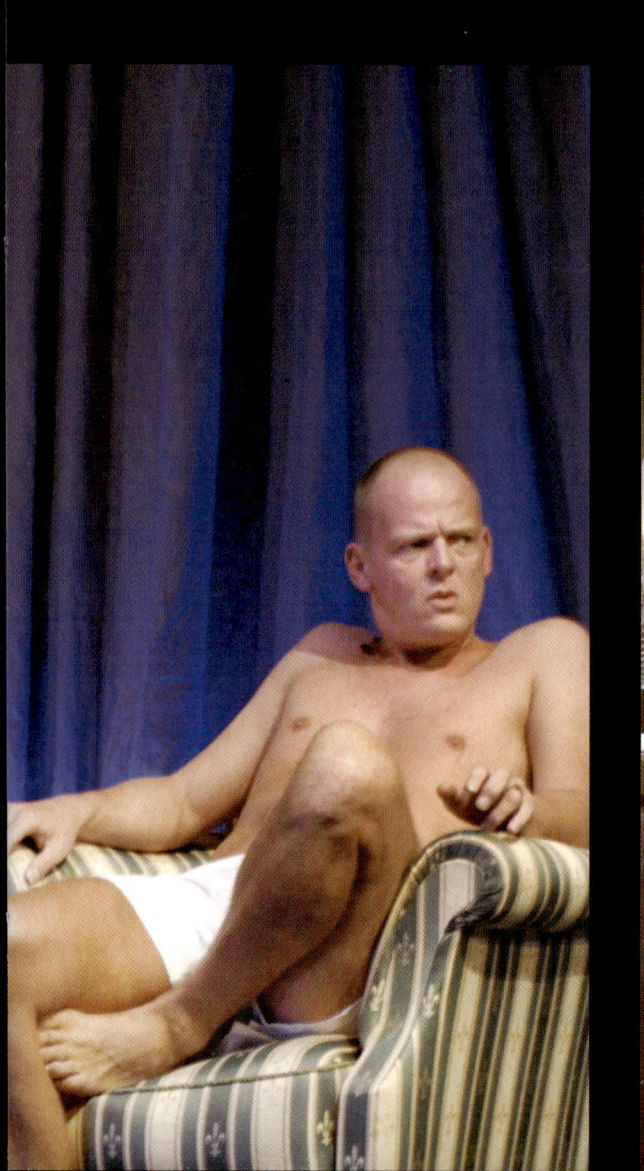

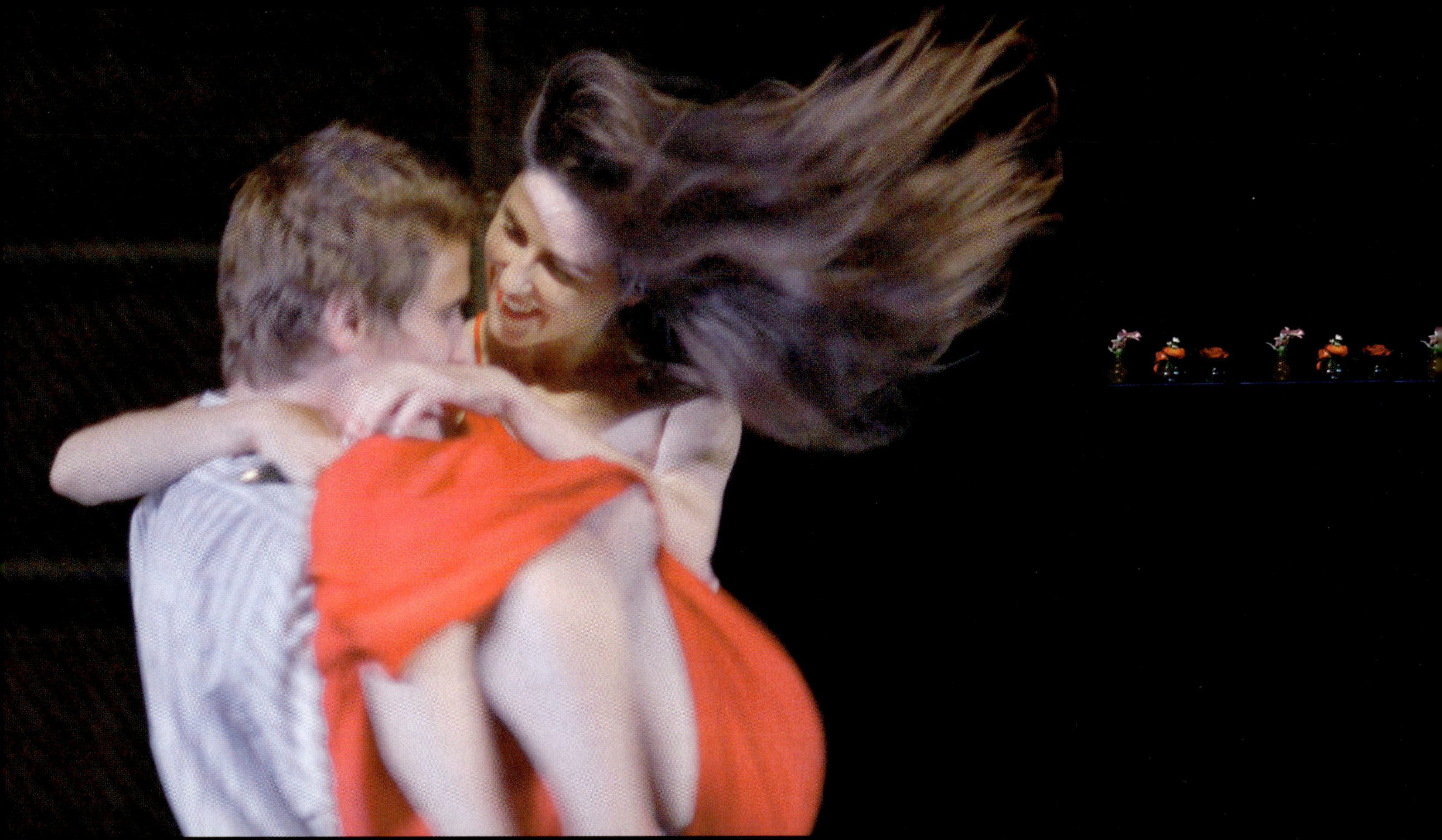

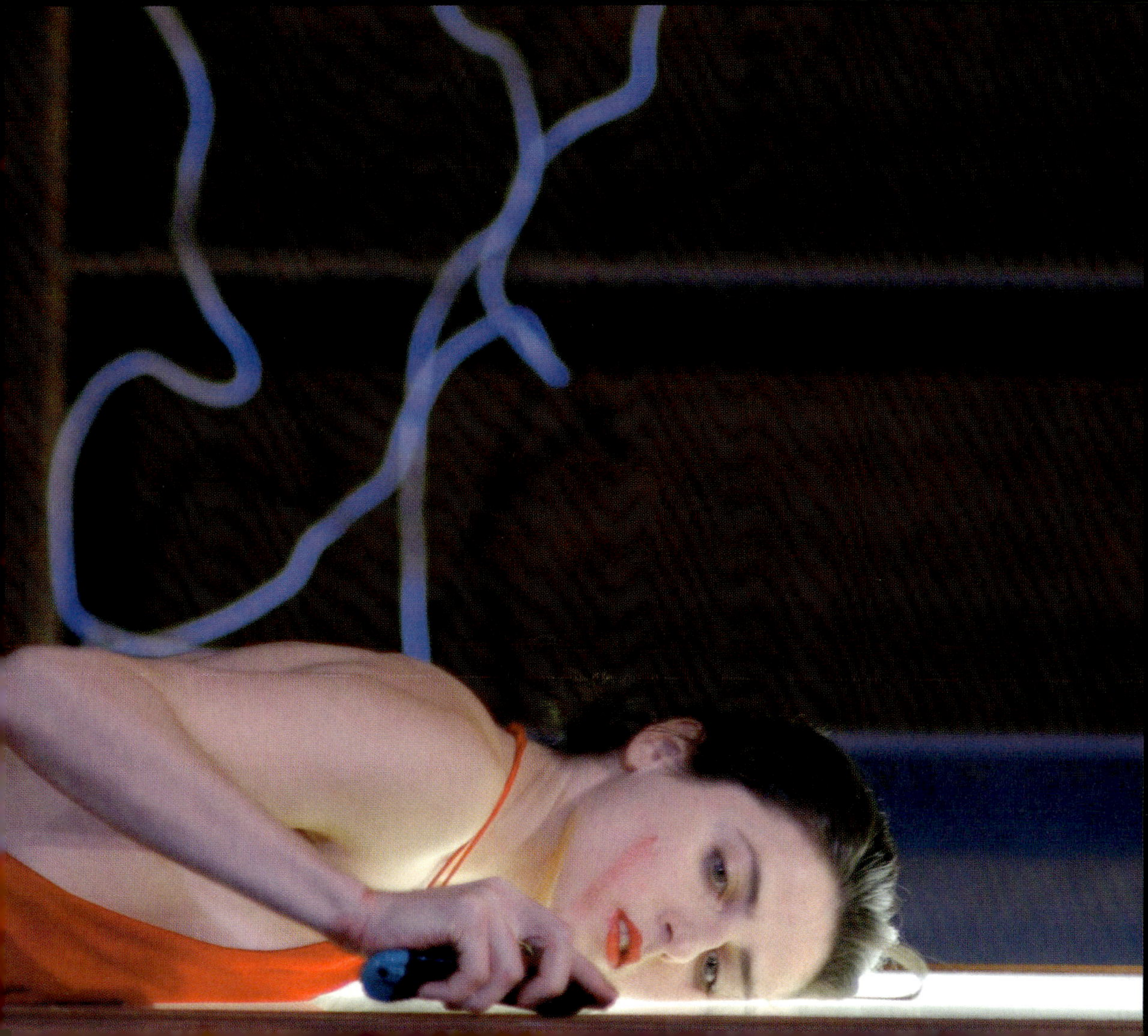

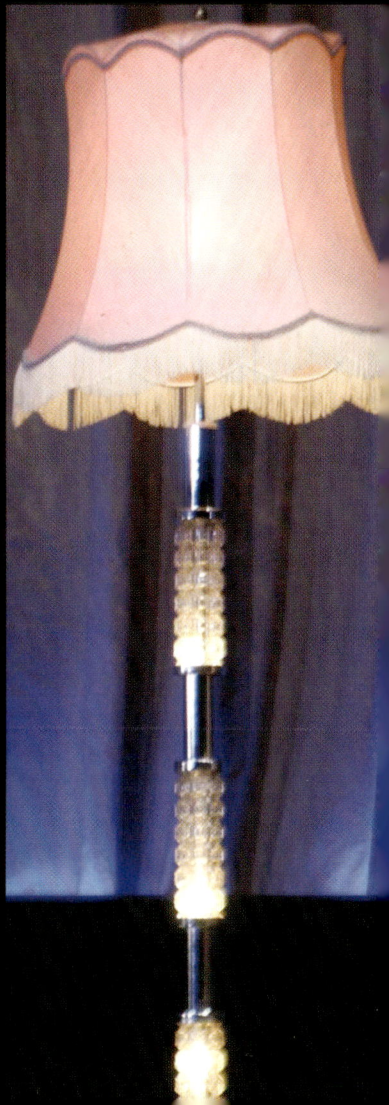

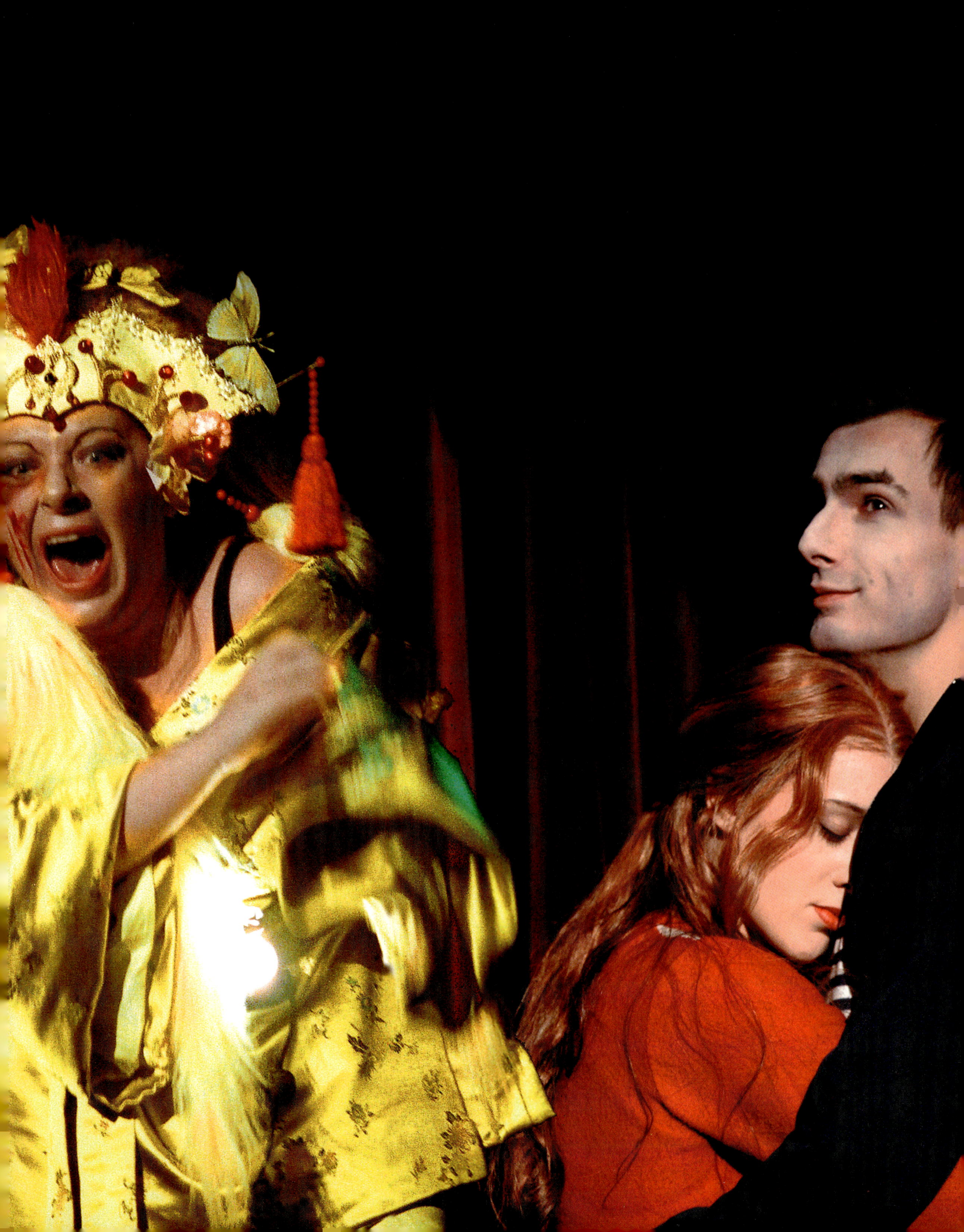

Jele Brückner,
Julie Bräuning,
Martina Eitner-
Acheampong,
Fabian Krüger
in *Die Reise von Klaus und
Edith durch den Schacht
zum Mittelpunkt der Erde*
von Lukas Bärfuss

Lieblich? Jedenfalls liebe ich das Geräusch dieser Wurstzerteilungsmaschine in der Würstchenbude am Bermuda-Dreieck, und dass in dieser Weltgegend Bier dasselbe ist wie Brot. Ich liebe die Frühstückskultur, die täglich bis abends um fünf dauert, den deutschen Kaffee, der nur bei Leuten verpönt ist, die ihn noch nie mit einem süßen Mohnstrudel genossen haben. Ich liebe sommers die offenen Fenster in den Vorortszügen, die ewig menschenleeren U-Bahn-Stationen, und natürlich die handgemalten Kinoplakate in der Unterführung an der Kortumstraße.

Und ich denke gerne zurück an meine Besuche im Vorbereitungsbüro der Intendanz Hartmann, in diesem riesigen Stadthaus mit der riesigen Glocke, die einst an der Weltausstellung in Paris gezeigt wurde, im Jahre Neunzehnhundertnullnull, und deren Schwester in Hiroshima als Friedensglocke läutet, wie man mir bei ausnahmslos jedem Besuch mit neuer Begeisterung erzählte.

Grüße aus Zürich

Lukas Bärfuss

Bochum, lieblich

War mir das nicht gewohnt. Von meiner Herkunft her bin ich der Antibochumer. Am Thunersee provoziert jede Fensterbank ohne Geranium. Wer vor seinem Haus Unordnung duldet, braucht sich über böse Blicke und übles Gerede nicht zu wundern. Ein säuberlich gehäufter Miststock ist Knechtenpflicht, nicht wenige, die den Dung kunstvoll zu zopfartigen Mustern schichten. Eines der wichtigen jährlichen Ereignisse ist das Drehorgelfestival, und lieblich und harmlos wie diese konzentrischen Melodien hat jeder Ausdruck zu sein. In einem Restaurant in meiner Heimat bestelle ich üblicherweise mit diesen Worten: „Darf ich bitte noch ein Bier haben, bitte?" Es war deshalb ein mittlerer Schock, als in Bochum die Bedienung bei ähnlicher Gelegenheit antwortete: „Keine Ahnung. So etwas entscheide ich nicht. Ich bringe das Bier hier bloß."

Oft bin ich durch das Revier gestreift, im Sommer für mich eines der besten Wandergebiete überhaupt. Das Ruhrgebiet ist entgegen allen Vorurteilen sehr grün, man kennt hier den Wert einer Platane, einer Buche, und ich liebe es, durchs Schwemmland von Rhein und Ruhr zu streifen, vor mir das offene Land, die Brücken, die Schlote. Ich liebe die Imbissbuden, das lose Pflaster aus Kalksandstein, die Unordnung in der Zonenplanung, die eingezäunten Brachen, die Tagbrüche, die wie Trichter riesiger Ameisenlöwen klaffen. Die gewisse ausgedehnte Gleichförmigkeit der Landschaft ist dabei ein Vorzug. Stunden- und tagelang zu wandern, ohne wie in meiner Heimat ständig von aufdringlichen Naturphänomenen behelligt zu werden, entspannt und lässt meinen Gedanken Raum.

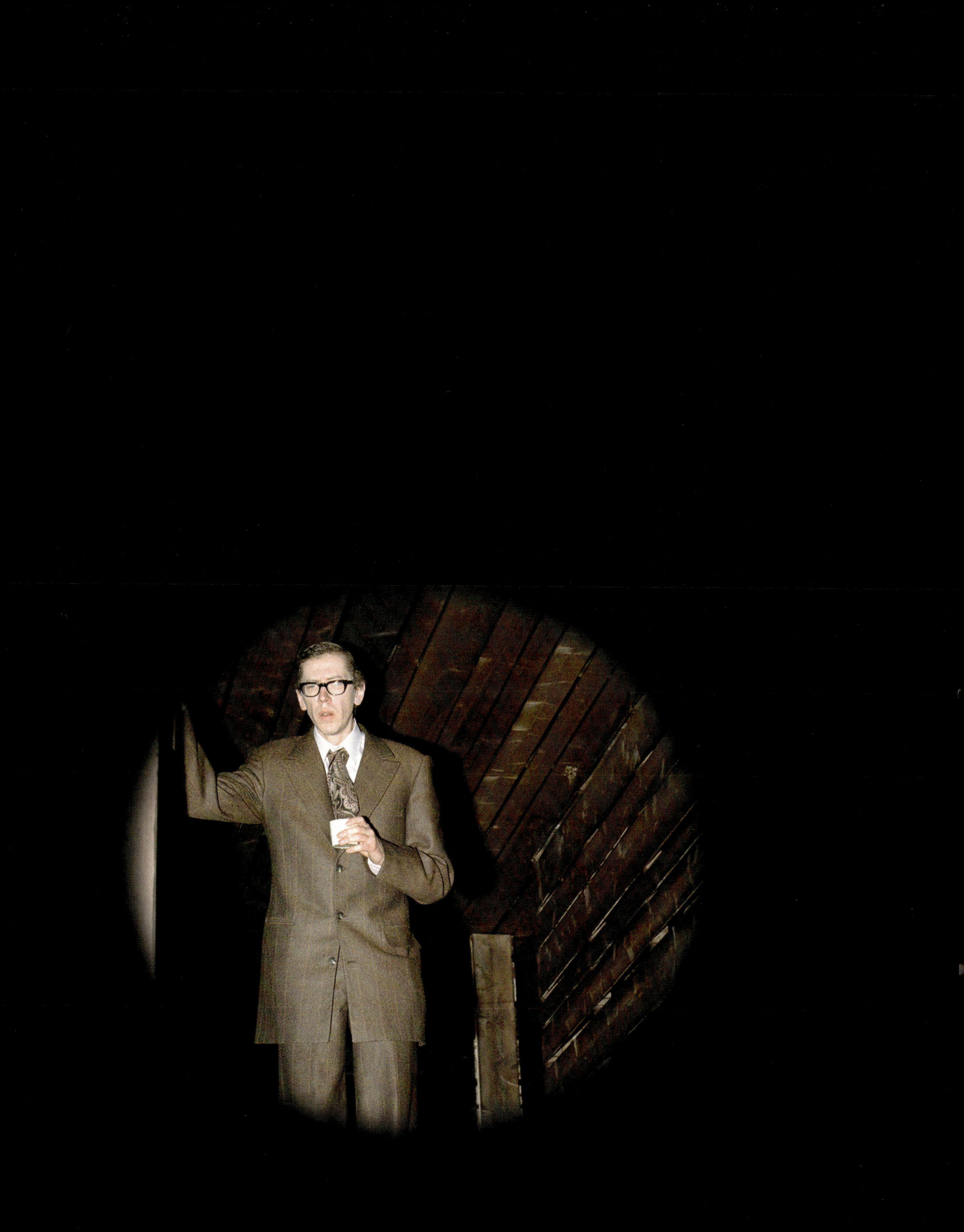

„Da ist etwas mit deinem Stück ...", beginnt Fritz, während er mir einen bedrohlichen Blick zuwirft.

„Was denn?", frage ich schließlich.

„Es ist schwer", sagt Fritz und lässt den Blick nicht von mir.

Ich sage, dass ich ihm zustimme. Was soll ich sonst sagen? Langsam erscheint ein Lächeln auf Fritz' Gesicht. Und ich erkenne, dass er mit mir spielt. Der Regisseur Martin Höfermann wirft mir einen schnellen Blick zu. Ich fühle mich schrecklich euphorisch. Diese Typen werden auf meinen Worten herumkauen und großes Theater ausspucken.

Und so geschieht's. Einige Wochen später sind meine Frau und ich zusammen mit Barbara zurück in Bochum zur Premiere. Es ist eine beeindruckende Aufführung. Es ist merkwürdig, deine eigenen Worte in einer anderen Sprache zu hören. Es ist sogar noch merkwürdiger, wenn das Publikum an den gleichen Stellen lacht wie bei der Premiere in Flandern. Ein schwer zu beschreibendes Gefühl. Du fühlst dich schließlich übertragen. Ich weiß, dass sich das schrecklich vage oder sogar esoterisch anhört, aber ich komme auf kein passenderes Äquivalent.

Das Publikum mag die Vorstellung sehr. Alles ist Verdienst des Regisseurs, der eine wahnsinnige Arbeit hinlegte, der beiden tollen Schauspieler und des gesamten Produktionsteams. Sie erzählen mir, dass es hinterher eine Party gibt. Und sei versichert, lieber Leser: Wir mögen aus verschiedenen Ländern kommen, aber eine gute Party ist überall eine gute Party.

Und endlich treffe ich den Saloonbesitzer, Matthias Hartmann. Er spricht über meine Arbeit und ich frage nach seiner. Ich sage ihm, dass neben dem schönen Theater, das produziert wird, eines der Zeichen für ein gutes Theater eine gute Premierenfeier ist. Und dies ist eine ausgezeichnete.

Am nächsten Tag kehren wir nach Antwerpen zurück, machen aber einen kurzen Stopp in Köln. Barbara und ich starren die unglaublichen Gemälde Gerhard Richters im Museum nahe dem Bahnhof an, während meine Frau im Bistro sitzt und dort ihren Kater mit Tee und Keksen pflegt.

„Bist du zufrieden mit letzter Nacht?", fragt Barbara plötzlich mit leiser Stimme.

„Das Wort ‚zufrieden' ist nicht passend", erwidere ich. „Ich habe eigentlich das Gefühl, dass ich einige neue Freunde gefunden habe."

In Zukunft, wenn ich es nötig haben sollte, mich wieder einmal mit dem „Gringo-Effekt" bekannt zu machen, werde ich einfach einen von Sergio Leones Filmen auf DVD anschauen. Danke, Matthias Hartmann und allen, die am Schauspielhaus Bochum arbeiten. Ich hoffe, wir werden uns bald wieder treffen.

Fritz Schediwy, Oliver Masucci in *Tief im Loch und das Schwein sucht mit* von Jeroen Olyslaegers

Es ist das erste Mal, dass eines meiner Stücke es über die Grenze schafft. Ich bin, wie ich zugeben muss, ein klitzekleines bisschen nervös. Ich verstehe Deutsch, kann es aber nicht sprechen. Stattdessen spreche ich nur Englisch, ein dauernder Quell von Verlegenheit für mich. In Flandern brüsten wir uns eigentlich damit, dass wir mehrere Sprachen sprechen, aber bedauerlicherweise bin ich die Ausnahme von dieser Regel. Als ich jedoch den Regisseur Martin Höfermann und die Dramaturgen Klaus Mißbach und Viola Eckelt treffe, nehmen sie mir mein Ausweichen in eine andere Sprache scheinbar gar nicht übel. Ich fühle mich willkommen.

Und ich treffe noch andere Leute, zum Beispiel die Dramaturgen Thomas Oberender und Andreas Erdmann. Sie scheinen nicht nur nett zu sein, sondern sich der Theaterkunst regelrecht verschrieben zu haben, was für mich eine ziemliche Wohltat ist. Die Gespräche, die wir haben, sind stimulierend. Perverserweise bleibe ich weiter dabei, auf den großen Kulturschock zu hoffen, aber er findet nicht wirklich statt. Das Theatersystem in Deutschland unterscheidet sich wesentlich von dem in meinem Land, aber jeder erklärt mir geduldig, wie ein Schauspielhaus funktioniert. Ich bin ziemlich beeindruckt und sogar erheitert von der (obgleich spielerischen) Ernsthaftigkeit der Theaterleute, die hier arbeiten. Einem Dramatiker in Flandern wird meistens auf die Schultern geklopft und wir enden trinkend in einer Bar, über alles außer Theater redend.

Diese Haltung fließt – wie meine weise Übersetzerin Barbara Buri mir einst erklärte – irgendwie auch zurück in die Art, wie wir flämischen Autoren fürs Theater schreiben. Wir erschaffen eine brodelnde Atmosphäre auf der Bühne, in der manche Dinge vielleicht gesagt werden können, aber immer auf distanzierte Art und manchmal überhaupt nicht. Die Spannung, kommunizieren zu wollen und trotzdem irgendwie nie zum wirklichen, erlösenden Showdown kommen zu können, ist, denke ich, auch tatsächlich das, was meine Arbeit beschreibt.

Dann treffe ich die beiden Schauspieler, die mein Stück spielen werden: Fritz Schediwy und Oliver Masucci. Mir fehlen die Worte. Eine inspirierte Besetzung. Sie könnten ohne Probleme in einem Sergio-Leone-Film spielen. Ich bin beeindruckt. Es ist Spannung in der Luft, wenn die beiden Schauspieler sich anschauen.

Grüße aus Antwerpen
Jeroen Olyslaegers

Der Gringo-Effekt

Es ist heiß. Die Sonne scheint wie eine psychopathische Gottheit. Meile um Meile siehst du nichts als Staub und Dürre. Deine Kehle schmerzt wie die Hölle, du bist seit Tagen durch die Wüste geritten. Die einzige Sache, die dich dazu bringt weiterzugehen, ist der Gedanke an eine gute Flasche Whisky in der kleinen Stadt, die du gerade erreicht hast. Die Hauptstraße ist leer. Du siehst das Wort „Saloon" und du steigst von deinem Pferd. Du hörst Leute lachen und trinken, raue Laute, die in deinem fiebrigen Hirn wiederhallen. Der Gedanke, andere Menschen zu treffen, verursacht dir nach der wochenlangen Einsamkeit Schwindel. Du stößt gegen die Schwingtüren und gehst rein. Alle hören auf zu reden. Sie starren dich an. Manche von denen, eher betrunken als nüchtern, langen nach ihrer Waffe oder spielen, bereit zu handeln, mit deren Griff. Der einzige Laut, den du hörst, ist das Zurückschwingen der Türflügel, ein quietschendes Geräusch, das dir in die Knochen fährt. Der Saloonbesitzer stellt die Flasche wieder ab, mit der er gerade eingoss – und ohne aufzusehen sagt er laut und klar: „Willstndu, Gringo? Typen wie du werden hier nicht bedient."

Dies, lieber Leser, ist eine kurze Beschreibung dessen, was man den Gringo-Effekt nennen könnte, gefilmt im Sergio-Leone-Stil und jedem bekannt, der je einen Western gesehen hat. Er ist eine Metapher für die Angst, in einem unbekannten Land auf neue Menschen zu treffen. Aber er ist nicht das, was mir zustieß, als ich das erste Mal in Bochum ankam. Tatsächlich passierte sogar das Gegenteil.
In meiner Geschichte werde ich vom Saloonbesitzer, Matthias Hartmann, eingeladen. Ich verbringe einige Stunden zusammen mit meiner Übersetzerin Barbara Buri im Zug. Das Wetter ist nicht heiß, sondern langweilig. Ich bin ein flämischer Dramatiker, der einige Stücke auf Flämisch geschrieben hat. Und einem davon, das im Original *Diep in de aarde, dieper in uw gat* heißt, schenkten die Leute vom Schauspielhaus Bochum Beachtung. Auf Deutsch heißt das Stück *Tief im Loch und das Schwein sucht mit*, und nicht einmal dieser merkwürdige Titel konnte offensichtlich ihre Begeisterung dämpfen.

Abb. linke Seite:
Fritz Schediwy,
Oliver Masucci
in *Tief im Loch und das Schwein sucht mit*
von Jeroen Olyslaegers

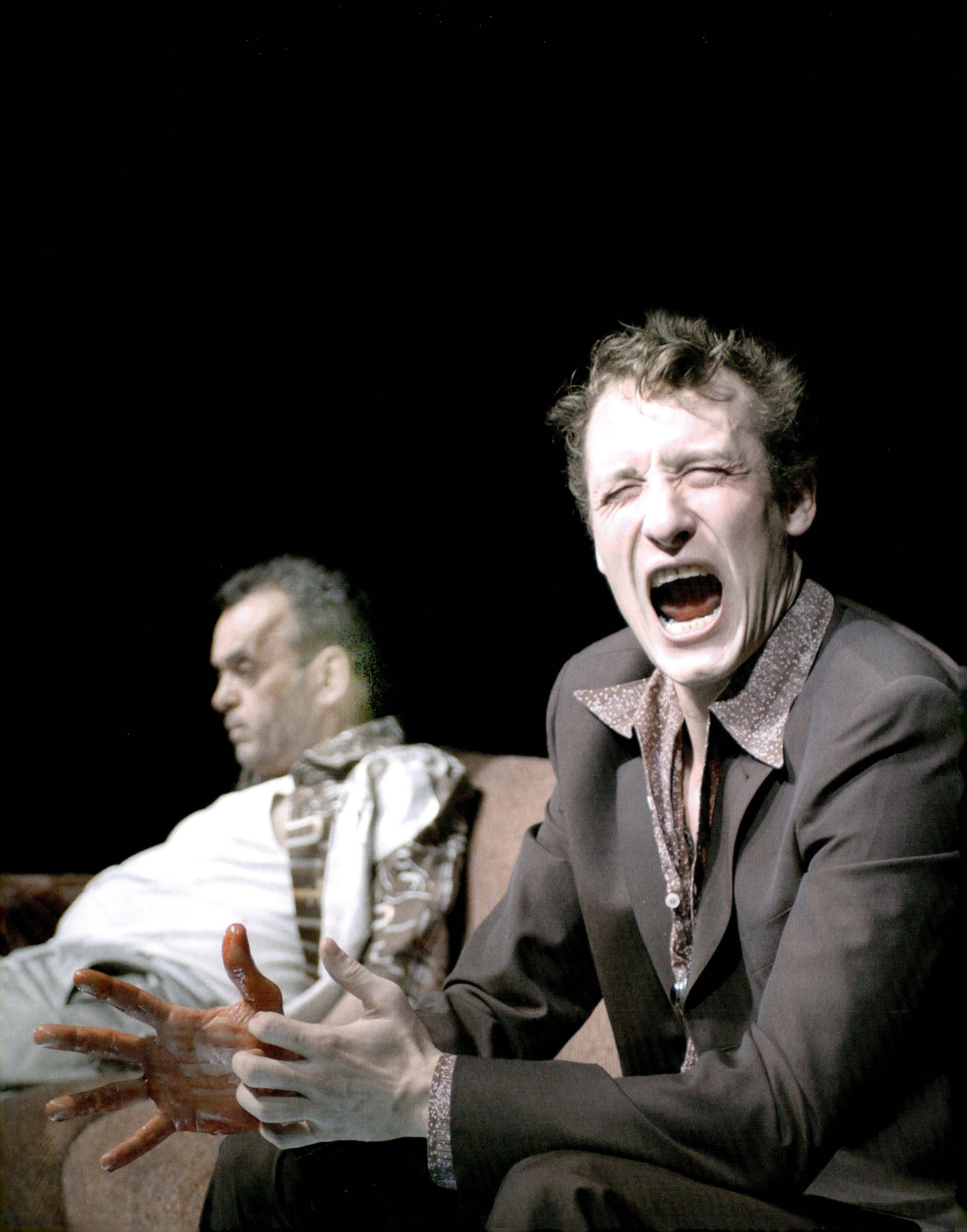

von Peter Iden

Nicht der geringste der Reize, die den Zuschauer ins Theater locken, ist die jederzeit mögliche Katastrophe. Das Publikum, wie besonders Thomas Bernhard es sich als zuinnerst bösartig vorgestellt hat, wartet nicht auf ein Gelingen, vielmehr auf den eine Aufführung gänzlich zerrüttenden Text-Hänger, das falsche Stichwort, die verfrühte Geste, den verspäteten Gang, den plötzlichen Absturz. So höllisch die Angst der Schauspieler vor dem Zwischenfall auf offener Bühne, so freudig die Erregung der Zuschauer, wenn er sich offensichtlich ereignet: Dann erst ist Theater ja wirklich, womit es gegen die abgründigsten eigenen Befürchtungen für sich wirbt: „jeden Abend live".

Manchmal allerdings sind Theatergänger auch ganz anders aufgelegt. Vor einigen Tagen im Bochumer Schauspielhaus: Kurz vor Beginn der ausverkauften Repertoire-Vorstellung von Tschechows *Iwanow* in der Inszenierung des Intendanten Matthias Hartmann wird klar, dass der sich in Berlin aufhaltende Darsteller der Titelrolle durch den Ausfall eines Flugzeugs nicht rechtzeitig in Bochum eintreffen kann. Zu ersetzen ist er nicht, auf Michael Maertens läuft in der Aufführung alles zu, von ihm hängt zu viel ab, als dass ein anderer die Rolle mit dem Buch in der Hand zumindest markieren könnte. Also muss der Intendant vor das Publikum und die Vorstellung absagen. Er bittet um Verständnis und verweist auf den schönen Frühlingsabend draußen. Murren im vollen Saal, Stimmen: Frühling hin, Frühling her, man habe für die Karten sogar anstehen müssen, sei eigens von außerhalb nach Bochum gekommen, und jetzt das.

Da reitet den Intendanten der Teufel und er riskiert, einem Einfall, nicht einem Plan folgend, den Vorschlag einer Abstimmung: Wenn sich eine Mehrheit der Anwesenden bereit fände, einige Stunden zu warten, würde das Theater sich bemühen, den verhinderten Hauptdarsteller doch noch nach Bochum zu schaffen. Das Ergebnis ist eine Überraschung: Sehr, sehr viele wollen bleiben bis Maertens eintrifft. Die Theaterleitung kümmert sich um einen Spätflug für den Schauspieler und darum, dass die Parkhäuser in der Nähe des Theaters geöffnet bleiben, Maertens erreicht Bochum tatsächlich, die Vorstellung wird gespielt, erst nach Mitternacht ist sie zu Ende, enthusiastischer Applaus.

Nicht erst dieser Fall bezeugt die enge, solidarische Verbindung des Bochumer Publikums mit seiner Bühne. Bekanntlich befindet sich die Stadt, nicht zuletzt durch die Opel-Krise, in einer wirtschaftlich besonders schwierigen Lage. Das Interesse am Theater aber hat sich nicht nur erhalten, sondern ist ständig gewachsen: Keine andere deutsche Bühne hat in absoluten Zahlen so viele Besucher wie die in Bochum, inzwischen nahezu 250.000 je Spielzeit. Auch die Zuschauer in Bochum sind ja vielleicht, mit Thomas Bernhard, gierig nach unvorhergesehenen Untergängen „auf" der Bühne, „für" ihre Bühne aber wollen sie die Katastrophe keinesfalls.

Frankfurter Rundschau, 13.04.2005

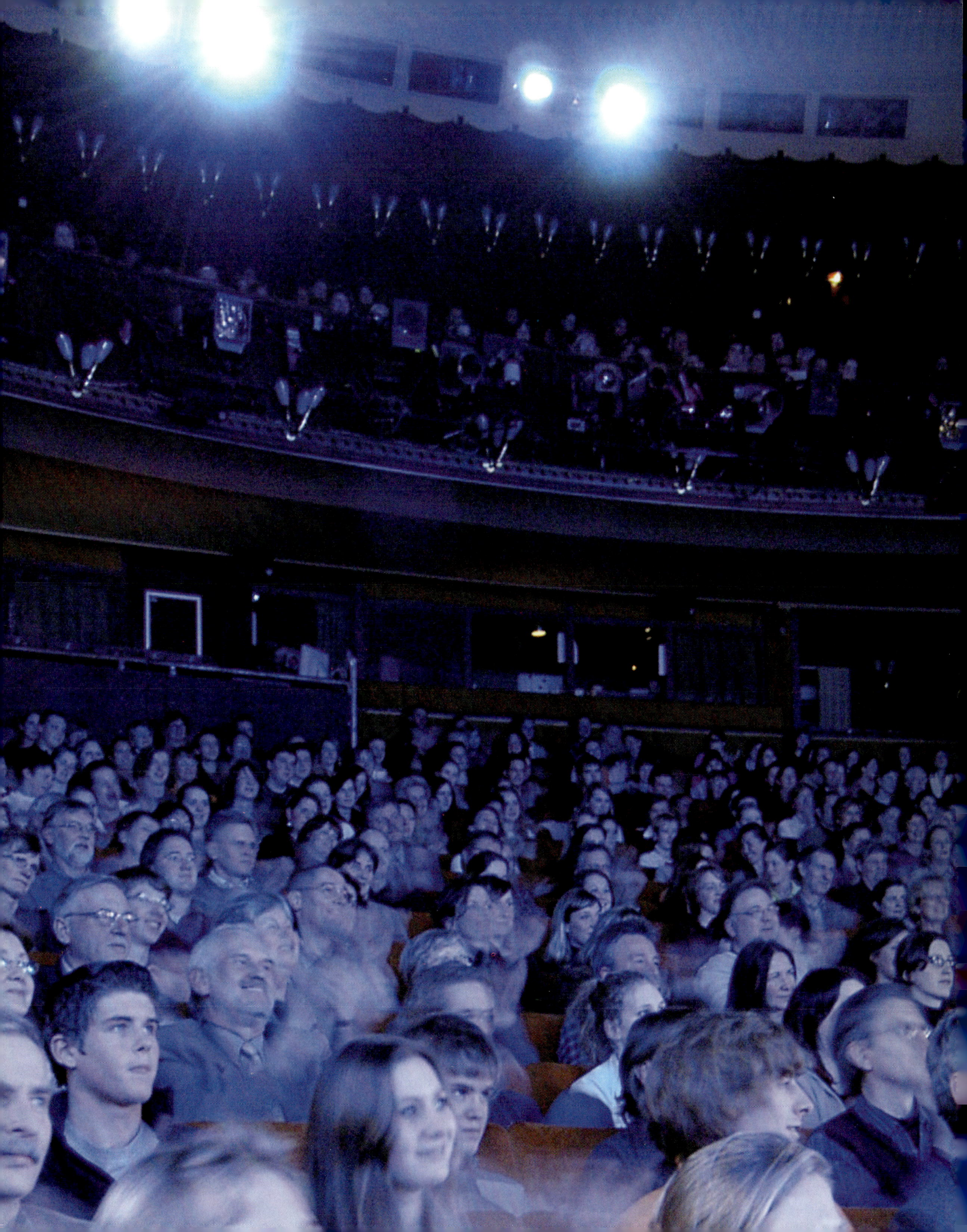

Die Opelaner streiken

Am 19. Oktober 2004 versammelten sich Tausende von Demonstranten vor dem Schauspielhaus, um gegen die drohende Schließung des Bochumer Opel-Werks durch den General Motors Konzern zu demonstrieren. Über Bochum schwebte eine Bedrohung, die nicht nur die betroffenen Opelmitarbeiter aufwühlte. Das Schauspielhaus unterstützte die Streikenden spontan mit Suppe, Kaffee und Tee und lud am Abend der Großkundgebung zu einer kostenlosen Sondervorstellung des Films *Roger & Me* von Michael Moore ein – ein Film, der eindrücklich die Folgen der Werksschließungen bei GM in Detroit dokumentiert, mahnendes Beispiel für eine Opfer fordernde Konzernpolitik.

Das Haus wurde an diesem Tag wie selbstverständlich zum Fixpunkt des Protests in der Stadt, zum Zentrum der aufgewühlten Stimmung der Bochumer.

Die Ereignisse

50 Jahre – 50 Stunden

18.–19. Oktober 2003

Mit 50 Stunden Theater am Stück feierte das Schauspielhaus Bochum im Oktober 2003 den 50. Jahrestag der Eröffnung seines nach dem Krieg neu errichteten Hauses. Fast ausschließlich junge Regisseure, Autoren und Dramaturgen zeigten mit dem Bochumer Ensemble und den Schülerinnen und Schülern der Schauspielschule Stücke und Texte von aktuellen Autoren und von den Dramatikern, die das Schauspielhaus in 50 Jahren geprägt haben. Zu dem Spektakel mit über 60 Vorstellungen strömten mehr als 8.000 Besucher ins Schauspielhaus, in die Kammerspiele, ins Theater unter Tage, in den Malersaal, den Möbelkeller, ins Kulissenmagazin, in die Eve Bar, in die Kantine, in den Lastenaufzug, in den Innenhof und überall dorthin, wo man Theater spielen kann.

LEONCE UND LENA. A BETTER DAY nach Georg Büchner, Leitung: David Bösch COFFEE & CIGARETTES von Jim Jarmusch, Leitung: Marc Lunghuß KEINER WEISS MEHR 2 ODER MARTIN KIPPENBERGER IST NICHT TOT von Fritz Kater, Leitung: Philipp Preuss MUSS JA. LEUTE UND FLUGOBJEKTE mit Sibylle Berg und Joerg Zboralski DIE PLANUNG DES PLANS / AM EISWEIHER von Peter Stamm, Leitung: Malte Jelden SIEBEN SEKUNDEN (IN GOD WE TRUST) von Falk Richter, Leitung: Matthias Hartmann HAUSFRAU von Esther Gerritsen, Leitung: Andreas Tiedemann CHIMO TROUVE LILA Leitung: Orazio Zambelletti KURZE GESCHICHTEN Thomas Oberender liest eigene Texte TWO LOVES I HAVE Sonette von William Shakespeare, Leitung: Marc Hofmann DAS KALKWERK von Thomas Bernhard, Leitung: Martin Höfermann HILLARY. DIE ERINNERUNGEN EINER STARKEN FRAU von Hillary Rodham Clinton, Leitung: Charlotte Roos DER TUNNEL AM ENDE DES LICHTS Eine Lesung mit Wolfgang Welt VICTORIA STATION von Harold Pinter, Leitung: Mona Kraushaar ÜBER DIE LIEBE Eine Lesung mit Lukas Bärfuss SINNSUCHE ODER TANZLOKAL, HALB EINS nach Rainald Goetz, Leitung: Harald Fuhrmann REVOLUTION IS A BAD THING nach Heiner Müller *Der Auftrag*, Leitung: Dominique Müller KICKEN & KUCKEN Fußball und Theater, Leitung: Rolf Krieg OTTO SANDER – DER MANN IM KIMONO von Botho Strauß mit Otto Sander DIE NEANDERTALER von Bertolt Brecht, Leitung: Tobias Fritzsche BLAUER HIMMEL von Meike Hauck, Leitung: Wulf Twiehaus DURST HÄTT ICH – DEUTSCHLAND 2003 von Walter Meierjohann, Leitung: Walter Meierjohann LADY MACBETH, EIN SOLO nach William Shakespeare, Leitung: Thorsten Duit PLAYSTATION RESERVOIR DOGS nach Quentin Tarantino, Leitung: Orazio Zambelletti TERRORISTEN Eine Lesung mit Andreas Erdmann DIE LAUNE DES VERLIEBTEN von Johann Wolfgang von Goethe, Leitung: Marlin de Haan TITANIC Schöne Menschen spielen große Gefühle, Leitung: Caroline Stolz VORHER / NACHHER von Roland Schimmelpfennig, Leitung: Titus Georgi ZUVERSICHT UND HERRMANN Ein Abend mit Angelika Richter und Maik Solbach, Leitung: Oliver Haffner THE BO' HAIL BOBS PLAY DYLAN feat. Lucas Gregorowicz
u.v.a.
Gesamtleitung 50 Jahre – 50 Stunden: Klaus Mißbach, Petra Biederbeck

50 Jahre Schauspielhaus Bochum
18./19. Oktober
50 JAHRE
50 STUNDEN
Theater Literatur Performance in allen Räumen
Lukas Bärfuss /// Sibylle Berg /// Thomas Bernhard /// Bertolt Brecht /// Georg Büchner /// Bob Dylan /// Jon Fosse /// Johann Wolfgang von Goethe /// Rainald Goetz /// Jim Jarmusch /// Fritz Kater /// Heinrich von Kleist /// Gotthold Ephraim Lessing /// David Lindemann /// Thomas Mann /// Heiner Müller /// Thomas Oberender /// Harold Pinter /// Falk Richter /// Moritz Rinke /// Roland Schimmelpfennig /// Helge Schneider /// William Shakespeare /// Peter Stamm /// Botho Strauß /// Wolfgang Welt /// Ulrich Zaum ///
u.a.
DAS MUSICAL
50 Jahre Schauspielhaus Bochum
18./19. Oktober
50 JAHRE
50 STUNDEN

Botho Strauß Special

Das Schauspielhaus Bochum veranstaltete vom 4. bis zum 10. Juli 2003 ein großes Botho Strauß Special. Zeitweise standen drei Uraufführungen von Botho Strauß innerhalb eines Monats im Spielplan des Schauspielhauses – Matthias Hartmanns Inszenierungen *Der Kuß des Vergessens, Der Narr und seine Frau heute abend in Pancomedia* und, als Koproduktion mit dem Berliner Ensemble, die *Unerwartete Rückkehr* in der Regie von Luc Bondy. Anlässlich der letzten Aufführung von *Pancomedia* – mit Dörte Lyssewski und Tobias Moretti in den Hauptrollen und hundert weiteren Figuren eine der aufwändigsten Produktionen der gesamten fünf Jahre – veranstaltete das Schauspielhaus auf allen Bühnen des Hauses eine Programmreihe, die den Dramatiker und sein vielfältiges Werk in unterschiedlicher Weise vorstellte.

Eröffnet wurde das Botho Strauß Special in den Kammerspielen von C. Bernd Sucher, dem renommierten Kritiker der Süddeutschen Zeitung, und Schauspielern des Ensembles, die in einer Mischung aus literaturgeschichtlichem Vortrag, szenischer Lesung und kritischer Reflexion ein eindringliches Portrait von Botho Strauß zeichneten. Auch eine „Ur-Lesung" eines neuen Textes des Dramatikers kam zur Aufführung: Otto Sander las das melancholische Dramolett *Der Mann im Kimono*, das Botho Strauß anlässlich des sechzigsten Geburtstages von Otto Sander geschrieben hatte.

Thomas Oberender, leitender Dramaturg am Haus, der mit dem Buch *Der Gebärdensammler* eine bislang einzigartige Zusammenstellung von Strauß' reflexiven Texten zum Theater veröffentlicht hat, stellte in einer Lesung die Gedanken des Dichters zum Schreiben und zur Schauspielkunst vor, ergänzt um Videomitschnitte von Inszenierungen, über deren Protagonisten Botho Strauß in seinen Essays schrieb. Benjamin von Stuckrad-Barre stellte am folgenden Abend im Schauspielhaus eine ganz andere Lesung von Strauß-Texten vor: Nicht nur eine ganz eigene Zusammenstellung von Passagen aus Botho Strauß' Büchern und Interviews wurde zu Gehör gebracht, sondern auch viel Musik und Joachim Król als special guest. Als Begleitprogramm zum Botho Strauß Special wurden in drei Filmnächten Strauß-Verfilmungen z.B. von *Schlußchor* oder *Trilogie des Wiedersehens* im Theater unter Tage bei freiem Eintritt gezeigt.

Die Stücke von Botho Strauß haben in Bochum ein breites und interessiertes Publikum gefunden. Die Aufführungen machten die Zuschauer auch mit Schauspielern bekannt, die als Gäste erstmals (oder nach langer Zeit wieder) auf der Bochumer Bühne standen, Gäste wie Anne Tismer, Dagmar Manzel, Nina Hoss, Robert Hunger-Bühler, Peter Fitz, Otto Sander oder Tobias Moretti. Das Strauß Special vermittelte den Besuchern ein Bild vom Menschen hinter diesen Stücken – von der Vielgestaltigkeit seines Werkes und dessen Entwicklungsweg innerhalb der letzten dreißig Jahre.

Otto Sander mit
Viola Eckelt,
Matthias Hartmann
und Andreas Erdmann
bei der „Ur-Lesung"
von *Der Mann im Kimono*
von Botho Strauß

Diese Spur des Prophetischen führt weit näher an den verheißungsvollen Kern der westlichen Gesellschaften als die scheinbar rein diesseitige Prophetie ihres politischen Systems. Dass die USA heute einen beispiellosen Einfluss auf die gesamte Welt ausüben, offenbart sich nicht nur in ihren politischen oder militärischen Interventionen, sondern auch darin, dass dieser Einfluss zum Teil ganz ungewollt spürbar wird, verursacht durch die Stärke und Anziehungskraft ihres Lebensmodells. Man kann dies beschreiben als einen Imperialismus des amerikanischen Lebensbildes und muss sich vor Augen halten, dass die individuellen Glücksversprechen von Pop und Jeans die Kehrseite einer scheinbar unantastbaren Modernisierungshegemonie der USA darstellen. Doch Menschen auf der ganzen Welt streben danach, Amerika nachzuahmen und dies sicher nicht aus Verehrung für den amerikanischen Präsidenten oder die amerikanische Verfassung. Denn neben der Sprache der Politik spricht aus der westlichen Lebensform auch eine andere Sprache – ein alternativer Text, der der Sprache der Macht bisweilen widerspricht, Glücksansprüche gegen oder unabhängig von ihr formuliert und sie kritisiert. Die Prophetien der Realpolitik oder der westlichen Naturwissenschaft und Technik werden auf eine kritische und ungläubige Weise täglich von Menschen ‚gegengelesen', denen der Segen dieser Verheißungen verwehrt bleibt oder fragwürdig scheint. Zwischen dem Glauben daran, dass eine Gesellschaft ihre Versprechen hält, und der Erfahrung, dass die argumentationslose Politik des Geldes immer größere Bevölkerungsgruppen marginalisiert, entsteht eine Reibung, die dem „amerikanischen Traum" in vielfacher Gestalt den Traum von einem anderen Amerika, das so nicht existiert oder sich selbst so nicht sieht, entgegenstellt.

Insofern sind Prophetien essentiell abhängig von Situationen, zu denen sie in ein alternatives Verhältnis treten. Der islamistische Fundamentalismus ist ohne sein Feindbild des westlichen Lebensstils nicht denkbar. Osama Bin Ladens „way of life" ist eine Antwort auf das kulturelle und politische Versprechen Amerikas und seiner Selbstinszenierung, das umgekehrt ebenfalls auf der Beschreibung des ihm Fremden und Anderen beruht. So erscheint der *Krieg der Propheten* letztlich als ein radikaler Aspekt der Identitätspolitik und ihrer unterschiedlichen Erscheinungsformen. Wie würden wir uns z.B. verhalten, wenn jeder unserer Fortschritte, d.h. jede technologische oder zivilisatorische Errungenschaft der westlichen Welt übertrumpft, entwertet und abgelöst würde von den Leistungen einer anderen Kultur? Wenn z.B. die Sprache des Internets einige Generationen später arabisch oder chinesisch wäre, unsere Arzneien in afrikanischen Labors entwickelt würden und die Eliten der westlichen Welt in Teheran studierten?

Der *Krieg der Propheten* lässt sich im Konflikt zwischen radikalen Islamisten und der hegemonialen Macht der USA beschreiben, aber auch innerhalb dieser „Stammeslager" – als Konflikt zwischen verschiedenen Lagern der schiitischen Glaubensgemeinschaft, oder, auf der anderen Seite, beispielsweise als Konflikt zwischen dem „alten Europa" und der Neuen Welt. Zugleich lässt sich die Spur des Prophetischen aus den unterschiedlichsten Formen des gesellschaftlichen Lebens herauslesen – aus den Texten von Popsongs genauso wie aus dem Kleidungscode jugendlicher Subkulturen. Immer formuliert sich in ihnen ein Identifikationsangebot, das unser Eigenes in Alternative zum Anderen beschreibt – sei dies nun eine politische Macht oder die elterliche, eine Rebellion gegen das Establishment oder die Formen des Benimms. Undenkbar scheint daher eine affirmative Prophetie, in der die Verhältnisse, wie sie sind, bejaht werden. Prophetien artikulieren sich immer futurisch – sie verkünden Anweisungen, deren Einlösung eine bessere Zukunft verspricht, denn Propheten artikulieren sich als Kenner einer sonst verborgenen Zukunft. Bejaht wird, was sein wird und sich als Vorschein einer Verheißung zu erkennen gibt. Insofern führt die Spur des Prophetischen nicht nur zu den offiziellen Kriegserklärungen, sondern auch zu Texten ganz anderer Art: Songtexte und Dramen, Jugendbewegungen und Moden. Vor allem in ihnen artikuliert sich, wofür es sich unter Umständen zu sterben lohnt, aber auch die unentrinnbaren Aporien, mit denen das Gesetz der Propheten den Einzelnen konfrontiert.

Die Ereignisse

Martin Horn,
Katharina Thalbach
in *Koala Lumpur*
von David Lindemann

Prophetien, so ließe sich sagen, singen ein Lied darüber, wovon die Politik aufgehört hat zu sprechen. Je enger der politische Spielraum ist, umso prophetischer artikuliert sich das Problem, siehe Hisbollah oder den Una-Bomber Theodore Kaczynski. In der Prophetie artikuliert sich das sichere Wissen, dass nur noch der Glaube hilft, wo alle anderen Handlungsgründe in die eigene Ohnmächtigkeit zu münden drohen. Insofern wird auch in der westlichen Welt die Spur des Prophetischen besonders in jenen Bereichen deutlich, in denen die säkulare Gesellschaft ratlos, überfordert oder trostlos wirkt. Nie inszenierte sich der „american way of life" sakraler als bei den Totenfeiern für die Opfer des 11. Septembers in New York – hier wurde Menschen gedacht, die unschuldig zu Opfern wurden, und die Überlebenden wollten wissen, wofür. In einem solchen Moment stellt sich die Glaubensfrage in einer Unmittelbarkeit, von der wir sonst weit entfernt stehen, auch wenn wir ihren Schwundformen im Umgang mit dem Embryonenschutz, der Frage nach der Gewinnung und Vernutzung von Stammzellen menschlicher Föten, täglich begegnen können.

Soziale Verhaltensformen lassen sich als der Durchschein eines in ihnen verborgenen Prinzips ‚lesen', das die Gesellschaft, so Pierre Legendre, als Inszenierung ihrer Ursprünge und ihres Sinns hervorbringt. Die islamistischen Fundamentalisten haben die westliche Gesellschaft, auch in der Sprache ihrer Kleidung, ihrer populären Musik oder zwischenmenschlichen Umgangsformen als Durchschein eines solchen Prinzips ‚gelesen' und es aus ihrer Sicht als gottlos und imperialistisch empfunden. Doch auf ähnliche Weise wird dieselbe Kultur auch von den Künstlern und Philosophen der westlichen Welt selbst ‚gelesen' – der Romancier Thomas Meinecke sagte über seine Arbeit an dem Roman *Hellblau*: „Mich interessiert tatsächlich nicht nur die Oberfläche dessen, was ich die ganze Zeit ‚lesen' kann – ob das jetzt Schallplatten sind, Kleidungscodes oder eben Texte –, sondern ich versuche, in den Untergrund dieser oberflächlich wahrnehmbaren Phänomene vorzudringen. In die darin transportierten Ideen von Humanität und Protest."

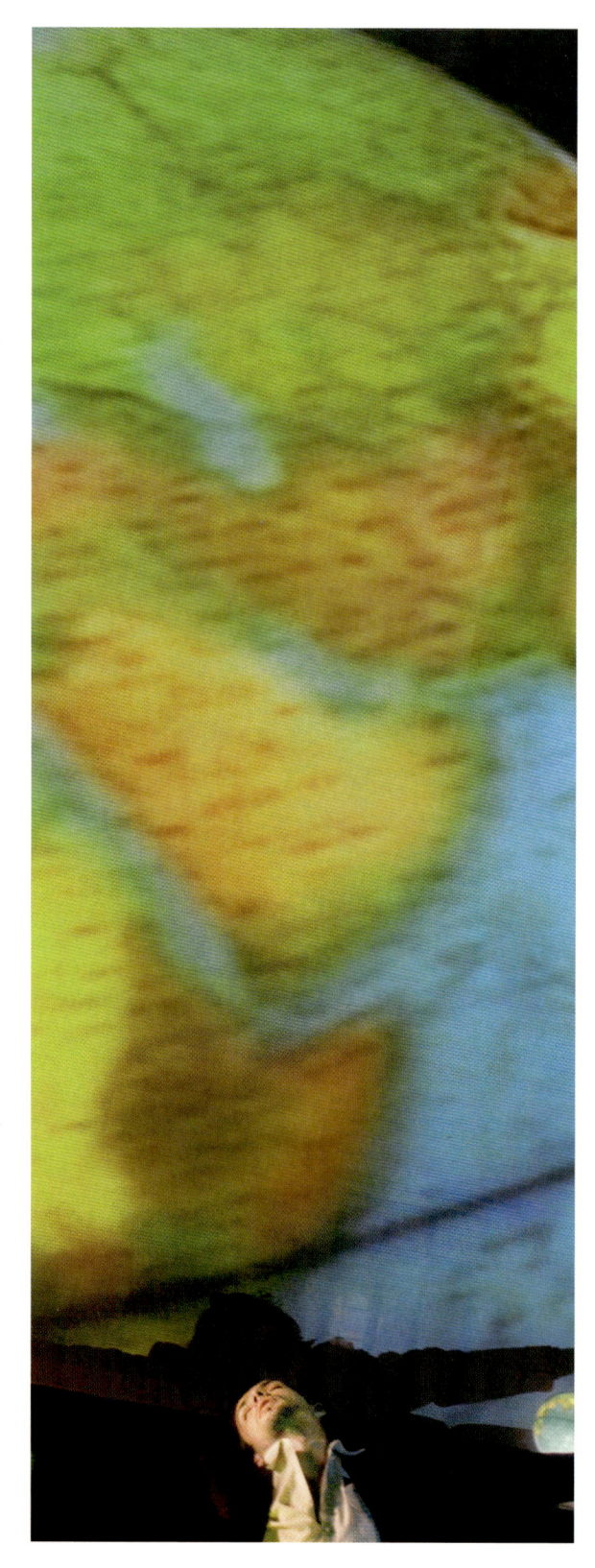

Krieg der Propheten

von Thomas Oberender

Die Menschen sind mehr Kinder ihrer Zeit als Kinder ihrer Eltern. *Marc Bloch*

Was bedeutet es, wenn Namen wie Osama Bin Laden, Taliban, Wahabismus oder Al Quaida, die in der westlichen Welt vor dem 11. September 2001 nur wenigen Menschen vertraut waren, uns plötzlich geläufig wurden? Hat auf dieser trivialen Ebene der islamistische Terrorismus nicht einen unbestreitbaren Sieg errungen, indem er uns „beschrieben" hat, diese Wörter in unser Vokabular eintrug und unser Denken an die von ihm eröffnete Front zwang? Und ist es umgekehrt nicht so, dass die Sprache des Abendlandes andere Kulturen permanent ganz selbstverständlich „beschriftet"? Um welche Art von „Text" handelt es sich dabei und was sagt er über jene, die ihn über andere schrieben?

Mir schien, dass man unter der Auseinandersetzung, die seit dem 11. September 2001 verschiedentlich als Kampf der Kulturen oder Krieg zwischen Zentrum und Peripherie beschrieben wurde, offensichtlich auch einen *Krieg der Propheten* beobachten kann, der einen Kampf um Grundwerte und Lebensstile ist. Die Namen George W. Bush und Osama Bin Laden wurden nach dem 11. September 2001 zu Abkürzungen rivalisierender Prophetien und Lebensmodelle. Trotz des Traumas von Vietnam und trotz der Folterbilder aus den Gefängnissen des Irak und einer massiven Anti-Bush-Bewegung scheint das Vertrauen in die Überlegenheit des amerikanischen Modells nicht grundsätzlich erschüttert. Der asymmetrische Krieg, der seit dem 11. September 2001 mit täglich neuen Bildern von Attentaten und militärischen Strafaktionen zum politischen Alltag wurde und enorme Energien und materielle Ressourcen verschlingt, lässt sich allerdings nicht nur aus der pragmatischen und strategischen Vernunft der politischen Ziele heraus erfassen, sondern verweist auf Glaubensfragen und Verheißungen, die das nüchterne Vokabular der Politik übersteigen.

Unter den Vorzeichen der militärischen Auseinandersetzungen, die durch die Veröffentlichung amerikanischer Geheimdienstpläne über einen Angriff auf den Iran ein weiteres Eskalationsszenario erhielten, stellen sich die Fragen nach einer ethischen Mission und den Verheißungen, die den politischen und militärischen Aktionen zugrunde liegen, mit größerer Deutlichkeit. Autoren wie Walter Benjamin, Pierre Legendre, Dietmar Kamper oder Nicolás Gómez Dávila haben immer wieder auf die unreflektierten Glaubensmomente des kapitalistischen Systems und seiner politischen Erscheinungsform hingewiesen. Aus der Perspektive dieser Autoren wirkt es so, als glaubten wir heute auf ähnliche Weise an das Dogma des Rationalismus, an die Technik und das Machbare des Fortschritts wie einst ältere Kulturen an die Segensmacht eines Gottes. Die uns leitenden Vorstellungswelten, die z.B. auf unserem Vertrauen in die technischen Großsysteme beruhen, werden durch Katastrophen zwar bisweilen kurz irritiert, überdauern aber im Grunde ebenso unerschüttert wie der ‚natürliche' Volksglaube älterer Kulturen die Heimsuchungen durch schwere Unwetter oder Epidemien. Ohne auf die quasireligiösen Momente des Kapitalismus als Kultur, wie sie z.B. in der Rolle des Geldes oder des Wahrheitsanspruches von Mehrheitsentscheidungen sichtbar werden, näher einzugehen, sei auf sie immerhin verwiesen, da sie ein wesentlicher Teil jener Prophetie sind, die dem Westen gerade dort innewohnt, wo er scheinbar nicht religiös argumentiert. Und fasst man die offensichtlichen und unterschwelligen Glaubensmomente der westlichen Prophetien näher ins Auge, führt dies folgerichtig zur Kehrseite des Prophetischen – der politischen Gemeinschaftsbildung.

Abb. rechte Seite:
Lucas Gregorowicz
in *1979*
von Christian Kracht

ORIENTierung. Irak im Dialog

Die Reihe *ORIENTierung. Irak im Dialog* fand vom 14. bis 29. April 2003 im Theater unter Tage statt und versuchte im Kontext des zweiten Golfkrieges durch Filme, ein Konzert und Lesungen ein anderes Bild des Irak, seiner Geschichte, Kultur und politischen Situation zu vermitteln. Eingeladen waren Experten und Künstler, die im Zusammenhang der Veranstaltung Fragen beantworteten und Erklärungen gaben.

Die Reihe begann mit dem mehrfach preisgekrönten Film *Forget Baghdad* des Schweizer Filmregisseurs Samir. *Forget Baghdad* erzählt von einer vergessenen Geschichte aus dem Nahen Osten: der Emigration irakischer Juden nach Israel. Im Anschluss fand eine Diskussion mit Peter Wien, Islamwissenschaftler aus Berlin, statt.

Die nächste Veranstaltung zeigte zwei Dokumentarfilme zum Thema Irak und der Krieg: *Hidden Wars of Desert Storm* und *Irakische Frauen – Voices from Exile*.

Hidden Wars of Desert Storm schildert den schwierigen Alltag der Menschen im Irak heute ebenso wie die Schäden durch Uranmunition und andere Giftstoffe, die die USA im Krieg einsetzten. *Irakische Frauen – Voices from Exile* zeigt irakische Frauen, die in Großbritannien leben und die Geschichte des Irak aus ihrer Sicht beschreiben: von der Zeit vor der Diktatur Saddam Husseins bis zum Golfkrieg 1991.

Auf eine ganz andere Weise begegneten die Besucher dem Irak durch das Ud-Konzert des in Bagdad geborenen Raed Khoshaba Shammon. Sein handwerkliches Können und sein unverwechselbarer Stil machen ihn zu einem der bekanntesten Ud-Spieler und -Komponisten in der arabischen Welt.

Es folgten zwei Lesungen und Expertengespräche: Zunächst eine Reise in das Bagdad Saddam Husseins. - Martin Rentzsch las aus dem Reisebericht *Willkommen in Bagdad*. Zu Gast war der Autor und Islamwissenschaftler Michael Lüders. Ihm folgte eine Lesung von *Die Regenhymne* und anderer Gedichte von Badr Shakir as-Sayyab durch Ernst Stötzner. Der Iraker Badr Shakir as-Sayyab war einer der bedeutendsten Vertreter der Free-Verse Bewegung, die neue Inhalte und Formen in die arabische Dichtung einführte. Zu Gast war an diesem Abend Prof. Stefan Wild, Islamwissenschaftler, Bonn.

Die Veranstaltungsreihe wurde von Thomas Oberender kuratiert und moderiert in Zusammenarbeit mit dem Verein „Dialog Orient-Okzident" in Köln, dem Landessprachinstitut „LSI-Arabicum" in Bochum, mit freundlicher Unterstützung der GLS Gemeinschaftsbank e.G Bochum. Die Einnahmen wurden der Hilfsorganisation „Kap Anamur" gespendet.

Ist es möglich, ein Fazit dieser Auseinandersetzungen zu formulieren? Die Attentate am 11.September 2001 brachten nicht nur das World Trade Center zum Einsturz, sie erschütterten auch nachhaltig jenes Lebensgefühl, das seit dem Ende des Kalten Krieges mit dem uneingeschränkten Siegesbewusstsein des liberalen und globalen Kapitalismus verbunden war. Durch die Anschläge auf die Twin Towers wurde die westliche Welt jäh in den Gang der Geschichte zurückgezwungen. Die weltpolitische Zeitenwende, die in den Anschlägen des 11. Septembers 2001 ihr unübersehbares Menetekel fand, ist in ihren Folgen noch nicht abschätzbar und umgekehrt zu einem Ereignis geworden, das inzwischen historisch wirkt und sich langfristig auf viel vermitteltere, subkutane Weise auswirken wird. Der Reflexionshorizont, mit dem wir diesen Auswirkungen der Ereignisse seit den Anschlägen in New York nachspüren, sollte nicht allein von tagespolitischer Aktualität geprägt sein, sondern weiterführende Aspekte und Orientierungspunkte geben. Diese Überlegungen, die zugleich als ein Hintergrund für das Nachdenken über die Grundkonflikte unserer Zeit – und also auch der sich dem Theater aufdrängenden Stoffe – gelesen werden können, erhielten in der Formel „Krieg der Propheten" wohl ihre prägnanteste Zuspitzung. Das Fazit des gleichnamigen Textes ist zugleich ein Ausblick.

Zur Zukunft des Politischen I –IV

Diese Diskussionsreihe begann zunächst unter dem sprechenden Titel *Asche auf Amerika* und wurde fortgesetzt unter dem Motto *Gott gegen Geld*, gefolgt von *Krieg der Propheten* und *Kriegstheater*. Die Beiträge, die für diese Veranstaltungsreihe entstanden, wurden im Berliner Alexander Verlag veröffentlicht und sind im Buchhandel erhältlich.

Im Zusammenhang dieser Reihe und unserer Diskussion über die Zukunft des Politischen waren vom November 2001 an als Vortragende und Gesprächspartner am Schauspielhaus mit folgenden Themen zu Gast:

Dirk Baecker, Soziologe, Universität Witten/Herdecke: „Diesseits der Gewalt: Der Krieg als Ritual der Gesellschaft"
Friedrich Balke, Philosoph, wissenschaftlicher Geschäftsführer des Forschungskollegs „Medien und kulturelle Kommunikation" in Köln: „Nietzsche und die Topografie des neuesten Terrors"
Al Goergen, Philosoph, Mailand: „Das Politische im Zeitalter des Imperiums"
Eric Alexander Hoffmann, Theaterwissenschaftler, Ruhr-Universität Bochum: „Moderne Barbarei. Zur Transformation des Politischen und zur Leitsemantik der Zukunft unter den Bedingungen der Weltgesellschaft"
Hans-Thies Lehmann, Theaterwissenschaftler, Frankfurt a.M.: „Heiner Müllers *Zement* – ein Spiel von der Feindschaft"
Nikolaus Müller-Schöll, Literatur- und Theaterwissenschaftler, damals Goethe-Universität Frankfurt a.M.: „Die Fortsetzung des Krieges mit anderen Mitteln. Überlegungen zur Politik (in) der Darstellung"
Manfred Schneider, Literaturwissenschaftler, Ruhr-Universität Bochum: „Gestörte Selbstsurrealisierung – Der Westen und das Attentat"
Thomas Meinecke, Schriftsteller, Journalist und Musiker, München und **Friedrich Balke**, Philosoph, Köln: „Glamour und Abgrund. Das Modell USA"
Günther Heeg, Theaterwissenschaftler, Universität Leipzig: „Einsamkeit. Schnittstelle"
Marianne Schuller, Literaturwissenschaftlerin, Universität Hamburg: „Heimsuchung. Terror heute"
Joseph Vogl, Philosoph, Bauhaus-Universität Weimar: „Beliebige Feindschaft: Amok"
Navid Kermani, Islamwissenschaftler und Autor, Köln und **Roberto Ciulli**, Regisseur und Theaterleiter, Mülheim: „Ästhetik und Glauben"
Carl Hegemann, Philosoph und Dramaturg, Berlin: „Einbruch der Realität"
Tom Holert und Mark Terkessidis, Kulturwissenschaftler und Publizisten, Berlin: „Der massenkulturelle Krieg"
Claus Pias, Philosoph, Ruhr-Universität Bochum: „Die (Un)Berechenbarkeit des Krieges"
Michael Niehaus, Literaturwissenschaftler, Ruhr-Universität Bochum: „Der andere Schauplatz. Anmerkungen zu Krieg und Folter"
Klaus Theweleit, Germanist und Schriftsteller, Kunstakademie Karlsruhe: „Playstation Cordoba, Afghanistan, Irak etc. Ein Kriegsmodell"
Herfried Münkler, Politikwissenschaftler, Humboldt-Universität zu Berlin: „Die neuen Kriege und der jüngste Golfkrieg"
Peter Weibel, Künstler, Kurator und Medientheoretiker, Zentrum für Kunst- und Medientechnologie Karlsruhe: „Kunst, Krieg und Ökonomie"
Manfred Schneider, Literaturwissenschaftler, Ruhr-Universität Bochum:„Bilderkrieg und orbitale Moral"

Der 11. September 2001

Wie reagiert ein Theater auf den Krieg der Propheten?

Am 11. September 2001 unterbrachen die Livebilder der Attentate von New York, Pittsburgh und Washington die Arbeit unseres Hauses. Die Mitarbeiter des Theaters versammelten sich um die Fernsehgeräte, Proben wurden abgebrochen, wir schauten fassungslos auf die Liveberichte der Ereignisse, und überall im Haus bildeten sich um die Bildschirme Gruppen schweigender Menschen, die dem Geschehen auf den Bildschirmen folgten, niemand wollte gehen, keiner sprechen. In den Tagen nach den Anschlägen, auf einer eilig einberufenen Ensembleversammlung, diskutierten wir darüber, wie ein Theater auf diese Vorgänge reagieren kann. Darf am Abend eines solchen Ereignisses eine Vorstellung stattfinden? Wie antworten wir?

Ganz unmittelbar veränderten die Anschläge die gerade laufende Probenarbeit der Inszenierung von *König Richard III.* in der Regie von Karin Beier. Plötzlich wurde der Fokus verschoben, eine andere, tagespolitische Wahrnehmung von Shakespeares Drama der Macht brach sich Bahn. Aber ein Theater braucht Zeit und Abstand, um seiner Zeit nahe zu kommen. Stücke, die jene Ereignisse des 11. Septembers und die damit verbundene Zeitenwende verarbeiten, etwa Neil LaButes *Land der Toten* oder David Lindemanns *Koala Lumpur*, die wir später zur Aufführung brachten, waren damals noch nicht geschrieben bzw. rückten, wie Christian Krachts Roman *1979*, plötzlich in ein ganz neues Licht. So entstand die Idee, unser Theater, das Zeit braucht, um in seiner Sprache, der des Wortes und der Spielform, auf diese Ereignisse zu antworten, vorläufig zum Podium für ein Gespräch und die intellektuelle Reflexion zu machen. So entstand auf der Ensembleversammlung im September 2001 der Plan, auf diese Ereignisse, die uns schockierten und subjektiv überforderten, mit einer Geste der Reflexion zu reagieren, die Orientierung schafft, Experten zu Rate zieht und an unserem Haus ein Forum der qualifizierten Diskussion etabliert, deren Kompetenzen am Theater allein nicht zu finden waren.

Wir entschlossen uns, die Kontakte zur Ruhr-Universität Bochum, die wir durch ein gemeinsames Symposium über Heiner Müller geknüpft hatten, in dieser Situation zu nutzen und an unserem Haus eine Ringvorlesung zu etablieren, die sich der Frage nach der *Zukunft des Politischen*, die durch die Anschläge des 11. Septembers plötzlich unübersehbar auf der Tagesordnung stand, widmet. In den Vorträgen sollten im Hinblick auf die Attentate des 11. Septembers Aspekte der medienvermittelten Theatralität zur Sprache kommen, aber auch die „Krankheit des Islam" untersucht werden oder die Frage nach der metaphysischen Verfassung unserer Gesellschaft. Diese Ringvorlesung, die in Zusammenarbeit mit den Professoren Ulrike Haß und Manfred Schneider (Ruhr-Universität Bochum) von Thomas Oberender kuratiert und moderiert wurde und über vier Semester stattfand, ließ über den Zeitraum von drei Jahren – von den Anschlägen des 11. Septembers, der Intervention in Afghanistan, dem zweiten Golfkrieg bis hin zu den Anschlägen in Madrid – das Schauspielhaus zu einem Ort der öffentlichen Diskussion zwischen Bürgern der Stadt, Studenten, Autoren, Wissenschaftlern und Theaterleuten werden.

Nele Rosetz in
Einordnen/Ausflug/Land der Toten
von Neil LaBute

rig, deine Frau aus Beirut war mit euren Kindern im Krieg und weigerte sich, Beirut zu verlassen. Du warst schon dagewesen, um sie rauszuholen und machtest die schreckliche Erfahrung dieses Krieges. Die Ehe zerbrach. Du durftest deine Kinder eine ganze Zeit nicht sehen.

Du trafst auf Kruse. Er eröffnete dir eine neue Welt des Theaters, und von dir holte er sich die Basis. Daraus wird eine tiefe Freundschaft, und es folgten 26 Arbeiten.

1989 holte Kruse mich auf deine Empfehlung hin nach Freiburg für *Virginia Woolf*. Schirmer war Intendant, und es war eine tolle Zeit in Freiburg. Dani Schneider-Wesseling war auch da. Grüße sie von mir, wenn du ihr im Künstlerhimmel begegnen solltest.

Der Text war schwer zu lernen und so trafen wir uns in einem Brauhaus, um bei einem Krügerl Bier die Dialoge auf Schnelligkeit und Anschluss zu trainieren. Wir fingen an über John Lennon zu reden und die blöde Yoko Ono. Wir gaben ihr die Schuld am endgültigen Auseinanderbrechen der Beatles und dann kamen wir auf ein Album von Mick Jagger zu sprechen. *Party Doll*: but now those honky tonkin's over/those salad days are over/you've vanished in the ozone. Nun waren wir uns sicher, wir sind alt geworden, werden konservativer, dieser Zauber ist weg usw. Wir steigerten uns so rein und wurden so betrunken und waren nicht mehr wegzubewegen von diesem Brauhaus. Du schafftest es, im Betriebsbüro Bescheid zu geben, wir säßen im Brauhaus beim Text machen, und Kruse und Anne Tismer und der Hunger-Bühler sollten doch herkommen zum Proben. Ich bin mir nicht ganz sicher, aber ich glaube, die Caritas hat uns alle dann auf einen Hügel in den Schwarzwald gefahren und wir konnten laut abjammern und Steine einsammeln, die dann im Bühnenbild auf dem Tisch lagen.

10 Jahre später standen wir in der Kammer, wie wir sagen in Bochum, nochmals mit dem Stück auf der Bühne. Wir waren reifer, friedlicher, humorvoller, spielerischer, abgeklärter, schöner und liebevoller geworden. Erwachsen geworden. Wir verstanden uns tief und waren wie ein abgeklärtes Ehepaar, welches viele Stürme hinter sich gebracht hatte, viele Rodeos gekämpft hatte. Kruse saß unten im Zuschauerraum bei den Proben und musste weinen. „Die machen das alles von alleine", schluchzte er, „Die machen alles von alleine."

Die Premiere war ein Riesenerfolg, selbst die Kritiker bestätigten uns das. Wir zwei waren das, Jürgen, wir zwei. Dann zwei Minuten vor unserem Auftritt, der Vorspann lief schon, sagtest du zu mir: Ich habe Krebs.

Wir mussten raus und die erste Szene spielen. Nie werde ich diesen Augenblick vergessen. Gerne hätte ich die Vorstellung angehalten und gefragt: Was hast du?

Hab' ich mich verhört. Wie, was. Mein Rohe doch nicht, der alte Cowboy.

Ich höre dich sagen: „Morgen ist Sonntag, den ganzen langen Tag." Dann singst du leise: „Wer hat Angst vor Virginia Woolf". „Ich, George", sage ich, „ich, ich, ich."

Dann gehen wir die Treppe rauf und verschwinden.

Du hast es nicht geschafft, der lange Tag hat dich fertig gemacht, mein guter alter Freund, ich liebe dich, und ich bin froh, dass ich es dir noch gesagt habe.

Deine Traudi

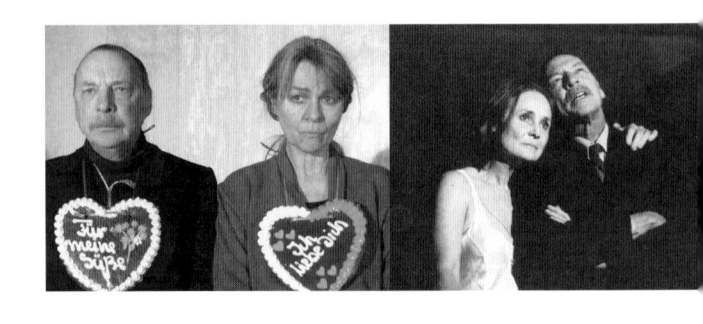

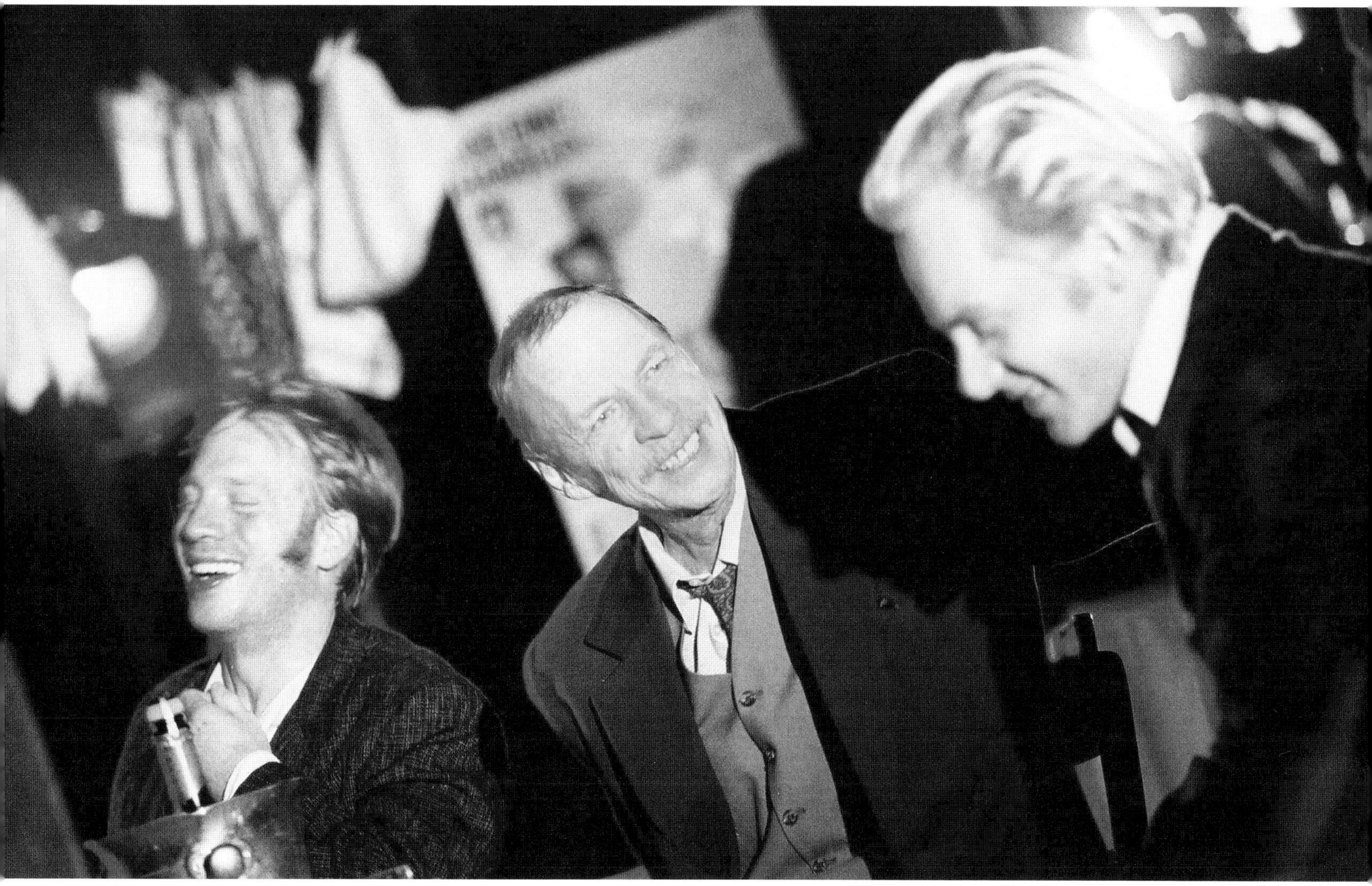

Jürgen Rohe

Viel zu früh verlor das Schauspielhaus Bochum einen großen Schauspieler und wunderbaren Kollegen, als Jürgen Rohe nach einer schweren Krankheit in der Nacht vom 1. auf den 2. Juni 2002 im 60. Lebensjahr starb. Jürgen war seit 1995 Ensemblemitglied am Schauspielhaus Bochum und spielte hier zahlreiche unvergessliche Rollen. Nicht nur sein Willy Loman in Arthur Millers *Tod eines Handlungsreisenden* in der Regie Jürgen Kruses wird allen fest in Erinnerung bleiben. Zuletzt war er hier in Albert Ostermaiers Uraufführung *Es ist Zeit. Abriss* zu sehen, und seine Krankheit riss ihn mitten aus den Proben zu Horváths *Kasimir und Karoline*, worin er zusammen mit Cornelia Froboess in den Titelrollen zu sehen sein sollte.
Am 16. Juni vormittags fanden sich in den Kammerspielen Kollegen, Freunde und sein Publikum zu einer öffentlichen Matinee ein, um Jürgen zu gedenken. Einer der vielen bewegenden Beiträge an diesem Tag war der letzte Brief, den seine Kollegin Traute Hoess an ihn geschrieben hat:

Lieber Jürgen, mein geliebter Rohe,

dir zu Ehren habe ich das Kleid aus unserer *Virginia Woolf* an. Im letzten Bild, nachdem wir uns es so richtig gegeben haben, da hatte ich dieses Kleid an. Mit den Blumen in der Hand saß ich am Sesselrand auf dem Boden, du auf der Couch. Der Tag dämmerte herauf, unsere Gäste waren gegangen. Der imaginäre Sohn ausgetrieben. Blank und abgekämpft saßen wir da. Du sagtest: „Morgen ist Sonntag, heute, den ganzen langen Tag." Zwei Menschenkinder, die sich lieben und auf der Stelle treten. Wie im Hamsterrad. Das war dein Lieblingssatz in dem Stück.
Als du ungefähr so alt warst wie dein Sohn jetzt, 29 Jahre alt, habe ich dich kennengelernt. In Bremen. Ich war dreiundzwanzig, blondgefärbtes Haar, schlank und ziemlich ungestüm. Eine wilde Hummel. Es waren die siebziger Jahre. Du hattest blonde lange Haare, die wie Goldfäden um deinen Kopf flogen. Deinem so schönen Hinterkopf. Nie wieder habe ich einen Menschen kennen gelernt mit so einem schönen Hinterkopf.
Dann waren da noch Joe Bolling, Hans Kresnik und Wilfried Behrend, genannt Blondie. Er hatte die dicksten, blondesten und längsten Haare. Ihr vier ward wirklich gute Freunde.
Damals kam die Mode auf, den Körper frei zu genießen. Auf der Bühne wie im richtigen Leben. Unser erstes Zusammenspiel auf der Bühne war in dem Stück *Exzesse*. Du spieltest Kurt Binder, den Spanner, welcher mich hinter Büschen verfolgte. Ich Hildegard, die sich befreien wollte von allen Zwängen und sich in einer Szene aller Kleider entledigt, um wahnsinnig genussvoll im See zu schwimmen. Einen See hatten wir nicht auf der Bühne, aber einen Tümpel mit echt Wasser drin, und ich sprang nackig hinein. Kurt Binder in voller Montur mit Hut und Anzug hinterher. Du hattest damals einen Schnauzer und wenn du samt Hut wieder auftauchtest, tropfte dir das Wasser an deinem Schnauzer runter wie bei einem Seehund. Ich fand dich sehr aufregend in dieser Rolle, obwohl du eher so einen verklemmten Mann spieltest, schüchtern und wortkarg. Ich war ziemlich verliebt in dich. Du warst aber schon vergeben.
Wir waren eine prima Clique und fuhren im Sommer zur Wümme, um zu baden. Da habe ich noch ein Foto. Wir sitzen so im hohen Gras am Flussufer, alle nackig natürlich, das war selbstverständlich. Die zwei großen Hunde schauen noch aus dem hohen Gras raus. Collies, einer davon war deiner. Er hieß Scheich. Alle nackig bis auf dich. Du weigertest dich strikt, eine solche Mode mitzumachen und fandst es unwürdig.
Nach drei Jahren ging ich weg aus Bremen. Wir blieben in Kontakt, telefonierten. Gudrun und Wilfried waren immer unsere Basisstation.
Wir trafen uns im Basler Theater wieder in den 80igern. Da ging es dir erstmal nicht so gut. Du warst trau-

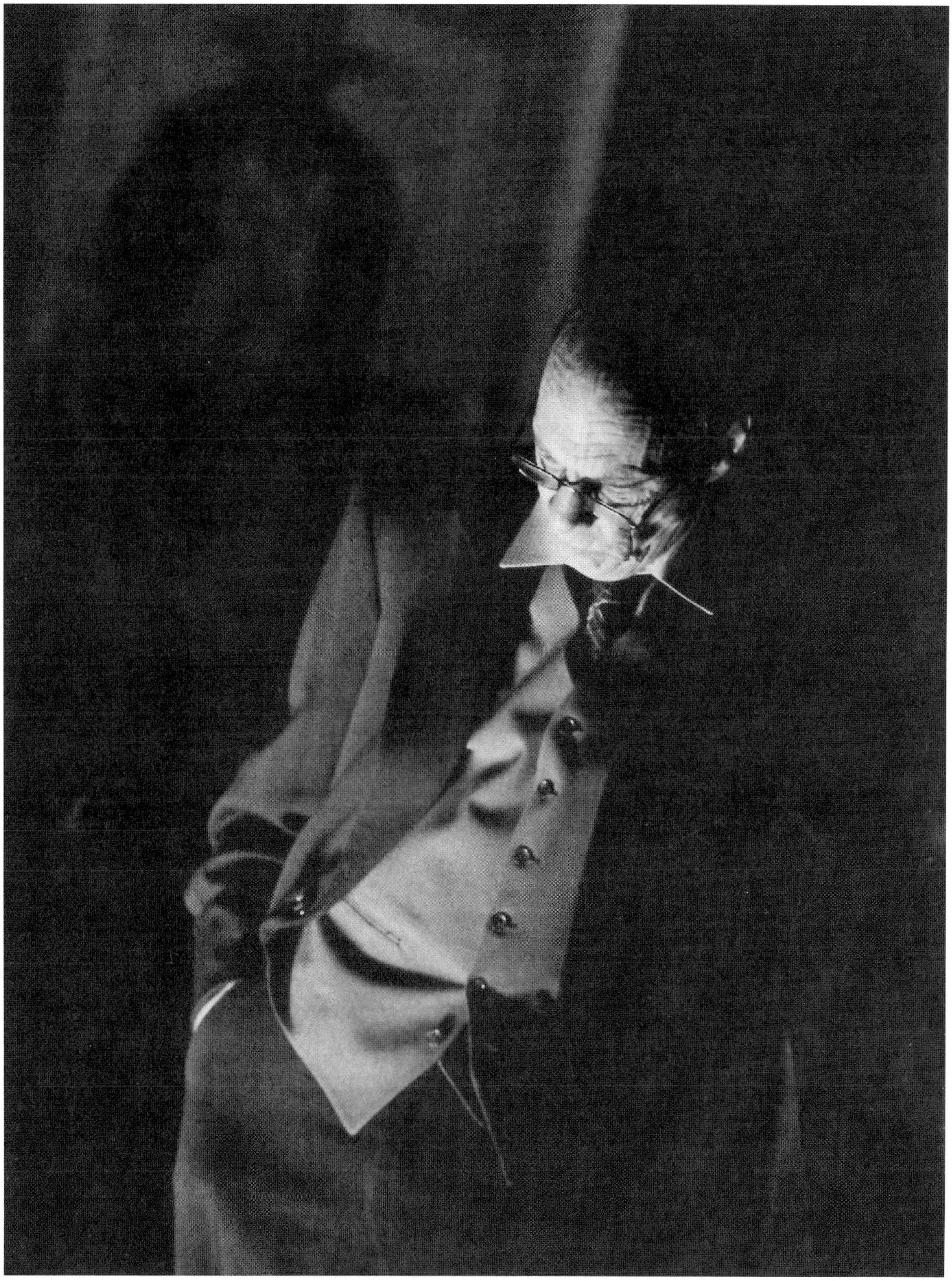

DIE EREIGNISSE

Jürgen Rohe .... Seite 257

Der 11. September 2001 .... Seite 261
Zur Zukunft des Politischen I–IV .... Seite 262
ORIENTierung. Irak im Dialog .... Seite 263

Krieg der Propheten
Thomas Oberender .... Seite 264

Botho Strauß Special .... Seite 269

50 Jahre – 50 Stunden .... Seite 271

Die Opelaner streiken .... Seite 273

Abgestimmt
Peter Iden .... Seite 275

Grüße aus Antwerpen und Zürich
Jeroen Olyslaegers .... Seite 277
Lukas Bärfuss .... Seite 281

ACHTUNG!
Verkehrswege
Freihalten ...

DIE EREIGNISSE

...k- u. Sonderbeleuchtun...

Sonder-
beleuchtung

Bei
Gefahr drü...

AUS   EIN

Wenn ich an Bochum und meine Erfahrungen dort mit dem Theater denke, ist es wie früher, wenn ich als Kind mit dem Fernglas spielte, es umdrehte und die Menschen in unendlicher Entfernung sah, obwohl man doch noch im selben Zimmer saß. Ich muss sagen, dass dies eher ein kindlicher Tick von mir war, man würde wohl heute sagen Manie, ich begrüßte überhaupt niemanden in unserem Haus, ohne ihn mir mit dem umgedrehten Fernglas in sicherer Entfernung zu halten. Ich seh' noch heute, als ich eingeschult wurde, das verwunderte und weit entfernte Gesicht des Waldorflehrers, als er mir mit einer Bienenwachskerze entgegentrat, um mich in den Klassenkreis aufzunehmen.

Der Tick hat sich auch weiterentwickelt, und ich würde heute, wenn es nicht irgendwie etwas komisch wirken würde, immer gerne mein Kinderfernglas auspacken und für Raum sorgen in den Cafés, Zügen, Foyers etc.

Irgendwann kam dann also Bochum.
Erich Wonder, dieser von mir bewunderte Mann mit den großen räumlichen Visionen, entwarf das Bühnenbild. In dem Theaterstück gibt es sieben Figuren, die sich vom Grundthema – und da hatte ich mich nun selbst total überwunden – eher hochneurotisch aufeinanderhockend, quasi auf dem Schoß sitzend, in einem nepalesischen Hotel fertig machen. Die Bühne von Wonder allerdings sah aus wie für Richard Wagners kompletten Ring inklusive Götterdämmerung. Kilometerlange Korridore, großzügigste Fluchten, dunkelblaugrau-abstrakte Grundstimmung. Michi Maertens, dieser traurige Komiker, den ich noch mehr bewundere und für den ich die Rolle des Nick extra geschrieben hatte – er stand da wie ich in meiner Kindheit des umgedrehten Fernglases, ich hatte immer das Gefühl, wenn ich ihm vom Zuschauerraum etwas sagen wollte, dass ich ihm eine SMS hätte schicken müssen. „Lieber Michi, du hast dich in diesem Land verlaufen. Wie ich. Tschüß." Johanna Gastdorf, ebenfalls von mir hochverehrt, spielte Inken und schlug irgendwann vor, vielleicht gleich ins Stadion vom VfL zu gehen.

Irgendwann fing dann Wonder an, sein Bühnenbild mit Teppichen auszulegen und Vorhängen auszuhängen, weil man ja auch nichts hörte und alles in den Fluchten blaugrau verhallte. Beim Schlussapplaus dachte ich, Johanna, das ist ja doch die VfL-Arena. Ich erinnere, wie ich mich erschrocken wieder umdrehte und abging: Wie in ein menschenloses Land ging ich zurück in das Wonderbild; es war wieder ein bisschen so, als hielte ich meinen Lehrern und Benotern wie früher das Glas entgegen.

Moritz Rinke

Johanna Gastdorf, Wolf-Dietrich Sprenger in *Die Optimisten* von **Moritz Rinke**

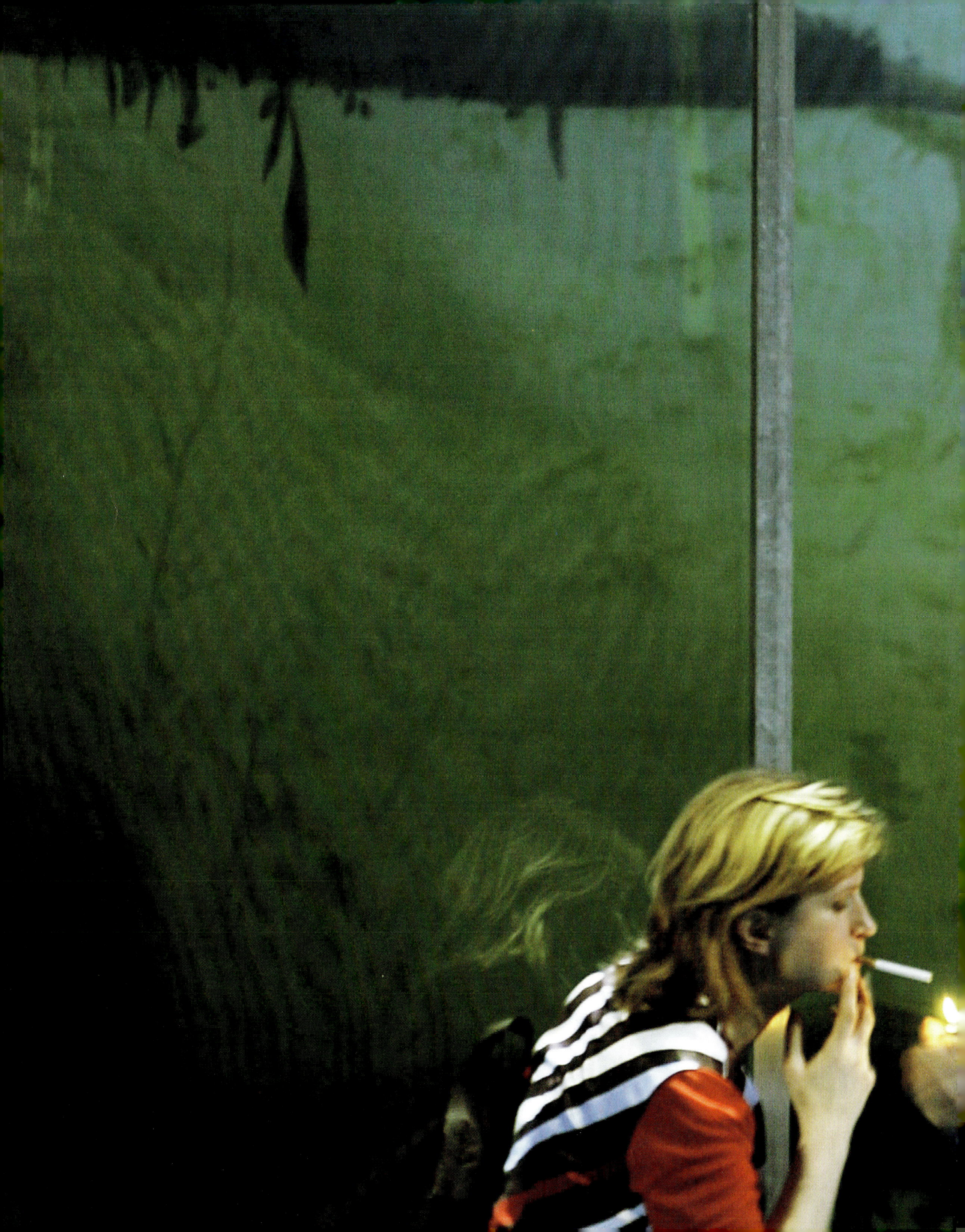

Grüße aus Berlin

Moritz Rinke

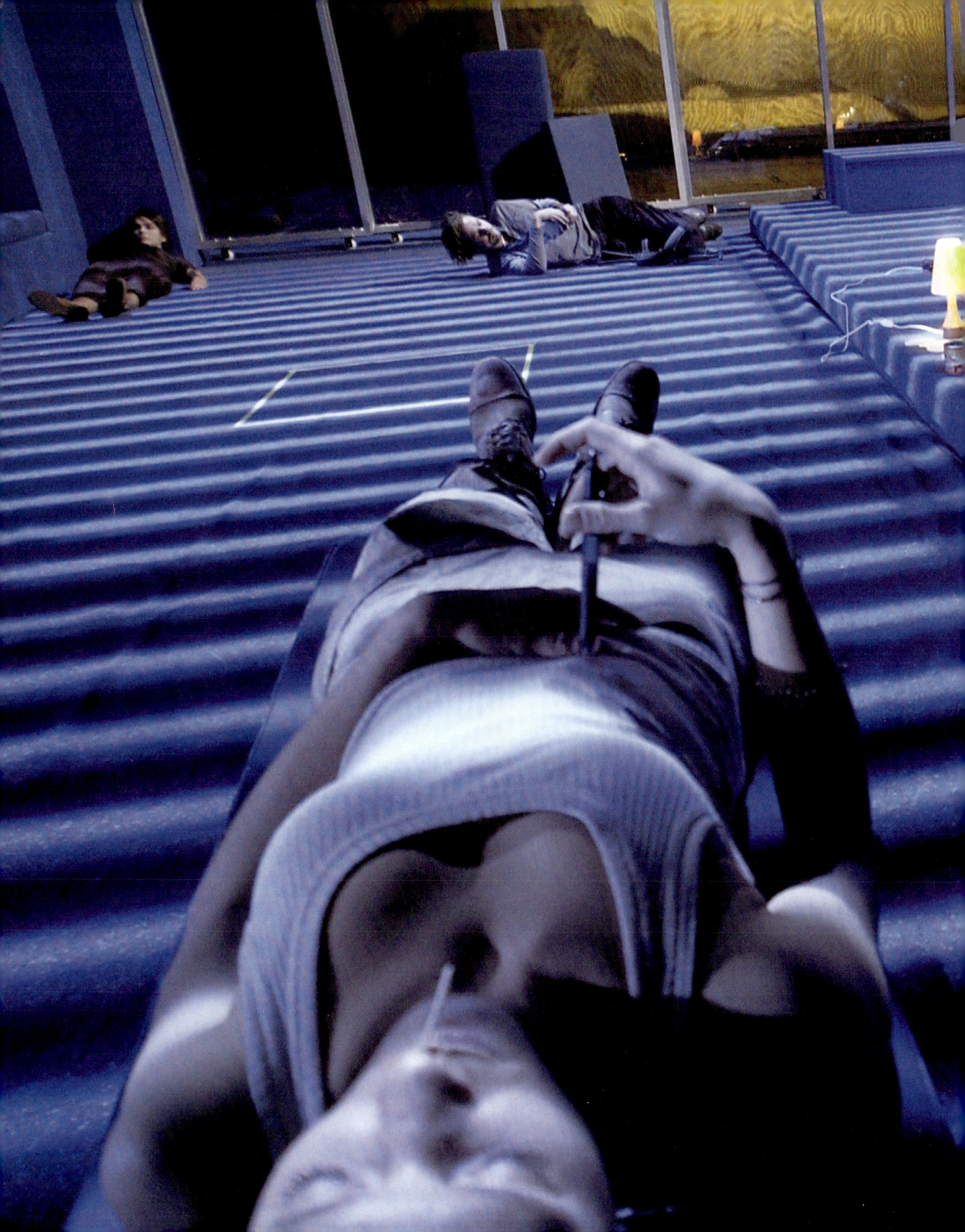

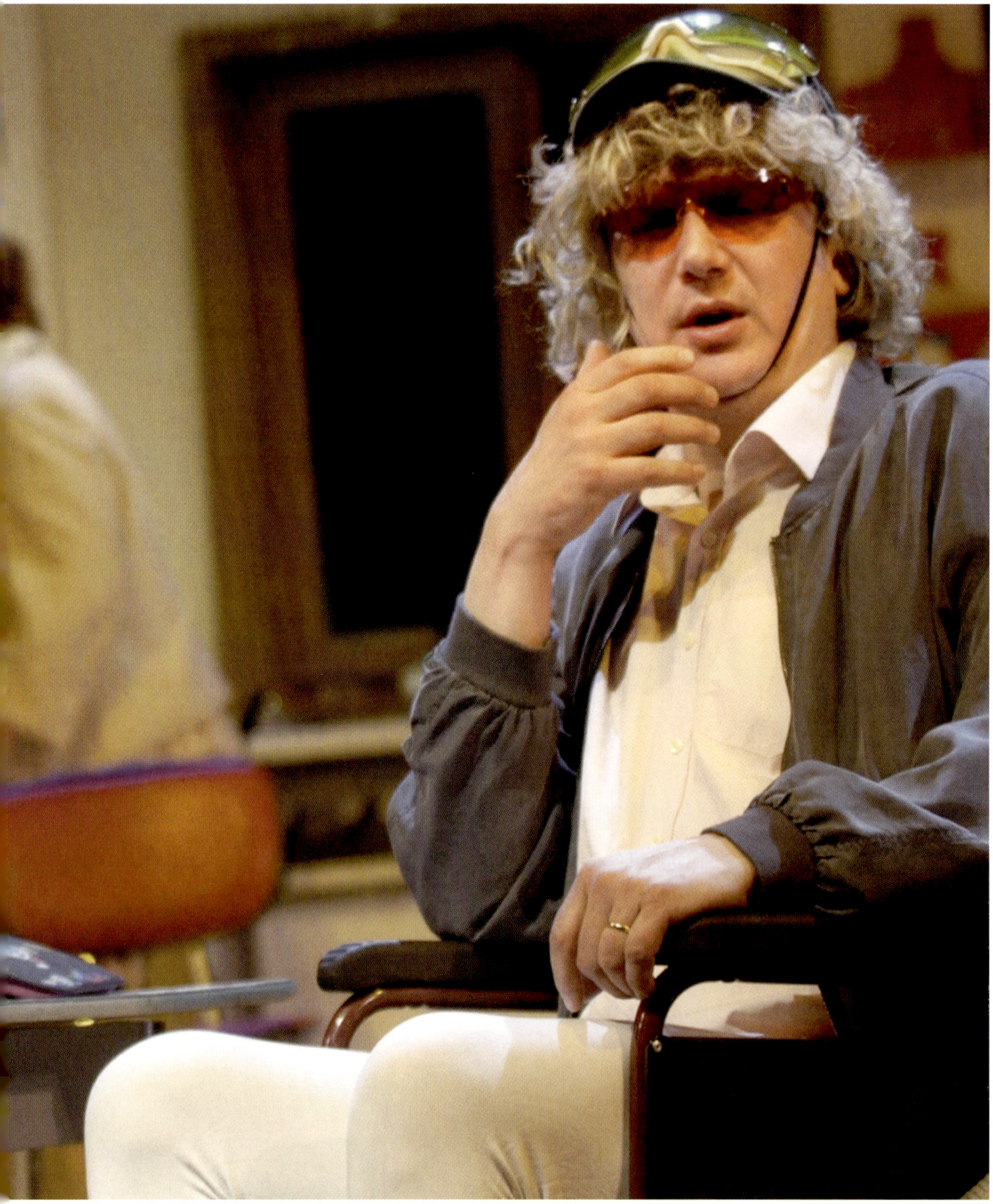

Julie Bräuning,
Martina Eitner-
Acheampong,
Bernd Rademacher
in *Mendy – Das Wusical*
von Helge Schneider

Martina Eitner-Acheampong, Bernd Rademacher, Julie Bräuning in *Mendy – Das Wusical* von Helge Schneider

Grüße aus Mülheim an der Ruhr

Martina Eitner-Acheampong in *Aprikose, Banane, Erdbeer – Kommissar Schneider und die Satanskralle von Singapur* von Helge Schneider

Johann von Bülow in *Mendy – Das Wusical* von Helge Schneider

Helge

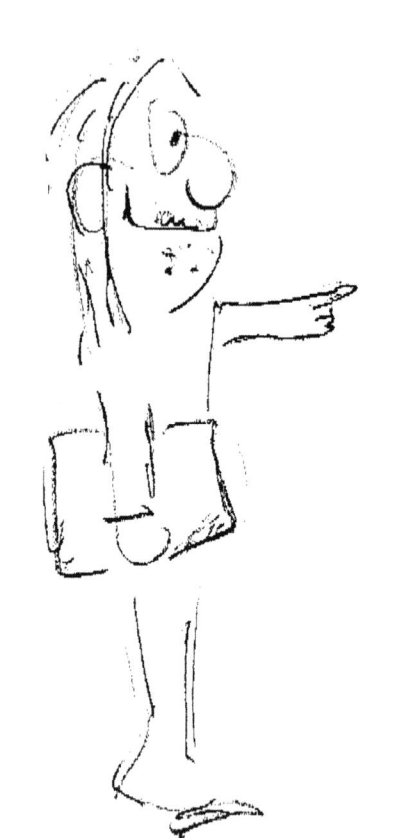

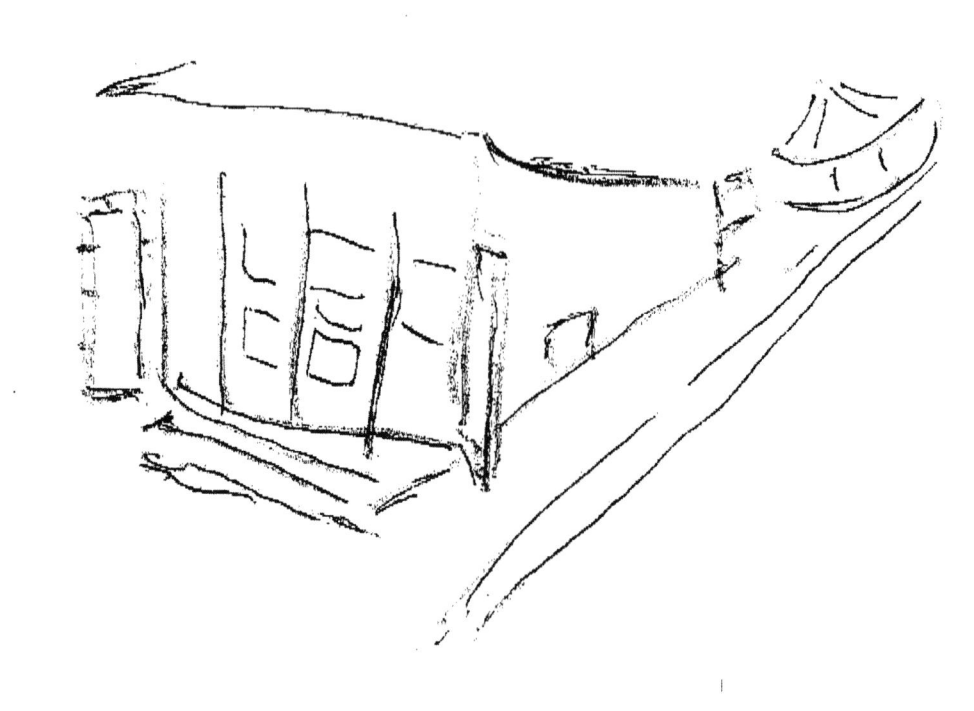

Bochum!
was sonst.

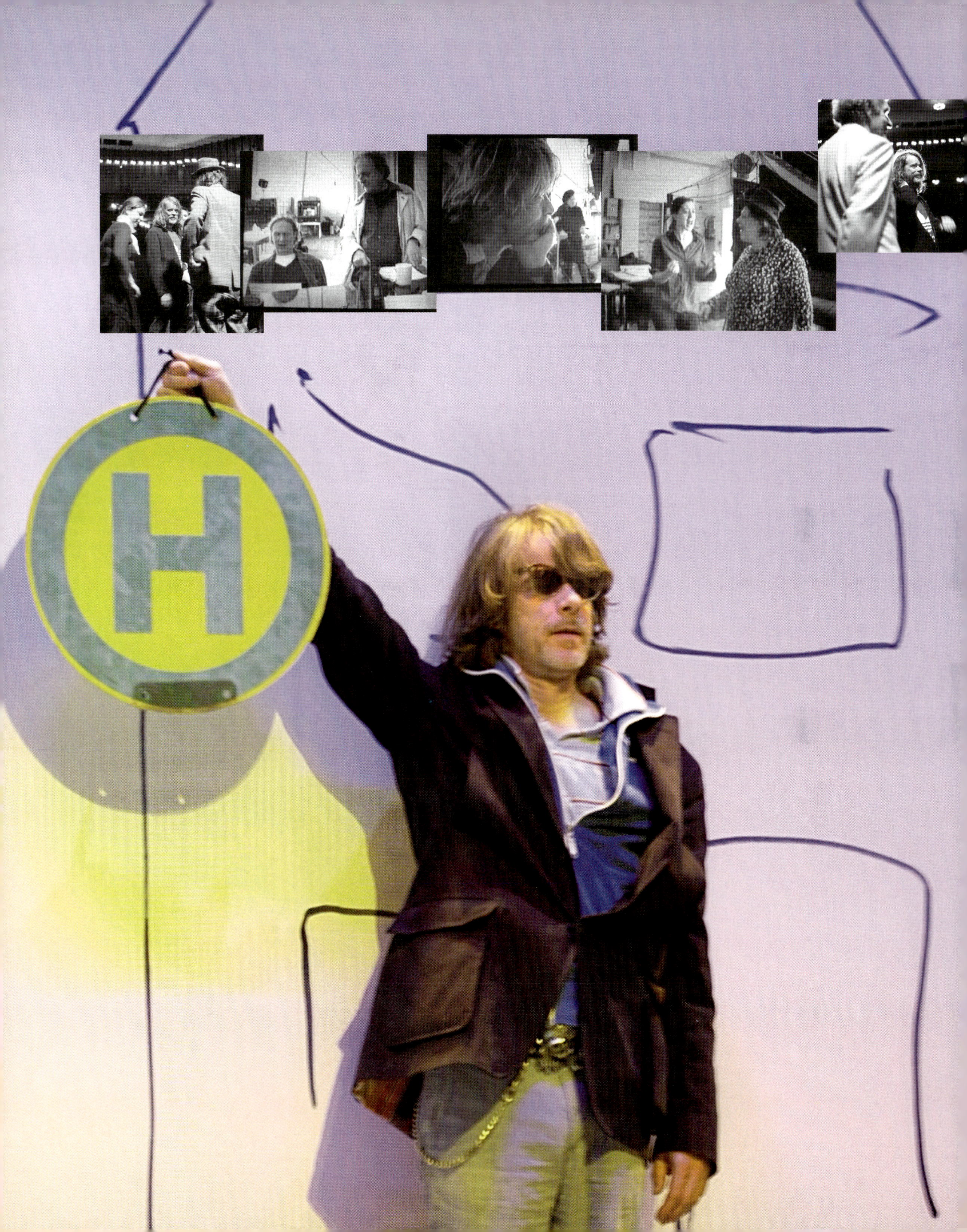
H

Grüße aus Mülheim an der Ruhr

Helge Schneider

Peter Thoms, Bernd Rademacher in *Aprikose, Banane, Erdbeer – Kommissar Schneider und die Satanskralle von Singapur* von Helge Schneider

sen Akademiker.) Und der Brotberuf dieser Todeskralle ist mir zwar auch unbekannt, aber ich kenn ihn nur als Schlagzeuger. Das sind jetzt zwar keine Kreise, die sich schließen, aber gerade Linien, die sich im Unendlichen treffen auch nicht. Aber irgendetwas lernt uns das bestimmt. Mengenlehre.

Lärm. Soviel Musiker immer da im Theater, da wird's meistens ganz schön laut. Kommt man sich vor wie im Kino. Fehlt nur noch der Merch-Stand mit den jeweiligen Soundtrack-CDs (Alle Rechte an dieser Geschäftsidee liegen beim Autor, interessierte Bühnen können Franchises erwerben.) und der DVD mit den Live-Einspielern, und natürlich Girlieshirts mit den schönsten Motiven.

Aber lassen wir das, das nähert sich gefährlich einem Thema, das ich gar nicht anschneiden will, weil ich eben immer noch keine Ahnung hab. Im Gegensatz zu den Nachbarn. Deshalb muss ich hinterher, bei der Manöverkritik, immer aufpassen, keinen Scheiß zu erzählen. Viel mehr als obs amüsant oder langweilig war, kann ich ja kaum beurteilen. (Die BILD-Statistik: amüsant 81 %, langweilig 19 %.) Über Schauspieler sagt man besser eh nix, die könnten ja plötzlich neben einem stehen, und aus den Feinheiten des dramaturgischen Intrigantenstadels hält man sich auch lieber raus, wenn man noch mal Karten will. Und das „Fazit" im D-Radio kann man ja nicht zeitgleich hören, da wär man vielleicht auf der sicheren Seite, was das Mitreden angeht.

Ein Fazit kann hier jedenfalls nicht gezogen werden, ich weiß sowieso nicht, wie ich aus der Nummer hier am elegantesten rauskomme. Paar Anekdötchen sind verbraten, sachkenntnisfreie Erlebnisrekapitulation, mehr konnte und sollte das nicht sein. Genau das wurde dem Auftraggeber in Aussicht gestellt, und das wurde akzeptiert. Also lamentieren Sie nicht mich an. Bedauern Sie mich lieber, dass ich meine Studien jetzt nicht mehr so mal eben ums Eck bzw. ein Bier im Bordbistro entfernt fortsetzen kann, Zürich ist arschweit. Und angeblich gibt's in der Schweiz noch Freidrinks zur Premiere...

Aber falls die Nachbarn nicht ebenfalls proletarisieren, vielleicht bleibt einem ja noch ein Weilchen die Möglichkeit, in Bochum Theater zu recherchieren.

Das sollte jetzt soviel heißen wie einerseits alles Gute für Zürich, andrerseits: Es lebe das Schauspielhaus Bochum!

Gegeben zu Wien, Stadt des Theaters, Februar 2005

Peter Thoms in
*Aprikose, Banane, Erdbeer –
Kommissar Schneider und
die Satanskralle von
Singapur*
von Helge Schneider

Das ist jetzt alles, lass mich nicht lügen, eine halbe Intendanz, oder so ca. 30 Premieren her, keine Ahnung, 3, 4 Jahre wohl. Und wie der geneigte Leser am eigenen Leib erfahren hat, ist der Welt, oder zumindest dem Teil der Welt, der da ist Schauspielhaus Bochum, mein Beitrag zur Theatergeschichte erspart geblieben. Aber nach dem Besuch besagter Anzahl Premieren, und Bespielung und Kantinentest der Konkurrenz, Volksbühne, und künftigen Wirkungsstätte, Pfauen Zürich, durch mich selbst, da bleibt die Drohung im Raum stehen: Hein macht Theater.

Weil, du musst wissen, es hat noch immer jotjejange. Will sagen, es hat immer Spaß gemacht hier. Echt, überraschend lecker, kann man nix sagen. Unter der Obhut und anleitenden Begleitung der Nachbarn wurde noch jedesmal der Zutritt durch die Bühnenpforte gemeistert, gelang es gelegentlich sogar, Kantinenbier zum Hauskurs zu erwerben (ganz wichtig vor der Vorstellung: einpegeln und auspinkeln), von ganz vorzüglichen Metthappen und trefflichster Bedienung gar nicht zu reden. Da kehrt der Gast doch gern zurück. (Gut, man mag sich vielleicht nicht unbedingt dem Dauertest einer Einstudierung aussetzen ...)

Die Aufführung mit diesen sich anschreienden Menschen inmitten bemalter Pappedeckel, mit seltsamer Kleidung und wirrer Beleuchtung, die übersteht man auf seinem im Hauskartenlotto ausgelosten Platz allein zwischen aufgestachelten kulturhungrigen Bochumern mit Hilfe geschickt gebunkerter Erfrischungen auch noch halbwegs, und dann ist nach einem Beruhigungsbier in der Kantine endlich, endlich PREMIERENFEIER. Also endlich Freidrinks.

Dachte ich. Deshalb hier die schockierende Wahrheit an die Weltöffentlichkeit: In deutschen Theatern wird die Steuerzahlerkohle gar nicht direkt versoffen. Das glaubt nur der kleine Fritz. Hier werden, wie in jedem ordentlichen Unternehmen, die ausgezahlten Gehälter durch Ausschank subventionierter Niedrigpreisgetränke (Fiege-Pils!) ins Budget refundiert. Da muss man Backstage echt für die Drinks und Buletten zahlen. Wie in einem stinknormalen Berliner semi-illegalen Kultclub. Die ham doch bestimmt im Malersaal keine Konzession?!! Und schon aus diesem Grund des beinahe Hauptstadtgefühls trudelt denn auch ab ca. 23 Uhr erlebnishungrige Bochumer Kulturjugend ein, weil, es wird getanzt werden, es wird laut werden, es wird spät werden. Es wird, scheints, sonst nicht werden in Bochum.

Oder doch erst mal besser zu den Wichtigen in die „Speisekammer"? Wenn man fürs Bier eh zahlen muss, warum sich dann nicht auch ein Glas dafür gönnen und erlesene Küchendünste? Vor allem seit man ja von den Umständen (Ackermannige Gewinnmaximierung macht einen über Nacht vom Dilettanten zum KSK-pflichtigen Freiberufler) gezwungen wird, Leute zu treffen. Und da beißt man dann aus dem Fettnapf heraus, sich keiner Peinlichkeit entblödend, die eine fütternde Hand.

Nachbar: „Ach du, das ist übrigens der Matthias!!!!"
PEH: „?"
NB: „Ihr müsstet euch kennen."
PEH: „Nein, tut mir leid, aber nett, ja freut mich. Warum muss ich Sie kennen?"
NB: (flüsternd, peinlich berührt) „Das ist der Matthias Hartmann, der ist hier der Chef, der Cheeheff!!!"
MAH: „Ach ja, der Musiker. Ja, wir müssen unbedingt mal was zusammen machen!"

Es wurde nicht nach unserm Stück gefragt. Immerhin. Alles in allem ist es hier auch nur wie nach einem Konzert, ich erkenne immer nur meine unwichtigen Kumpels, die Namen und Gesichter der andern kann ich mir nie zusammengehörig merken.

Zeitsprung. Da tauchen schon wieder welche auf, Nachbarn. Du erscheinst ganz arglos zur Premiere von Helge, denkst nix Böses, und glaubst du spinnst, als die Satans-, Teufels- oder Todeskralle erscheint. Kann dir echt nur hier in Bochum passieren, dass da die Hauptrolle von einem Thekennachbarn, der eine Straße weiter wohnt, gefüllt wird. (Muss ich, glaub ich, mal schnell einfügen, diese ganze Nachbarschaft hier, die spielt sich in Düsseldorf am Rhein ab, das sind alles Kulturpendler, diese noch nicht arbeitslo-

Kein Freibier im Malersaal

Eine anekdotische Doku-Novelle von Peter Hein

Peter Hein, Texter und Sänger der Bands „Fehlfarben" und „Family 5", der den deutschen Songtext salonfähig gemacht hat und als Künstler zum Vorbild vieler junger Bands wurde, kam viele Jahre regelmäßig aus Düsseldorf zu den Premieren des Schauspielhauses nach Bochum.

Nachbarin: „Hallo, Hallo, Herr Nachbar, hören Sie mal, kommen Sie doch unbedingt mal mit zu uns nach Bochum ins Schauspielhaus."
PEH: „Äh, je nun, ich weiß nicht, öhhh, nich mein Ding, so theatermäßig…"
NB: „Schauen Sie sich das doch mal an, was wir dort so treiben, und außerdem soll ich Sie mit meinem Chef bekannt machen, der fand euch so toll."
PEH: „Ach ja, kenn ich: Wie hieß noch mal euer Stück? Wir müssen mal unbedingt was zusammen machen! Ich steh im Telefonbuch…"

Theater, gääääähhn, außer dass die Bühnen da geiler zu bespielen sind als selbst Kinos (über die Bühnen der in den üblichen Strukturwandel-Relikten eingerichteten Erlebnis-Gastro-Multi-Area-Clubs redet man besser gar nicht erst), also vom Theater weiß man eigentlich nur, da sind die Texte so unlesbar wie Drehbücher, Unmengen von Steuerkohle werden da abgegriffen und vernichtet, und da schreien sich welche den halben Abend lang an. Außerdem hatte das was mit Schule zu tun, also weg, nix von wissen, Feinde.

Andrerseits, man hatte sich doch mal vor Jahren ein wenig in die Kunstwelt hineinbetrogen, vielleicht kann man ja mal so ein Theaterding abziehn. Oder sich ein wenig wichtig machen. Und außerdem, zum Beispiel diese „Neubauten", die gingen einem doch schon zu ihrer verlausten Wohnklozeit tierisch auf den Sack, und dann kommen die über so ein Mist-Theater plötzlich zu Feuilleton-Ehren und Göthe-Tour-Rente. Und alle Welt glaubt den Scheißdreck. Oder die „Hosen", gestern noch fröhliche Fun-Punk-Kumpels von nebenan, dann Zack! Rawumms! Kommt unvermutet Alex aus dem Schadewald (oder dem ZadEck? Prost, drei Gedeck). Und außer dass nix vorangeht, interessiert sich kein Schwein für deine eigene Mucke. Und dann kriegen Schamoni und Kamerun über Schlingensief und Marthaler auch noch ihre reiseaufwandsentschädigten Jugendrentenverträge.

Da wär doch bestimmt zumindest eine nette Abwechslung zum Büroalltag beim Dokumentenverwaltungsvermarkter (Ex-Kopiererhersteller) drin, wenn nicht noch ein schönes Taschengeld.

Also hin, überreden lassen, mal was bequatschen, drüber nachdenken, Vorschläge anhören. Und natürlich als erstes gestehen, keine Ahnung zu haben vons Ganze, außer Ohnsorg und Millowitsch im Fänseh nie was gesehn zu haben. Naja, fast wahr. Und nicht wissen, was man machen will, nur was *nicht*: Nicht so ein zwangsjunges Gerocke wie die Kollegen (auch wenn mans nie gesehen hat, You can judge a record by looking at the cover), und bloß nicht den Pausenclown.

Peter Hein mit Axel von Ernst auf der Premierenfeier von *Warten auf Godot* im Theater unter Tage

Alexander Maria Schmidt,
Tana Schanzara
in *Mendy – Das Wusical*
von Helge Schneider

Tana Schanzara
in *Die sexuellen Neurosen
unserer Eltern*
von Lukas Bärfuss

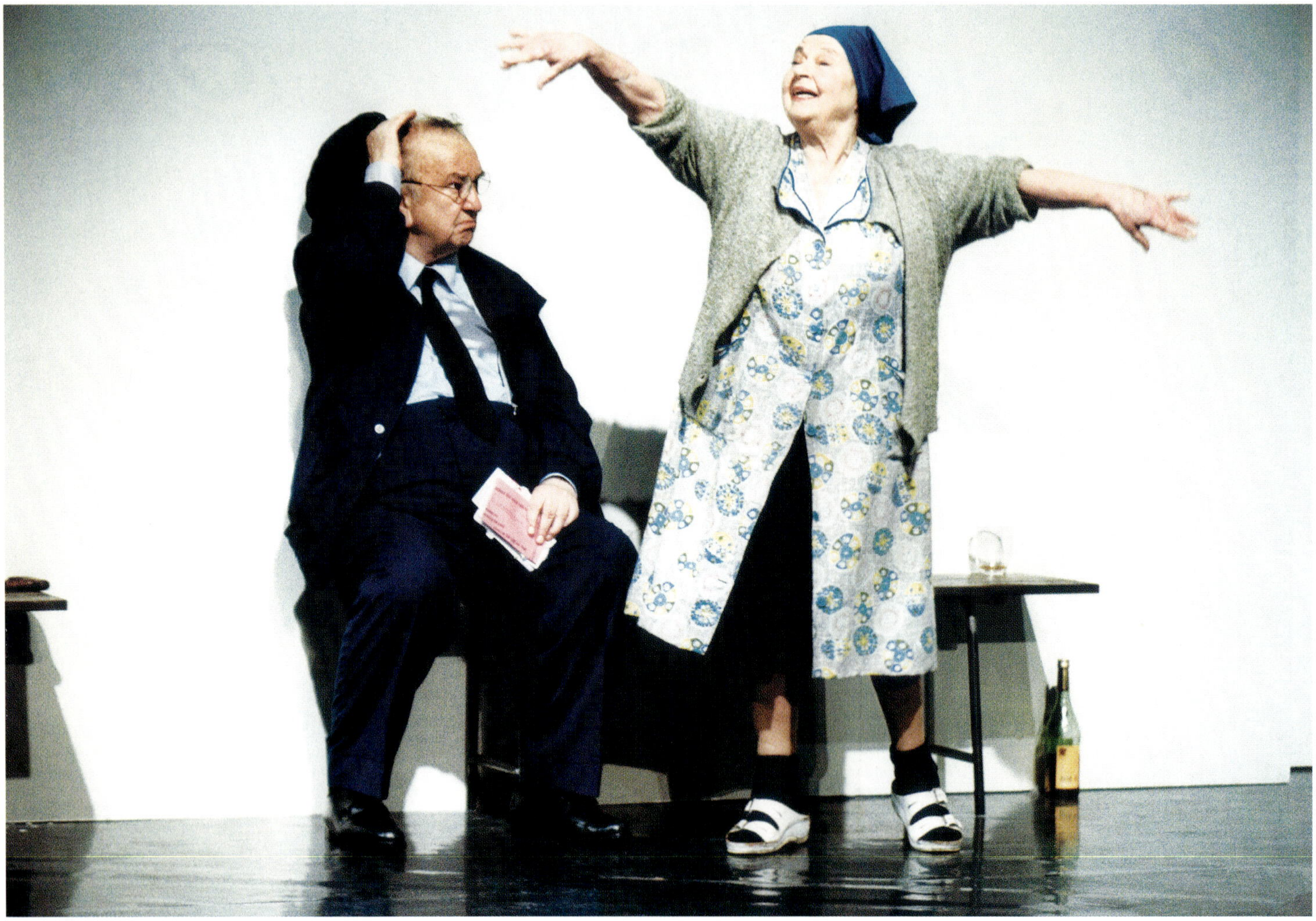

Die Spielzeiten

Abb. rechte Seite:
Alexander May,
Tana Schanzara
in *Josef und Maria*
von Peter Turrini

Tana Schanzara
in *Judith*
von Friedrich Hebbel

jetzt können wir der Schanzara unseren Fiffi auch noch übern Zaun schmeißen, wenn die so tierlieb ist. Und ich weiß jetzt schon nicht mehr, wohin damit." Aber ich glaube nicht, dass die Leute das einer Frau antun, die so viele Jubiläen zu bewältigen hat.

Ja, ich weiß, wovon ich rede, ich bin ja schon von Anfang an dabei. Ich weiß noch alles. Als die Proben losgingen für *Josef und Maria*, da kam's raus, und das wusste ich auch noch: Alexander zu Tana: „Weiß mein kleines Mädchen denn noch, dass wir schon mal zusammen auf der Bühne gestanden haben?" Tana: „Ja, weiß ich. Einmal." Alexander: „Was sagt mein Herzilein?" Tana: „JA, WEISS ICH. EINMAL. Alexander, du musst dir ein Hörgerät anschaffen, du hörst ja gar nichts." Sagt Alexander: „Ich höre sehr gut." Sagt Tana: „Nein, du hörst ja gar nichts. Nimm noch einen Schluck von meinem Apothekerwein. Der ist wirklich gut, quasi Medizin." Sagt Alexander: „Nein, will ich nicht. Weiß meine liebe Tana, dass wir hier in Bochum zusammen schon mal auf der Bühne gestanden haben?" Tana: „Ja, weiß ich. 1956, *Hexenjagd* von Miller." Alexander: „Welches Stück, mein Mädchen?" Tana: „*HEXENJAGD* VON MILLER. Ich war eins von den besessenen Mädchen und du Pastor Hale, der Exorzist."

Dazwischen war viel, und ich habe es alles miterlebt und immer meine schützende Hand über meine Tana gehalten, damit ihr nichts passiert, jawohl! Und 50 Jahre später beim Schlussapplaus von *Josef und Maria*, als Alexander und Tana in dem riesigen Doppelbett saßen, gingen alle Türen auf und alle Besucher bekamen ein Glas Sekt und die Regisseurin kam mit Kontaktlinsen und besagter Cognactorte mit vielen Kerzen auf die Bühne, und auch Matse kam hervorgestürmt und hielt eine große Rede. Und Elisabeth und ich so allein in der Garderobe, also wir haben geweint. Ehrlich. Unsere Tana.

Matthias Leja,
Tana Schanzara,
Margit Carstensen,
Alfred Herms
in *Arsen und Spitzenhäubchen*
von Joseph Kesselring

Das war natürlich nur meine Rührung, die ich überspielen wollte (die kleine Tana auf der großen Bühne!) und weil ich daran denken musste, wie sie mal gesagt hat: „Ich bin ja glücklich allein. Zum Frühstück kann man wählen, ob man Tee oder Wein nimmt, dann geht man schlummern, dann macht man sich ein schönes Fressi, alles wunderbar, jaah, und dann sagt man sich: Für wen soll man eigentlich den ganzen Scheiß machen? Wer will das eigentlich wissen, ob ich gut bin oder nicht. Das interessiert doch keine Sau." Aber sie soll bloß nicht so tun, als wenn keiner mehr wüsste, dass sie was zu geben hat, denn diese ganzen neuen Ären rauschen hier durch wie eine Klospülung, aber wer sitzt oben auf der Brille und lacht? Meine Tana! Also jetzt sinnbildlich.
Die feine Flicki wäre über den Vergleich natürlich entsetzt. „Pierre junior", würde sie sagen, „du machst dir einmal mehr nicht genug Gedanken und äußerst dich despektierlich über Zusammenhänge, die du nicht durchschaust. Tana ist eine Melancholikerin. Sie liebt Sang und Tanz und reißt uns hin in die Poesie des Augenblicks. Und doch sieht sie gleichzeitig immer ihr Lebensganzes, wie es vorbeizieht und nicht festzuhalten ist. Tana ist keine Betriebsnudel, Chéri, sondern weise, und sie erkennt, dass es der Moment ist, der gelebt werden will." – Also dazu sage ich jetzt nichts. Ich bin der Meinung, Elisabeth müsste dringend mal eins ihrer selbst geschriebenen Stücke an den Mann bringen. Sie braucht ein Ventil. Fest steht, dass Tana immer nach vorn gelebt hat, egal wie deprimierend die Zeiten waren und wieviele arme Fiffis sie ihr über den Zaun geschmissen haben, die Tana alle aufgenommen hat, ohne Wenn und Aber.
Ich höre sie jetzt: „He, Bär, nicht das mit den Fiffis sagen. Dann denken die Leute, wenn sie das lesen,

Tana Schanzara,
André Meyer
in *Harold und Maude*
von Colin Higgins

es todschick geworden ist und Tana als Perle vom Pott nun auch in einem entsprechenden Gehäuse auftreten kann.

Jedenfalls sitzen die jeweils Frischen immer bei uns rum und erzählen oder versuchen, Krisen zu meistern, wenn es bei Tana mit dem Gehen hapert, weil der Weg zum Hundezwinger bei Regen glitschig ist und sie da trotzdem entlang rutscht. Aber Krücken will Tana nicht und rauscht mit erhobenem Kopf aus der Garderobe, und alle müssen passen vor Tanas Krückenverweigerung. Auch bei *Josef und Maria*: „Ich nehm' keine Krücken, ich spiele im Sitzen!" Und das tat sie, Tango inklusive, Alexander mit seinen spanischen Rochaden immer um sie herum, Mordsgaudi, und plötzlich – ist sie auf einmal doch aufgestanden und ohne Krücken langsam mitten auf die Bühne gegangen, und da stand sie ganz allein, so winzig allein in diesem großen Raum und hat von dem Feldpostbrief erzählt, den sie – also die Maria – aus einer Hinterlassenschaft auf dem Trottoir herausgefischt hatte: „Meine Geliebte! Seit ich von dir getrennt bin, ist mir das Herz so schwer. Ich habe nicht gewusst, dass ein Herz so schwer werden kann." Und dann sagt sie – also jetzt wieder die Maria – ,wie sie den Brief mitgenommen hat und immer wieder gelesen und dabei gedacht hat: „Ich hab auch noch was zu geben, aber niemand will es nehmen." Da stand sie – also jetzt Tana – so allein auf der großen Bühne und wurde irgendwie immer kleiner und kleiner, und ich dachte, gleich macht es zisch und sie verschwindet als Geist in der Flasche von ihrem Bocksbeutel – und ich greif mir dann die Flasche und nehme einen großen Schluck, und dann ist Tana für immer in mir drin und jammert nach ihrem Apothekerglück, und ich darf den Bocksbeutel hemmungslos in mich hineinschütten, weil Tana in mir was abhaben will.

Echten Cognac? Kommt nicht in Frage. Ich vertrage keinen Cognac auf der Probe." Tana zur Regisseurin: „Wir können doch aus zwei verschiedenen Flaschen trinken! – Was? ‚Die Szene will, dass wir aus einer Flasche trinken'?" Tana war sauer! „Gut, dann eben nicht, da musst du dich nicht wundern, Mausi, wenn die Stimmung in der Szene nicht in Gang kommt." Krise! Aber sie bissen sich durch, ohne Cognac, und die Szene kam allmählich auf Touren, und dann, ein paar Tage später: Rückschlag! Die Szene lief nicht. Und Tana: „Ich hab's! Damit wir in die Szene reinkommen! Ein leichter Frühstückswein! Der Bocksbeutel von meinem Apotheker!" Aber wieder scheiterte es am erbitterten Widerstand von Alexander, der den Bocksbeutel fürchtete wie der Teufel das Weihwasser. Es waren harte Zeiten, auch wenn der Bocksbeutel nach der Probe doch noch zum Einsatz kam.

Aber ansonsten ist immer alles soweit ruhig bei uns. Ab und zu sind alle ganz aufgeregt, weil wieder eine neue Ära vom Zaun gebrochen wird, dann sitzt der Frische eine Weile mit Tana bei uns und plauscht, weil alle sie lieb haben und sie außerdem der neuen Ära ihr Gesicht geben soll, denn richtig neu kann die Ära nur werden, wenn die Ewigen sie mit ihrem alten Lack zum Glänzen bringen. Das nennt man Dialektik. Habe ich bei einem der Direktoren aufgeschnappt, ist aber schon was her.

Oft hatten wir ja Angst, dass wir mit den Frischen womöglich umziehen müssten in eine neue Garderobe. Als Matse ans Ruder kam, haben wir auch gezittert, weil er alles so aufpoliert hat, Riesenbrimborium, alles neu gestrichen und neue Bezüge und so. Aber unsere Garderobe hat er uns ohne Wenn und Aber gelassen, und dann muss ich leider auch zugeben, dass

Ein Blick in Tanas Garderobe (rechts); André Meyer, Tana Schanzara in *Harold und Maude* von Colin Higgins (links oben); Ralf Dittrich, André Meyer, Tana Schanzara in *Harold und Maude* (links unten)

Vielleicht hat sie recht. Mit Tana geht es immer lustig her, und der Lebens-Mittelpunkt entfernt sich nicht von dem Augenblick, in dem sie gerade steckt. „Ob es eine Rolle gibt, die ich unbedingt mal spielen möchte? Auf keinen Fall. Gib mir eine, und dann ist das meine Lieblingsrolle. Immer die, die gerade dran ist." Aber: Ihre tiefsten Gefühle, die lässt sie in sich drin. Die Wunden, die das Leben ihr geschlagen hat. Die Sehnsüchte. Nur manchmal kommt so ein Gefühl vorbeigeflogen, dann sieht man sie ein bisschen flackern, ihre Augen gehen in die Ferne, die Haare stellen sich ein wenig auf, aber sofort ist da wieder diese Wachsamkeit, sie schaut zu ihrem Gegenüber, ob der was mitgekriegt hat, und dann kriegt sie wieder diesen ironischen Blick und macht einen Witz und ist wieder da. Das ist eben ihr spezieller Zauber: Sie ist immer beides gleichzeitig, distanziert und nah, ironisch und naiv, traurig und lustig.

Ja, Tana schielt nicht nach anderen Rollen wie manch anderer. Sie schielt überhaupt nicht nach einem anderen Leben als dem, das bei ihr gerade dran ist. Das ist ein nobler Zug. Das kann ich von anderen nicht so ohne weiteres behaupten.

Nämlich, ich muss zugeben, dass ich auch nach dem Frühstückswein schiele. Das war so: In dem letzten Jubiläumsstück, *Josef und Maria*, sollten sich Alexander und Tana – also eben Josef und Maria – schön einen anschickern, mit Cognac, und da wurde es an einem Abend brenzlig. Tana zu der Regisseurin: „Mausi" – ich hör ja immer alles mit durch die Gegensprechanlage – „Mausi, da muss man sich doch richtig reinfühlen, nun tu mal richtigen Cognac in die Flasche." Da sah man aber den Alexander in die Puschen kommen! „Was sagt mein kleines Mädchen?

Elisabeth Flickenschildt, Ölgemälde von Tana Schanzara (links);
Tana Schanzara, Alexander May in *Josef und Maria* von Peter Turrini (rechts oben);
Tana Schanzara in *Josef und Maria* (rechts unten)

aufstehn und ihre imperialistischen Liedprogramme (Moskau! New York!), auch die traurigen Sachen. Gerade die, weil Tana da immer so durchsichtig wird und die Stimme eine Oktave raufgeht und ihre ganze Herzensgüte in die anderen hinüberschwappt. Gerade das ist ja auch die wahre Tana. Die tapfere und stille Tana, die sagt: „Einmal durch die Felder gehen ohne das Messer im Herzen. Das habe ich oft versucht, aber es ist nur selten gelungen." Tana, die Mäzenin der dogs und underdogs, sozusagen. Privat die dogs, auf der Bühne die underdogs, die manchmal kein anderer spielen will. „Ich bin in Bochum für alles da und mache alles", sagt Tana dann.

Immerhin haben sie uns irgendwann endlich ein goldenes Schild an die Garderobentür getackert, in Anerkenntnis unserer Verdienste. Da waren wir sehr erfreut. Was sie draußen vor unserer Tür machen, stört uns nicht, Hauptsache, hier drin mischen sie sich nicht ein. Von draußen sieht das sogar sehr präsentabel aus und entspricht unserer Position. Bochum ohne mich und Tana? Nicht vorstellbar! Alles haben wir hier zusammen durchgestanden. Schalla, Zadek, Steckel, die Pey-, Hauß- und Hartmänner. Die ewigen Rückenschmerzen, bis Tana anfing, auf ihrem Tisch zu schlafen. Die Nahrungsumstellung: kein Fleisch mehr! Nur noch Schlabberkappes, Durchgemüse und „Himmel und Erde"! Ohne Blutwurst! Tatsache, unser goldenes Schild haben wir uns redlich verdient.

Auch wenn Tana immer wieder beteuert, dass sie nie Kinder wollte, hier drin herrscht ein sprunghaftes Bevölkerungswachstum. Tana behält alles, was sie geschenkt bekommt, und überlässt uns die Verwaltung. „Schuld ist ihr Herz", sagt Elisabeth. „Tana", so Elisabeth weiter, „unsere Tana ist im tiefsten Herzen eine Wanderin zwischen den Welten. Eine Heimatlose. Sie ist eine Vagabundin und hängt sich nicht an eine innere oder äußere Heimat. Deshalb ist ihre Heimat immer gerade da, wo sie im Moment ist, und deshalb schenkt sie allen anderen Heimat. Sie wohnt ganz im Augenblick und kostet ihn aus." – Elisabeth eben. Sie drückt sich halt gern geschwollen aus. So ganz kapiere ich das auch nicht. Tana hat doch ihre Heimat, hier im Revier! Hier bei uns! Das ist es doch gerade, dass sie uns immer die Treue gehalten hat! Sie wollte immer nach Bochum, sie ist in Bochum gelandet, sie ist in Bochum geblieben! – „Geistig-seelisch, Chéri, ich meine geistig-seelisch", sagt Elisabeth dann. Naja.

Die Spielzeiten

Von links oben im Uhrzeigersinn: Tana Schanzara in: *Mendy – Das Wusical* von Helge Schneider; *Die sexuellen Neurosen unserer Eltern* von Lukas Bärfuss (Programmheftmotiv); *Ein Inspektor kommt* von John B. Priestley; *Iwanow* von Anton P. Tschechow; *Bluthochzeit* von Federico García Lorca; *Die Eröffnung* von Peter Turrini (mit Michael Maertens); *Judith* von Friedrich Hebbel (mit Dörte Lyssewski); *Der Narr und seine Frau heute abend in Pancomedia* von Botho Strauß
Mitte: Rose in Tanas Garderobe

Ein leichter Frühstückswein

von Kathrin Sievers

Nicht in allen Theatern gibt es Stars, die wie Tana Schanzara bereits seit Jahrzehnten und über viele Intendanzen hinweg die ungebrochene Liebe des Publikums haben. Als Tana Schanzara 2000 in *Josef und Maria* in ihrer ersten Hauptrolle unter der Intendanz Matthias Hartmann zu sehen war, führte Kathrin Sievers Regie. Für dieses Buch ist es Kathrin Sievers gelungen, eine äußerst seltene Meinungsäußerung erhalten und veröffentlichen zu können. Es spricht: Pierre Rothschild junior, altgedienter Stoffbär in Tanas Garderobe.

Dieses Jahr machen das neue Jubiläum von Tana schon die Frischen. Aber ich gehe trotzdem stark davon aus, dass es auch da wieder zu einer Cognactorte kommt! Wie vor fünf Jahren – als ich nichts abgekriegt habe. Ein trauriges Kapitel in unserer Garderobengeschichte. Aber nächstes Jahr, da schlagen wir zu! Da schnappen wir uns die Torte!

Wir, das ist die Garderobengemeinschaft Tana Schanzara – und wir sind nicht wenige, weil Tana zu jeder Premiere neue Mitbewohner anschleppt. Aber in erster Linie sind das ich, Pierre Rothschild junior, dann Elisabeth, also die Flickenschildtsche, das berühmte von Tana gemalte Bild, von dem alle glauben, es sei verschollen – von wegen! – und das inzwischen vertrocknete Fräulein Rosemarie, der Rosenstrauß, den Tana zum *Josef und Maria*-Jubiläumsstück von Matse höchstpersönlich geschenkt gekriegt hat, dem letzten Frischen, der jetzt aber schon wieder auf die Suche nach einer neuen Ära in die Schweizer Alpen hineinsteigt.

Tana sagt „Matthi" zu Matthias Hartmann und Elisabeth sogar „unser Matthias", – Fräulein Rosemarie versäumt es nie, von „meinem werten Freund" zu sprechen, weil sie bei jeder Gelegenheit betonen muss, dass sie ein Geschenk von ihm ist – aber ich sag' „Matse". Jeder hat seine Form der Rache. Weil Matse natürlich was von der Cognactorte angeboten bekommen hat. Da hat er seinen Mund ganz weit aufgesperrt, und weg war das Stück, und Fräulein Rosemarie ist vor Entzücken dunkelrot angelaufen. Und ich? Wer ist denn dieser Matse im Vergleich zu mir? Seit über 40 Jahren bin ich hautnah dran! Ein gediegener Stoffbär, handgenäht und Geschenk von Pierre, jawohl, *dem* Pierre, Tanas einzigem Verlobten, auch wenn die Verlobung leider nie in eine Ehe hineinverwirklicht wurde, denn weiter hat sich Tana nie in Richtung Ehe vorgewagt.

Flicki, also die Elisabethsche, die lässt mir sowas, wie die Matsecognactortenkritik nicht durchgehen, die ist ja so eine Feine. „Pierre junior", sagt sie dann, „Chéri, ich muss es leider erneut anmerken, du zollst dem Charisma des hiesigen künstlerischen Schaffens nicht immer den nötigen Respekt. Unser Matthias setzte seine ganze Kraft ein, um diesem Haus zu neuem Glanz zu verhelfen, folglich hat er eine Stärkung in Form von Cognactorte bitter nötig." Und Fräulein Rosemarie nickt dazu wichtig. Die spinnen doch! Denke ich dann heimlich bei mir. Ich weiß genau, was hier künstlerisch am Start ist. Ist ja auch einfach, wenn man sich die Cognactorte in Riesenbissen reinstopft. Könnte ich auch.

Ungelogen: Ich kann alle Texte auswendig von den Stücken, in denen Tana gespielt hat! Alle! Alle tragischen und lustigen Sachen – ja, nicht nur *Vatta*

Tana Schanzara in
Ein Flanellnachthemd
von Leonora Carrington
(Actors Studio-Produktion)

Alexander Weise, Carolin Weber, Bastian Semm in *Die verzauberten Brüder* von Jewgenij Schwarz (oben links); Peter Raffalt, Cathérine Seifert in *Ronja Räubertochter* nach Astrid Lindgren (oben rechts); Franz Xaver Zach, Maja Beckmann in *Der Nussknacker* von Peter Raffalt (Mitte links); Diana Maria Breuer, Alexander Weise, Andreas Möckel in *Die verzauberten Brüder* von Jewgenij Schwarz (Mitte rechts); Maja Beckmann, Cathérine Seifert, Özgür Karadeniz in *Ronja Räubertochter* nach Astrid Lindgren (unten links); Cathérine Seifert, Markus Haase in *Der Nussknacker* von Peter Raffalt (unten rechts)

Die Spielzeiten

Viola Eckelt: Neben der Arbeit mit Jugendlichen hast du auch jedes Jahr das Kinderstück inszeniert und da mit den Profis gearbeitet. Wie hast du dabei die vermutlich nur schwer zu vergleichenden Arbeitsunterschiede empfunden?
Annette Raffalt: Bei den Jugendlichen habe ich dieses ganze ehrliche, offene, naive Aufeinanderzugehendürfen genossen. In der Arbeit mit den Schauspielern war ihre Professionalität wunderbar, und es war sehr schön, dass sie ehrliches Kindertheater machen wollten und verstanden haben, dass wir auch für Kinder und Jugendliche die gleiche Qualität bieten wollen, wie beim Theater für Erwachsene.
Viola Eckelt: Ein ganz anderes Highlight in eurem Programm ist das Schülertheatertreffen Ruhrpott ...
Annette Raffalt: Das war ja eine der ersten Ideen: Wir laden an vier Tagen acht Gruppen ein, die wir aus Schulen aus dem ganzen Ruhrgebiet aussuchen. Es ging uns in erster Linie darum, dass die Schüler sich gegenseitig wahrnehmen und anregen können. Da suchen wir verschiedene Genres aus, wie Musicals, klassische Texte, moderne Stücke, Tanztheater oder auch selbst geschriebene Stücke. Dazu bieten wir ein Rahmenprogramm mit Aufführungsgesprächen und Workshops an. Die Workshops werden teilweise von Schauspielern geleitet, denen ich wahnsinnig dankbar bin, dass sie das immer so toll machen. Die Jugendlichen sind immer sehr begeistert. Da sind wir natürlich auch der Sparkasse sehr dankbar, weil die uns wirklich richtig dick sponsert. In Verbindung mit dem Theater-Oscar war ja auch der verhältnismäßig große Geldpreis eine Idee der Sparkasse.
Viola Eckelt: Und wovon hast du selbst bei deiner Arbeit mit den jungen Leuten am meisten profitiert?
Annette Raffalt: Ich finde, von Jugendlichen profitiert man immer. Zum einen ist jede Generation irgendwie anders, das heißt, dass ich mich immer neu auf mein Gegenüber einstellen muss und lernen muss, die jungen Leute zu verstehen. Da sie oft sehr ehrlich und authentisch sind, wird mir auch immer sofort gespiegelt, wenn ich nicht an ihnen dran bin. Ich muss also Dinge, die ich eigentlich schon mal gedacht oder gewusst habe, immer wieder neu lernen und neu denken. Durch diesen täglichen Umgang bleibe ich vielleicht offener, neugieriger und naiver, als wenn ich nicht mit Kindern und Jugendlichen arbeiten würde.

André Meyer
in *Peterchens Mondfahrt*
nach Gerdt von Bassewitz

Marcus Kiepe,
Johannes Zirner
in *Das Dschungelbuch*
von Rudyard Kipling

Viola Eckelt: Wobei ich auch das Gefühl habe, dass ihr die klassische Theaterpädagogik keineswegs vernachlässigt. Auf den Theatertagesplänen steht ihr ja sehr häufig mit euren Vor- und Nachbereitungen drauf.

Annette Raffalt: Den Bereich „Theater für Schüler und Pädagogen" haben wir immer weiter ausgebaut. Angefangen haben wir mit dem „Lehrerforum", einem monatlichen Treffen für Lehrer, und dem Lehrerrundbrief, der einmal im Monat an inzwischen 400 Lehrer verschickt wird. Aber diese ganzen Vor- und Nachbereitungen sind erst vor ungefähr zweieinhalb Jahren mit Sandra Anklam dazugekommen. Bei den Vorbereitungen handelt es sich um Einführungen in das Stück und sein Thema. Wenn die Schüler sich das Thema spielerisch erarbeiten, bekommen sie eine persönliche Verbindung dazu, und das Resultat ist, dass sie dadurch viel ruhiger und verständnisvoller in der Vorstellung sind.

Viele Klassen bekommen zusätzlich noch eine Theaterführung von Gerd Beiderbeck. Diese Führungen sind so wichtig, weil die Schüler hinter der Bühne sehen können, was für ein unglaublicher Aufwand hinter einer Theaterproduktion steckt. Und wenn die Schüler vor Ort erfahren, was so ein Theater alles hat an Werkstätten etc. und was es alles kann, dann sind sie natürlich ganz anders angepieskt.

Viola Eckelt: Siehst du es weitgehend als Vorteil an, dass du hier an einem so großen und berühmten Theater deine Sparte betreibst, oder gab es auch Momente, in denen du dir dein eigenes kleines Kinder- und Jugendtheater gewünscht hättest?

Annette Raffalt: Mir war die Nähe immer das Wichtigste. Zwar finde ich es manchmal anstrengend, ein Junges Schauspielhaus angegliedert an ein so großes Haus zu leiten, weil es oft von den Theatermenschen als störend empfunden und nicht immer von allen mitgetragen wird, aber da hat sich Matthias Hartmann eben extrem unterschieden und Rolf Suhl auch. Mit Rolf Suhl habe ich wirklich sehr gut zusammen gearbeitet, weil er verstanden hat, wie wichtig es ist, dass die Kinder und Jugendlichen hier ins Theater kommen und wir sie nicht aussperren in einen anderen Raum und sagen, sie sollen da schön still spielen.

Viola Eckelt: Es ist ja für die Jugendlichen auch faszinierend, dass sie genau da Theater machen können, wo sonst die Profis spielen.

Annette Raffalt: Ich hatte einen Jugendlichen, der sich hingekniet hat, als er das erste Mal auf die Bühne durfte. Er hat gesagt, dass für ihn dieser Ort heilig ist. Das ist für die Jugendlichen einfach toll, wenn sie hier den Schauspielern begegnen können. Dann sind sie so aufgeregt, weil z.B. der coole André Meyer eben an ihnen vorbei gegangen ist. So etwas gibt es natürlich nur, wenn wir wirklich hier im Haus sein dürfen.

Viola Eckelt: Es gibt ja einige Jugendliche, die durch die Jugendclubs auch die Profikarriere angesteuert haben, also z.B. auf Schauspielschulen gegangen sind. Bist du eher stolz oder wird dir manchmal auch etwas mulmig bei dem Gedanken, dass du mit deiner Arbeit hier für den ein oder anderen Lebensweg eventuell mitverantwortlich bist?

Annette Raffalt: Die Jugendlichen, die in den letzten fünf Jahren vom Schauspielhaus Bochum auf die Schauspiel- oder Regieschulen gegangen sind, wissen sehr wohl, was für Hürden ihnen begegnen werden. Weil sie es hier erleben konnten und weil ich es ihnen auch immer erzählt habe. Sie sind besser informiert als andere. Da ist der Beruf Schauspieler dann nicht mehr bloß ein „Traumberuf". Aber es ist schon schön zu sehen, dass diejenigen, die an den Schauspielschulen vorgesprochen haben, auch meistens angenommen worden sind.

Viola Eckelt: Du hast ja vorher auch schon für und mit Kindern und Jugendlichen Theater gemacht. Glaubst du, dass du hier Erfahrungen sammeln konntest, die in gewisser Weise auch die Region und den besonderen Standort der Theaterstadt Bochum repräsentieren?

Annette Raffalt: Es ging für mich sehr leicht, mit den jungen Menschen hier in Kontakt zu kommen und sie zu verstehen. Wir passen zusammen. Die Kinder und Jugendlichen hier sind sehr gerade und offen. Und theaterbegeistert natürlich! Der Junge, der die Bühne als etwas Heiliges empfunden hat, ist natürlich die Spitze von dem Ganzen gewesen, aber es ist ein gutes Bild dafür, wie die Menschen in Bochum ihr Schauspielhaus sehen.

Von Jugendlichen profitiert man immer

Annette Raffalt war von 2000 bis 2005 die Leiterin des Jungen Schauspielhauses und führte bei den alljährlichen Kinderstücken Regie. Die Dramaturgin Viola Eckelt sprach mit ihr über ihre Arbeit.

VIOLA ECKELT: Was hast du dir denn für das Junge Schauspielhaus und die Theaterpädagogik vorgenommen, als du gewusst hast, dass du hier in Bochum arbeiten wirst?
ANNETTE RAFFALT: Es gab zwei Punkte, die Matthias Hartmann wichtig waren: Ganz viele Jugendliche sollten das Schauspielhaus bevölkern, und es sollte ein Schülertheaterfestival geben. Mir war in erster Linie wichtig, dass möglichst viele Jugendliche aus eigenem Antrieb und aus eigenem Interesse kommen. Mein Motto war: Das Theater soll ein Ort sein, wo junge Menschen ganz selbstverständlich hinkommen wollen. Und tatsächlich machen wir ja jetzt ein riesiges Programm für Jugendliche, ich glaube eines der größten von den deutschen Theatern. Die Jüngeren, sagen wir mal ab acht, dürfen erstmal ins Theater reinschnuppern, durch einmalige Aktionen, wie gemeinsam Feste feiern, dann durchs Haus spuken, lange Nächte, bei denen man mit Schlafsack und Isomatte ins Theater verreisen kann. Sie sehen Schauspieler, wie sie auf die Bühne gehen, wie sie von der Bühne kommen, wie sie Applaus empfangen. Älteren Schülern bieten wir eine stärkere Bindung ans Theater über die Jugendclubs und über das große Festival. Und dann war natürlich klar, dass wir auch versuchen wollten, Lehrer und Schüler in unsere Stücke zu bekommen …
VIOLA ECKELT: … was dann eher zur klassischen Theaterpädagogik gehört.
ANNETTE RAFFALT: Genau. Das haben viele Theater. Dass junge Leute aber von sich aus ins Theater kommen und das Haus bevölkern, das ist das, was Jugendliche eigentlich nicht unbedingt von alleine tun und was es auch an anderen Häusern, zumindest in dem Ausmaß, wie es das hier gibt, damals noch nicht gab.
VIOLA ECKELT: Habt ihr also eine Art Trend gesetzt?
ANNETTE RAFFALT: Ja, ich glaube, dass wir eines der ersten Theater waren, das sein Konzept auf drei Säulen aufgebaut hat: Die erste Säule ist „Theater für Kinder und Jugendliche", die nächste „Theater mit Kindern und Jugendlichen" und die dritte ist „Theater für Lehrer und Pädagogen". Wir haben das eine große Kinderstück im Jahr und haben außerdem auch Stücke für Jugendliche gemacht, die dann wiederum von Jugendlichen gespielt wurden, wie *Die Schaukel* oder *Linie 1*, die über mehrere Monate regelmäßig im Spielplan waren. Der Bereich „Theater mit Kindern und Jugendlichen" ist wirklich gut ausgebaut. Wir haben ein großes Angebot mit acht Jugendclubs in der Spielzeit, mit Aktionen, die wir regelmäßig machen, und Workshops. Wir haben fast jede zweite Woche einen Workshop, und die sind immer ausgebucht. Wir sind drei feste Mitarbeiter und arbeiten hier schon beinahe rund um die Uhr, und es gibt noch einige Theaterpädagogen, die hier frei mitarbeiten.

Die Spielzeiten

Margit Carstensen,
Lea Draeger, Johanna
Gastdorf, Angelika Richter,
Tana Schanzara, Tomas
Flachs Nóbrega, Marcus
Kiepe, Michael Maertens,
Oliver Masucci, Karsten
Riedel, Fritz Schediwy,
Maik Solbach, Felix Vörtler
in *Iwanow*
von Anton P. Tschechow

Die Spielzeiten

Hinter den Kulissen von *Iwanow* in der „Lounge"

da alle gemeinsam und trinken einen. Ich gehe eher alleine trinken, oder mit einem Kollegen zum Beispiel, und setze mich mal dazu. Oft wirke ich wahrscheinlich sowieso ein bisschen abwesend, weil ich immer tausend Sachen im Kopf habe. Aber ich bin noch nicht wahnsinnig, der Wahnsinn kommt noch, wenn ich wieder im „Intershop" zapfen sollte, weil ich mit dem Theater aufgehört habe.
„Ist das nicht der Riedel? Dieser Theatermusiker? Ach was? Der zapft jetzt hier wieder?"
„Er ist wieder da! Jetzt müssen wir uns wieder die ganze Zeit ‚Life of Agony' anhören oder Gustav Mahler."

Nee: Ich würde das hier schon gerne weitermachen. Bloß muss ich es irgendwie deichseln. Ich habe ja schon nur noch eine Band. Und Weggehen liegt mir auch überhaupt nicht. Ich bin jedes Mal froh, wenn ich wieder in Bochum bin.

Damals aber, an meinem ersten Tag, stehe ich zuerst beim Pförtner, alles kommt mir sehr bürokratisch vor, geregelt wie in einer normalen Firma, und ich möchte dem Andreas Bloch vorsingen, dem vom Betriebsbüro, mit dem ich telefoniert habe – woran man sieht, dass ich keinen blassen Schimmer hatte. Und dann saß ich erstmal in der Kantine. Da schien jeder für sich zu sein. Lauter Gestalten, Schauspieler und so, die alle was auf sich halten. Ich habe immer schön „Guten Morgen" gesagt, aber das hat niemand auch nur annähernd erwidert. Die einzigen, die das erwidert haben, waren die Handwerker. So saß ich also da in der Kantine, hatte die Nacht vorher durchgesoffen, mir ging es ganz dreckig, saß da mit meinem Kaffee und wusste gar nicht, was auf mich zukam ...

In einem Raum sang sich dann gerade eine Opernsängerin warm. Ich dachte nur: Wo bin ich denn hier gelandet? Es war schon aufregend, aber dass ich dachte, hier fühle ich mich wohl, hier ist meine Welt, kann man nicht sagen. Es war sehr fremdartig. „Herr Riedel, Herr Riedel, brauchen Sie eine Garderobe, um sich warm zu singen und sich umzuziehen?" Ich meinte, nee, ich will mich nicht warm singen, sondern vorsingen. – Wahrscheinlich haben die auch gedacht: „Wat is dat denn für einer?"

Die Spielzeiten

Matthias Hartmann und Karsten Riedel bei den Proben zu *1979* von Christian Kracht

Und das Theatererlebnis schlechthin war die Arbeit bei *Tief im Loch und das Schwein sucht mit*. Fritz Schediwy und Oliver Masucci. Krasser geht es nicht. Fritz Schediwy ist während der ganzen Sache fünf Mal ausgestiegen. „Ich steig aus, ich schmeiß alles hin. Ich mach den *Scheiß* nicht mehr mit!" Er ist fünf Mal raus, wollte alles hinschmeißen, wollte immer zum Hartmann rennen, kam aber immer wieder – und dann gab's Küsschen und alle lagen sich in den Armen. Ich kann so was eigentlich überhaupt nicht ab, ich mag keine Schreiereien. Aber im Nachhinein: Es war großartig. Aber die sind hier schon sehr abgedreht…

Ich sehe mich immer noch als Gast. Das ist jetzt nicht so, dass ich in der Stadt sitz und mir sage: „Ich möchte jetzt eigentlich gerne einen Kaffee in der Kantine trinken, aber das kann ich nicht machen, weil ich nicht Teil des Ganzen werden will." Bei mir ist das automatisch. Nach Stückschluss gehe ich raus. Und auch in den Probenpausen. Ich war auch sonst noch nie in Gruppierungen, nie in Gangs oder so, nur ganz früher als Blag. Ich war immer nur so für mich. Außerdem triffst du sowieso überall Schauspieler da draußen. Guckst du in den „Intershop", stehen

213

Die Spielzeiten

Aber es kommt auch auf die Produktion an. Bei *1979* konnte man sich immer gut einbringen, das war super. Außerdem war die Musik zum größten Teil schon fertig, bevor wir anfingen zu proben. Hinterher ist ja dann sogar eine Art „Sound-Track" draus geworden ... Beim *Hauptmann von Köpenick* ging es zum Beispiel gar nicht, weil es so schnell gehen musste. Die haben schon sechs Wochen geprobt, und wir kamen dann für die letzten zwei dazu, um Musik reinzubringen. Und dann musstest du die Geschwindigkeit der Musik auch noch nach der Drehbühne richten ...
Aber was wirklich gut ist: Es ist eine ganz andere Liga hier. Die Leute sitzen da und hören wirklich zu! Und kommen danach an und sagen „Hey, das war ja toll, wie du das und das gemacht hast". Nicht wie bei einem Gig, wo alle nur besoffen in der Gegend rumspringen.

Apropos in der Gegend rumspringen: Die ganzen Leute hier hocken ziemlich aufeinander. Die, die hier arbeiten, siehst du auch geschlossen im „Intershop", geschlossen im „Konkret". Sie sind völlig gefangen hier in diesem Ding – und das ist nicht nur negativ – aber sie sind drin in ihrer Welt und lernen auch nur Leute kennen, die auch da drin sind. Lustig!

Am Besten ist immer noch die Situation vor der Vorstellung. Wenn du hier hin kommst, gehst in die Kantine, trinkst deinen Kaffee und freust dich auf die Vorstellung, oder denkst auch mal, ach Gott, schon wieder. Es geht dann aber gar nicht mal so um die Vorstellung, sondern darum, die Leute zu treffen. Zum Beispiel bei *Iwanow*, da freue ich mich jedes Mal, wenn ich Marcus Kiepe sehe, Angelika, Margit Carstensen oder Fritz mit seinem „Ich bin so geil ..." – Gesinge. Bei *Köpenick* vor allem meine Musiker und Matthias Redlhammer und so. Das ist super.

211

Vorher bin ich mit meinen sieben Bands rumgetingelt. Hauptsächlich Reggae-, Punk- und Ska-Bands, aber ich habe genauso gut in Industrial-, Pop-, Funk- und Soul-Bands gespielt. Ich habe sogar Schlager aufgenommen für „Playa Rouge", so ein Ableger der „Flippers". Ich habe eigentlich fast alles gemacht. Für wenig Geld viel rumgespielt. Das große Geld hat dann hier zwar irgendwie auch nicht gewunken, aber ich bin einfach mal aus Neugierde doch zum Vorsingen gegangen. Ich dachte, die werden sicher wieder nur so was wie „Und der Haifisch, der hat Zähne ..." oder irgend einen Schubert-Aufguss machen (Schubert war dann, glaube ich, sogar dabei), aber das Repertoire ging dann, wie sich herausstellte, doch noch weiter. Wagner und so. Und Rio Reiser: „Junimond" ...
„Junimond" habe ich schließlich auf dem Klavier vorgespielt und gesungen. Und Matthias und Parviz fanden es geil. Später, auf den Proben zu *Deutschland, deine Lieder*, haben sie gemerkt, dass ich überall ziemlich sicher bin, also sowohl bei den Wagner-Tenören mitsingen kann, als auch Rammstein. Zwischendurch hat mich Matthias deshalb dann mal angesprochen, ob ich nicht zu mehr Lust hätte, aber das nahm ich gar nicht ernst. Es wird ja viel gelabert. Doch tatsächlich: Nachdem das Projekt in Essen zu Ende war, fragte er mich, ob ich die Musik zu *Einordnen/Ausflug/Land der Toten* machen wolle.
„Zwei Bühnen, und du sollst in der Mitte sitzen und Musik machen."
Ich: „Wie in der Mitte sitzen? Womit denn Musik machen?"
„Ja, in der Mitte sitzen und Musik machen! Was spielste denn gerne?"
Und ich: „Ja, Bass zum Beispiel." – Und das habe ich dann auch gemacht. Wir haben gemeinsam etwas entwickelt, es hat geklappt, und ich war drin in diesem Karton ...

Jetzt habe ich den Terminkalender voll mit Vorstellungen. Bei der Premiere ist das unheimlich spannend, das ist was anderes, als wenn du einen Gig spielst. Aber dann dreht sich das um – nach der dritten, vierten Vorstellung – oder bei *1979* nach der vierundfünfzigsten – sitzt du da und bist automatisiert. Trotzdem kribbelt's immer vor jeder Vorstellung, aber bei einer Band ist das anders, da ist das immer wieder Feuer, immer ein anderer Ort, andere Leute.
Manchmal denke ich also, ich stumpfe ab. Ein bisschen gehen die Rollladen runter. Ich mach jetzt gerade mit „Alphaboyschool", meiner Ska-Band, das dritte Album fertig, schreibe Musik für WDR-Hörspiele, komponiere auch etwas für ein Streichquartett, und ich bin froh, wenn hier im Moment einfach nichts ist, außer den Vorstellungen. *Iwanow* war jetzt das zehnte Stück, das ich gemacht habe. Da brauche ich ein bisschen Abstand, damit ich nicht anfange, mich zu wiederholen ...

> Aber es ist natürlich überhaupt nicht so, dass ich nicht hinter den Sachen stehe, die ich gemacht habe! Das ist alles von mir geschrieben und in diesen Musiken hängt mein ganzes Herzblut drin. Bis auf wenige Ausnahmen. Und überhaupt: Die Probenarbeit! Zermürbend! Klar, die müssen das. Aber bei Musik finde ich das eben zermürbend. Matthias zum Beispiel experimentiert sehr viel herum, das ist dann gut, wenn man zusammen Sachen ausprobiert. Aber die Rumsitzerei und Laberei ... Wenn ich ins Studio gehe und was ausprobiere, dann geht das ruck zuck, wir nehmen's auf und fertig. Hier ist das so ein Riesenapparat. Da wird was inszeniert, und dann kommt der eine Dramaturg und sagt, nein, das geht so nicht, dann der nächste Dramaturg ... Dann kommt die Regieassistenz und dann die Hospitantin, wenn die mal was melden darf.

Wo bin ich denn hier gelandet?

von Karsten Riedel

Der Musiker Karsten Riedel prägte bei vielen Produktionen die Arbeit des Schauspielhauses. Dabei komponierte er nicht nur, sondern war auch oft in Inszenierungen auf allen Bühnen des Hauses live zu sehen. 2002 wurde er von Matthias Hartmann für das Theater entdeckt. Wie fühlt man sich, wenn man neu dazu kommt?

Probe. Ich sitze an meinem Harmonium und warte und warte und warte und nix geschieht und es wird geredet und geredet. Ich sitz mir den Hintern platt und höre auch gar nicht zu. Bei Matthias kann man auch zwischendurch einfach mal was spielen, in der Zeit Sachen entwickeln, außer er will wirklich seine Ruhe haben. Aber meistens: warten, sitzen, dämmern, kann sein, dass Erdmännchen gerade was Schräg-theatermäßiges sagt, nichts bleibt hängen ... und irgendwann kommt dann doch noch: „Karsten!?"

Reingeraten in das Ganze bin ich durch einen Kollegen, Markus Gloria heißt der, das ist der Typ, der auch das „Bochum Total"-Festival macht. Der rief mich an und fragte, ob ich nicht Lust hätte vorzusingen für ein Projekt, das da heißt *Deutschland, deine Lieder*. Das sei so ein Ding, was der Matthias Hartmann macht und das die mit so einem 12er Chor machen werden, den sie aber mit Stimmen mischen wollen, die da ein bisschen raus fallen – sprich eine Rockstimme oder so. Mein erster Gedanke: Nee, das will ich nicht. Ich hatte nie einen Fuß in dieses Theater gesetzt, außer wenn ich mit meiner Band im ZadEck gespielt habe. Und ich wollte auch nicht unbedingt was damit zu tun haben.
Die Sache war aber die, dass ich gerade kurz vorher beim Finanzamt war und gerade einige Sachen mit meiner Sachbearbeiterin durchgesprochen hatte. Ich sagte ungefähr: „Ja, selbstständig ist ja grad auch nich so ..." und sie sagte dann: „Na ja, wer weiß, Herr Riedel, das kann nächstens ja schon wieder ganz anders aussehen."
– Und grad in dem Moment rief Markus Gloria an.

Karsten Riedel,
Ann-Kristin Göcke,
Felix Vörtler in
*Einordnen/Ausflug/
Land der Toten*
von Neil LaBute

Julie Bräuning,
Cathérine Seifert,
Manfred Böll,
Johann von Bülow,
Henning Sembritzki,
Maik Solbach,
Julia Klomfaß,
André Meyer
in *Electronic City*
von Falk Richter

Die Spielzeiten

Otto Sander in
*Der Hauptmann von
Köpenick*
von Carl Zuckmayer

206

Chris Hohenester, Harald Schmidt in *Die Direktoren* von Daniel Besse

die ganz streng und reduziert ein ernstes Thema anschlagen. Dass es nicht immer nur „für die eine, gegen eine andere Kunst" im Theater gehen muss, dass derartige Lagerkämpfe oft sogar realitätsfern sind: Auch das hat Bochum uns gelehrt.
Unser Publikum, das soviel Neugier mitgebracht hat, hat sich mit uns auf den Weg gemacht, die unterschiedlichsten Experimente und Versuche mitgetragen – das war die Voraussetzung für alles, was wir ausprobieren konnten.
Und weil ich selbst Autodidakt bin, habe ich das Bedürfnis, auch anderen Menschen eine Chance zu geben. Damit haben wir hier angefangen, und das sollten wir sogar noch mehr tun. Bochum war eine Talentstation. Nicht nur viele junge Regisseure, Schauspieler, Bühnen- und Kostümbildner haben hier gearbeitet, auch alle unsere Assistenten konnten sich als selbstständige Künstler zeigen, haben alle selber Inszenierungen, Bühnen oder Kostüme gemacht. Das gibt es an keinem anderen Theater. Und ich weiß, dass viele ihren Weg machen werden. Auch dafür bin ich Bochum dankbar.

Hans-Michael Rehberg,
Barbara Nüsse,
Patrick Heyn,
Johannes Zirner,
Sabine Haupt
in *Todesvariationen*
von Jon Fosse

In *Iwanow* habe ich ausprobiert, drei Schauspieler eine Szene spielen zu lassen, ohne sie zu spielen, sondern nur dadurch, dass sie dem Publikum erklären, wie es wäre, *wenn* sie diese Szene spielen *würden*. Das entwickelte tatsächlich einen wahnsinnigen Sog. Weil es real, lebendig war. Und da eröffnet sich ein Weg. Und zwar, weil das hier möglich war. Weil das Publikum so offen für uns war.

In Bochum konnten wir uns sternförmig in alle Richtungen entwickeln, ohne festgelegt zu sein auf ein Erfolgskonzept. Große alte, neben jungen unbekannten Künstlern haben hier gearbeitet, Wilfried Minks und Dieter Giesing ebenso wie David Bösch. Und es zeigte sich, dass Bochum alles brauchen konnte, dass die üblichen kulturpolitischen Polarisationen, die unser Theaterland durchziehen, hier keine Rolle spielen. Dass wir Helge Schneiders *Mendy* machen konnten, das mit riesigem Erfolg an der Berliner Volksbühne gastierte, und zugleich Jon Fosses *Todesvariationen*,

Maik Solbach,
Oliver Masucci,
Lucas Gregorowicz
in *1979*
von Christian Kracht

dieser eine Mann das gut macht. Und der erste Satz, den ich zu ihm sagte, war: „Guten Tag, hier ist Matthias Hartmann, warum rufen Sie mich eigentlich nicht an?" Und darauf antwortete er: „Ich wollte mal gucken, wer länger durchhält." Und dann sagte er: „Außerdem muss man sich in Bochum selbst bewerben." Und dann kam er nach München, um sich mit mir zu treffen. Am verabredeten Tag verlor ich meine Stimme. Es ging damit los, dass ich morgens heiser war, abends war er da und wollte unbedingt ins Spatenbräu, um sich da mit mir zu unterhalten. Und ich konnte kaum flüstern. Als ich zwei Stunden lang angestrengt mit ihm geflüstert hatte, stand er auf und bedankte sich bei mir für das ausgesprochen interessante Gespräch. Und dann hat er mich genommen. Meine Frau fing an zu weinen und erklärte mir, in Bochum könne man nicht leben. Dann verließ sie mich. In der Zwischenzeit habe ich festgestellt, dass es kaum eine lebenswertere Region gibt als das Ruhrgebiet. In Hamburg oder München denkt man, es sei hässlich hier. Aber es ist schön. Vielleicht weniger geschmückt. Ehrlich eben.

Und in Bochum konnte ich experimentieren. In der Zeche, bei der Triennale, selbst im Schauspielhaus, im TuT und in den Kammerspielen. Ich konnte wieder anfangen, mit dem Medium zu spielen. Herausfinden, wie es weitergeht. Vielleicht komme ich eines Tages wieder dahin, einen ganz illusionistischen, traditionellen Abend zu machen. Was mich jetzt gerade interessiert, ist, was das Theater auszeichnet als Medium. Was es besser kann als Film und Fernsehen. Wenn ich als Intendant, was manchmal vorkommt, vor den Vorhang treten muss, um eine Ansage zu machen, um zu sagen: „Liebes Publikum, der Schauspieler XY ist heiser, trägt aber ein Mikroport und spielt die Rolle trotzdem", und ich mach vielleicht noch einen Witz – da freuen sich die Leute merkwürdigerweise immer riesig. Und wenn eine Panne unvorhergesehen, mitten in der Vorstellung passiert, noch mehr: Das ist aufregend und häufig aufregender als die tragischen Konflikte, die das Stück behandelt, wenn es ohne Schwierigkeit über die Bühne geht. Dabei ist mein technisches Problem gar nicht bedeutend. Aber es ist real. Dass ich an einem ganz bestimmten Tag als ich selbst mit meinem eigenen Problem auf die Bühne komme, interessiert die Menschen. Die Leute, die danach auftreten und Gefühle und Probleme vorspielen, die sie gar nicht haben, haben es viel schwerer.

Das Publikum hat sich mit uns auf den Weg gemacht

von Matthias Hartmann

Für Matthias Hartmann war die Zeit in Bochum die Erfüllung eines Traums. In den unterschiedlichsten Räumen hat er neue Stärken eines alten Mediums entdeckt. Und im Ruhrgebiet hat er einen Platz gefunden, der ihm auch als Heimat ans Herz gewachsen ist.

Ich wollte unbedingt Intendant in Bochum werden. Damals lebte ich in München, liebte diese Stadt, war da sehr erfolgreich, doch ich wusste nicht mehr, wo meine Reise hingeht, und ich wollte nicht zum Handwerker und Routinier verkommen. Es ist schön, wenn man etwas kann, aber ich glaube, Kunst entsteht nur aus der Überschreitung dessen, was man kann, auch dessen, was man sich vorstellen kann. Wenn man anfängt zu reproduzieren, was man schon beherrscht, dann steht man still. Und dann wurde in Bochum das Theater frei, und ich wusste, dass ich unbedingt hierhin will. Ich verstehe die Menschen hier, und die Menschen hier verstehen mich. Wir haben den gleichen Ton, könnte man sagen. Wie es mich mit 22 ins Theater zog, so zog es mich jetzt nach Bochum. Meine damalige Frau lachte mich aus: „Die rufen dich ja gar nicht an, warum bist du dir so sicher, dass das klappt?" Aber der berühmte Dramaturg Hermann Beil hatte mir gesagt, da dürfe man sich nicht bewerben, nach Bochum würde man berufen. Darum rief ich alle möglichen wichtigen Leute an, die etwas für mich tun konnten. Dass sie für mich ein gutes Wort einlegten. Aber der Beginn der neuen Intendanz kam immer näher. In der Zeitung stand schon, welcher Kandidat aller Voraussicht nach das Rennen machen würde. Irgendwann hab ich es nicht mehr ausgehalten, stand um halb neun auf, rief die Telefonauskunft an, ließ mich mit dem Bochumer Rathaus verbinden, dort zum Kulturdezernenten durchstellen und sagte mir, wenn ich jetzt an seinem Vorzimmer scheitere, dann ist das Schicksal und dann ist es vorbei. Die Sekretärin stellte mich gleich ohne weiteres durch, und plötzlich – morgens um neun – hatte ich am anderen Ende den Kulturdezernenten. Das Gute an Bochum ist ja, dass es hier nicht irgendwelche Gremien gibt, die einen erst wochenlang in den Zeitungen verschleißen, sondern dass das einer ganz allein macht und die Stadt sich drauf verlässt, dass

Abb. linke Seite:
Matthias Hartmann mit Fritz Schediwy und Harald Schmidt auf einer Probe zu *Warten auf Godot* von Samuel Beckett

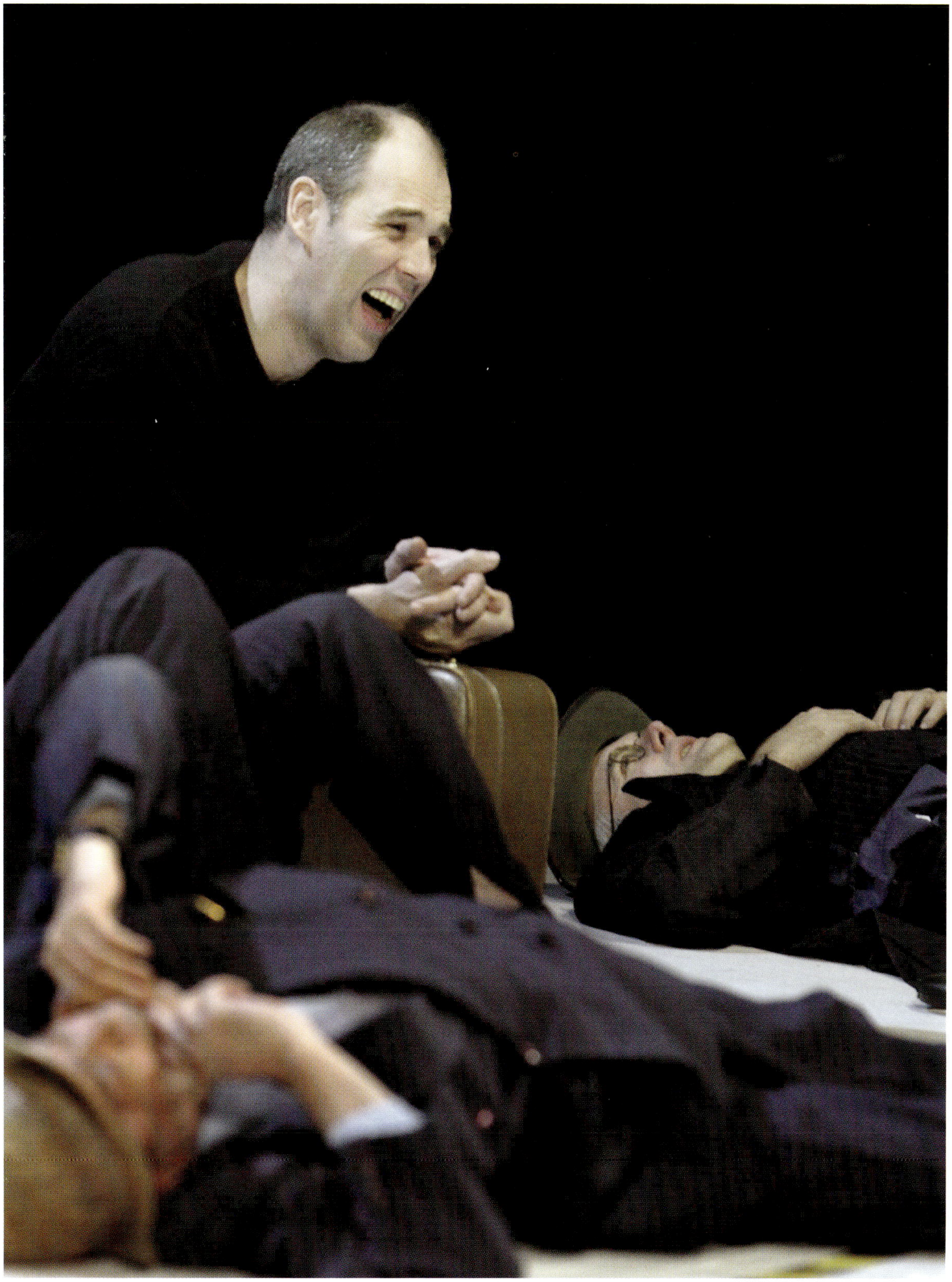

derbarer und inhaltlich richtig gedachter Lucky in *Warten auf Godot* war. Armin Rohde haben wir vom Film wieder für zwei Rollen zum Theater geholt. Er lebt hier und gehört in Bochum dazu. Das gleiche gilt für Helge Schneider. Helge Schneider ist auf eine ganz spezielle Art ein großer Künstler, und er hat ganz unmittelbar etwas mit dieser Region, mit dem Ruhrgebiet zu tun. Er ist kein klassischer Theaterregisseur, er ist Musiker, Entertainer, und keiner der Beteiligten wusste, was das wird. Stadttheater, das war Neuland für ihn, ein ganz spannender Prozess. Das war oft viel risikoreicher, als es sich nach außen hin darstellte.

AXEL VON ERNST: Kann großer Erfolg beim Publikum auch ein Problem sein?

KLAUS MISSBACH: Nein, eine große Akzeptanz beim Publikum führt nur dazu, dass man mehr Menschen auf seine theatralischen Reisen mitnehmen kann. Es gibt zum Beispiel zwei Theaterautoren, die anfangs in Bochum völlig unbekannt waren. Der eine ist Jon Fosse. Bei unserer ersten Produktion eines seiner Stücke, *Winter*, musste man das Publikum erstmal mit der spröden Theatersprache des Norwegers vertraut machen. Fosse ist einer der spannendsten, hochmusikalischen Gegenwartsdramatiker, und trotzdem brauchte es auch in Bochum eine gewisse Zeit, um ihn bekannt zu machen. Dann haben wir *Schönes* und *Todesvariationen* gemacht. Und natürlich ist es erfreulich, einen Autor, der einem am Herzen liegt, beim Publikum durchzusetzen. Das Gleiche gilt für Neil LaBute. Wir haben ganz vorsichtig angefangen, haben *bash* im TuT gespielt, dann ging es weiter mit *das maß der dinge* und mit *Einordnen/Ausflug/Land der Toten* und schließlich mit *Weit von hier*. Inzwischen gehört Neil LaBute auch zu den Autoren, die sich hier in Bochum beim Publikum durchgesetzt haben. Autoren bekannt zu machen, ist das eigentlich Interessante, wenn man über Erfolg beim Publikum redet.

AXEL VON ERNST: Was werdet ihr mit nach Zürich nehmen?

KLAUS MISSBACH: Wir nehmen vieles mit, auf das wir stolz sind, und wir lassen vieles zurück, was uns sehr fehlen wird.

Abb. linke Seite: Burghart Klaußner, Johanna Gastdorf in *Auf dem Land* von Martin Crimp

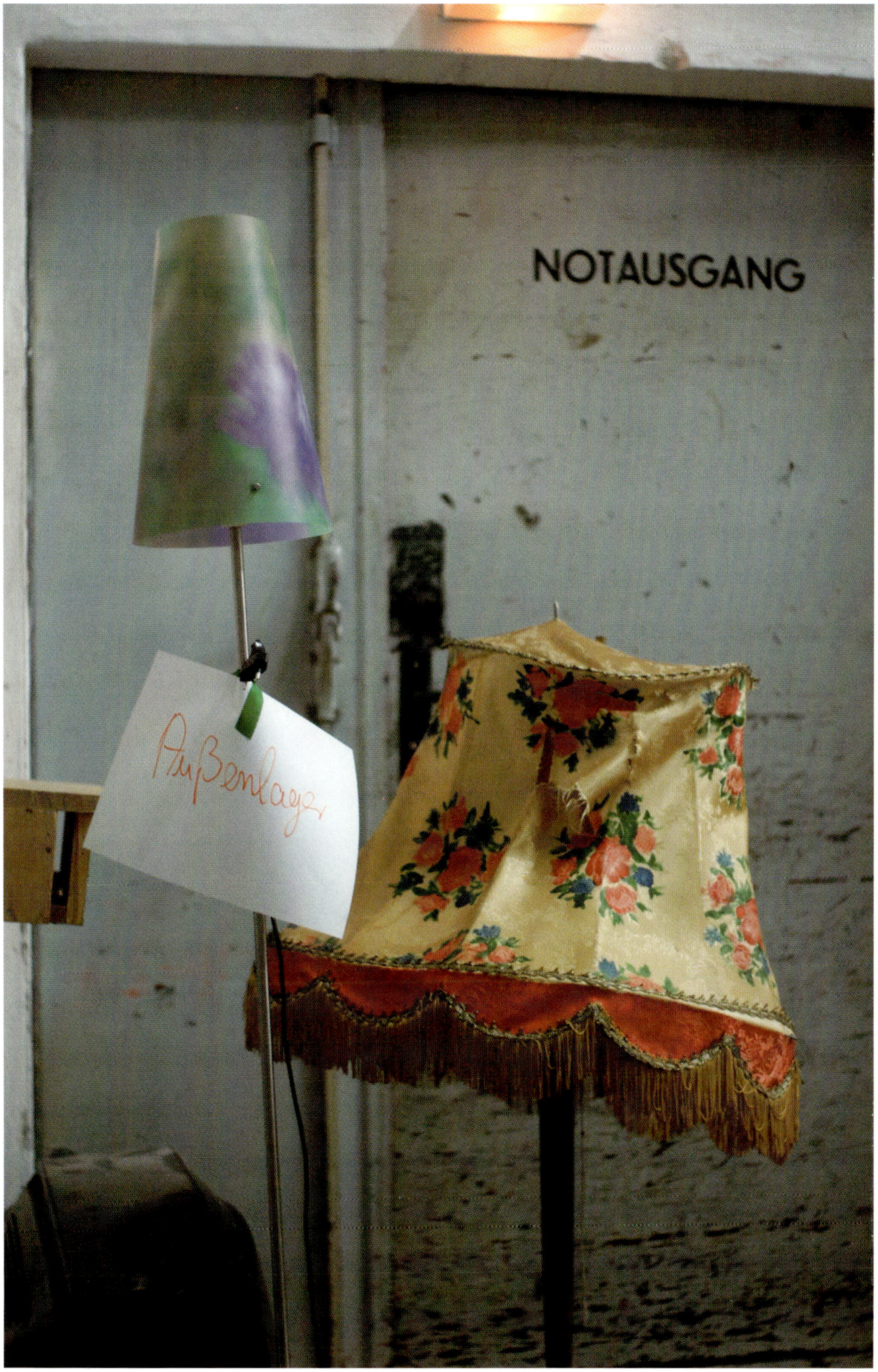
NOTAUSGANG
Außenlager

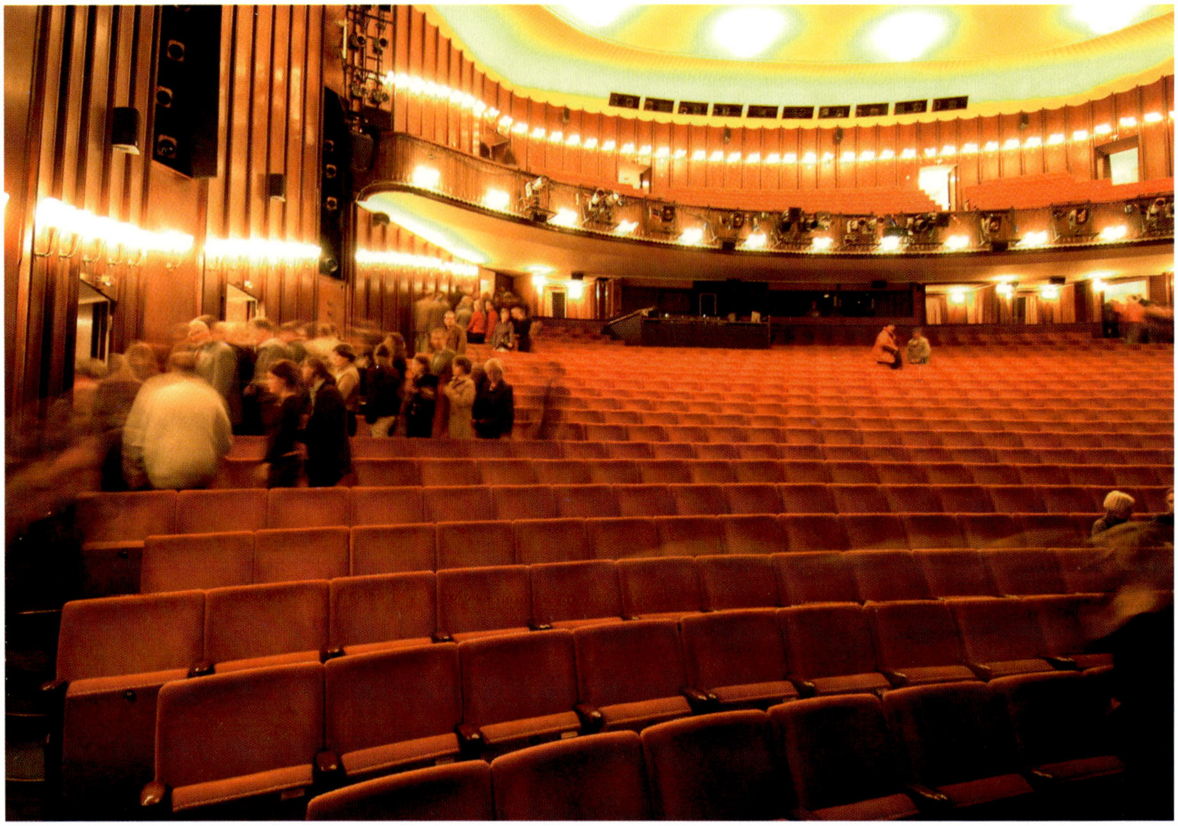

Impressum

Herausgeber_Schauspielhaus Bochum
Intendant_Matthias Hartmann

Konzept und Redaktionsleitung_Axel von Ernst
Redaktion_Viola Eckelt, Andreas Erdmann,
Klaus Mißbach, Thomas Oberender
Gestaltung_Jan Frerichs
Redaktionsassistenz_Annika Brasch, Kerstin Iskra, Friederike Krippner

Illustrationen_Jürgen Willbarth (Querschnitte),
Volker Hintermeier (S. 66)

Fotografien
*Thomas Aurin*_323 *Alexander Beck*_194, 310, 316 *Wilfried Böing*_25, 26, 100, 108, 114, 117, 118, 170–173, 194, 221, 222, 223, 226, 228, 229–230, 232, 234, 259, 276, 278–279, 280, 282–283, 284–285, 287, 290, 291, 292, 294, 295, 297, 299, 302, 303, 304, 305, 308, 311, 314, 315, 316, 317, 320, 321, 322, 326 *Arno Declair*_4, 14, 18, 20, 41, 46, 61, 62, 77, 96–97, 99, 100–101, 102, 104, 106, 109, 124, 126, 128, 129, 131, 132, 133, 134, 135, 136, 137, 138, 140, 141, 142–143, 144, 145, 146, 147, 148, 149–150, 151–152, 155, 156, 158, 161, 162, 164–165, 167, 168–169, 174, 176–177, 184, 190, 198, 200, 203, 205, 206, 207, 208, 211, 212–213, 214, 216–217, 226, 228, 229, 235, 239–241, 242, 244–245, 246, 248–251, 252, 254, 260, 265, 274, 286, 288, 290, 291, 292, 296, 298, 300, 301, 302, 303, 304, 305, 306, 307, 309, 310, 311, 312, 314, 315, 316, 319, 320, 321, 322, 323, 324, 326, 334, 335, 336–337, 338–339, 347, 348, 349, 350, 352 *Mara Eggert*_308 *Tanja Grewing*_130 *Marlies Henke*_292 *Matthias Horn*_8, 10 *Birgit Hupfeld*_74, 140, 178, 179, 180, 181, 182–183, 223, 226, 231, 232, 256, 258–259, 266, 268, 270, 292, 297, 303, 309, 313, 314, 315, 317, 318, 320, 322, 323, 325, 326, 333 *Katrin Kersten*_299 *Klaus Lefebvre*_140, 193, 197, 299, 308, 310, 314 *Kai Myller*_224 *Rik Neu-West*_96, 236, 309 *Tobias Schunck*_327 *Wolfgang Silveri*_94–95, 204, 323, 326, 327 *Ruth Walz*_304 *Philipp Wente*_88, 218, 342–343 *Volker Wiciok*_188

Videostills_Peer Engelbracht, Piotr Gregorowicz, Stephan Komitsch

Ein besonderer Dank an alle Autoren, die uns ihre Texte geschenkt haben.

Ein Extra-Dank an Brigitte Käding für ihren Einsatz sowie Jutta van Asselt, Lena Bichmann, Petra Biederbeck, Andreas Bloch, Martin Dolnik, Melanie Eggert, Tobias Fritzsche, Leo Mikolajczak, Lucia Wiesner, Sigrid Wilhelm und natürlich an alle Mitarbeiter des Hauses, die während der 48-Stunden-Expedition geduldig Einblick in ihre Arbeit gewährt haben.

Bibliografische Information der Deutschen Bibliothek
Die Deutsche Bibliothek verzeichnet diese Publikation in der Deutschen Nationalbibliografie; detaillierte bibliografische Daten sind im Internet über http://dnb.ddb.de abrufbar.

1. Auflage, Mai 2005

Druck: J. P. Himmer, Augsburg
© Klartext Verlag, Essen 2005
ISBN 3-89861-444-1
Alle Rechte vorbehalten

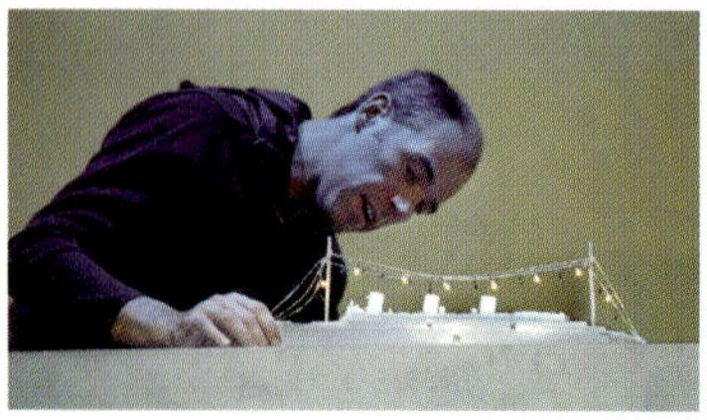